PORT-AU-PRINCE AU COURS DES ANS

TOME I

1743 – 1804

Nous remercions le Conseil des Arts du Canada ainsi que la SODEC de l'aide accordée à notre programme de publication.

Le Conseil des Arts du Canada
The Canada Council for the Arts

SODEC

Québec

COUVERTURE : Mélanie Piard
CONCEPTION TYPOGRAPHIQUE ET MAQUETTE : Stanley Péan

GEORGES CORVINGTON
Port-au-Prince au cours des ans | Tome I

Dépôt légal : quatrième trimestre 2007
Bibliothèque nationale du Québec
Bibliothèque nationale du Canada
ISBN: 978-2-89454-228-6

Les Éditions du CIDIHCA
430, rue Sainte Hélène, bureau 401
Montréal QC
H2Y 2K7 Canada
Téléphone : (514) 845-0880
Télécopieur : (514) 845-6218
Courriel : edition@cidihca.com

Pour les commandes aux Etats-Unis

EDUCA VISION Inc.
2725 NW 19th Street
Pompano Beach, FL 33069
954 968-7433
www.educavision.com

GEORGES CORVINGTON

Port-au-Prince au cours des ans

Tome I
LA VILLE COLONIALE
ET LES CONVULSIONS RÉVOLUTIONNAIRES
1743-1804

Édition définitive

LES ÉDITIONS DU CIDIHCA

L'Auteur tient à remercier:

*La Commission pour la commémoration du 250ᵉ anniversaire
de la fondation de la ville de Port-au-Prince
La Banque de la République d'Haïti
La fondation du CIDIHCA
Le président René Préval
Le conservateur des Archives nationales de France
— section outre-mer — d'Aix-en-Provence*

PRÉFACE

En 1999, Port-au-Prince aura deux cent cinquante ans. C'est un âge vénérable, même pour une ville, et qu'il convient de fêter convenablement. Parmi les manifestations qui marqueront cette année 1999, la Commission pour la commémoration du Deux cent cinquante-naire a prévu la réédition en quatre tomes du monumental ouvrage que Georges Corvington a consacré à notre capitale sous le titre de *Port-au-Prince au cours des ans* et qu'il a publié en sept tomes chez Henri Deschamps de 1970 à 1991. C'est là une heureuse initiative que je salue avec enthousiasme et à laquelle j'apporte volontiers mon appui en écrivant pour la circonstance ces quelques lignes d'introduction.

Cette nouvelle édition sera pour le public l'occasion de lire ou de relire, sans ennui, j'en suis assuré, une œuvre qui est à la fois une monographie de Port-au-Prince de 1749 à 1950 et une histoire d'Haïti de la période dominguoise au milieu de notre siècle, une œuvre qui allie au surplus tout le sérieux de la recherche historique à toute l'aisance et tout le charme d'un discours romanesque.

Port-au-Prince au cours des ans expose, «étroitement liées, les phases d'évolution de notre métropole et les grandes heures de l'histoire politique de la nation». Mais la présentation de ces deux volets de l'ouvrage obéit à un plan étonnamment varié d'un livre à un autre (je ne parlerai plus de tomes, mais de livres, vu que de la première édition à celle-ci, la matière va être regroupée autrement). Je prendrai comme illustration le livre I, «La ville coloniale, 1749-1789», le livre IV, «La métropole haïtienne du XIXᵉ siècle, 1804-1888» et le livre VII, «La ville contemporaine, 1934-1950».

Au livre I, l'histoire de la ville (le rappel des ordonnances qui l'ont fondée, l'évocation des péripéties de son établissement et des tergiversations de l'autorité) prend nettement le pas sur les grands événements dont elle a été le théâtre, comme le départ des Grenadiers et des Chasseurs volontaires du comte d'Estaing vers les champs de bataille où se jouait le destin des futurs Américains. Mais au livre III, l'auteur expose successivement et sans bavardage l'histoire de onze chefs d'État haïtiens, de Dessalines à Salomon et, sous chacun d'eux, décrit la vie quotidienne à Port-au-Prince, les loisirs, la vie mondaine, la vie intellectuelle, la vie artistique, l'évolution de l'instruction et des services de santé. Quant au dernier livre, il présente un plan nettement nouveau par rapport aux précédents : un peu plus du tiers de ce livre expose les événements de la vie politique et administrative, tandis que toute la deuxième partie est consacrée à la ville sous le titre suggestif de «Les travaux et les jours d'une capitale antillaise» et des titres de chapitres encore plus parlants : «Associations et Institutions», «Les Beaux-Arts», «Divertissements bourgeois», «Divertissements populaires», «L'Exposition internationale du bicentenaire de Port-au-Prince». Le lecteur d'un certain âge peut se remémorer certains événements, enrichir ou vérifier son information sur d'autres, se retrouver même, non sans plaisir, dans certaines manifestations.

Port-au-Prince au cours des ans présente toutes les garanties de sérieux de la recherche historique. L'information en est enrichie et variée : la liste des documents consultés va légèrement au-delà de cinq cents. Cette liste couvre, non seulement des œuvres d'histoire d'Haïti proprement dite, celle des classiques haïtiens et étrangers, anciens, modernes et contemporains, de Madiou, Ardouin, Saint-Rémy, Nemours, père Cabon à Jean Fouchard, Alain Turnier, Roger Gaillard, Hénock Trouillot, André Georges Adam… mais encore des journaux, revues et bulletins, des almanachs et annuaires, des ouvrages généraux relatifs à la littérature, à la peinture, à la musique et enfin des papiers manuscrits.

Georges Corvington n'a pas dédaigné l'information orale ou traditionnelle et en a fait le meilleur usage. Au livre IV, il mentionne les interviews que lui ont accordées Madame Lily Taldy, Ferdinand

Fatton, Fernand Crepsac, le docteur Rulx Léon, Félix Courtois, celui-ci un connaisseur de Port-au-Prince, de ses hauts et bas quartiers et de leurs habitants, l'auteur des «Scènes de la vie port-au-princienne» parues en 1975.

Quant à l'iconographie de la ville, elle s'appuie sur plus de cinq cents illustrations représentant des églises, des écoles, des places publiques, des monuments, des édifices publics, des demeures de dignitaires, le Palais National en plus d'une version...

Sur le plan de la science, il me faut ajouter que Georges Corvington est un historien pas seulement impartial, mais serein. Assez serein dans la relation du massacre des Français en 1804, serein dans la relation des scènes qui ont suivi le meurtre de Dessalines, serein lorsqu'il parle du noirisme après 1946.

Port-au-Prince au cours des ans a encore toute l'aisance et tout le charme d'un discours romanesque. Nos hommes d'État n'ont pas passé toute la durée de leur mandat à présider des conseils, à passer des ordres, à signer des lois, à lever des troupes. Ils ont eu aussi une vie privée, il en est qui se sont mariés tandis qu'ils étaient au pouvoir, comme Soulouque et Boisrond Canal. Et Georges Corvington ne s'est pas privé de nous faire vivre ces scènes.

Généralement, au passé simple, temps normal du récit historique, «temps aussi indifférent à la durée qu'à la localisation, forme verbale qui occulte la subjectivité du narrateur», Georges Corvington préfère le présent historique qui installe pour ainsi dire le narrateur et le lecteur de plain-pied avec les personnages et les événements du passé et qui, avec les détails pittoresques, donne plus d'aération au récit et plus de vie à l'ensemble.

Mais même dans la relation des grands événements plus strictement historiques, l'auteur a souvent gardé le présent de l'indicatif avec les mêmes effets. On le note, par exemple, dans son récit de l'élection d'Alexandre Pétion à la présidence de la République, le 9 mars 1807. Cependant, si dans la relation de la transmission de pouvoirs de Sténio Vincent à Élie Lescot, le 15 mai 1941, le présent de l'indicatif et son acolyte, le futur simple, occupent le premier paragraphe, au second, le passé simple reprend ses droits avec le même bonheur :

«15 mai 1941! Journée d'apothéose. À l'issue de la prestation de serment du nouveau chef d'État, celui-ci laisse le Palais Législatif pour se rendre à la cathédrale et de là, au Palais National où va se dérouler la cérémonie de passation de pouvoirs. Au Salon diplomatique, Vincent le prévient : «Ce sera une lourde charge pour vos épaules, mon cher et fraternel ami, mais que vous aideront à porter tous les honnêtes citoyens, la nation tout entière et Celui qui dirige tous les empires.» Lescot prend ensuite la parole. À la fin de son discours, enlaçant avec affection son prédécesseur, il lui dit : «Croyez que le baiser que je vous donne ne sera jamais celui d'un ingrat.»

«À sa sortie du palais, dans la voiture où allaient prendre place les deux chefs d'État, Vincent voulut se mettre à gauche du nouveau président, mais celui-ci, grand seigneur, le força à prendre la droite, sous les applaudissements approbateurs de l'assistance qui se tenait dans la cour du palais. Le cortège aussitôt se forma pour une grande tournée à travers la ville.»

La lecture de ce dernier texte amène à la déduction qu'à sa date, cette transmission des pouvoirs fut éminemment démocratique. Je pourrais encore, citer, au même titre, la passation des pouvoirs de Sudre Dartiguenave à Louis Borno, relatée au livre VI. De réflexion en réflexion, je pourrais noter que les fins de «règne» dans notre histoire n'ont pas toujours été violentes, sanglantes et macabres.

Que d'observations, que de réflexions suggère *Port-au-Prince au cours des ans*! Que d'informations il apporte ou rafraîchit! Le lecteur de cette préface éprouve peut-être le désir d'aller ou de retourner à l'ouvrage. Il est temps que je lui cède la place. Mais non sans avoir félicité mon ami et collègue Georges Corvington de son immense effort. Je ne lui souhaite pas de récompense. Sa récompense, il l'a déjà : il est devenu une référence, tout comme les plus grands classiques de notre histoire. Et comme il est plus complet et plus plaisant que ses prédécesseurs, c'est à lui plutôt que je recours quand je veux situer un fait littéraire dans la perspective historique. De cela, je le remercie profondément.

Dr Pradel Pompilus
23 décembre 1998

AVANT-PROPOS

Les villes ont une âme qui pareille à notre âme aspire à l'amour. Port-au-Prince peut-il se flatter d'avoir toujours senti vibrer pour lui les purs sentiments d'affection et d'attachement, ressorts nécessaires de toute action créatrice et durable ? Incapacité des uns à saisir la beauté prenante du site de leur capitale, incompréhension des autres quant à l'intégration de celle-ci dans un décor digne de son rang de métropole, goût du lucre, esprit d'indiscipline, absence de fierté nationale, voilà bien, semble-t-il, les causes de quelques-uns des gros déboires dont Port-au-Prince a eu à souffrir au cours de son existence. Le temps qui sait faire son œuvre et le dynamisme de dirigeants avisés l'ont aidé à surmonter en partie ses épreuves. Circonstances bienfaisantes qui aujourd'hui lui permettent d'offrir «avec les vétustes témoins de son original passé, les monuments profanes et religieux de sa jeune gloire».

Mais peut-on aimer et apprécier ce qu'on ne connaît que superficiellement ? Mon ambition, en proposant au lecteur cette histoire des deux premiers siècles de Port-au-Prince, est précisément de l'initier à la connaissance du passé de notre ville-capitale, de recréer pour lui l'atmosphère et le cadre où vécurent les Port-au-Princiens d'hier de qui ceux d'aujourd'hui tiennent les qualités autant que les défauts, de retracer enfin à son intention les étapes successives qui au fil des ans ont transformé la modeste bourgade de l'ancienne habitation Belin-Randot en cette grande ville «amoureusement étendue dans la Méditerranée caribéenne». Tentative passionnante, qu'en dépit de mes faibles talents de chroniqueur, je pense avoir menée à bonne fin.

Puisse cette monographie, écrite en hommage à la ville de Port-au-Prince, susciter chez mes compatriotes et chez tous ceux qui veulent bien, malgré ses blessures, se laisser prendre à ses charmes naturels, plus d'amour et de compréhension.

PREMIÈRE PARTIE

LA VILLE COLONIALE
1743-1789

~ Environnement de l'habitation Belin, futur site de Port-au-Prince,
dans le quartier du Cul-de-Sac (1713) ~

NAISSANCE LABORIEUSE
D'UNE CITÉ ANTILLAISE

Une mer bleue de ciel piquée de fugaces crêtes blanches; quelques pirogues se dandinant sur l'eau; des hommes bizarres, au corps mince, à la peau cuivrée, aux yeux en amande, à la longue chevelure noire, s'affairant sur la grève : des sujets de Bohéchio, cacique du *Xaragua,* se préparent à retirer les rets qu'ils ont depuis le matin soigneusement posés près du rivage.

De part et d'autre, les deux traînées montagneuses qui s'enfuient à l'horizon, semblables à deux immenses bras enveloppant la mer, indiquent qu'on est ici dans l'enfoncement d'un golfe majestueux qui baigne des territoires importants. À partir de la côte, la végétation tropicale s'élance à l'assaut d'un terrain légèrement incliné, bordé de hautes montagnes. Nul champ, pas la moindre cabane, aucune trace de présence humaine dans ce pays sauvage où couve le silence. Cette position centrale, ce point de jonction de deux régions bien distinctes, opposées l'une à l'autre, fera la fortune de ce lieu qui deviendra la capitale d'un des trente-quatre États souverains du Nouveau Monde.

Jusqu'à l'arrivée des compagnons de Colomb, l'emplacement de Port-au-Prince est laissé en pâture aux animaux sauvages. Suivant en cela l'exemple de ses prédécesseurs, le cacique Bohéchio, dont la domination s'étend sur ce sol, craint de s'installer trop près des côtes. «Peu belliqueux, explique le Baron Nau, les Indiens élevaient leurs bourgades dans l'intérieur des terres, comme pour les dérober à la vue et pour être moins exposées aux invasions des Caraïbes, habitants des petites îles, race guerrière et anthropophage». De tous les Indiens de l'île d'*Hayti,* ceux du *Xaragua,* les plus habiles à la chasse, ne dédaignent pas le gibier de choix qui peuple cette forêt, et précédés de leurs petits chiens muets, ils y font, armés de leurs arcs et de leurs flèches, des prises magnifiques.

Bientôt, l'apparition des hommes blancs va jeter le désarroi et la mort parmi cette population hospitalière et affable. Quoique soumis dès les premiers contacts au paiement d'un tribut de coton et de cassave, les Indiens du Xaragua maintiennent durant quelques années une entente plus ou moins cordiale avec leurs «protecteurs». À Bohéchio, mort sans enfants, succède sa soeur Anacaona, poétesse de talent et sincère admiratrice des Espagnols, qui se dépense en réceptions pompeuses pour capter la bonne grâce des nouveaux arrivés. Avec le temps, pourtant, les relations se détériorent, les banquets s'espacent, car les conquérants sont devenus moins courtois et leurs exigences plus pressantes. En 1503, le gouverneur Nicolás de Ovando, fatigué d'avoir encore à traiter avec des caciques régnants, décide la perte d'Anacaona. Il l'attire dans un piège exécrable et s'empare de sa personne. Cette action est suivie du massacre d'un grand nombre d'Indiens de la suite de l'infortunée reine. Déclarée conspiratrice, Anacaona sera condamnée à la pendaison et exécutée. Le Xaragua, dès lors, tombait sous la domination complète des Espagnols.

Dans le but de tenir en respect les anciens sujets d'Anacaona et de les porter à travailler aux mines, Ovando fonde, à l'ouest du lac Xaragua, connu de nos jours sous l'appellation d'Étang Saumâtre, la ville au nom dérisoire de *Sainte-Marie-de-la-Vraie-Paix.* Quelques années plus tard, cette bourgade sera abandonnée. Au tournant de la pointe dite aujourd'hui Pointe de Léogane, les Espagnols érigeront une nouvelle ville qui prendra le nom de *Sainte-Marie-du-Port.*

Incendiée une première fois en 1543 par des aventuriers français, et une deuxième fois en 1592, par des corsaires anglais, *Sainte-Marie-du-Port* est évacuée par les Espagnols en 1606. Une grande solitude s'installe alors sur l'immense territoire environnant les anciens établissements castillans. «Il n'y avait plus âme qui vive dans le Xaragua..., écrit Hermann Corvington. Pas une prière d'homme ne se mêlait aux hymnes sublimes des oiseaux pour magnifier l'Éternel». Face à l'emplacement de la future capitale d'Haïti, la mer glauque, désertée des pêcheurs, éployait ses flots amers dans la paix des grands vides.

Pendant plus d'un demi-siècle, cochons marrons et taureaux sauvages sont les maîtres de la contrée. Attirés par cet appât de choix, quelques boucaniers s'établissent proche des côtes; ce qui encourage les marchands hollandais en quête de cuirs à pousser leurs vaisseaux jusque dans ces parages.

Vers 1650, les flibustiers, trop à l'étroit sur leur île de la Tortue, commencent à essaimer sur le littoral de l'Ouest. Une colonie assez nombreuse, encouragée sans doute par la présence des boucaniers, débarque au *Trou-Bordet* [1] et s'y constitue un pied-à-terre. Séduits par la magnificence du pays et la salubrité des hauteurs environnantes, ils établissent au flanc de la montagne qui domine l'enfoncement où s'étale aujourd'hui Port-au-Prince, un hôpital destiné à prodiguer des soins à leurs compagnons malades[2].

La présence de ces flibustiers français, sur une terre réputée espagnole, ne tarda pas à provoquer la réapparition des soldats castillans qui entendaient faire respecter les droits de la couronne d'Espagne. Pendant de nombreuses années, *l'Hôpital* – c'était le nom qu'avait pris la région – retentit du feu des escarmouches, jusqu'au jour où, lassés et réalisant leur faiblesse numérique, les Espagnols finirent par renoncer à toute action militaire. En 1697, le traité de Ryswick signé avec l'Espagne mettait un point final aux prétentions espagnoles sur ce territoire.

En dépit des fréquentes attaques des sujets de Sa Majesté Catholique, les Français, sous la conduite du gouverneur Bertrand d'Ogeron, sieur de la Bouère, avaient pu, à partir de 1665, se fixer dans la région de Yaguana. Mais l'endroit se révélant trop exposé, à cause de la proximité des camps espagnols et de l'éloignement des bases françaises dont la plus proche était aux Gonaïves, ils se dédoublèrent pour aller s'établir, peu de temps après, partie à *l'Ester,* partie à la *Petite-Rivière*. Ces deux localités situées sur les côtes et distantes l'une de l'autre de trois lieues, formèrent la paroisse de *Yaguana* ou de *Léogane*. Aux pères dominicains fut confiée l'administration spirituelle de la nouvelle paroisse.

L'Ester était un fort beau bourg. «La plupart des maisons était de charpente à deux étages... occupées par de riches marchands». Les rues «étaient droites, larges et bien percées». Le gouverneur y résidait dans une demeure ornée des dépouilles du palais des gouverneurs espagnols à Carthagène.

Le bourg de la *Petite-Rivière* au contraire ne présentait que négligence et abandon. C'est pourtant lui qui devait être «l'aïeul» de Port-au-Prince, à cause de son influence religieuse qui s'étendait jusqu'à la plaine appelée de nos jours *Cul-de-Sac*[3].

Tenant compte des doléances des habitants de cette dernière contrée dont les établissements se trouvaient à une assez longue distance de la *Petite-Rivière,* la mission des pères de saint Dominique accepta, en 1687, de construire sur la rive gauche de la *Grande-Rivière du Cul-de-Sac* une chapelle succursale de la *Petite-Rivière* et dédiée à Notre-Dame du Rosaire. Avec l'arrivée en 1690 des Français de Saint-Christophe, chassés de leur île par le gouverneur anglais Codrington, cette chapelle devint paroisse. Un bourg entre-temps s'était développé autour du saint-lieu[4]. Il prit le nom du quartier où il était situé[5] qui lui-même tenait son appellation de l'immense baie du *Cul-de-Sac* de Léogane qui le baignait et s'enfonçait, semblable à un golfe, jusqu'au creux de *l'Hôpital*.

Vers 1694, fut érigée au *Trou-Bordet* une chapelle succursale du *Cul-de-Sac* pour les habitants de ce bourg trop éloignés de leur église paroissiale. Comme le *Cul-de-Sac* qui, en 1690, s'était séparé de la *Petite-Rivière,* le *Trou-Bordet* se détacha à son tour du *Cul-de-Sac,* lors de la publication de l'ordonnance du 1er août 1710 créant la paroisse du *Trou-Bordet.* L'église fut placée sous le vocable de Notre-Dame de l'Assomption[6].

En 1711, un incendie détruisit la trentaine de cases couvertes de paille qui composaient la Petite-Rivière. Défense fut faite aux habitants de reconstruire le bourg. Quelques jours après cet événement, les administrateurs décidèrent la suppression de l'Ester. La même année fut fondée la nouvelle ville de *Léogane* qui remplaça les bourgs de l'Ester et de la Petite-Rivière.

Les flibustiers, établis autour de leur hôpital, sur le morne qui ferme au sud la baie du Cul-de-Sac de Léogane, continuaient de mener une vie plus ou moins indépendante, un peu en marge de l'autorité coloniale. Mais déjà le principe même de l'existence de la flibuste avait été mis en question. Certes, elle formait avec l'armée régulière et la milice un corps précieux pour la défense de la colonie. Cependant, l'ordre qui s'installait rendait la présence des flibustiers quelque peu gênante. Les gouverneurs cherchaient secrètement à les décourager, car ils se soumettaient avec peine aux règlements qu'on leur imposait. Le comte de Choiseul-Beaupré, gouverneur autoritaire et d'humeur violente, trouvant que l'établissement des flibustiers à *l'Hôpital* était trop proche des bourgs du *Cul-de-Sac* et du *Trou-Bordet*, leur chercha querelle en voulant s'immiscer dans l'administration de leur hôpital. Froissés et humiliés, ils préférèrent fermer leur établissement (fin 1707). Beaucoup d'entre eux se firent «habitans»[7].

L'année qui précéda la disparition de l'hôpital des flibustiers, M. de Saint-André, commandant du *Prince*, cherchant à éviter une attaque anglaise, vint abriter son vaisseau dans le port attenant à la région de l'Hôpital. Il avait été attiré non seulement par l'isolement du lieu, mais surtout par la présence dans la rade de quelques petites îles qu'il avait jugées capables de le protéger efficacement de l'ennemi et des vents. Par pure coïncidence, ces îlots étaient depuis longtemps connus sous le nom d'*îlots du Prince*... Le commandant fut si enchanté de la sûreté et de la commodité du port, qu'il lui donna le nom de son bateau et l'appela *Port-du-Prince*. Cependant, même après le départ des flibustiers, l'année suivante, le nom de *l'Hôpital* continua à désigner l'enfoncement où de nos jours s'étend Port-au-Prince.

La dispersion des flibustiers de la région de l'Hôpital va attirer dans ce secteur la présence de particuliers en quête de concessions de terre. Saint-Domingue connaît alors une longue période de paix. La culture se développe un peu partout dans la colonie. L'Ouest et plus tard le Sud, jadis délaissés et négligés, voient s'accroître le nombre de leurs défricheurs.

On peut conjecturer que le sieur Simon Joseph Randot, qui avait acquis son habitation de l'Hôpital des sieurs Fortin et Belin, en devint propriétaire assez longtemps après le départ des flibustiers: quand il mourut en 1737, il n'était âgé que de 35 ans. C'est à sa mort que Pierre Morel semble avoir acheté son domaine.

Au même Morel appartenait l'habitation contiguë, au sud. Dans la suite, Gatien Bretton des Chapelles devait s'associer à Morel et devenir le copropriétaire de ce domaine. Comme Randot, l'habitation Morel ou Bretton des Chapelles allait servir de site à la future ville de Port-au-Prince.

Aux yeux des responsables de la colonie, la nécessité d'une nouvelle capitale pour Saint-Domingue se faisait depuis longtemps sentir. Certes, le *Petit-Goâve* et *Léogane*, placés dans la partie sud du pays, se disputaient depuis 1695 le titre de capitale. Le choix de ces agglomérations si éloignées des régions déjà évoluées, était en corrélation avec le plan de d'Ogeron qui désirait marquer de façon ostensible la prise de possession par la France de toute la partie occidentale de l'île. Mais par leur position même, ces villes rendaient malaisée toute centralisation administrative. D'autre part, le climat paludéen qu'était celui du *Petit-Goâve*, le peu de protection qu'offrait la topographie de *Léogane* contre les coups de main des séditieux ou des ennemis de la Métropole, contraignaient l'administration, selon les circonstances, à un continuel va-et-vient entre les deux localités, ce qui les avait empêchées de s'imposer comme facteurs de régénération des territoires sous-développés[8]...

Ainsi, le projet d'établissement d'une ville-capitale dans une position centrale, stratégique et salubre est dans l'air; mais on ne s'est encore fixé sur aucun point du territoire, et pour l'instant, Léogane continue d'étendre sa suprématie sur la colonie entière.

En 1723, le comte Desnotz de Champmeslin, nanti par le roi du titre de lieutenant-général, est envoyé à Saint-Domingue pour réduire une sédition soulevée par les exigences de la Compagnie des Indes[9]. L'effervescence calmée, il fait une tournée des différentes parties de la colonie, et, avant de regagner la France, prescrit à son garde-pavillon sur *l'Éclatant*, le chevalier d'Aché, d'effectuer un sondage dans la baie de Port-au-Prince. On songeait depuis peu à établir sur les bords de cette baie la capitale administrative de la colonie; mais le site exact de la future ville n'était toujours pas choisi.

Le premier, Desnotz de Champmeslin, propose la région de l'Hôpital, et plus précisément la butte de l'habitation Fortin, désignée aujourd'hui sous le nom de *Bel-Air*. La raison principale qui motivait son choix était que la nouvelle ville, par sa position, pourrait facilement contrôler la route côtière de Léogane et celle du Cul-de-Sac, et assurer ainsi des liaisons normales avec l'ensemble de la colonie.

La proposition de Champmeslin présentée en France ne retint pas l'attention du ministre de la Marine[10]. Celui-ci préféra même encourager le gouverneur chevalier Charles de La Rochalar à transférer le siège du gouvernement colonial à Petit-Goâve où l'ancien gouverneur, le marquis Léon de Sorel, avait édifié d'importantes fortifications. Léogane, encore une fois, se voyait ravir son hégémonie au profit de la ville rivale.

Mais de La Rochalar, partisan lui aussi du choix de Champmeslin, n'entendait pas pour autant renoncer à cet intéressant projet. En 1729, il renouvelle en haut lieu la proposition de l'ancien lieutenant-général : jusqu'à son rappel en France en 1731, aucune suite ne sera donnée à ses démarches.

À son tour, le gouverneur marquis Pierre de Fayet, pressé d'en finir, reprend la question en main et, en 1733, après avoir fait relever le plan de la rade par l'officier de marine Beauharnais de Beaumont, propose d'établir la ville non plus au morne Fortin, mais sur l'habitation Ferron, dans la zone de Martissant, et de l'appeler *Port-Royal*. Le seul résultat de la tentative de Fayet sera l'adoption de ce nom de Port-Royal pour la partie de la rade qui touche Martissant.

Le 11 novembre 1737, Charles Brunier, marquis de Larnage, est officiellement reçu au Petit-Goâve comme gouverneur-général de Saint-Domingue. Port-au-Prince va trouver en lui son vrai fondateur, car ce sont ses éloges enthousiastes de l'emplacement de la future ville et ses démarches réitérées qui vont déterminer le gouvernement français à ratifier le choix suggéré depuis quatorze ans.

Sitôt installé dans ses nouvelles fonctions, il entreprend de visiter les lieux pour enfin se décider entre *Port-Royal* et *l'Hôpital*. Ce qu'il désirait avant tout, c'était, en prévision d'une guerre européenne qu'il jugeait inévitable, d'assurer la sauvegarde de la colonie et de garantir la sécurité du commerce et de la culture par la création d'une capitale susceptible d'être fortifiée... La position de l'Hôpital allait combler ses vœux.

Il y découvre en effet, des avantages évidents. D'abord une rade sûre jalonnée d'îlots aptes à préserver les vaisseaux des vents apparemment peu violents dans cette région; ensuite un air pur et des eaux salubres toutes proches. À cela s'ajoutaient d'autres avantages, économiques et militaires. Par sa proximité avec les plaines de Léogane et du Cul-de-Sac, le Port-au-Prince – cette appellation commençait déjà à prévaloir sur celle de l'Hôpital – pouvait devenir un important centre de transaction. D'autre part, en adoptant la position Fortin comme emplacement initial de la ville, avec possibilité d'extension vers le sud, on pouvait aisément arriver à en assurer la défense, contrairement au Port-Royal, beaucoup trop près des montagnes. L'ingénieur en chef Louis-Joseph de La Lance, qui l'accompagnait, dressa le plan des lieux. De retour à Léogane après six jours d'absence – le siège de la capitale ayant depuis peu réintégré Léogane – Larnage rédigea un mémoire dithyrambique où il proclamait sa foi dans le choix judicieux qui avait été fait de l'emplacement de la future capitale de Saint-Domingue. Et sans retard, plans et mémoire furent acheminés vers les bureaux du ministère de la Marine.

L'année suivante mourut M. de La Lance. Le ministre profita de la nomination de son remplaçant, M. Meynier, pour le charger de contrôler le bien-fondé du mémoire de Larnage et de lui en faire rapport. Dès son arrivée à Saint-Domingue, le nouvel ingénieur en chef se fit conduire au Port-au-Prince avec Larnage et l'intendant Simon Pierre Maillard. Après un examen minutieux des lieux, Meynier se déclara opposé à la fondation d'une ville au Port-au-Prince, de même qu'au Port-Royal. Ces deux ports, expliquait-il, étaient semés de récifs et les vers paraissaient y pulluler.

Au vrai, la position de l'Hôpital, à côté d'avantages réels, n'était pas sans inconvénients, et l'avenir allait démontrer que sur le plan stratégique en particulier, Port-au-Prince était plutôt défavorisé. Mais en fondant sa désapprobation presque entièrement sur les défectuosités du port, Meynier ne donnait vraiment pas grand poids à ses raisons, d'autant qu'il reconnaissait au Port-au-Prince le privilège de posséder une rade capable d'abriter plus d'une vingtaine de vaisseaux de 50 à 100 canons... Son opinion exprimée, l'ingénieur jeta son dévolu sur *l'Acul du Petit-Goâve* qu'il prétendit l'endroit idéal pour l'érection d'une capitale.

Pendant ces tractations, la situation internationale avait empiré avec la mort, le 20 octobre 1740, de l'empereur Charles VI qui ouvrait la succession de l'empire d'Autriche. Les hostilités engagées entre l'Angleterre et l'Espagne étaient sur le point de s'étendre à la France, en raison de l'alliance des couronnes de France et d'Espagne. Déjà à Saint-Domingue parvenaient des rumeurs selon lesquelles des armements intensifs se faisaient dans les ports de la Métropole.

Si les hostilités avec l'Angleterre n'allaient être officiellement déclarées qu'en mars 1744, aux Antilles, dès 1740, un état de guerre plus ou moins apparent avait commencé à se dessiner, eu égard aux conflits répétés qui éclataient sur les côtes et en pleine mer.

Ne pouvant assumer la protection des bâtiments qui se trouvaient ancrés à l'embarcadère du Fossé, lieu de mouillage, à 1 400 toises de l'embouchure de la Grande-Rivière du Cul-de-Sac, des bâtiments d'Europe faisant le commerce avec la plaine, Larnage leur prescrivit de se rendre au Petit-Goâve. Cette décision, qui allait avoir pour effet de placer dans l'isolement les habitants de la paroisse du Cul-de-Sac, détermina ces derniers à solliciter du gouverneur, par l'intermédiaire de leur commandant Joseph de La Caze, la construction, sur «l'îlet» qui commande la côte de Port-au-Prince, d'une batterie propre à protéger les bateaux en chargement. Ceux-ci pourraient ainsi se passer de la protection du Petit-Goâve, vraiment trop éloigné du commerce de la plaine.

Larnage, homme intelligent et compréhensif, se rendit à ces raisons. Il étendit même les mesures de protection en demandant à l'ingénieur en chef Meynier, chargé des plans de fortification de l'Islet, de dresser d'autres plans pour un petit fort à ériger au morne Fortin. Puis il fit mettre des corps de garde et poster des canons d'alarme sur divers points de la côte. Les travaux de l'Islet, confiés comme ceux du fortin à l'entrepreneur Morel, prirent fin au début de 1742. Une batterie de 14 canons composa l'armement de l'Islet.

Avec le départ pour l'Europe, en 1741, des flottes de Saint-Domingue et de la Jamaïque, dont les équipages avaient été décimés par la maladie, une certaine accalmie s'installa dans les Antilles. Le gouverneur de Larnage en profita pour pousser encore plus activement à l'établissement d'une série de fortifications appelées à garantir la défense côtière de la colonie.

Nullement découragé par les dénégations de Meynier, il continuait au contraire, en précurseur illuminé, à conserver bien intacte sa confiance en l'avenir du Port-au-Prince et les mesures de protection qu'il va adopter pour le voisinage immédiat de la ville qu'il rêve de fonder, demeurent dans la ligne de ses ardentes aspirations.

En 1741, il fait élever une batterie à une lieue de la Chaussée du Fossé du Cul-de-Sac[11], et une autre sur la queue d'un haut fond. L'année suivante, il place un corps de garde de milice sur l'habitation Ferron, arme une redoute et établit des retranchements sur un point de la côte qui contrôle le port[12]. Puis il installe un autre corps de garde de milice sur l'habitation Piémont, proche de ce qui devra être l'entrée sud de la ville. Enfin, pour alimenter en eau potable ces diverses installations militaires, il charge l'entrepreneur Morel d'exécuter une canalisation en maçonnerie qui servira à conduire l'eau de la source Charbonnière...

La fondation d'une ville dans la région de l'Hôpital impliquait nécessairement la disparition des bourgs du Trou-Bordet et du Cul-de-Sac, beaucoup trop voisins de l'emplacement choisi. Profitant du calme qui se prolongeait toujours dans les Antilles, Larnage écrivit au ministère de la Marine, en février 1742, pour obtenir l'autorisation de supprimer ces deux paroisses, afin de les remplacer par la paroisse projetée du Port-au-Prince. Il avait eu vent que le ministre de Maurepas ne s'était pas laissé convaincre par les objections de Meynier, et avait jugé le moment arrivé de revenir à la charge. Cette fois, l'agrément ministériel ne se fait plus longtemps attendre. Et sans tarder, Larnage et Maillard rendent les ordonnances des 6 février et 3 juin 1743, enjoignant aux habitants du Cul-de-Sac d'acheter l'habitation Morel, ci-devant Randot, pour asseoir leur nouvelle ville. Une fois en possession de l'acte d'arpentage de l'habitation, dont le périmètre avait été tracé par l'arpenteur Du Colombier, ils promulguèrent, le 29 octobre, une troisième ordonnance fixant les limites du territoire de la paroisse. Ainsi était rendu public l'*acte de fondation de Port-au-Prince*.

La ville allait se limiter uniquement à l'habitation Randot qui, partant de la butte Fortin, touchait au sud à l'habitation Bretton des Chapelles, sur la ligne actuelle de la rue Pavée. Elle était bornée à l'est, par le quartier dénommé aujourd'hui Poste Marchand et à l'ouest, par la mer. Quant à la paroisse, elle comprenait toute l'ancienne paroisse du Trou-Bordet et une partie de celle du Cul-de-Sac et s'étendait ainsi bien au delà de la Grande-Rivière du même nom.

En obligeant les futurs occupants à acheter le site de leur nouvelle ville, il était acquis que cette dernière demeurerait, comme le voulait la coutume, la propriété exclusive de la paroisse... Entre les paroissiens et le sieur Drouillard, procureur de la veuve Damien dont l'habitation est limitrophe du Cul-de-Sac, des pourparlers sont ouverts pour la vente du bourg. Ils s'arrêtent au prix de 40 000 livres que madame Damien devra verser en temps et lieu à M. Morel, propriétaire de l'habitation Randot. Un plan de la ville est dressé par l'ingénieur Du Coudreau. Quelques particuliers se hâtent de payer des droits de concession pour des positions qu'ils croient les meilleures. Randot s'achemine résolument vers son destin de capitale.

Quelle est à cette époque la physionomie du site de la future ville? En 1743, Randot est une habitation de moyenne étendue[13], s'élevant en pente douce à partir du rivage. La culture principale en est la canne à sucre. La terre légère, blanche et marneuse, par sa facilité à absorber l'eau de pluie, se passe très bien de l'arrosage – d'ailleurs précaire dans cette région – et produit de fort belles cannes... Spectacle vraiment ravissant que celui de ces champs en pleine prospérité, coupés de chemins creux qui facilitent le passage des lourds cabrouets et arrêteraient l'incendie si jamais le feu venait à éclater!

Au nord, sur la butte qui domine l'exploitation, poussent le bois patate et l'herbe de Guinée, destinés à la nourriture des bêtes de trait. La nature sèche et aride de ce sol le prédispose à merveille à ce genre de culture. De là, du côté de la mer, on remarque dans une crique bordée d'algues et de roseaux, les barques blanches du propriétaire, qui se balancent au gré des flots. Un peu à l'est, sur une position élevée, situation idéale pour la surveillance des alentours, se détache la masse trapue de la grand'case au toit de tuiles roses. C'est ici la maison du maître et des «dirigeants» de l'exploitation. En retrait, les misérables cases de torchis du personnel nègre s'emboîtent les unes dans les autres. De petits lopins plantés en vivres leur font face, seuls biens dont disposent momentanément les artisans de la richesse de l'habitation. Plus loin, sur la place à vivres croissent dans des plates-bandes symétriquement tracées, les bananiers, le maïs, le millet et autres cultures vivrières pour la consommation du personnel. Tout à côté ont été aménagés des pâturages pour l'entretien du bétail.

En contrebas de la grand'case s'élèvent, dominés par un panache de fumée rousse, les bâtiments de la manufacture : voici la sucrerie, la case à bagasse et ici les magasins. Le moulin, constitué de cinq grands cylindres ou rouleaux qui servent à broyer (ou à rouler) la canne, est installé dans la cour de la manufacture, à l'ombre d'un tamarinier. Six forts mulets, tenus en haleine par des surveilllants attentifs, l'actionnent sans désemparer. Une conduite en maçonnerie amène le vesou, ou jus de canne, à la sucrerie, construction oblongue où se préparent dans des cuves en potin le sirop et le sucre.

Une activité fébrile règne de ce côté du domaine. C'est ici que se forgent dans le bouillonnement des chaudières, les louis d'or qui, s'ajoutant à ceux des autres habitations, assureront la pérennité de la renommée de Saint-Domingue. De temps en temps, dominant le tumulte, la voix hargneuse d'un commandeur clame ses ordres au bataillon d'ébène... Proches de la clairière, les hautes cannes frissonnent sous la brise, tandis que de partout s'exhale cette saine odeur des Antilles dont le colon repu et satisfait aimera se souvenir dans les effluves enivrants de ce Paris élégant, point de mire de toutes ses ambitions.

Bien plus vaste que sa voisine[14], l'habitation Morel ou Bretton des Chapelles, elle aussi, est en pleine prospérité. Le terrain, très approprié à la canne, a été sur toute son étendue utilisé pour cette culture. Dans sa partie centrale, s'arrondit une bosse caractéristique, petite éminence qui plus tard, en raison du tuf volcanique dont se compose son sol, sera nommée le *Morne-à-Tuf*[15]. Sous l'effet de la brise, les tiges foliacées des hautes cannes se bercent en un mouvement harmonieux, mer de verdure qui ne finit qu'au pied des montagnes escarpées fermant

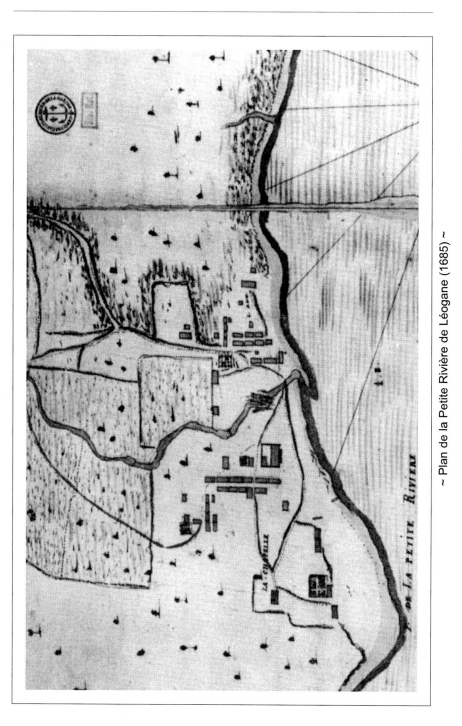

~ Plan de la Petite Rivière de Léogane (1685) ~

~ Plan de l'Ester (1702) ~

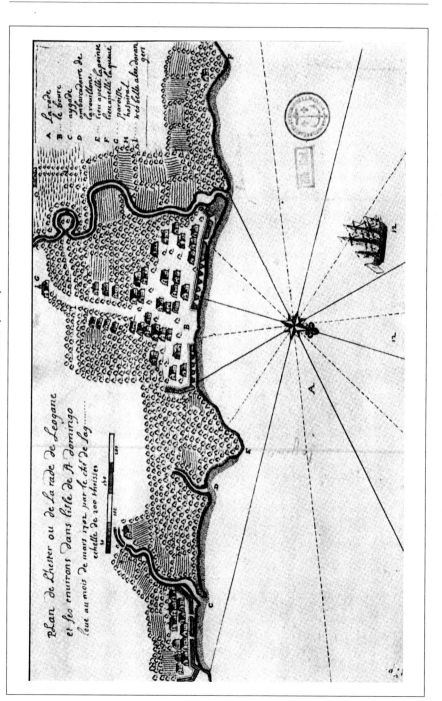

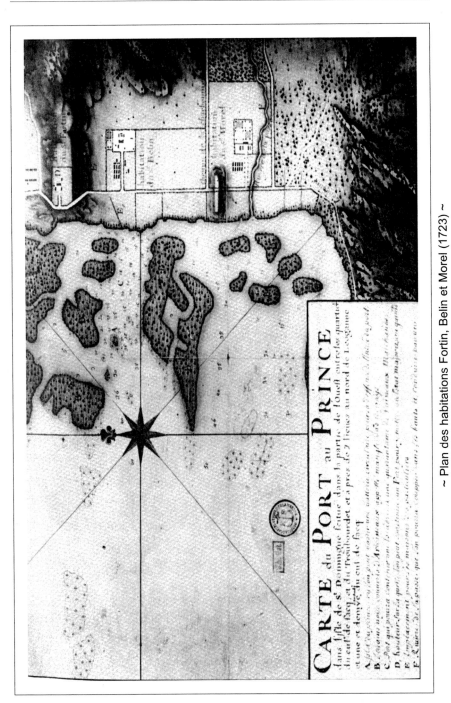

~ Plan des habitations Fortin, Belin et Morel (1723) ~

~ Plan du Port-Royal (1733) ~

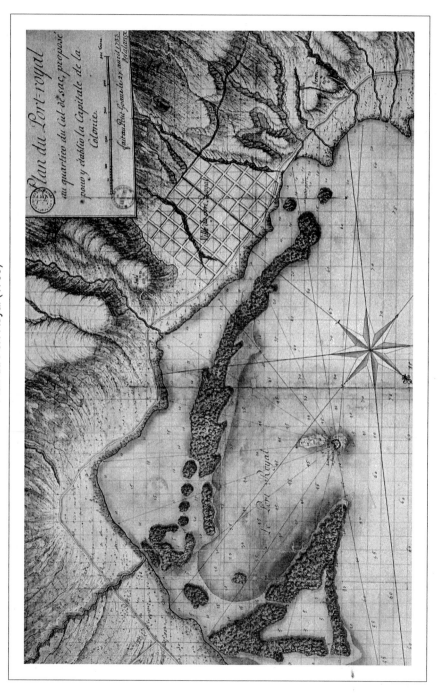

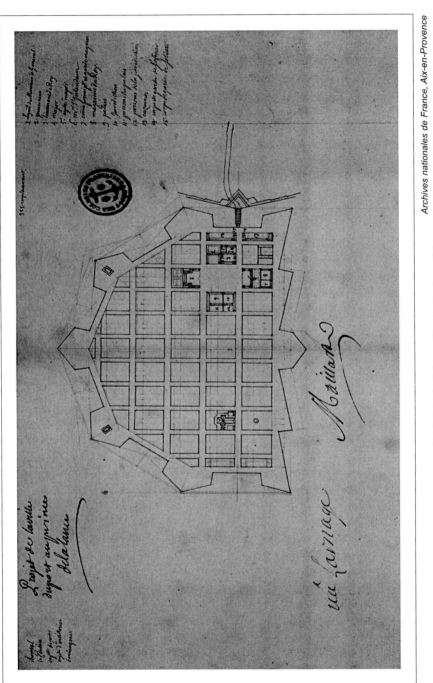

~ Projet de la future ville de Port-au-Prince ~

~ Lettre adressée à Morel, lui demandant de faire procéder à
l'arpentage de l'emplacement de la future ville (1743) ~

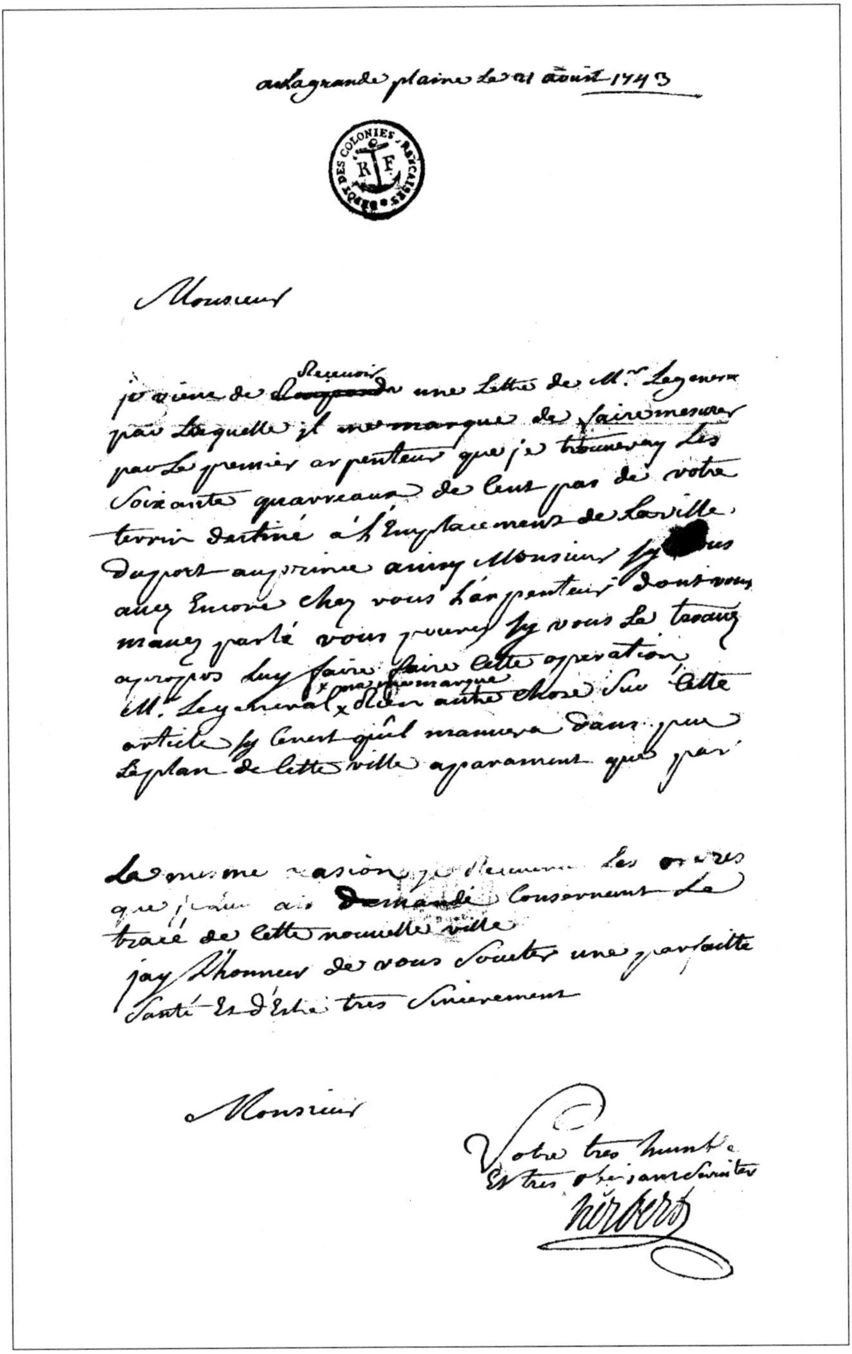

au la grande plaine le 21 aoust 1743

DÉPOT DES COLONIES FRANÇAISES R F

Monsieur

je viens de Recevoir ~~[illegible]~~ une lettre de Mr Legeneral
par laquelle il ~~me marque~~ de faire mesurer
par le premier arpenteur que je trouveray les
soixante quarreaux de cent pas de votre
terrain destiné à l'emplacement de la ville
du port au prince ainsy Monsieur si vous
avez encore chez vous l'arpenteur dont vous
m'avez parlé vous pourrez si vous le trouvez
apropos luy faire faire cette operation
Mr Legeneral ne me marque rien autre chose sur cette
article si ce n'est qu'il m'envera dans peu
le plan de cette ville apparament que par
la même rasion je recevrai les ordres
que j'en ai demandé concernant le
tracé de cette nouvelle ville
jay l'honneur de vous souhaiter une parfaitte
santé et d'estre tres sincerement

Monsieur

Votre tres humble
et tres obeissant serviteur
[illegible]

~ Nouvelle lettre adressée à Morel sur le même sujet ~

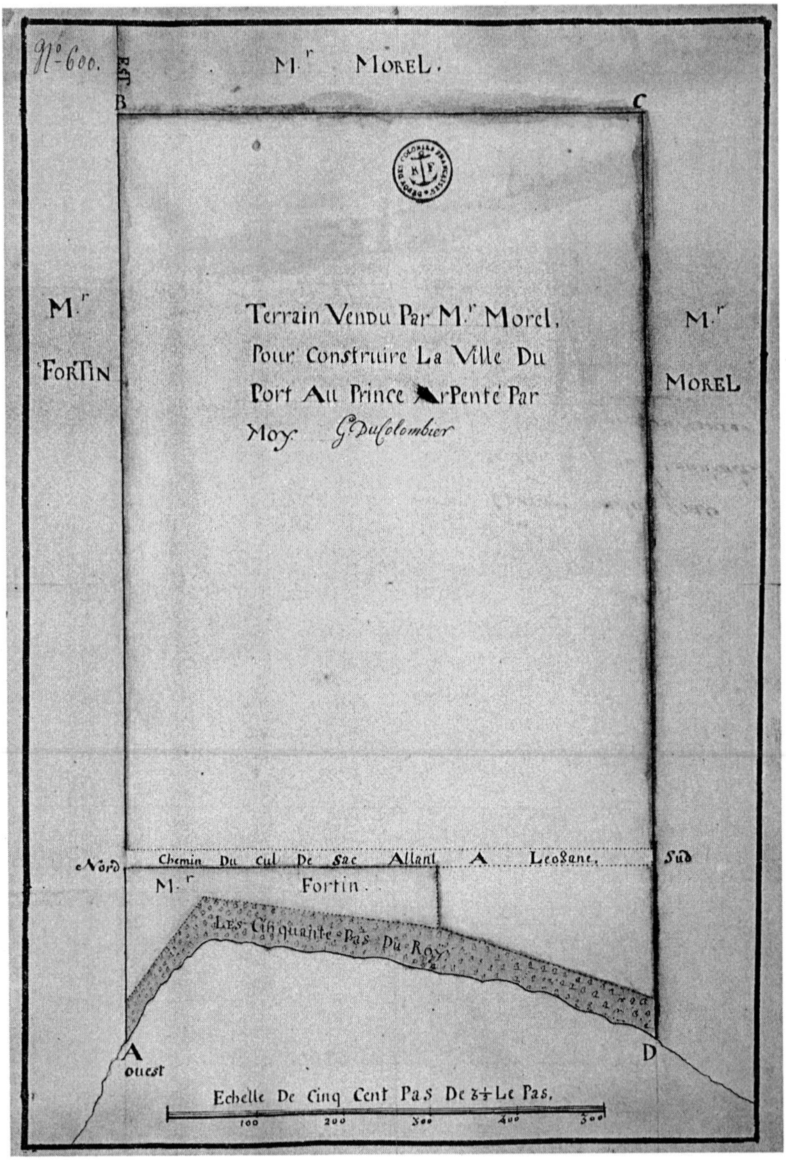

Archives nationales de France, Aix-en-Provence

~ Terrain vendu par Morel pour construire Port-au-Prince ~

l'habitation au sud. Tout en haut de la propriété, la grand'case, spacieuse et commode, se cache au milieu d'un bosquet d'orangers. La vue, de là, embrasse les champs et s'étend bien loin sur la mer. À peu de distance, émergent les bâtiments de la manufacture, simples dans leur architecture utilitaire.

... Le départ des Antilles de l'escadre française sous les ordres du marquis d'Antin, suivi de près de celui du comte de Roquefeuille qui commandait les six vaisseaux détachés de cette flotte, avait laissé les eaux de la colonie sous la garde unique de deux corvettes. Cette absence pour le moins inquiétante, outre l'imminence de la déclaration de guerre avec l'Angleterre, porte les habitants du Cul-de-Sac à solliciter des administrateurs[16] l'autorisation de suspendre la translation de leur bourg. Larnage toujours très raisonnable, se rend à leur désir.

Âme de la défense de Saint-Domingue et champion de la cause du Port-au-Prince, il ne continue pas moins les préparatifs en vue de l'établissement prochain de la nouvelle ville. Stimulé par l'état de guerre entre la France et l'Angleterre, officiellement déclaré le 17 mars 1744, il fait élever sur les pentes du morne Fortin, pour remplacer le petit fort dont certaines difficultés techniques avaient contrarié l'érection, une nouvelle batterie de 6 canons, la batterie des Trois-Joseph. La protection du port est ainsi renforcée, et avant même la construction de la ville, sa rade sera en mesure de servir de refuge à bon nombre de vaisseaux marchands.

Face à la guerre, l'état d'esprit des habitants de Saint-Domingue n'est cependant guère encourageant. «Beaucoup, affirme Cabon, ne songent qu'à leurs biens, et au lieu de faire face à l'ennemi qui tente une descente, ils se retirent dans les bois avec tout ce qu'ils peuvent emporter». En 1745, ceux du Cul-de-Sac refusent de se rendre à la batterie de l'Islet pour effectuer des travaux de réparation. Larnage pour les punir en fait retirer les canons qu'il expédie à Saint-Marc. Ils y resteront jusqu'à la fin des hostilités.

Les années passent. Malgré de multiples tentatives, les Anglais n'arrivent pas à prendre pied à Saint-Domingue. La paix d'Aix-la-Chapelle, signée le 20 octobre 1748, met fin aux opérations militaires.

Entre-temps, le marquis de Larnage était mort au Petit-Goâve, le 19 novembre 1746, sans avoir eu la satisfaction de voir ériger les premières maisons de sa capitale. Un destin malheureux l'avait ravi à la gloire de couronner son oeuvre[17].

Hubert de Brienne, comte de Conflans, qui le remplace au gouvernement-général en 1748, ne paraît pas, lui, très pressé de faire exécuter les ordonnances de 1743. Quoique rien ne s'y oppose désormais, l'établissement de la capitale au Port-au-Prince semble mis en veilleuse: on n'en parle presque plus... Un événement inattendu vint tout remettre au jour.

Le 3 juin 1749, à la suite d'une pluie diluvienne, la Grande-Rivière déborde, envahit le bourg du Cul-de-Sac et y cause les plus grands dégâts. Résolus à fuir à jamais les bords inhospitaliers de cette rivière traîtresse, les paroissiens s'empressent de demander au gouverneur l'application des ordonnances de 1743 au sujet de la nouvelle ville.

Réveillé de sa torpeur, de Conflans va se consacrer à l'exécution des voeux de son prédécesseur. Dix jours après la crue de la Grande-Rivière, le gouverneur et l'intendant rendent à Léogane l'importante ordonnance du 13 juin 1749, inspirée vraisemblablement du seul Maillard, qui précise et complète les ordonnances de 1743 relatives à la fondation de la ville de Port-au-Prince[18].

Les 40 000 livres du produit du bourg du Cul-de-Sac sont appliquées à l'achat de Randot, fixé à 42 000 livres, tandis que les habitants du Trou-Bordet sont autorisés à vendre leur bourg au sieur Barthélémy Le Tort pour la somme de 18 000 livres. Cette valeur devait être versée aux marguilliers de Port-au-Prince pour servir en partie à payer le solde dû à Morel.

«Les habitants situés au delà de la *Grande-Rivière du Lamentin* et tous ceux en deçà de la *Grande-Rivière du Cul-de-Sac* seront réputés de la paroisse du Port-au-Prince», proclamait l'ordonnance du 13 juin. Le territoire compris entre la rivière du Lamentin et la Grande-Rivière du Cul-de-Sac devenait donc celui de la paroisse du Port-au-Prince. Cette disposition nouvelle ne rapetissait qu'apparemment l'étendue de la paroisse telle qu'elle avait été prévue par Larnage en 1743, car si la paroisse de la *Croix du Bouquet* que fondait la même ordonnance du 13 juin bénéficiait d'une bonne partie du territoire primitivement destiné à celle de Port-au-Prince, elle n'allait être qu'une simple succursale, relevant de cette dernière pour toutes les affaires, sauf pour les questions religieuses. Au fait, la fondation de la *Croix du Bouquet* – transformée plus tard en *Croix-des-Bouquets* – ne reposait que sur des motifs d'ordre spirituel, les administrateurs ayant trouvé juste d'épargner aux paroissiens dont les habitations étaient situées au delà de la Grande-Rivière du Cul-de-Sac, de se rendre jusqu'au Port-au-Prince pour faire leurs dévotions. Et pour bien marquer la prépondérance qu'ils entendaient conférer au Port-au-Prince et parer à un développement inopportun de sa voisine, ils prirent soin de spécifier que nul autre ne pourrait s'établir au bourg de la Croix du Bouquet, qu'un chirurgien, un machoquet (serrurier), un charron, un sellier, un cabaretier-boulanger et un boucher auquel les fermiers fourniraient un étal.

L'ordonnance du 13 juin chargeait l'arpenteur Duport de modifier le plan de l'ingénieur Du Coudreau, en rectifiant les îlets jugés trop étroits et en augmentant l'étendue du quai. Les corrections faites, Duport se rend sur les lieux et commence à jalonner le terrain.

Malgré le désir de chacun de se fixer le plus promptement possible dans la nouvelle ville, des difficultés de tous ordres surgissent, poussant plus d'un au découragement. Entre autres, le transport des meubles et des matériaux disponibles par des chemins impraticables crée des problèmes épineux. Le commandant du Cul-de-Sac, M. de La Caze, répondant aux vœux des administrateurs, réquisitionne un nombre de nègres suffisant pour travailler à la réfection des chemins Trou-Bordet et Cul-de-Sac vers Port-au-Prince. Puis, le premier, il se rend au Port-au-Prince et s'établit dans la grand'case de l'habitation Randot[19] qui reçoit au préalable des réparations de l'ordre de 6 000 livres, aux frais de la paroisse.

Sous le contrôle effectif de M. de La Caze, les terrains une fois numérotés sont distribués d'après le plan modifié par Duport. Un délai de six mois est accordé aux concessionnaires pour se transporter sur leur propriété, à peine de s'entendre déclarés déchus de leur droit.

Pour éviter la confusion, les administrateurs prescrivent l'annulation des concessions primitivement délivrées sous Larnage. Les bénéficiaires pourront en obtenir de nouvelles, sans avoir à payer d'autres droits.

Les emplacements proches de la mer sont réservés aux négociants. Ceux qui parmi eux sont propriétaires de plus d'un terrain dans le bourg du Cul-de-Sac auront le privilège d'obtenir les meilleures positions. De plus, ils seront affranchis de la taxe de «trois livres par chaque pied de face» et des droits ordinaires d'enregistrement. La préférence dans la répartition sera toujours accordée aux négociants et marchands, puis, aux simples particuliers.

Duport, chargé par les administrateurs du ravitaillement en eau de la ville, entreprend la construction d'un bassin appelé à régulariser le débit de la Charbonnière, captée en 1743 par l'entrepreneur Morel. L'arrivée ininterrompue de l'eau en ville va précipiter l'ouverture des chantiers de construction.

Déférant aux prescriptions de l'ordonnance du 13 juin, le curé, les notaires, les bouchers s'empressent, pour tracer le bon exemple, de prendre possession de leur nouveau domicile. En attendant la construction du presbytère à l'aide des démolitions du presbytère du Trou-Bordet, le curé se loge dans un ancien dépôt à bagasse, voisin de la sucrerie. On pousse activement les travaux de transformation et d'aménagement de ce dernier bâtiment qui sera la première église de Port-au-Prince[20]. Au haut de la ville, on érige quelques cases pour loger les nègres de la maréchaussée et «autres négresses et mulâtres connus de bonne vie qui peuvent être utiles», sans toutefois, l'ordonnance du 13 juin a soin de le préciser, en «trop multiplier le nombre».

La célérité a donc succédé à l'incertitude. L'ancienne habitation n'est bientôt plus qu'un grand chantier. L'activité y bourdonne. Nègres et habitants s'affairent à brasser le mortier et à équarrir les solives. Une carrière sur la colline Fortin fournit du moellon consistant, cependant que des bâtiments ancrés dans la rade débarquent des tonnes de bois de construction tirés des forêts de la Gonâve et des Baradères.

Quelques maisons s'achèvent. De hauteur égale, couvertes les unes en tuile, d'autres en ardoise, elles ont bel air dans leur simplicité. Les servitudes urbaines imposées par l'ordonnance du 13 juin ont été respectées. La cité naissante y gagne en harmonie et en lignes.

Le 26 novembre 1749, un ordre du roi de France déclare le Port-au-Prince *capitale des Îles sous le Vent*[1]. Cette proclamation royale était la consécration de l'oeuvre de Larnage. La lutte avait été pénible, les difficultés innombrables, mais le but était atteint : Port-au-Prince, fils posthume de Lanarge, était bien né. Que lui réservait l'avenir?

Notes

1   Espace compris entre Martissant et Cotte-Plage.

2   Vraisemblablement dans les hauteurs de Turgeau.

3   Mgr Pouplard précise que la Petite-Rivière était «située sur le bord de la mer, le long d'un ruisseau qui lui a donné son nom, à deux lieues environ de l'embourchure de la rivière Momance, et à cinq lieues à peu près de la pointe de Léogane». *Notice...* p. 14.

4   Le bourg du Cul-de-Sac occupait la position de la Croix-des-Missions d'aujourd'hui. D'après Charlevoix, Xaragua, capitale du royaume de ce nom, s'élevait au même endroit.

5   Quartier : ancienne division territoriale. Le quartier du Cul-de-Sac avait pour limites les quartiers de Léogane et de Mirebalais.

6   Le Trou-Bordet était bâti approximativement dans la zone s'étendant du marché de Bizoton à Thorland.

7   Les «habitans» étaient des propriétaires planteurs. «Avec les marchands des bourgs, écrit le père Cabon, ils furent le premier noyau stable de la colonie de Saint-Domingue». Cabon, *Histoire d'Haïti,* Tome I, p. 24.

8   Il serait peut-être utile de préciser que le Cap-Français, contrairement à ce que l'on pense d'habitude, n'a possédé le titre de capitale que par occasion, lorsque les administrateurs de la colonie, pour les besoins de la guerre, y transportaient leur résidence.

9   L'une des compagnie de colonisation fondées pour la mise en valeur des Antilles. Elles bénéficiaient généralement de privilèges abusifs.

10   Dans le gouvernement royal de France, les colonies dépendaient du Ministère de la Marine.

11   Région de Sarthe, en plaine du Cul-de-Sac.

12   Position occupée aujourd'hui par les bureaux de l'USAID au Bicentenaire.

13   Superficie: 61 carreaux 5/100, soit environ 78 hectares 69.

14   Superficie : 130 carreaux 42/100, soit environ 167 hectares 70.

15   La présence à l'origine d'une éminence dans le quartier du Morne-à-Tuf est nettement perceptible à la Grand'Rue. A partir de son intersection avec la rue du Champ-de-Mars, la voie en effet accuse une légère rampe jusqu'à son croisement avec la rue Saint-Honoré. De là, elle continue en pente douce, en direction du Portail Léogane.

16   Le terme «Administrateurs» désignait le Gouverneur Général qui était toujours un militaire et l'intendant, toujours un fonctionnaire de l'ordre civil. «La bonne entente de l'un et de l'autre était seule capable d'écarter un conflit, écrit Cabon, c'est pourquoi cette entente leur était spécialement recommandée,...» Cabon, *Histoire d'Haïti,* tome 1, p. 282.

17   «Il mourut au Fort Royal du Petit-Goâve, âgé de 59 ans, le 19 novembre 1746, à deux heures du matin, d'une maladie gangréneuse compliquée de goutte. Madame de Larnage fit transporter et inhumer son mari à Léogane». Moreau de Saint-Méry, *Description...,* 1958, p. 1098. Les cendres de Larnage furent placées dans l'église paroissiale de cette ville. Plusieurs fois reconstruite, l'église de Léogane ne paraît plus renfermer aujourd'hui les restes de celui qui «considérant la colonie entière comme sa famille» avait voulu en être le père «et en mérita le titre»: nous y avons vainement cherché les traces de son tombeau.

18   Voir en appendice la retranscription de l'ordonnance du 13 juin 1749.

19   Emplacement approximatif de la Bibliothèque de l'Amicale du Lycée Pétion, derrière la cathédrale.

20   À l'époque de la fondation de Port-au-Prince, les églises du Cul-de-Sac et du Trou-Bordet étaient, paraît-il, desservies par le même titulaire, lequel résidait au Cul-de-Sac. Il devint naturellement le premier curé de la nouvelle paroisse. Celle-ci n'allait pas cependant hériter de la patronne du Cul-de-Sac. On préféra à N.-D. du Rosaire, la Vierge de l'Assomption qui, pendant près de quarante ans, avait été l'insigne protectrice des habitants du Trou-Bordet. Construite en 1710 sur les ruines de l'ancienne chapelle, l'église du Trou-Bordet avait été en effet, depuis le 27 août 1711, consacrée à Notre-Dame de l'Assomption. Les Port-au-Princiens seront très heureux d'accueillir cette drenière dans leur église improvisée et ne cesseront dès lors de lui rester fidèles et de la vénérer comme leur sainte et digne patronne. La Croix-des-Bouquets, de son côté, héritera de la patronne du Cul-de-Sac, Notre Dame du Rosaire. Les matériaux provenant de la démolition de l'église et du presbytère de ce bourg seront utilisés pour la construction de l'église provisoire et du presbytère de la Croix-des-Bouquets.

21   Titre un peu ronflant adopté par opposition aux Îles du Vent ou possessions françaises des Petites Antilles qui formaient un gouvernement à part. Les Îles sous le Vent étaient constituées de Saint-Domingue et des îles adjacentes qui font aujourd'hui partie intégrante du territoire haïtien. – Voir en appendice la reproduction de la lettre du Roi déclarant Port-au-Prince capitale des Îles sous le Vent.

PREMIERS MALHEURS

Onçue à des fins d'expansion et de valorisation d'un vaste territoire en état de sous-développement, la nouvelle capitale devait, sous le rapport de l'urbanisme, se présenter comme une réussite de l'administration française. Pour répondre à ce voeu du gouvernement de la Métropole, les responsables du tracé de la ville s'étaient inspirés du *Traité des Fortifications* de l'ingénieur français Forest de Bélidor, «qui contenait toute la science de Vauban et servit jusqu'à la fin du régime aux ingénieurs du roi chargés d'élaborer pour la France et les colonies des plans de villes et des élévations ou des façades de monuments». Un produit des nouveaux principes d'urbanisme préconisés par Bélidor et que concrétisait le prototype alsacien de Neuf-Brisach, telle serait la capitale des Îles sous le Vent.

Mais à côté de ces perspectives brillantes, de quel passif impitoyable étaient frappées les agglomérations dont le sang drainé avait insufflé vie à la cité nouvelle! Deux bourgs prospères condamnés à la destruction, deux villes, tour à tour honorées du titre de capitale, vouées à la décadence. C'était pour ces localités payer bien chèrement leur malencontreuse situation!

L'année 1749 s'était écoulée et le gouverneur de Conflans, toujours à Léogane, ne se décidait pas encore à se transporter au siège de la nouvelle métropole. L'ordre du roi proclamant le Port-au-Prince capitale des Îles sous le Vent le met dans l'obligation de prendre un parti. Mais un important problème restait en suspens que de Conflans, «bon marin peut-être, mais administrateur improvisé», avait négligé jusqu'ici d'envisager sérieusement. Sur quelles bases juridiques reposer le transfert des services administratifs de la colonie en un lieu réputé propriété d'une paroisse? L'espèce était délicate, et il convenait de ménager l'avenir. Maillard, ancien collègue de Larnage, qui, de concert avec lui, avait posé les fondements de la cité, va tout seul prendre en main la question. Aux confins de Randot, s'étendait la vaste habitation Bretton des Chapelles. En acquérant au nom du roi cette propriété et en y installant les bureaux du gouvernement, il surmontait les difficultés. Du même coup, la ville bénéficiait d'un accroissement notable de superficie, perspective appelée à servir admirablement sa destinée de capitale des Iles sous le Vent.

Des pourparlers sont entamés avec les propriétaires, MM. Morel et Bretton des Chapelles. Mais ces derniers entendent qu'on y mette le prix. On finit par tomber d'accord, et le 20 avril 1750, Maillard, au nom du roi, acquiert la propriété pour la «rondelette» somme de 730 000 livres. Y était inclus le prix des bestiaux de l'habitation et de 237 nègres destinés au service du roi[1].

Dans l'esprit de ses habitants, la ville va dès lors se trouver partagée en deux sections: l'ancienne et la nouvelle ville, la première demeurant le bien propre de la paroisse, la deuxième l'entière propriété du roi. Pour étrange que cela paraisse, cette division, quoique spécieuse, n'était pas moins réelle et en accord avec les lois et la jurisprudence.

Le transfert de l'administration s'opère avec célérité. Maillard s'installe dans l'ancienne sucrerie tandis que de Conflans et le chevalier Joseph-Hyacinthe Rigaud de Vaudreuil, gouverneur militaire de l'Ouest, prennent possession de la grand'case de l'habitation[2]... Les deux principales autorités militaires de la colonie ne feront pas longtemps bon ménage. Bientôt un différend s'élèvera entre eux qui, pendant un certain temps, tiendra en haleine l'opinion coloniale et aboutira à la désapprobation de de Conflans par la Cour, puis à son rappel en France.

Il fallait sans tarder penser à préparer un logement pour la garnison, obligée de rester à Léogane. On entreprend des réparations à la vieille bâtisse en ruine, pas très loin de la sucrerie, où naguère était purgé le sucre de l'habitation[3]. Ce bâtiment se révélant insuffisant, on élève aux abords de la purgerie d'autres abris pour loger les soldats. Ce seront les premières casernes de Port-au-Prince. En même temps, plus en avant vers le sud, on construit une poudrière en forme de rotonde[4]. Plus tard, lorsque l'aménagement des casernes sera achevé et que la garnison de Léogane en aura pris possession, on organisera un embryon d'hôpital militaire dans une maison particulière.

Durant l'année, les travaux de nettoyage et de sarclage se poursuivent sur toute l'étendue de l'ancien domaine de messieurs Morel et Bretton des Chapelles. Les nègres de l'habitation, nouvellement acquis au roi, s'y livrent avec ardeur...

Pour marquer le prestige qui naturellement doit s'attacher à la personne du «Gouverneur pour le Roy des Îles françoises de l'Amérique sous le Vent», l'actif Maillard propose l'érection d'un hôtel pour loger le gouvernement[5]. On choisit un terrain contigu à celui des casernes, faisant face à la rue de Penthièvre (rue Joseph-Janvier) et bientôt, le premier coup de pioche est donné. Les plans laissent entrevoir un immeuble d'un aspect assez imposant, en pierres de taille et couvert d'ardoises.

Très à l'étroit dans sa sucrerie, Maillard profite du départ de M. de La Caze, ex-commandant du bourg du Cul-de-Sac, pour transporter le siège de l'Intendance à la grand'case de l'habitation Randot. La position était excellente. De plus, l'intendant ne tenait pas à demeurer trop près du gouverneur. Première autorité civile de la colonie, il entendait habiter de préférence un quartier assez proche du centre commercial, où il pourrait administrer en toute indépendance. Prétexte qui n'excuse pas pareil geste de la part d'un homme qui, naguère encore, pour ne pas déroger aux préceptes, avait su, en une circonstance à peu près identique, trouver une solution licite. Cette décision de l'intendant de prendre possession, de sa seule initiative et sans dédommagements, d'une partie du territoire de la paroisse, sera la source d'un litige qui ne s'éteindra qu'à la veille de la Révolution.

Sur les chantiers particuliers régnaient toujours le même enthousiasme, la même émulation. On s'occupait maintenant d'aplanir les pentes rapides du morne Fortin pour y asseoir des maisons. Les concessionnaires des terrains de la butte y découpaient des blocs de tuf qui pour l'heure valaient leur pesant d'or.

Le premier règlement urbain émané des administrateurs, et concernant Port-au-Prince, sera calqué sur une ordonnance déjà émise pour la police de la ville de Léogane. Cette ordonnance prévoyait que les rues devaient être «libres, nettes, aplanies et disposées de manière à accélérer l'égout des eaux».

Une nouvelle ordonnance crée le cimetière de Port-au-Prince. Comme le veut la tradition, on choisit à cette fin un emplacement voisin de l'église[6]. Aux nègres, on réserve, hors les murs, un terrain marécageux où souvent les cadavres mis en terre seront la pâture des cochons affamés. Le choix d'un tel endroit pour une si sainte destination ne s'explique que par le fond inhumain et pervers du régime colonial. Ce lieu abominable, décoré d'une croix du Sauveur, s'appellera la *Croix-Bossale*, du nom de ces pauvres êtres qui longtemps y trouvèrent le repos éternel.

Les administrateurs avaient hâte de voir s'achever le nettoyage de l'habitation des Chapelles. Ils voulaient sans trop tarder en commencer le morcellement. Dans les premiers jours de 1751, Guillaume de Verville, ingénieur en chef et directeur général des fortifications, est prié d'ajuster le tracé de la nouvelle ville à celui de l'ancienne. Ces deux secteurs se joignaient à l'actuelle rue Pavée, jadis limite des deux habitations. Des instructions sont en même temps données au lieutenant de vaisseau Louis de Kerlerec pour qu'il effectue un nouveau sondage du port, afin de délimiter le *port marchand* du *port du roi*.

M. de Verville s'acquitte de sa tâche avec bonheur, quoique les mesures du tracé de la nouvelle ville ne coïncident pas toutes avec celles employées pour le jalonnement de l'ancienne. L'inégalité est ostensible et se constate surtout dans l'envergure des îlets de la nouvelle ville. Cette dissemblance était voulue. Il s'agissait de bien marquer le destin de magnificence qu'on entendait conférer à la «ville du roi».

Comme pour les rues de l'ancienne ville, on affecte aux voies nouvellement ouvertes des noms de saints, de provinces françaises ou d'hommes d'État français, et on ne perd pas l'occasion de faire aussi la part de la fantaisie.

Au début de 1751, des changements importants vont s'opérer à la tête de l'administration coloniale, et la capitale ne sera pas sans en ressentir des commotions, dangereuses pour son existence.

Le 7 janvier, Maillard, à qui Port-au-Prince devait presque autant qu'à Larnage, quitte l'Intendance[7]. Deux mois après, le gouverneur comte de Conflans, à la suite de sa brouille avec M. de Vaudreuil, est rappelé à Paris. Lui succède Emmanuel Auguste de Cahideux, comte Dubois de Lamotte, vieillard de 68 ans qui, à cause de son âge, «n'accepte le gouvernement de Saint-Domingue que sur les instances du Ministre».

Installé à son nouveau poste le 29 mars 1751, le gouverneur se retrouve seul en présence d'une fonction qu'il n'avait pas recherchée, et d'une tâche – l'organisation d'une capitale nouvellement fondée – pour laquelle il ne se sentait aucune préparation.

Le sexagénaire à la santé chancelante tourne les yeux vers le Petit-Goâve où l'attirent irrésistiblement la quiétude et l'ordre qui y règnent. L'ingénieur en chef Henri Dumoulceau, récemment arrivé de France pour remplacer M. de Verville qui venait de mourir, se déclare lui aussi partisan du retour à l'ancien état de chose. S'appuyant sur le mémoire défavorable qu'avait rédigé Dumoulceau, le gouverneur trace pour l'édification du ministre un tableau des plus sombres de la nouvelle ville. C'était sa façon de justifier l'autorisation qu'il sollicitait de rétablir le siège de la capitale au Petit-Goâve, position selon lui préférable entre toutes.

Port-au-Prince est-il à la veille de déchoir de son rang?

Ses jours sont-ils comptés?...

La capitale cependant commençait à prendre figure de cité. En deux ans, une centaine de maisons y avaient été construites, la plupart dans l'ancienne ville. Produit d'une main-d'œuvre peu qualifiée, elles n'ont pas grande mine, mais bénéficient d'une architecture qui satisfait aux exigences du climat. Quelques-unes sont surmontées d'un étage. Dans l'ensemble, elles n'offrent qu'un rez-de-chaussée coiffée d'une mansarde.

La partie la mieux bâtie de la ville est le *bord-de-mer*, le quartier des affaires, où les négociants ont édifié de belles «halles» en maçonnerie pour leur commerce.

Le rivage suit exactement la ligne arquée de la rue Courbe actuelle. Face à la «belle entrée» du marché Vallière d'aujourd'hui, a été construit un petit wharf de débarquement pour faciliter les échanges commerciaux. Peu à peu s'opère visiblement une certaine transformation des lieux. Les déblais provenant des chantiers de construction et surtout du nivellement de la partie basse du morne Fortin sont déversés le long du rivage, et ainsi se réalisent des gains assez importants sur la mer. Ces conquêtes préparent lentement mais sûrement l'avenir de la cité... Ailleurs, le littoral s'étend, inégal, découpé de criques malsaines où croissent les mangliers.

Si les habitants de la nouvelle capitale ont pris à cœur de respecter leurs engagements vis-à-vis de l'administration, en construisant leurs maisons et en adaptant leurs activités commerciales à leur nouveau genre de vie, l'administration elle-même, surtout depuis le départ de Maillard, n'entreprend rien. Elle semble frappée d'inertie. Le tracé de la ville depuis longtemps est achevé; mais les rues ne sont toujours pas aplanies, et les espaces prévus pour l'établissement de places publiques restent comme des lieux abandonnés que les halliers envahissent.

Autour de la grand'case de Randot, convertie en hôtel de l'Intendance, le sol aride et sablonneux de ce quartier frais et tranquille décourage les promeneurs en quête de délassement. En contrebas, la place de l'Intendance déploie sa maussade apparence; et sans le train-train des habitants des rues qui l'encadrent, on la prendrait pour un petit Sahara[8].

Dans la nouvelle ville, en dehors des bureaux du Gouvernement édifiés à l'est, presque en bordure des limites de la cité, le bâtiment n'a guère marché jusqu'ici: à peine deux ou trois maisons particulières perdues dans une immensité démesurée. Des deux places publiques prévues par M. de Verville pour la ville du roi, il n'existe encore que les bornes. Les emplacements sont en friche et, comme les places de l'ancienne ville, offrent l'aspect de savanes désolées. Bien plus, l'absence de vie de leur voisinage accentue leur détresse[9].

La ville est ravitaillée par un marché très animé à qui l'on a réservé une surface convenable dans le centre commercial, proche du quai :

c'est aujourd'hui l'emplacement du marché Vallière. Les marchands de la plaine qui, à la route, ont préféré la voie maritime, empruntent en arrivant le petit débarcadère qui fait face à la place du marché.

Le dimanche, jour du négoce par excellence, le marché, transformé en vraie foire, fourmille d'une population remuante, en quête de provisions et de plaisirs. Car on n'y va pas seulement pour s'acheter des haricots ou des bananes, on s'y rend également pour offrir à sa belle un mouchoir des Îles, un beau peigne de nacre ou des sandalettes vernies. Et dans les rires qui fusent perce la joie des folles promesses ou des baisers complaisants.

Pour l'esclave, le marché est un lieu plein de convoitises où il vient écouler les produits de son jardin. Son pécule sera-t-il suffisant pour lui procurer les mille colifichets dont il raffole ? Petits miroirs, boucles d'oreilles, mouchoirs madras sont là, en effet, qui le sollicitent impérieusement. Mais pour lui rappeler le sage usage qu'il doit faire de cette liberté du dimanche que ses maîtres lui accordent volontiers et la conduite exemplaire qui doit être la sienne en toutes circonstances, on a placé sur une estrade bien visible le carcan du criminel.

La ville est encore dotée de deux marchés spécialisés, disposés eux aussi non loin du rivage : le marché aux volailles, à l'extrémité orientale de l'actuelle rue Courbe, et lui faisant pendant, le marché aux poissons, à l'autre bout de la même rue[10]. Sans conteste, la ville, en matière de centres d'approvisionnement, est on ne peut mieux favorisée.

En revanche, le problème de l'eau n'a pas encore trouvé de solution. Le petit canal construit par l'entrepreneur Morel demeure toujours la seule prise qui alimente la capitale en eau. Et celle-ci est loin de présenter toutes les garanties de potabilité. Elle arrive à la fontaine, polluée par les divers usages que les riverains de la Charbonnière en ont faits, et les Port-au-Princiens, pour s'en désaltérer, sont forcés de la faire bouillir. On a bien pensé à capter la rivière du Trou-Bordet qui coule à quelques lieues, mais les hydrauliciens prétendent cette eau chargée de tuf. En attendant l'exécution du projet de captage de la source de Turgeau, la ville sera condamnée à souffrir, quelque temps encore, d'une désagréable disette d'eau.

... Au déséquilibre commercial enregistré pendant la période de guerre avait succédé, depuis la signature de la paix d'Aix-la-Chapelle, un renouveau économique dont la rapidité à se manifester s'expliquait par l'aide substantielle que le commerce de France avait généreusement fournie aux négociants de Saint-Domingue. Une suite de malheurs publics vint cependant ralentir cet essor et jeter la colonie dans la détresse et le deuil. Port-au-Prince, comme bien d'autres villes, aura à payer – et de quelle manière ! – son tribut à l'adversité.

Déjà, aux portes de la capitale, dans la riche plaine du Cul-de-Sac, une meurtrière épizootie s'était déclarée. Le commerce du sucre s'en ressentait, car nombre de moulins n'avaient pu fonctionner, faute de force motrice.

Le 6 juillet 1751, un ouragan d'une violence particulière, se déchaîne sur la ville. Plusieurs maisons s'en trouvèrent décoiffées. Un nouveau cyclone, le 20 septembre suivant, s'abat sur la cité, sans occasionner cette fois de dégâts.

De plus grandes vicissitudes se préparaient, comme pour confirmer l'opinion défavorable du rhumatisant Dubois de Lamotte sur la capitale

Dans l'après-midi du 18 octobre 1751, deux fortes secousses telluriques d'une durée de trois minutes ébranlent la ville. Les Port-au-Princiens terrifiés gagnèrent les rues. Les dommages furent néanmoins insignifiants et se soldèrent par des fissures aux murs des maisons.

À partir de cette date, Port-au-Prince va connaître des jours d'anxiété. Précédées de grondements souterrains, des secousses intermittentes, les unes moins violentes que les autres, font tressaillir le sol. Enfin, le 21 novembre, après une commotion particulièrement forte, se produit la catastrophe que tout le monde appréhendait: l'effondrement de la cité ! On emprunte à Moreau de Saint-Méry, le peintre génial du Saint-Domingue d'avant la Révolution, la relation de cette calamité :

«Le 21 novembre à 8 heures du matin, durant un calme profond, il y eut une légère secousse de tremblement de terre au Port-au-Prince. Des secousses plus violentes suivirent. Une seule des maisons de maçonnerie ne fut pas renversée. Quelques-unes de charpente tombèrent. Les casernes, le magasin général et une aile de l'intendance s'écroulèrent. Le 22, les bâtiments qui avaient résisté la veille furent détruits, et du 19 au 22, la terre ne fut pas stable un seul instant. Le soir et le matin, un bruit comme celui d'un canon souterrain annonçait de nouvelles agitations. Du 22 novembre au 8 décembre, il y eut 25 secousses...»

Durant ces jours d'angoisse, la population vit sous la tente : Port-au-Prince est transformé en un camp de bédouins. Pour comble de malheur, apparaît une épidémie de fièvre maligne. Elle durera quatre longs mois.

Le bilan du désastre est impressionnant. Des rares maisons encore debout, pas une qui ne soit lézardée. Les édifices gouvernementaux sont renversés ou gravement endommagés. L'église est en ruine. Les fortifications n'ont pas mieux tenu : la batterie de l'Islet est complètement hors d'usage et celle des Trois-Joseph anéantie... Pas de pertes de vies humaines heureusement, mais sur les visages, le malheur a empreint ses traits...

L'arrivée, peu de jours après la catastrophe, du nouvel intendant, M. Jean-Baptiste de Laporte Lalanne, muni d'instructions précises du ministre au sujet du maintien de Port-au-Prince au rang de capitale, achève de stimuler les habitants. Pour éviter toute nouvelle et désagréable surprise, on décide d'un commun accord de ne rebâtir qu'en bois. Puis, courageusement, on commence à débarrasser la ville des décombres qui la recouvrent.

Le séisme ayant renversé l'hôtel du Gouvernement mis en chantier par Maillard, on entame la restauration de la grand'case de Bretton des Chapelles, fendillée de tous côtés, et où logeait encore le gouverneur. Quant aux chantiers de l'hôtel du Gouvernement, ils sont simplement abandonnés. Les casernes, très endommagées, présentent un aspect lamentable. Nègres et soldats se sont déjà mis à l'oeuvre pour des réparations d'importance.

L'Intendance n'a pas mieux résisté aux commotions telluriques. Elle ne se maintient que par miracle. De Laporte Lalanne y fait entreprendre des travaux de réfection et profite du désarroi de ces moments pénibles pour faire main basse sur tout le terrain avoisinant cette résidence, quitte à en indemniser plus tard les marguilliers : la saisie par l'administration de ce bien privé, inaugurée par Maillard, continuait comme si de rien n'était!... Les paroissiens se démènent pour trouver à leur curé une nouvelle demeure, car l'ancien dépôt à bagasse qui était sa maison, tombant dans le domaine de l'Intendance, nouvellement agrandi, il lui faut vider les lieux.

L'église s'était totalement effondrée. Remettant à plus tard l'édification d'un temple digne du Créateur, les habitants construisent hâtivement, place de l'Intendance, à côté de l'ancienne sucrerie, une chapelle provisoire en clisses.

Incapables de recevoir des réparations, les magasins du roi sont réédifiés au bas de la ville, sur un terrain voisin de la mer[11]. On en oriente l'entrée sur la rue de Rouillé[12]. Tout à côté, on entreprend les travaux de consolidation des hangars qui logent l'atelier des nègres du roi.

... Le sol de Port-au-Prince a enfin retrouvé sa rassurante stabilité. Le souvenir des jours de terreur commence à s'estomper. La joie de vivre est revenue, et avec elle, le goût du confort et de la frivolité. Les maisons démolies sont remises en chantier, mais rares les propriétaires qui persévèrent dans l'idée de ne rebâtir qu'en bois: on est tellement mieux logé dans une bonne maison en maçonnerie !

Dubois de Lamotte continue de pester contre la capitale. Celle-ci, dédaignant la hargne du gouverneur, ne s'applique qu'à se relever de ses ruines. Peu à peu, elle s'impose à la colonie entière.

Le 3 juillet 1752, le Conseil de Léogane transporte ses assises au Port-au-Prince et prend la dénomination de Conseil supérieur du Port-au-Prince. Cette cour de justice, nantie par ailleurs de nombreux droits extrajudiciaires, s'installe à la Grande-Rue, façade ouest, section comprise entre la rue Bonne Foi et la rue des Miracles, dans une grande maison de bois achetée par le roi. Y tiendront aussi séance, l'Amirauté et la Sénéchaussée, tribunaux spéciaux dont les sentences pouvaient être réformées en appel par le Conseil supérieur.

Les plans sont dressés pour la construction d'un nouvel hôtel du Gouvernement. On adopte un emplacement limitrophe de la grand'case de Bretton des Chapelles, bien meilleur que la position jadis choisie par Maillard. Située dans l'axe de la rue de Rouillé, cette résidence jouira d'une vue s'étendant jusqu'à la mer, et la place du Gouvernement, une fois aménagée, sera pour la demeure du Gouverneur, en plus d'un élément d'agrément, un facteur d'isolement très appréciable.

Au cours de l'année 1752, les paroissiens conviennent de l'édification d'une église de 120 pieds de long, au coût de 100 000 livres, dont la construction est confiée à l'entrepreneur Delaitre. La valeur se révélant au-dessus des possibilités immédiates des habitants, on s'entend pour une répartition en trois tranches. La Croix-des-Bouquets, paroisse annexe du Port-au-Prince, est sollicitée de verser sa quote-part. Cette demande provoque les protestations des paroissiens de ce bourg qui venaient récemment de réunir avec peine 40 000 livres pour la construction de leur propre église. Ils auront malgré tout à payer. Néanmoins, pour leur permettre de se mettre en règle, un délai raisonnable leur est accordé.

Mais entre administrateurs et paroissiens du Port-au-Prince, des difficultés ont surgi, mettant en péril le projet de construction de l'église. S'appuyant sur les droits civils attachés à la paroisse, ces derniers réclament pour leur nouvelle église un emplacement dans l'ancienne ville, de préférence dans le voisinage de la place de l'Intendance. Les administrateurs qui entendent travailler au développement de la ville du roi, estiment préférable de la bâtir à l'endroit réservé à cette fin dans le plan de M. de Verville[13]. Point de vue que contestait la logique, car la nouvelle ville était encore un désert. Les paroissiens, qui avaient déjà réuni la première tranche des cotisations et l'avaient remise à l'entrepreneur, demandèrent à celui-ci de surseoir à l'exécution de son contrat. On décida alors de prolonger la chapelle provisoire devenue trop exiguë. Ce à quoi les administrateurs eurent le bon esprit de ne pas s'opposer.

Accablé par la maladie, Dubois de Lamotte avait demandé son rappel en France. Le 31 mai 1753, il lui fut donné un successeur dans la personne du marquis de Vaudreuil, gouverneur de la province de l'Ouest. Environ une semaine après son départ, un coup de vent emportait la toiture de l'hôtel du Gouvernement nouvellement achevé. Dubois de Lamotte s'en fut bien réjoui, lui qui haïssait tant Port-au-Prince et, pour exprimer sa rancoeur, prédisait sans cesse de nouvelles calamités pour la ville!...

La paix d'Aix-la-Chapelle n'avait été qu'un compromis. Les motifs de mésentente étaient restés vivaces entre la France et l'Angleterre. Il s'agissait avant tout pour cette dernière puissance de s'assurer la domination des mers, et il est aisé de se figurer les résultats qu'elle attendait de pareille prépondérance, surtout dans le domaine colonial.

À peine installé, Vaudreuil reçoit du ministre des instructions de travailler activement aux fortifications de la colonie. Les prodromes de guerre se précisaient. Il était indiqué de ne pas se laisser prendre à l'improviste, surtout que, suivant une rumeur persistante, le nouveau gouverneur de la Jamaïque, l'amiral Knowles, avait reçu l'ordre de préparer secrètement la conquête de Saint-Domingue.

Vaudreuil, militaire de carrière, décide d'augmenter la garnison de la capitale. Les casernes se révélant inadéquates et insuffisantes, on en entreprend la construction de nouvelles sur un terrain faisant face à l'extrémité est de la rue de Provence (rue des Casernes)[14]. Les travaux progressent rapidement, et dès l'année suivante, Vaudreuil pourra incorporer aux six compagnies franches de la marine, qui constituaient la garnison initiale de la ville, une compagnie de 104 hommes du régiment suisse de Halwill et 24 canonniers-bombardiers. Toute cette troupe logera dans les locaux spacieux, confortables, orientés sur le côté est de la rue de Conty (rue Monseigneur Guilloux). Un grand terrain, jouxtant à l'ouest le chemin de la Charbonnière, est affecté aux exercices militaires.

Derrière les casernes s'étendait une savane, jadis établissement des nègres de la maréchaussée, qui déparait les alentours du bâtiment. Elle est défrichée et nettoyée. Plus tard, on la convertira en place à vivres pour les nègres de l'Atelier du roi.

Sitôt la garnison transférée à son nouveau local, l'ancienne caserne est mise à la disposition de l'hôpital royal militaire, qui s'installe aussitôt dans les bâtiments disparates qui la composaient. Le quartier, s'il ne jouissait pas d'une grande fraîcheur, gagnait du moins en tranquillité, situation tout à fait favorable au bien-être des malades.

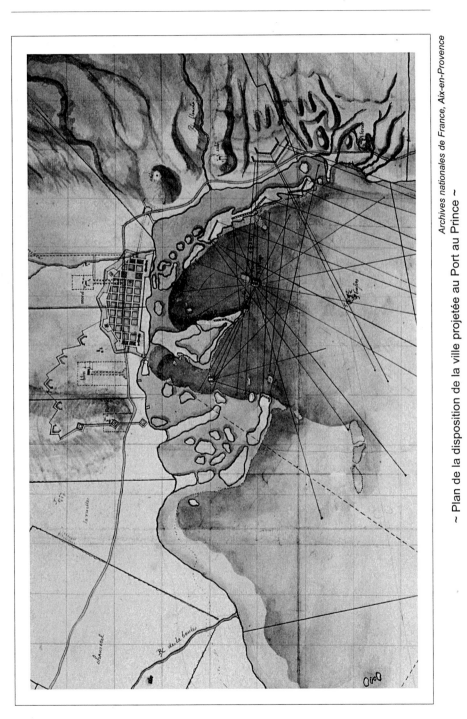

~ Plan de la disposition de la ville projetée au Port au Prince ~

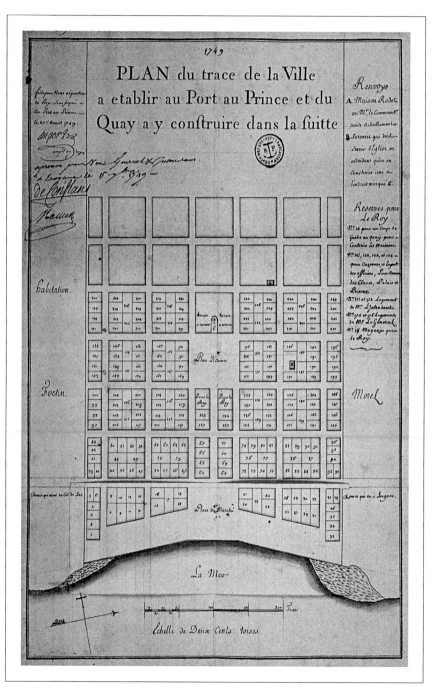

~ Plan du tracé de la ville à établir au Port au Prince (1749) ~

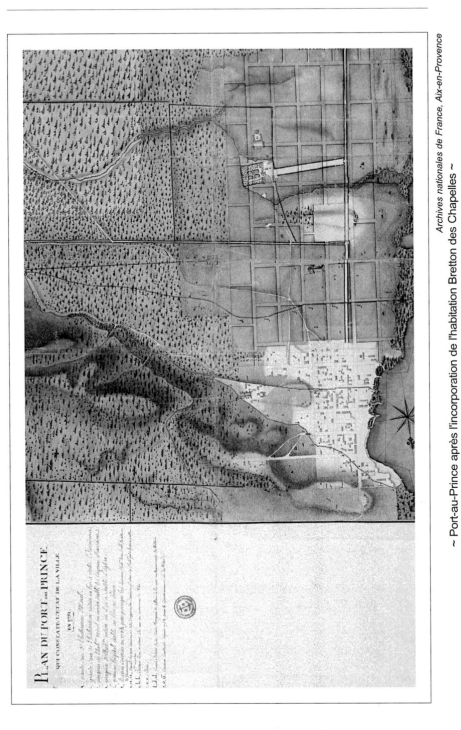

~ Port-au-Prince après l'incorporation de l'habitation Bretton des Chapelles ~

Photo : Jean-François Chalut

~ La place Royale, aujourd'hui place Sainte-Anne, en 1999 ~

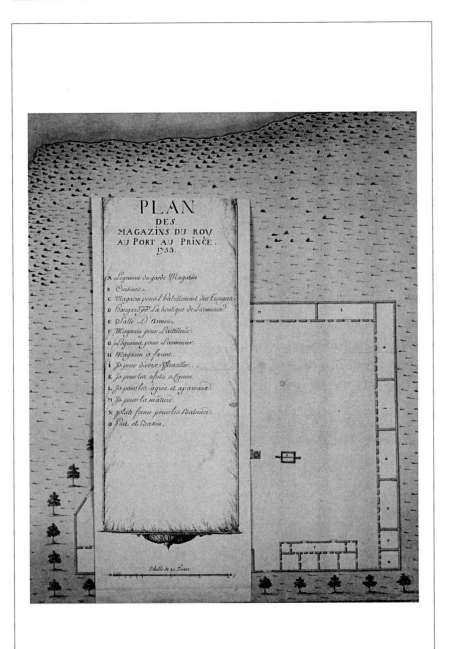

~ Plan des Magasins du Roi ~

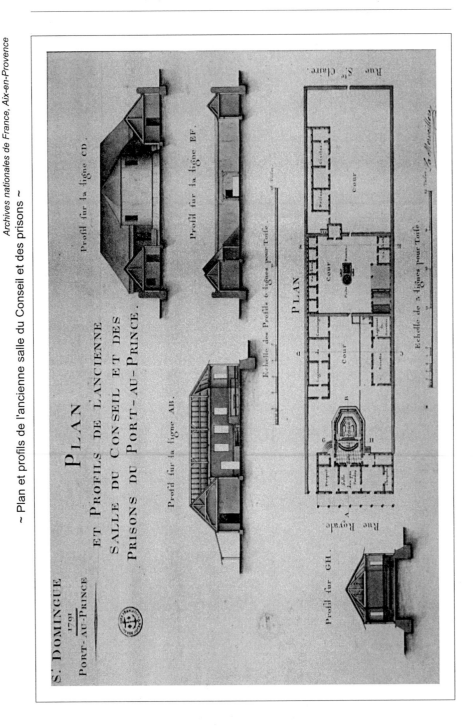

~ Plan et profils de l'ancienne salle du Conseil et des prisons ~

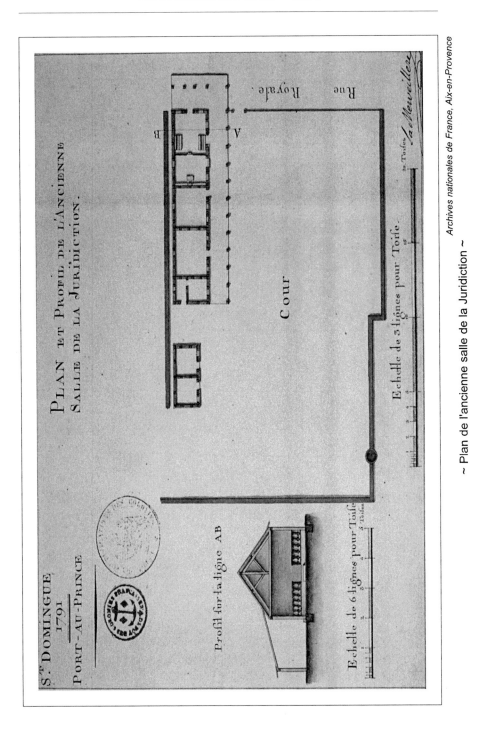

~ Plan de l'ancienne salle de la Juridiction ~

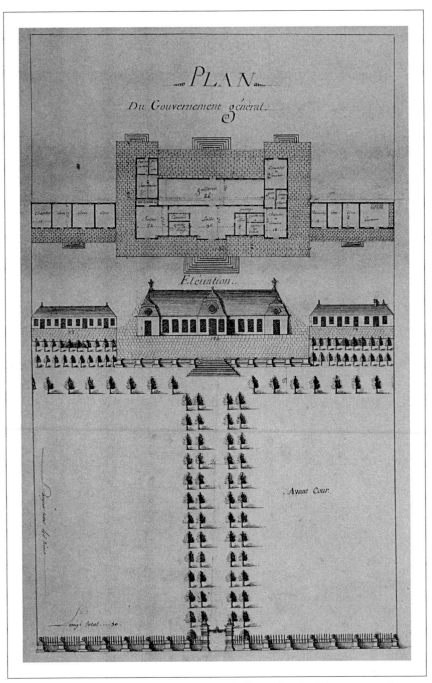

~ Plan du premier hôtel du Gouvernement ~

Réparée après les dévastations du dernier séisme, la batterie de l'Islet n'offrait pas aux yeux du gouverneur de garantie suffisante de résistance. Or cette batterie, séparée du littoral par quelque six à sept cents mètres d'eau salée, était d'une importance majeure pour la défense de la ville. Vaudreuil ordonne d'exhausser les murs d'enceinte et de les terminer par des créneaux. On profite de l'occasion pour consolider l'ensemble des murailles. Et dès lors, la batterie de l'Islet, prenant un aspect plus redoutable, s'appellera *Fort-l'Islet*.

Il fallait aussi penser à défendre d'une manière efficace la passe du port marchand et le chemin de la plaine du Cul-de-Sac. La batterie des Trois-Joseph, écroulée depuis le séisme, ne répondait plus à cet objet. À peu de distance de la barrière nord de la ville, Vaudreuil fait élever, à l'aide de corvées, un vrai fort. «C'est, dit Moreau de Saint-Méry, une barbette tracée en suivant une courbe irrégulière, enveloppée d'un fossé sec et d'un glacis sur son front et ses flancs et couverte à l'est par une petite courtine de maçonnerie terminée par deux petits bastions».

Ce fort, armé de onze pièces de canon de gros calibre, portera le nom de *fort Saint-Joseph,* en l'honneur du patron du gouverneur de Vaudreuil. Sur son emplacement s'élève l'ancienne gare du Nord, aujourd'hui Marché Tête Boeuf.

Pour défendre la passe et le mouillage du port du roi, Vaudreuil convertit le corps de garde de milice établi face à ce port par Larnage, dès 1742, en un ouvrage fortifié qui sera appelé batterie Sainte-Claire, du nom de baptême de Madame de Vaudreuil. La batterie se composait de 15 canons et de 2 mortiers. En raison de cet armement passablement imposant, elle fut dans la suite décorée du nom de *fort Sainte-Claire.* De nos jours, s'allongent sur ses fossés comblés, les superstructures de l'ancien hôtel Beau-Rivage qui abrite les bureaux de l'USAID.

Ces préparatifs de guerre, hélas ! ne seront pas vains, car le 18 mai 1756, les hostilités étaient une nouvelle fois officiellement déclarées entre l'Angleterre et la France. Cette guerre de Sept ans allait être un désastre pour la France et, pour Saint-Domingue, une période de confusion et d'anxiété, pendant laquelle les côtes de la colonie allaient se trouver constamment menacées, le commerce en déclin par suite d'un rigoureux blocus, les dépenses multipliées pour les besoins de la défense[15].

En pleine guerre, le ministre de la Marine se voit obligé de remplacer M. de Vaudreuil, atteint d'une maladie de langueur. Le nouveau gouverneur, Philippe François Bart, arrive à Saint-Domingue le 24 mars 1757. En raison des circonstances, il lui a été adjoint le titre de Lieutenant-général du roi. Cet actif officier de marine, qui passera la plus grande partie de la guerre de Sept ans au gouvernement de Saint-Domingue, se révélera un chef courageux. Les quelques erreurs qu'on a à lui reprocher ne sont imputables qu'à l'abandon dans lequel le laissa la Métropole.

En dépit des troubles provoqués par la guerre, Port-au-Prince n'est pas pour autant délaissé. Le gouverneur Bart aime sa capitale. Il a à coeur d'en faire une belle ville, une ville digne surtout de l'autorité que le roi de France a bien voulu lui conférer. De concert avec de Laporte Lalanne, il signe le 22 novembre 1757 une ordonnance sur la propreté de la chaussée, que viendra renforcer celle du 23 décembre suivant.

Ces ordonnances prévoient, entre autres, le pavement des rues de la cité et leur embellissement par des rangées d'arbres. La police, chargée du soin de faire exécuter ces ordonnances, établit des corvées de nègres ouvriers. Au bord-de-mer, on entame le pavage à la rue Sainte-Claire (rue du Magasin de l'État) et à la rue Royale, la grande artère qui traverse la ville dans toute sa longueur et permet au négoce de la plaine de Léogane de tendre la main à celui de la plaine du Cul-de-Sac.

Payant d'exemple, Laporte Lalanne fait entourer la place du marché d'une rangée d'ormes de Saint-Domingue, et pour la première fois depuis son arrivée dans la colonie, il peut se flatter d'avoir enfin réussi à s'attirer quelque sympathie de la population qui lui sait gré de lui donner de l'ombre. Car il est cordialement détesté. On lui reproche ses puissantes relations avec Versailles, dont il abuse parfois, et qui font de lui un personnage tabou.

Le problème de l'eau restait toujours pendant. Même qu'il s'était aggravé, car bien que pollué et pratiquement non potable, le liquide n'arrivait plus en ville qu'en petite quantité. Des habitants sans scrupule, riverains de la Charbonnière, ne se gênaient nullement en effet pour détourner la plus grande partie de l'eau à l'usage de leurs champs ou de leurs industries. Le pire, c'est que les eaux souillées étaient parfois déversées à nouveau dans le canal, quitte à provoquer les plus graves épidémies. Ces perspectives peu rassurantes avaient contraint les habitants à creuser des puits dans leur cour. Ce mode d'approvisionnement en eau deviendra en peu de temps très répandu dans la ville. Les administrateurs néanmoins rendirent une sévère ordonnance prescrivant la démolition de toutes les indigoteries – les principaux responsables du désordre – placées dans le voisinage du canal. En même temps, ils passèrent des instructions à l'ingénieur en chef, Charles Durand de Saint-Romes, de réparer le canal et d'exécuter des travaux susceptibles de conserver toute l'eau de la Charbonnière, sauf à en laisser une partie «aux propriétaires sur les terrains desquels étaient ces sources».

Entre les administrateurs et les habitants de Port-au-Prince, la querelle à propos de l'église paroissiale n'était pas encore tranchée. Les premiers, peu enclins à reculer, avaient même proposé au ministre de prolonger la place d'Armes jusqu'à la rue d'Orléans (rue de l'Enterrement) et d'orienter la façade de l'église sur le côté occidental de cette place, de façon à faire face au palais du Gouvernement... Quant aux paroissiens, très liés qu'ils étaient à l'ancienne ville où ils résidaient presque tous, ils ne s'étaient pas fait faute de s'entendre avec l'entrepreneur Delaitre pour retarder indéfiniment la mise en chantier de la construction. Accord qui, par parenthèse, faisait l'affaire de l'entrepreneur, car il lui procurait la jouissance d'une somme de 43 659 livres, sans un sou d'intérêt.

Lassés de ce jeu, les administrateurs ordonnent, le 4 mars 1759, le transfert de la chapelle provisoire sur le terrain de la nouvelle ville depuis longtemps concédé à la paroisse et destiné à l'église. Force fut aux paroissiens de se courber devant cette décision de l'autorité supérieure. La chapelle provisoire de la place de l'Intendance fut donc démolie et reconstruite à l'angle nord-est des rues Dauphine et de Rouillé, le projet colonial d'extension de la place d'Armes n'ayant pas abouti. On délimita sur le terrain de la concession, formé de la moitié méridionale de l'îlet compris entre les rues Dauphine, de Rouillé, d'Orléans et de Provence[16], un emplacement réservé au cimetière. On le ferma d'une haie vive, et ordre fut donné aux habitants de ne plus inhumer leurs morts au cimetière de Randot.

Si le gouverneur-général de la colonie, représentant de l'autorité militaire, résidait maintenant dans une demeure digne de son rang, l'intendant, directeur incontesté des finances coloniales, et de plus, pair du gouverneur dans bien des cas, logeait toujours dans une maison qui ne laissait en rien apparaître la dignité de l'hôte illustre qu'elle abritait : c'était toujours l'ancienne grand'case de l'habitation Randot, plus d'une fois agrandie et réparée et qui tombait de vétusté.

Le chevalier Jean Étienne Bernard de Clugny, en prenant possession de son nouveau poste, fut frappé de l'état lamentable de sa résidence. C'était un homme sec, nerveux, qui n'admettait la moindre prépondérance du pouvoir militaire sur le pouvoir civil et pensait qu'une demeure indigne de l'intendant rabaissait ce dernier aux yeux du gouverneur.

Malgré les sommes énormes affectées à la défense de la colonie, de Clugny parvient à disposer d'une valeur de 100 000 livres pour des réparations à effectuer au local de l'Intendance. Ces «réparations» seront plutôt des transformations, car une fois achevées, il ne restait presque rien de ce qui avait été la grand'case du sieur Morel.

Un corps de logis flanqué de deux ailes latérales, le tout recouvert de belles ardoises d'Anjou, tel était l'aspect général de la nouvelle construction. Elle s'alignait sur la rue de Conty (rue Monseigneur Guilloux), mais débouchait sur la place de l'Intendance par une allée de cinquante mètres plantée de deux rangées d'arbres. L'annexion opérée par de Laporte Lalanne avait en effet intercepté la rue de Conty, et ainsi, la place de l'Intendance était restée la seule issue de l'Intendance... À présent, M. de Clugny pouvait se sentir satisfait. À côté du gouverneur, «l'Intendant de justice, police, finances et marine aux Îles françoises de l'Amérique sous le Vent» ne faisait plus figure de parent pauvre...

Depuis le séisme de 1751, les chantiers de construction des particuliers n'ont pas cessé de fonctionner et de se multiplier. Le centre et surtout le bas de l'ancienne ville sont presque entièrement reconstruits. Dans la nouvelle ville, une vingtaine de chantiers, très éloignés les uns des autres, occupent les nègres ouvriers des habitations qui déjà commencent à devenir d'habiles maçons.

Certains grands planteurs des plaines voisines ont pris l'habitude d'avoir un pied-à-terre en ville. Ils se sont fait céder, pour la plupart, des emplacements sur le morne Fortin d'où le panorama est splendide et embrasse le Cul-de-Sac, le golfe de la Gonâve et la cité entière. L'air pur dont jouit la position en fait l'endroit le plus salubre de la ville. Aussi les grands planteurs ne l'appellent-ils plus autrement que le *Bel-Air*. Et déjà des maisons à étage, plus ou moins luxueuses, commencent à profiler leur silhouette bourgeoise sur le sommet et sur les flancs de la butte.

En 1761, Port-au-Prince comptera 392 maisons complètement achevées et des dizaines d'autres en construction.

Les gros négociants qui peuplent la ville, ces «grands blancs», comme on les désigne avec admiration, ces fortunés que Saint-Domingue a enrichis, s'ennuient souverainement dès qu'il n'est plus question d'indigo ou de sucre. Les petits marchands, les pacotilleurs, toute cette population urbaine qui trime dur la journée pour joindre les deux bouts, ne jouissent non plus d'aucune distraction. Et le soir, ce sont sous les galeries, entre amis et voisins, des parlotes interminables qui se poursuivent parfois jusqu'à une heure assez avancée.

Aussi, fut-il bien inspiré le premier qui pensa à gratifier la capitale d'un spectacle. Riches et pauvres avaient soif de saine détente.

La salle, quoique pitoyablement aménagée, joue pourtant à guichets fermés. Ce succès fait germer dans l'esprit de l'ingénieur en chef, M. de Saint-Romes, l'idée de construire à ses frais une salle de théâtre adéquate, où les spectateurs disposeraient de plus de confort, et où les troupes pourraient se produire avec aisance et commodité.

Un terrain, sur le côté ouest de la place de l'Intendance, est mis à sa disposition, et bientôt, les Port-au-Princiens émerveillés voient se dessiner les lignes du premier théâtre de la ville. La salle avait «72 pieds de long, 31 de la large et 18 de haut, avec trois belles caves bien aérées, au-dessus desquelles sont 2 chambres, 2 cours de différentes grandeurs, entourées de murs[17]».

Les administrateurs autorisent le sieur Pierre Rouzier du Cap, à assumer la direction du Spectacle de Port-au-Prince, et ce dernier, aidé de Claude Clément dit gros Clément, célèbre acteur capois, ne tarde pas à lancer la nouvelle salle. Les spectateurs affluent. Les recettes montent en flèche.

L'accès du théâtre est cependant refusé à la population de couleur. Elle n'est d'ailleurs pas très nombreuse à Port-au-Prince, et les colons qui, en maintes circonstances, ont noté ses aspirations à prendre rang parmi les blancs, ne perdent aucune occasion de la refouler et de la mortifier.

Une autre initiative qui, deux ans plus tard, causa la joie des Port-au-Princiens, ce fut la création par M. Duchesne d'une imprimerie où devait s'éditer la gazette de la ville. Joie brève malheureusement, car cette entreprise n'eut pas de lendemain. M. Antoine Marie, imprimeur du Cap, à qui avait été accordé par le roi le privilège exclusif «d'imprimeur-libraire» de Saint-Domingue, se hâta de présenter ses protestations au ministre. Celui-ci confirma M. Marie dans son privilège, à charge pour ce dernier de fonder au Port-au-Prince une imprimerie à l'instar de celle du Cap. Cette modalité ne sera guère respectée et Port-au-Prince, pendant quelques années encore, se verra forcé de demeurer tributaire du Cap pour sa nourriture intellectuelle.

… La paix signée à Paris, le 10 février 1763, avait mis fin au cauchemar qui, sept années durant, avait harcelé la colonie. Période de transe pendant laquelle l'habitant de Saint-Domingue, devant les succès répétés des Anglais qui tour à tour faisaient main basse sur presque toutes les possessions françaises d'Amérique, s'attendait chaque jour à voir débarquer sur les plages de la colonie les fils abhorrés de la *perfide Albion*.

Après les dépenses excessives occasionnées pour la défense des côtes, le pays est maintenant complètement esquinté. Il lui faut à brève échéance une énergique transfusion pour redonner aux habitations la prospérité que le blocus maritime et l'absence des nègres envoyés aux travaux de fortification ont anéantie.

La guerre cependant n'a pas beaucoup contrarié le développement de la capitale. Il avait bien fallu, malgré les circonstances défavorables, se construire un toit pour s'abriter. Les maisons, certes, ne répondent pas toutes au désir de confort et de luxe qui de prime abord avait animé leurs propriétaires, mais elles ont quand même été édifiées et à la fin des hostilités, Port-au-Prince comptera plus de 680 unités d'habitation. Depuis le séisme de 1751, le marteau et la truelle n'avaient pas chômé !

Pourtant, les administrateurs, Henri Hector, comte d'Estaing, et René Magon, nouvellement nommés au gouvernement et à l'intendance, ne se déclarent pas satisfaits. Trop de terrains vagues, disent-ils, dont beaucoup ont un propriétaire, déparent encore la cité… Croyant opportun d'agir, ils rendent une ordonnance où ils menacent «de réunir au domaine du roi les emplacements non bâtis ni entourés». Cette ordonnance restera lettre morte, car les concessionnaires auront toujours mille raisons valables à avancer pour expliquer leur retard. Et Port-au-Prince, jusqu'à la veille de la Révolution, aura à peine dépassé la moitié de sa capacité d'absorption.

Cinq ans s'étaient écoulés depuis le transfert de l'église dans la nouvelle cité. Cette expérience peu convaincante avait eu pour la religion des conséquences plutôt fâcheuses, car les paroissiens ne s'étaient nullement fait faute de rester chez eux le dimanche, prétextant avec un peu d'exagération, il faut l'avouer, l'éloignement du saint lieu. Une situation aussi ambiguë ne pouvait se prolonger outre mesure. Les administrateurs finissent par le reconnaître, et, au mois d'août 1764, ils autorisent les Port-au-Princiens à bâtir leur église dans un lieu de leur choix. Ainsi triomphait la persévérance sur le zèle chimérique!

Aussitôt, les habitants de la Croix-des-Bouquets furent priés de verser sans délai la valeur pour laquelle ils avaient été imposés depuis 1752. Ils s'acquittèrent, mais s'adressèrent ensuite aux administrateurs pour les prier de mettre fin à une situation qui leur était tout à fait préjudiciable.

En compensation des onze années consécutives de jouissance de la première tranche des cotisations, l'entrepreneur Delaitre, en présence des autorités de la police municipale, prit l'engagement de bâtir une église de 150 pieds de long, au lieu de 120, de la construire en pierre et non plus en bois, de l'orner d'un clocher et de la remettre entièrement achevée dans un délai maximum de deux ans.

On choisit un emplacement situé au bas de la place de l'Intendance, à l'angle sud-est des rues de Vaudreuil (rue du Peuple) et des Fronts-Forts. Et immédiatement furent entamés les travaux, dans l'allégresse de toute une ville[18].

Si les administrateurs avaient dû céder à une pacifique pression populaire, il ne leur déplaisait guère de voir ériger l'église sur la place de l'Intendance. Leur intention, pour une évolution urbaine rationnelle, était d'éparpiller, au moins dans les secteurs les plus peuplés, les centres d'animation jusqu'ici concentrés dans les deux ou trois rues de la zone commerciale. Ce choix de la place de l'Intendance répondait d'autant plus à leurs visées, qu'ils avaient déjà décidé de secouer de sa torpeur cette partie de la ville en y transférant le marché public.

Un centre d'approvisionnement moderne, organisé à l'image de ceux de la Métropole, telle était l'ambition qu'ils nourrissaient pour le marché de Port-au-Prince.

Sur leur demande, l'architecte Jean-Claude de Langrené avait dressé un plan d'aménagement qui prévoyait, sur chacune des façades de la place, deux rangées de baraques adossées les unes aux autres. Ces baraques, destinées aux boutiquiers, devaient être adjugées pour trois ans au profit de la ville.

Ce ne fut pas sans mécontentement que les pacotilleurs de l'ancien marché se virent obligés d'abandonner une position qu'ils jugeaient si favorable à leur commerce et qui en raison de sa proximité de la mer, atténuait pour eux, de façon appréciable, l'acuité du problème du transport. Mais il appartient au peuple de toujours protester, et aux gouvernants de se boucher les oreilles aux récriminations. On démonta les tonnelles, on défit les éventaires et on s'installa tant bien que mal sur la place de l'Intendance, au grand air ou dans les quelques baraques déjà élevées au bas de la place.

Ces petites tracasseries entre administrateurs et administrés n'empêchent pas l'éclosion, dès la fin de la guerre, d'un luxe intempestif dans l'habillement principalement. Ce goût des costumes de velours, des vêtements chargés de broderie, des parures et des bijoux de valeur, naît en grande partie de la présence des officiers de France sur la terre de Saint-Domingue, tous plus attifés les uns que les autres, à la dernière mode de Versailles. Car il leur faut de l'éclat, à ces jeunes rois de la gomme qui, tout en faisant la roue aux jolies créoles, n'ont qu'une visée : aboutir à un riche mariage.

Leur élégance vestimentaire fait bien vite école, et les Port-au-Princiens, autrefois si simples dans leur mise, ne peuvent plus souffrir de s'habiller autrement qu'à la manière des bourgeois aisés des grandes villes de France. C'est à qui se montrera le plus brillamment costumé. Sous le soleil ardent, on halète, on s'exténue, les sous-vêtements sont en compote, mais l'honneur est sauf, et on n'aura pas à craindre d'être compté au nombre de ces «blancs manants» qui font si piètre figure parmi les gens huppés.

C'est aussi l'époque de l'apparition des montures brillantes et des riches équipages. Le grand planteur, en revenant de ses terres, doit pouvoir éblouir. Si son carrosse n'a pas la richesse de ceux qui courent les routes de Versailles, il a cependant belle allure, et, à son passage, nègres et petits blancs, tout en se pressant de lui faire place, ne peuvent s'empêcher de murmurer d'admiration… et d'envie.

L'après-midi, quand le soleil commence à décliner, on voit d'élégants cavaliers se mettre à caracoler par les rues passantes. Plus le cheval est de race et richement équipé, plus on est sûr de s'attirer les regards, et plus alors on se sent comblé.

Ce luxe, tout de façade, ne se reflète point dans les intérieurs qui demeurent pauvres à l'extrême. L'ameublement est plus que quelconque, la décoration inexistante. Les grands blancs eux-mêmes ne se soucient guère de se donner chez soi un peu de bien-être. Beaucoup de Port-au-Princiens laissent ainsi la pénible impression d'une population flottante, qui n'attend que d'avoir les coffres bien remplis, pour tirer sa révérence.

Notes

1   En considérant le coût relativement élevé de l'habitation, il n'est pas exclu de présumer que cette transaction dut rapporter des profits appréciables à son négociateur, l'intendant Maillard.

2   La grand'case occupait l'emplacement du Sémaphore des casernes Dessalines.

3   Position occupée par le bâtiment de l'École Nationale d'Infirmières.

4   La poudrière s'élevait dans l'îlet qui fait suite au marché Salomon, en direction ouest.

5   On désignera par abréviation, l'hôtel du Gouvernement sous le nom de «Gouvernement». Cette appellation se transmettra à la Place d'Armes, ou Champ-de-Mars, lorsque l'hôtel du Gouvernement, abandonnant son premier site, viendra orner l'une de ses facades. Elle s'appellera dès lors «Place du Gouvernement».

6   Square du Centre de Santé de la Cathédrale.

7   Simon Pierre Maillard mourut sur son habitation de Torbeck, le 6 octobre 1758, «dans la 69e année de son âge, à la suite d'une attaque d'apoplexie qui lui avait paralysé tout le côté gauche». Universellement regretté, il fut enterré dans le cimetière de Torbeck. Les habitants de ce bourg firent recouvrir sa tombe d'une belle dalle funéraire. Dans un hommage posthume, MM. de Rohan et de Bongars, administrateurs, louaient «la prudence et le concert avec lesquels MM. de Larnage et Maillart ont gouverné cette colonie... Une administration longue et réfléchie, poursuivaient-ils, où la sagesse et l'expérience s'aidaient mutuellement ne peut guère laisser aux successeurs de ces sages administrateurs que l'avantage de les imiter». Moreau de St-Méry, *Description,* tome III, p. 1334.

8   Emplacement de l'ancien marché «En haut», aujourd'hui Place de la Cathédrale.

9   Il s'agit de la Place d'Armes ou Champ-de-Mars, depuis 1926, Place de l'Indépendance, et de la Place Royale ou Place Le Brasseur, de nos jours, Place Sainte-Anne.

10   Emplacement de la Place Geffrard.

11   Emplacement actuel du garage des Travaux Publics.

12   La rue de Rouillé était aussi connue sous les appellations différentes de rue du Gouvernement et rue du Champ-de-Mars, parce qu'elle aboutissait à la Place d'Armes, désignée encore sous les noms de Place du Gouvernement et Place du Champ-de-Mars.

13   Cet emplacement formait la moitié méridionale de l'îlet compris entre les rues du Centre et de l'Enterrement, des Casernes et du Champ-de-Mars.

14 Cette bâtisse occupera l'emplacement de l'actuelle caserne du Bureau de la police de Port-au-Prince (service anti-gang) et d'une portion de la place Toussaint-Louverture.

15 Pendant la durée des hostilités et jusqu'en 1766, les administrateurs résideront presque continuellement au Cap, et cette dernière ville sera, pour la circonstance, considérée comme la capitale de la colonie.

16 Position occupée aujourd'hui par le Pénitencier National et le bâtiment des Presses Nationales d'Haïti.

17 Jean Fouchard, *Le Théâtre à Saint-Domingue*, p. 45.

18 Voir Monseigneur Jean-Marie Jan, *Port-au-Prince,* Imp. Deschamps, 1956, la retranscription de l'inscription de la pierre angulaire de l'édifice, posée le 17 décembre 1764, pp. 273-274.

PREMIÈRES ÉMEUTES

Tandis qu'avec patience la ville poursuit son développement, l'année 1765 va se présenter pour elle comme un intermède dramatique, durant lequel s'affirmera pour la première fois le caractère frondeur de ses habitants.

Après la signature du Traité de Paix à Paris, les milices de Saint-Domingue avaient été dissoutes, et cette mesure avait été accueillie avec faveur par la majorité des colons qui voyaient en elles, en plus d'un motif d'ennui personnel, un danger permanent pour la sécurité de la colonie, par la présence de gens de couleur armés dans les rangs de ce corps.

Il s'avéra après coup que le rétablissement des milices pour la défense des possessions françaises était d'une nécessité impérieuse, eu égard à l'efficacité qu'on pouvait davantage attendre d'un autochtone que d'un sujet de la Métropole. La dernière guerre avait prouvé en effet que celui-ci avait du mal à s'acclimater du jour au lendemain dans les colonies et qu'il s'y révélait un piètre soldat. Ce qui avait manqué aux anciennes milices pour se rendre imbattables, c'était la cohésion et la discipline. Aussi, la cour de Versailles avait-elle passé des instructions au gouverneur d'Estaing d'avoir à réorganiser ce corps sur des bases entièrement nouvelles, afin d'en faire un corps de «troupes nationales» discipliné, et dont l'objectif primordial serait la défense de la colonie.

Les colons furent bouleversés quand ils connurent les intentions de la Cour. Car, écrit Cabon, «ils voyaient beaucoup d'embarras et de dangers pour eux dans ce nouveau concept des milices: ils craignirent à juste titre la sujétion d'exercices plus fréquents qu'autrefois, par la suite les absences plus nombreuses et plus prolongées de leurs habitations. Ils ajoutaient que l'ennemi pourrait les traiter comme faisant partie des troupes régulières et non comme des habitants, les retenir et même les déporter comme prisonniers de guerre, d'où s'ensuivrait la ruine de leurs habitations et de la colonie».

D'Estaing avait reconnu le bien-fondé de ces objections, mais sur l'insistance de la Cour, il rendit en janvier 1765, deux ordonnances dont la première créait le nouveau corps de milice, et la seconde, la première *Légion de Saint-Domingue*. Cette légion, composée en majorité de mulâtres libres, était un corps de maréchaussée soumis au régime militaire. Quant à la milice, d'Estaing avait pensé, pour la faire agréer des grands blancs, plus enclins à s'exempter du service, à instituer une hiérarchie basée sur la naissance et l'argent. Et afin de flatter la vanité des gens de couleur, tout en s'assurant un plus large recrutement, il avait prévu l'admission dans les compagnies blanches de tout mulâtre dont le père aurait épousé une femme de couleur.

En dépit de tous ces faux-fuyants, les ordonnances de janvier 1765 allaient trouver la colonie, et en particulier sa capitale, debout comme un seul homme, dans une opposition farouche.

À Port-au-Prince, la résistance est dirigée par le Conseil Supérieur qui, tout en acceptant d'enregistrer les ordonnances, incite les habitants à se rebeller contre le gouverneur, lutte qui se traduit par le refus systématique de payer la taxe sur les maisons et de se présenter aux revues. L'administration menace d'utiliser des moyens de coercition. Le Conseil de Port-au-Prince croit nécessaire de prendre la défense des habitants et, dans un mémoire révolutionnaire, fait valoir l'évidente injustice dont étaient victimes les propriétaires à qui on exigeait un impôt sur leurs maisons, alors que les dettes accumulées par eux pour construire ces logements étaient loin d'être éteintes. Le Conseil alla jusqu'à accuser le gouverneur d'abus d'autorité et à contester ses attributions extraordinaires.

La réponse du gouverneur ne se fait pas attendre : il révoque le procureur général près le Conseil Supérieur et menace de destituer tout le Conseil. L'opposition ne cessa pas pour autant.

Devant la gravité de la situation, d'Estaing s'empressa d'écrire au ministre pour lui faire son rapport des événements et lui suggérer de remplacer les conseils du Port-au-Prince et du Cap par un seul conseil qui siégerait dans une ville de l'intérieur, afin de le mettre à l'abri des intrigues et des influences néfastes.

Ces propositions ne restèrent pas secrètes. Divulguées, elles provoquèrent dans la ville une vague de véhémentes protestations qui allèrent en s'amplifiant et dégénérèrent en véritable insurrection. La ville, livrée à l'anarchie, fut à deux doigts de sa perte. Les administrateurs, conscients de leur impuissance, demandèrent leur rappel. L'insubordination ne fit que redoubler d'intensité. Elle menaçait de s'étendre à toute la colonie et même d'atteindre les ateliers d'esclaves, lorsque d'Estaing, effrayé par cette sombre perspective, résolut au mois d'août 1765 d'abroger ses ordonnances.

Cette victoire des habitants de Port-au-Prince ramena la paix dans la cité; mais le prestige des administrateurs était atteint : leur place n'était plus à Saint-Domingue.

Ils eurent le temps néanmoins d'exercer leur vengeance sur la capitale en déclarant, le 21 octobre 1765, la paroisse de la Croix-des-Bouquets indépendante de celle de Port-au-Prince. Les habitants de la Croix-des-Bouquets, indignés de l'obligation qui leur avait été prescrite de participer au paiement de la seconde tranche du devis de l'église de Port-au-Prince, s'étaient encore une fois tournés vers les administrateurs pour réclamer justice. Cabon pense avec raison qu'en faisant droit en partie à leur requête et en détachant définitivement leur paroisse de celle du Port-au-Prince, les administrateurs n'avaient désiré que «diminuer de façon notable» l'importance du chef-lieu de l'Ouest.

Comme pour corser davantage l'atmosphère dramatique qui, durant ces événements, n'avait cessé de régner sur la ville, une épidémie de fièvre jaune se déclara vers la fin de l'année et provoqua parmi les blancs de nombreux décès. Pas mal de victimes, par manque de places à l'hôpital militaire, furent trouvées mortes dans les rues.

Des mesures énergiques de prophylaxie, s'étendant particulièrement aux boulangeries et aux boucheries, furent prises avec célérité. On dut établir extra-muros des asiles où furent recueillis les matelots des navires marchands qui n'avaient pas pu trouver place à l'hôpital... L'épidémie n'en fit pas moins périr 407 soldats et matelots à l'hôpital, 40 matelots à bord des vaisseaux ancrés dans le port et 207 personnes de la ville même. Pendant quelques mois, la capitale fut mise en quarantaine par tous les habitants des régions avoisinantes.

La nouvelle année 1766 voit l'achèvement des travaux de construction de la quatrième église de Port-au-Prince. L'entrepreneur Delaitre a tenu sa promesse. Au bas de la place de l'Intendance, se dresse, élégant et coquet, le temple pour l'érection duquel les paroissiens ont tant lutté. Au milieu d'un grand concours de fidèles, le père de Pradines, curé de la paroisse, procède à la bénédiction du saint lieu. La satisfaction rayonne sur tous les visages. Chacun est heureux et fier de se sentir un peu l'auteur de cette œuvre de piété et de foi.

Une tradition séculaire va se rompre pourtant. Il n'existe autour de l'église aucun terrain propre à servir de cimetière. Un empêchement majeur – le marché de la place de l'Intendance – milite d'autre part contre l'établissement de tout cimetière dans le voisinage d'un centre d'approvisionnement. Il faudra donc à l'église se séparer de son cimetière. Mais le champ des morts ne gardera pas longtemps l'emplacement qu'on lui avait réservé sur le terrain concédé à la paroisse dans la nouvelle ville. Les administrateurs, jugeant que cette position avantageuse pourrait bénéficier d'une destination moins lugubre, affecteront au cimetière paroissial de Port-au-Prince un terrain de 55 toises de long sur 30 de large, situé sur une éminence, le monticule du Morne-à-Tuf, à l'angle sud-est de la rue Dauphine et de la place Royale. Les nombreuses victimes de la fièvre jaune, qui chaque jour meurent à l'hôpital militaire, seront les premières à venir y dormir de leur «funèbre dernier somme».

Jusqu'aux environs de 1938, on pouvait voir dans ce cimetière qui, avec le temps, était devenu le cimetière de l'église Sainte Anne, de vénérables spécimens de tombes et de mausolées de l'époque coloniale. Un modernisme étroit et de mauvais goût a préféré remplacer par du vulgaire gazon ces témoins émouvants d'une époque révolue.

Le gouverneur comte d'Estaing attendait encore son rappel, lorsque lui parvinrent, en février 1766, les édits promulgués par le roi de France le mois précédent et qui concernaient la discipline des Conseils Supérieurs aux Îles sous le Vent. De nouveaux troubles allaient-ils naître des modifications apportées par ces édits ? À vrai dire, le roi avait voulu avant tout, dans ces règlements, garantir la dignité, l'honneur et la compétence des conseillers. Beaucoup de points, cependant, avaient été édictés, qui ne manqueraient pas de soulever les protestations de nombre d'entre eux. Comment des gens, vivant presque tous en marge de la morale, ne se trouveraient-ils pas offusqués des restrictions imposées à leur liberté de mœurs ou à leur passion du lucre ?

Le gouverneur hésite à faire enregistrer les édits. Les ordres du roi étaient cependant catégoriques : l'enregistrement devait se faire sans délai...

Enfin, le Conseil de Port-au-Prince prend connaissance des fameux règlements, mais c'est aussitôt pour faire éclater sa colère par la publication d'un mémoire acerbe où il s'époumone à démontrer le caractère impraticable de nombreux articles et crache sa rancœur au gouverneur qu'il accuse d'avoir été l'inspirateur des nouvelles dispositions.

Cette critique d'un acte officiel émané de la Cour équivalait en définitive à des remontrances à l'adresse du roi. De la part du Conseil, c'était une prise de position tout à fait dangereuse.

Prévoyant ce tumulte, le comte d'Estaing, quelques jours auparavant, avait laissé la capitale, prenant pour prétexte l'inspection de certaines fortifications à effectuer en province. Quand il fut informé du comportement du Conseil, il donna l'ordre au commandant en second, d'Elva, de suspendre le Conseil, de concert avec Magon, et de faire inscrire les édits manu militari sur les registres de l'Assemblée. Le 20 mars 1766, d'Elva et Magon s'exécutent. Les Port-au-Princiens, apprenant cette nouvelle, se rassemblent aussitôt rue Royale, devant la salle des séances, et réclament à cor et à cri le maintien du Conseil. Mesure doublement arbitraire que celle adoptée par les administrateurs, proclamaient-ils, la suspension du Conseil devant parallèlement entraîner celle des audiences de justice : pouvait-on aussi froidement s'attaquer aux intérêts des justiciables ?...

L'arrivée imminente des nouveaux administrateurs laisse chacun sur ses positions et l'on remet à tantôt la reprise des débats.

Le 1er juillet 1766, Louis-Armand-Constantin de Rohan, prince de Montbazon, accompagné de Jacques-Alexandre de Bongars, débarque au Cap et est reçu avec pompe par le Conseil de cette ville. La colonie avait soif de quiétude et de paix. Elle plaçait tous ses espoirs dans l'habileté connue de ces nouveaux chefs.

Le gouverneur prince de Rohan était un officier de marine revêtu du prestige de la haute naissance et des fonctions importantes qui étaient l'apanage des membres de sa famille. Jeune, riche, beau, par surcroît aimé des femmes, il avait hérité de la fierté naturelle que tout fils de noble se devait de posséder. Son caractère hautain et tranchant pourrait-il facilement s'accommoder des normes coloniales ?... Pour qu'il en imposât à cette population dominguoise par trop interlope et lui en garantir le respect, le roi avait désiré que le gouverneur tînt rang de prince dans la colonie et, à cet effet, lui avait accordé une gratification de 120 000 livres.

L'intendant de Bongars, «esprit très modéré et enclin à la conciliation», était bien placé à ses côtés pour faire contrepoids aux excès qu'on était en droit d'attendre d'un tel personnage. Tous les deux, néanmoins, ils étaient animés du même désir de bien faire, de la même volonté de prouver au roi et à la colonie leur amour du bien public et de la patrie.

La complexité d'intérêts qui traçait à chacune des différentes couches de la population de Port-au-Prince sa ligne de conduite, allait cependant constituer pour les administrateurs un handicap à la politique de pacification qu'ils s'étaient assignée.

Le commerçant ne pardonnait pas au propriétaire d'habitation des plaines les acquisitions clandestines d'esclaves auxquelles il se livrait à la Jamaïque où la vente des nègres était relativement bon marché. Ces achats frauduleux et répétés qui lésaient forcément les commerçants, avaient contribué à creuser un vrai fossé entre ces deux catégories de colons.

Le menu peuple, composé de boutiquiers et d'ouvriers, anciens repris de justice pour la plupart, que la misère avait jetés sur les rives de la capitale, s'autorisait de sa prodigieuse réussite aux affaires pour se poser en notable dont il fallait écouter les doléances et les désirs.

Les libres enfin, dont le nombre grandissait de jour en jour, commençaient à s'imposer par leur discipline et leur travail. S'ils refusaient de prendre trop ouvertement parti pour l'une ou l'autre faction de la population blanche, ils ne se privaient nullement d'émettre publiquement, quand l'occasion se présentait, leurs aspirations et leurs vues.

À son arrivée à Port-au-Prince le 6 septembre 1766, le gouverneur de Rohan constata que le Conseil suspendu par d'Estaing avait repris ses séances. Les conseillers s'empressèrent de recevoir les nouveaux administrateurs et d'inscrire leurs pouvoirs sur les registres de l'Assemblée. Quinze jours après, sur leur demande, ils enregistrèrent toutes les ordonnances qu'ils avaient précédemment rejetées. Cette totale soumission ne cachait-elle pas des desseins insolites ? De Rohan cependant était prévenu. Il aurait l'oeil à tout.

Pour garantir la paix à la colonie, la réorganisation des effectifs militaires se révélait indispensable. Le 1er avril 1766, une ordonnance du roi avait créé la *Légion de Saint-Domingue*. De Rohan s'appliqua aussitôt à l'organiser. Les anciens corps de troupe furent fusionnés avec la Légion. L'armée coloniale ne se trouva plus formée que d'une seule troupe, avec les armements différents de l'infanterie et de l'artillerie[1].

À Port-au-Prince, la nouvelle caserne construite au haut de la rue de Provence fut affectée au logement de la Légion; mais les troupes y étant trop à l'étroit, il fallut entreprendre, dans la partie nord de l'édifice, des travaux d'agrandissement. Le détachement d'artillerie ne continua pas moins de rester cantonné dans des maisons particulières.

Les soldats de la Légion faisaient fureur à la capitale. Leur brillant uniforme, «habit et parements bleus, collet et revers rouges, doublure, veste et culottes blanches, boutons blancs timbrés d'une ancre et chapeau brodé d'un galon blanc», n'était certainement pas étranger à ce succès. Les jours de parade, leur discipline et leur ensemble exerçaient sur la population le meilleur effet...

Depuis l'achèvement de l'église, on s'était aperçu que la tenue du marché dans le voisinage du saint lieu nuisait aux offices divins. Acheteurs et vendeurs n'avaient pas toujours à l'esprit la proche présence de Dieu dans son sanctuaire, et plus d'une fois le père de Pradines, dans le silence de la consécration, avait pu distinguer les propos, pas toujours très amènes, de l'offre et de la demande.

Les griefs du curé furent reconnus fondés, et ordre fut donné aux marchands de transporter leurs baraques au haut de la place de l'Intendance et de laisser complètement libres les abords de l'église.

Au cours de l'année 1767, une décision inattendue de Claude Clément, le concessionnaire du Spectacle de Port-au-Prince[2], priva la population de la capitale d'un divertissement auquel elle avait pris goût : le théâtre. Malgré les troubles, la salle de la place de l'Intendance n'avait jamais désempli. «Les habitués, dit Jean Fouchard, affluaient des bourgades voisines pour applaudir une savoureuse comédie, un opéra bouffon ou quelque charmante pastorale». Mais le gros Clément avait des soucis d'ordre administratif qui ne s'accommodaient pas avec sa nature bohème. En dépit de la faveur du public, il préféra renoncer à la concession pour aller au Cap rejoindre ses compagnons de planches. La salle de spectacle privée d'animateur, son propriétaire, l'ingénieur de Saint-Romes, fut contraint de la mettre en vente, au grand dam de la population consternée.

... Une fois les administrateurs installés, les intrigues, comme il fallait s'y attendre, n'avaient pas tardé à renaître. On s'épiait cordialement, prêts à s'entre-déchirer. Le gouverneur de Rohan, que des liens consanguins rattachaient aux Galifets, riches propriétaires du Nord, s'était dès son arrivée érigé en défenseur des grands planteurs. Il pensait d'ailleurs que, désireux qu'ils étaient de travailler dans un climat d'ordre et de paix, afin de maintenir les esclaves dans la soumission, ils lui donneraient un appui qui lui serait d'un grand concours pour la réussite de sa mission. Des faveurs injustifiées, accordées à des personnes de haute lignée, achevèrent de perdre le gouverneur-général dans l'esprit des commerçants et d'élargir le fossé qui existait entre ces derniers et les grands planteurs. Le menu peuple se mit à la rescousse des commerçants et ne manqua pas de clamer sa réprobation «d'abus intolérables». Les commerçants tentèrent même d'inciter les affranchis à s'insurger contre les administrateurs qui avaient poussé l'outrecuidance jusqu'à interdire la vente de poudre aux libres.

Le Conseil de Port-au-Prince, antagoniste par nature du régime militaire, fit de molles interventions pour ramener le calme au sein de la population. À la vérité, c'était lui le promoteur de toutes les intrigues, et secrètement, il cherchait à miner l'autorité de de Rohan, comme il l'avait fait de celle de d'Estaing.

Le rétablissement des milices était le premier point du programme du nouveau gouverneur, et il s'y était attelé dès son arrivée. Il avait dans ce sens pratiqué un peu partout des sondages d'opinions, puis expédié au ministre de la Marine un nouveau projet de réforme dont il n'attendait que l'approbation officielle pour en commencer l'exécution. Les conseillers, forts de l'appui populaire, se préparèrent à tirer parti des prochains événements que la réalisation de ce projet n'allait pas manquer de susciter dans le peuple. Bien imbus cependant de la détestable opinion qu'on avait d'eux à Versailles depuis la publication de leur fameux mémoire sur les édits royaux de janvier 1766, et n'ignorant pas non plus les pouvoirs discrétionnaires dont avait été investi le prince de Rohan, ils ne pouvaient opérer autrement que dans l'ombre. Au mois de juillet 1768, parvient à Saint-Domingue l'ordonnance royale du 1er avril sur le rétablissement des milices. La volonté du pouvoir de donner satisfaction à chacun, tout en dotant la colonie d'un corps de troupe efficace, y paraît manifeste. Des doléances justifiées avaient été retenues, et les ennuis inhérents à toute organisation militaire, en grande partie supprimés.

Les commerçants et leurs alliés, les petits blancs, trouvèrent pourtant que rétablir les milices, comme l'entendait l'ordonnance royale, était livrer la colonie aux grands planteurs. Seuls aptes, en effet, à obtenir le commandement des paroisses et des quartiers, ces derniers allaient disposer d'une influence et d'une force qui pouvaient les rendre maîtres de la vie coloniale.

Présentée au Conseil de Port-au-Prince, l'ordonnance des milices fut enregistrée le jour même, avec des réserves qui en principe devaient rester confidentielles. Elles furent à dessein dévoilées au public. Une prise d'armes dans la plaine du Cul-de-Sac s'ensuivit, qui provoqua le plus grand émoi. Rassemblés à la Croix-des-Bouquets, les insurgés déclarèrent de Rohan déchu de sa fonction. La troupe, sous le commandement du baron Louis-Victorien de Saint-Victor, marcha contre les révoltés et, après un long combat, eut raison d'eux.

Vis-à-vis du gouverneur, cette escarmouche avait placé les conseillers dans une fâcheuse position. Plusieurs parmi eux, dans la chaleur des discussions, avaient nettement pris parti pour le gouvernement civil contre le gouvernement militaire : on ne pouvait pas se montrer plus ennemi du gouverneur-général ! Un redressement s'avérait nécessaire. Le 24 décembre, dans une énergique protestation, ils blâment les fauteurs de troubles et invitent les habitants à faire la paix, à se soumettre à l'autorité du gouverneur de Rohan et à donner leur appui à l'organisation des milices. Les opposants savaient que ces démarches intempestives du Conseil n'étaient que pure feinte. Ils persistèrent dans leur attitude de raidissement.

À ces mécontents de la classe blanche, s'étaient joints les hommes de couleur qui avaient compris que le salut de leur cause ne résidait que dans une alliance avec les petits blancs. Face aux menaces de de Rohan, ils s'étaient donné pour chef un des leurs, Doyou, et se déclaraient disposés à tout chambarder pour la conquête de leur droit à l'existence. Port-au-Prince, vraisemblablement, était sur un volcan.

Au début de l'année 1769, l'effervescence reprend avec plus d'a-cuité. Des bandes avinées parcourent les rues de la ville et envahissent les résidences des officiers et capitaines de milice pour leur ravir leurs armes et leurs uniformes. Des arrestations s'opèrent. Quelques agita-teurs sont condamnés et fusillés. Le Conseil désavoue publiquement ces mesures de rigueur. Mais de Rohan en avait assez des tergi-versations. Le 7 mars, il enjoint à un bataillon de la Légion de cerner la salle des séances du Conseil. Les conseillers, pris au dépourvu, n'opposent aucune résistance. Ils sont immédiatement transportés à bord du *Saint Jean-Baptiste* qui le lendemain, au petit jour, lèvera l'ancre pour la France, avec sa cargaison de magistrats «souverains».

La réaction des révoltés se révèle des plus farouches. Des meneurs sortis de la capitale parcourent la partie de l'Ouest et y organisent des groupements d'insurgés pour marcher sur Port-au-Prince. À l'appel de Doyou, des centaines d'affranchis se rassemblent sous sa bannière, prêts à fondre sur la capitale. De Rohan déclare la ville en danger et prend ses dispositions de combat. Le Conseil du Cap, avec l'arrière-pensée de faire échec à l'influence de Port-au-Prince, appelle sous les armes les milices du Nord et les dépêche au secours de de Rohan : le gouverneur et, avec lui, la capitale, étaient sauvés. «L'agitation causée par le rétablissement des milices, conclut le père Cabon, montra avant tout l'utilité de ces milices».

Après la condamnation par un conseil de guerre des colons qui s'étaient le plus compromis dans l'insurrection, de Rohan pensa à adopter des mesures de pacification. Pour éviter tout arrêt dans le cours de la justice, un édit royal, en avril 1769, créa un nouveau Conseil de Port-au-Prince. Peu à peu s'opéra le tassement des passions : la population comprenait le péril qu'il y avait après tout à s'insurger contre l'autorité, en présence de témoins aussi énigmatiques que l'étaient les esclaves.

Ces terribles commotions n'ont heureusement laissé aucune trace sur le jeune visage de Port-au-Prince. Pas de pillage, pas de destruction, pas d'incendie criminel. On s'accorde à crier au miracle...

Au fort de l'agitation, et comme pour apaiser les passions déchaînées, les administrateurs avaient opéré le transfert à la capitale de la gazette coloniale, *Les Affiches Amériquaines,* qui s'éditait jusqu'alors au Cap. Un simple supplément de la gazette, *L'Avis du Cap*, fut accordé au chef-lieu du Nord. Les lecteurs port-au-princiens surent infiniment gré aux administrateurs de les affranchir d'une vassalité humiliante. Beaucoup d'entre eux qui, auparavant, avaient refusé de le faire, souscrivirent à un abonnement. Les recettes de la gazette augmentèrent, et par l'élévation du chiffre des abonnés et par le nombre de plus en plus croissant des marchands et négociants qui s'habituèrent à utiliser ses colonnes pour l'insertion de leurs annonces.

De même, durant ces temps de trouble, et par un tour de force vraiment remarquable, le projet de construction du quai de Port-au-Prince avait pu se concrétiser. Cette performance avait valu, un certain temps, au gouverneur de Rohan la faveur des commerçants, car le trafic des marchandises s'était trouvé étonnamment simplifié... De l'extrémité de la rue des Césars jusqu'au bas de la rue des Miracles, il s'allonge, le Quai de Rohan, en un terre-plein méthodiquement comblé et aplani, protégé du côté de la mer par une estacade en pieux. À la tombée du jour, les habitants l'empruntent volontiers pour se promener et savourer l'air marin. On aimera désigner sous l'appellation un peu sonore de *Promenade du Prince de Rohan*, ce champ du labeur qui le soir se transformait en lieu de détente.

Malheureusement, cette propension au progrès ne se manifeste guère dans les autres domaines, et la reprise normale des affaires n'apportera que peu de stimulant à l'apathie habituelle d'administrateurs et citadins.

En dépit de l'existence de maintes ordonnances réglementant le soin à apporter aux rues, ces dernières restent dans un état épouvantable. Les travaux de pavage entrepris sous le gouvernement de Bart n'ont pas été poursuivis. Le tuf dont la chaussée est recouverte absorbe les rayons solaires et projette une réverbération funeste pour les yeux. Par contre, «au moindre grain, note Dubuisson, ce tuf poreux se gonfle, devient adhérent au pied qui le touche et rend la circulation impraticable jusqu'à dix ou onze heures». Les rangées d'arbres prévues par les ordonnances ont bien été plantées, mais jamais émondés, ces arbres servent de refuge aux moustiques et autres insectes nuisibles qui, dès le crépuscule, envahissent les maisons.

Quant à l'hygiène des rues, elle est inexistante ! Les immondices s'accumulent un peu partout et pourrissent sur place. Les eaux ménagères viennent parfois y croupir, donnant alors à la voie publique l'aspect d'un cloaque.

La chaussée est aussi le réceptacle des déjections des habitations dépourvues de latrines. La pudeur qu'on met parfois à les cacher avec de la terre cause des ennuis bien désagréables au piéton distrait qui n'a pas su éviter les petits tas insolites semés sur sa route.

Cette fange ne semble gêner personne. Elle aura pourtant sa part de responsabilité dans les épidémies qui affligeront la ville. Pour le moment, on n'y prend pas garde, et l'administration, étourdiment, se prélasse dans son incurie.

Le gros problème à résoudre, et qui n'a pas encore trouvé de solution adéquate, est celui de l'alimentation en eau. Malgré emprisonnements et amendes, des riverains de la Charbonnière continuent à détourner et à souiller l'eau du canal. Les citadins préfèrent à cette eau pour le moins suspecte la bonne eau de pluie. En temps sec, ils se rabattent sur l'eau de puits qui, malgré son goût un peu saumâtre, leur semble plus naturelle et moins nocive que celle du canal.

Quand la sécheresse se prolonge, la situation tourne bien vite au tragique. L'eau de puits devient si détestable qu'on ne peut plus la boire. Le canal lui-même n'amène qu'un filet de liquide qui tarit en arrivant. La seule issue est d'envoyer quérir l'eau à la source de Martissans, la plus proche de la capitale. Chacun arme alors sa bourrique de deux ou trois récipients, que le domestique de la maison se charge de conduire à la rivière. La journée se passe dans une attente énervante : lessive, cuisine, tout reste en suspens jusqu'à l'arrivée du précieux liquide.

On se plaint amèrement de ce déplorable état de choses dont pâtissent même les autorités. Pas aussi douloureusement peut-être que les particuliers, car les nègres de l'Atelier du roi, dès les premiers signes de sécheresse, organisent des corvées qui permettent aux administrateurs de ne pas manquer d'eau. Aussi, paraissent-ils peu se soucier de cette pénible situation. Enfermés dans leurs bureaux, ils se contentent d'ordonner des études et des sondages, mais laissent dormir dans les tiroirs les mémoires que leur présentent les ingénieurs hydrauliciens... La population désespère de pouvoir jamais jouir, en toute quiétude, d'un besoin aussi essentiel.

Notes

1   La *Légion de Saint-Domingue* ne doit pas être confondue avec la première Légion de Saint-Domingue, établie en 1765, et qui était un corps de maréchaussée rattaché à la milice. Cette première Légion n'eut pas le temps d'être constituée.

2   Il en avait obtenu la concession le 9 février 1766.

EFFONDREMENT ET RÉSURRECTION

Port-au-Prince commençait à peine à se remettre des émotions de la bataille pour le rétablissement des milices, quand l'apparition de phénomènes célestes bizarres vint de nouveau porter le trouble dans l'esprit de ses habitants.

Ce fut d'abord, nous dit Moreau de Saint-Méry, «un météore qui embrassait une vaste circonférence et qui jeta une lumière vive pendant cinq à six minutes; puis des nuages fort obscurs l'éclipsèrent. Il fut suivi d'un coup de vent impétueux et d'une avalasse qui dura une grande partie de la nuit».

Quelques mois plus tard, une comète surgit entre onze heures et minuit, flanquée d'une queue très courte. Elle se dirigeait vers l'est et ne tarda pas à disparaître. Quand elle reparut vingt jours après, sa queue s'était considérablement allongée. On put la voir durant plusieurs nuits consécutives.

Mais ce qui commença à inquiéter fort la population, ce fut la répétition de phénomènes sismiques dès le début de l'année 1770. Dans la mémoire de tous, 1751 était restée comme une année de cauchemar, et le moindre tremblement de terre occasionnait des frayeurs mortelles... Il était écrit cependant que Port-au-Prince dût, cette fois, payer à la nature un tribut bien plus considérable.

On avait, le 3 juin 1770, célébré avec éclat en l'église paroissiale la fête de la Pentecôte. Le temps, demeuré lourd et couvert durant toute la matinée, ne s'était pas associé à la solennité du jour. Une atmosphère accablante avait régné sur la ville.

Dans la soirée, les nuages s'étaient dissipés, mais le ciel était resté chargé de vapeurs qui voilaient la lumière des étoiles et ne laissaient filtrer de la lune qu'une clarté illusoire.

Oppressés par la chaleur, les habitants avaient déserté l'intérieur de leur maison et s'étaient mis à l'aise sous leur galerie, armés d'un éventail de fortune pour combattre le manque d'air. Certains, préférant la promenade, avaient gagné les rues et marchaient à petits pas, en devisant à voix basse.

À sept heures un quart, une première secousse se produit, brève, à peine perceptible. Puis commencent à déferler des ondes trépidantes qui bientôt transforment le sol en une mer tumultueuse. «Des parties de montagnes s'écroulent, raconte Nicolson, ... les édifices les plus superbes et qui paraissaient les plus solides s'ébranlent, perdent leur aplomb, se décomposent et s'écroulent avec un horrible fracas; les cloches sonnent d'elles-mêmes, mais ne donnent que des sons discordants...»

Dès les premières secousses, ceux qui par bonheur se tenaient sous leur galerie s'étaient jetés dans la rue. Combien n'eurent pas le temps d'accomplir ce geste sauveur !

Le futur fondateur de la République, Anne Alexandre Pétion, échappe ce soir-là miraculeusement à la mort. Ses parents habitaient rue d'Orléans, à l'emplacement où s'élève l'ancien Palais législatif, abritant aujourd'hui le Ministère des Affaires sociales... Dès les premières trépidations, son père, le colon Sabès, s'est élancé dans la rue avec sa concubine, dame Ursule, mère du petit Alexandre, et sa fille Suzanne. Dans l'affolement général, on oublie le nourrisson à peine âgé de deux mois. Une tante d'Alexandre, qui s'est mise elle aussi à l'abri dans les rues, se souvenant de l'enfant, se précipite dans la maison qui craque de tous côtés. Elle atteint le berceau, enlève le bébé, et tandis qu'avec son précieux fardeau elle regagne la rue en courant, la maison s'effondre dans un effroyable grondement[1].

Sous les débris de bois, de pierres et de meubles fracassés qui jonchent l'emplacement des maisons, des voix chères crient au secours, des mourants râlent, des blessés suffoquent... Armés de torches ou de lanternes à la lueur roussâtre, des rescapés du cataclysme vont et viennent, à la recherche de leurs proches enfouis sous les décombres... Nuit d'effroi, peuplée de cauchemars et de ruines, qui paraîtra éternelle !

«Le jour montra toute l'horreur de cette scène déchirante. Un sol entrouvert en mille endroits, des défenseurs de la patrie ensevelis sous les ruines des casernes ou des hôpitaux, des prisonniers écrasés sous les débris de la geôle, les montagnes voisines de la ville dégradées et affaissées; enfin, des monceaux de décombres couvrant toute l'étendue d'une ville où il n'y avait d'autre abri que celui des arbres qui indiquaient la direction des rues; tel était le tableau que contemplaient les infortunés, s'estimant trop heureux encore, lorsqu'ils n'avaient à déplorer que les pertes de la fortune, et qu'ils ne découvraient aucun objet cher à leur tendresse parmi deux cents cadavres[2]».

De bonne heure, des courriers sont partis dans toutes les directions annoncer le désastre et demander de l'aide. Quelque quarante-trois bâtiments français, à l'ancre dans le port, n'ont heureusement pas souffert du séisme. On débarque des barils de farine. Des habitants s'empressent de reconstruire les fours, car la faim, corollaire de tout cataclysme, menace de s'appesantir sur ce monde aux abois.

Le gouverneur comte Pierre de Nolivos et l'intendant de Bongars ont réquisitionné les pièces de toile en dépôt aux magasins du roi. De leur côté, les capitaines de navire mettent à la disposition des sinistrés la voilure de leurs vaisseaux. Ainsi, sera-t-il possible d'élever assez de tentes pour garer des intempéries la plus grande partie de la population.

Car pas une maison n'est sortie intacte du désastre, et il aurait été de la plus grande imprudence de s'aventurer à l'intérieur de celles qui, quoique encore debout, étalent de dangereuses lézardes.

Les profiteurs de malheur n'ont pas tardé à surgir, leurs cabrouets chargés de vivres. Mais c'est au prix fort qu'ils entendent secourir la cité martyre, et les administrateurs, devant le comportement inhumain de ces oiseaux de proie, se verront obligés de fixer eux-mêmes les prix de leurs marchandises.

Par contre, on enregistre des gestes partis du cœur qui comblent de reconnaissance et de réconfort les victimes de la catastrophe.

Nombreux, en effet, les propriétaires fortunés des habitations environnantes qui généreusement offrent vivres, volailles, bétail. Une famille mulâtre de la plaine n'hésite pas à faire don de trois cabrouets de vivres de terre.

L'épouvantail de la faim plus ou moins éliminé, il faut alors songer au ravitaillement en eau. On souffre déjà terriblement de la soif. Le canal s'est sectionné en maints tronçons, et c'est dans les crevasses de la montagne que s'engloutit cette eau qui ferait tant d'heureux. Pour comble de déveine, plusieurs puits se sont asséchés. D'autres sont complètement obstrués par des débris de toute espèce... On recourra à la corvée d'eau. Transformés en gens de peine, nègres, soldats, colons riches ou pauvres, tout ce monde que le malheur commun a nivelé, s'ébranle en lamentables caravanes vers Martissans.

Pendant tout le mois de juin, on vit dans la plus atroce indécision. Le sol ne cesse de vaciller. Personne ne se sent le moindre encouragement à creuser de nouvelles fondations, ni même à déblayer son terrain. On préfère encore vivre sous la tente où les garanties de sécurité paraissent plus certaines.

Cependant, les oscillations, qui de jour en jour diminuaient d'intensité, finissent par disparaître. Peu à peu l'espoir renaît. Le désastre, s'il est général, n'est pas sans remède. D'ailleurs on ne peut indéfiniment s'abandonner au désespoir. La grosse besogne qui s'offre à première vue est le nettoyage de la ville, travail ardu qui mobilisera pendant des jours des centaines de bras.

Des plans sont arrêtés par les particuliers pour la reconstruction. Mais la prévoyance gouvernementale, qui n'entend plus encore une fois être mise en échec, fait obligation aux propriétaires de ne reconstruire leurs maisons qu'en bois ou maçonnerie entre poteaux. Chacun se félicite de cette sagesse de l'administration. On est prêt désormais à tout sacrifier pour s'assurer la sécurité.

Tandis que de toute la ville monte l'appel des marteaux qui galvanise les courages et invite à penser à demain, les administrateurs se concertent pour trouver une solution au problème aigu du logement des bureaux du gouvernement dont les locaux pour le moment sont à terre. La tâche va leur être facilitée par l'aide financière

~ La place d'Armes ou du Gouvernement, aujourd'hui place de l'Indépendance, en 1999 ~

Photo : Jean-François Chalut

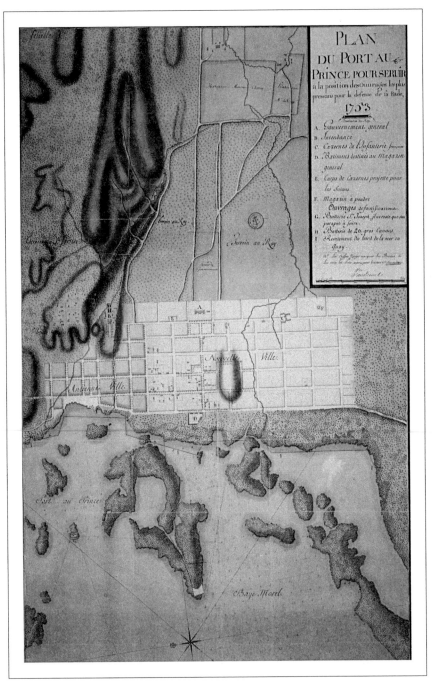

~ Plan de Port-au-Prince pour servir à la position
d'ouvrages pour sa défense (1753) ~

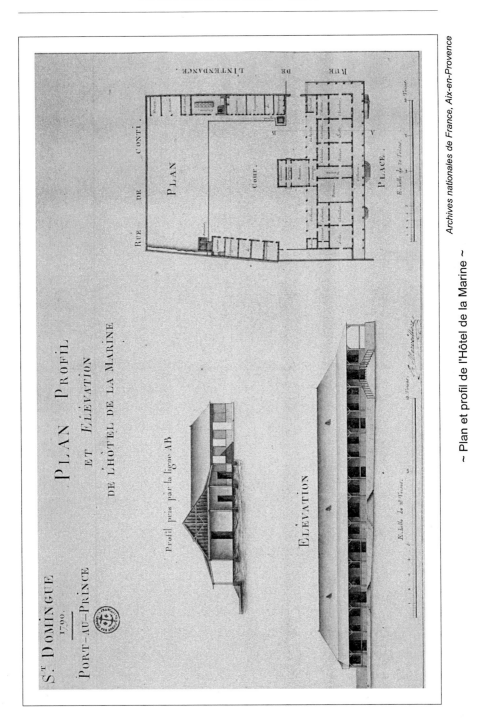

~ Plan et profil de l'Hôtel de la Marine ~

Archives nationales de France, Aix-en-Provence

~ Extrémité nord de l'Hôtel de la Marine en 1980 ~

~ Le calvaire colonial de la rue du Peuple vers 1900 ~

~ Plan et profil du Bureau des Classes ~

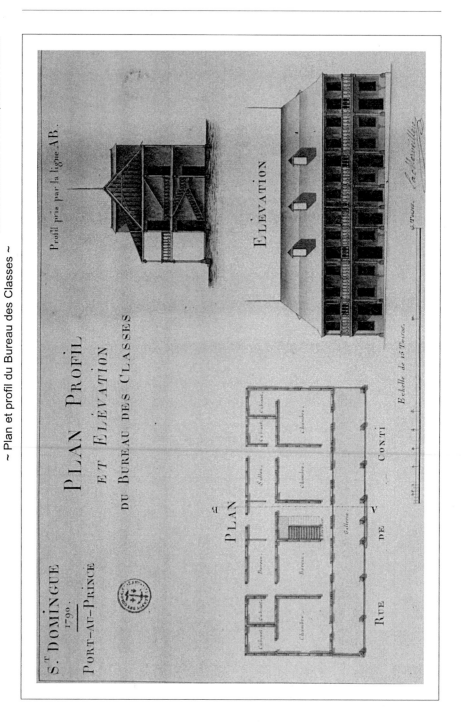

S.ᵀ DOMINGUE
1790.
PORT–AU–PRINCE

PLAN PROFIL
ET ÉLÉVATION
DU BUREAU DES CLASSES

Profil pris par la ligne AB.

ÉLÉVATION

PLAN

RUE   DE   CONTI

Echelle de 12 Toises.

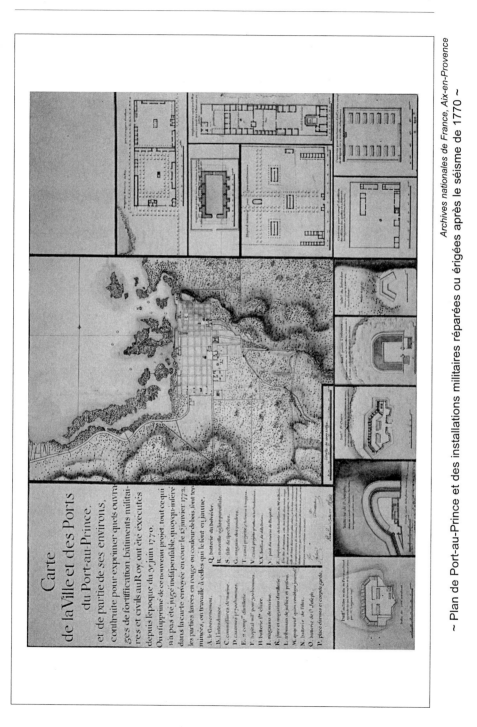

~ Plan de Port-au-Prince et des installations militaires réparées ou érigées après le séisme de 1770 ~

Archives nationales de France, Aix-en-Provence

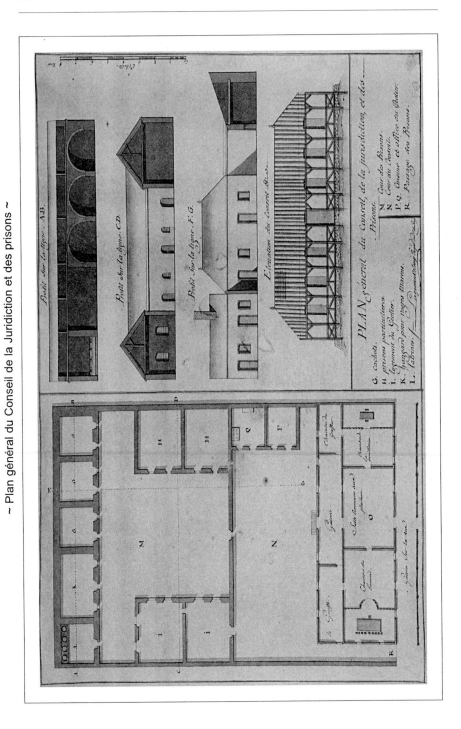

Archives nationales de France, Aix-en-Provence

~ Plan général du Conseil de la Juridiction et des prisons ~

substantielle que Louis XV aura à cœur d'envoyer sans retard à sa capitale des Îles sous le Vent.

Pas d'espoir de restauration de ce qui subsiste du Gouvernement. Les lézardes en sont trop nombreuses. En hâte, on se met à bâtir dans la cour de l'édifice un logement de fortune dont le gouverneur devra se contenter en attendant des jours meilleurs. À côté de cette construction, on élève une méchante baraque qui servira à loger les services du secrétariat du gouverneur-général.

De l'Intendance il reste encore des vestiges importants que l'on pourra utiliser après réparations. L'aile sud principalement est intacte. L'intendant de Bongars est bien heureux de s'y caser en compagnie de son secrétaire. On arrivera même à loger dans cet espace réduit les services du Bureau des fonds.

Les belles casernes de la Légion de Saint-Domingue ne sont qu'un amas de décombres. Pour parer à tout relâchement dans la discipline et prévenir toute altération de l'ordre, le roi a demandé de les rebâtir sans délai. Le plan de reconstruction, tracé par le marquis de Gripière de Laval, prévoit un édifice encore plus étendu que le précédent. On s'empresse, pour y répondre, de faire l'acquisition des terrains avoisinant la propriété.

Les prisons renversées ont libéré leurs pensionnaires qui en raison des circonstances, bénéficient de la liberté provisoire. Ils sont maintenant sur les chantiers, aidant à déblayer et à reconstruire. Ces menus services en récompense desquels ils espéraient obtenir une liberté définitive seront jugés insuffisants pour de telles prétentions. Bientôt rattrapés, ils seront conduits à un ancien corps de garde de la place du Gouvernement converti en prison. Quelques-uns, faute de place, seront emmenés sur les pontons ancrés dans la rade où déjà avaient été déposés deux membres de l'ancien Conseil de Port-au-Prince et un meneur dangereux.

L'hôpital royal militaire, dont la direction avait été confiée en 1769 aux religieux de saint Jean de Dieu, dits Frères de la Charité, est méconnaissable. Pas la moindre parcelle de bâtiments demeurée intacte. Le temps presse cependant, car de la rapide reconstruction de l'édifice dépend le sauvetage de dizaines de vies humaines. On saisit l'occasion pour envisager l'érection d'un complexe hospitalier, capable d'héberger jusqu'à cent cinquante malades. Le nouvel hôpital qui débouchera face à la rue de Penthièvre (rue Joseph-Janvier) se composera de deux salles de 80 pieds de long avec galeries aux deux façades, orientées perpendiculairement à la rue de Conty (rue Monseigneur Guilloux). À l'arrière, sur la moitié du terrain donnant à l'est, s'élèveront, disposés symétriquement, le bâtiment des officiers de santé, celui du directeur, et enfin, le pavillon des officiers malades.

Les religieux de la Charité, après un fructueux passage à l'hôpital militaire, allaient se voir dans la nécessité de renoncer à l'administration de cet établissement. Des difficultés insurmontables pour eux avaient-elles surgi avec le séisme ? S'étaient-ils trouvés handicapés par une insuffisance d'éléments disponibles de leur congrégation ?... En présence de ce mécompte, les administrateurs se détermineront à donner l'hôpital à l'entreprise. Ils feront choix du chirurgien-major Moreau comme premier entrepreneur, pour une période de trois années, à dater du 1er janvier 1771.

Comme les autres constructions de la ville, les halles des magasins du roi s'étaient écroulées, entraînant des pertes en fournitures assez importantes. On a déjà entamé la reconstruction des hangars, et, en attendant l'achèvement des travaux, l'entrepôt des marchandises reste confié aux navires en rade.

L'atelier des nègres du roi, démoli par le séisme, va changer de quartier. Réservant son emplacement à une nouvelle destination, les administrateurs décident de le reconstruire derrière les casernes, sur le terrain où jadis avaient été logés les nègres de la maréchaussée et qui, dans la suite, avait été converti en place à vivres. Les baraques, au nombre d'une dizaine, s'aligneront face au côté nord du Gouvernement. Quant au jardin des nègres, il ira occuper le terrain en friche bordant les cases à l'est, que l'on isolera de la savane du Gouvernement par une haie de pingouins.

De la belle église récemment érigée par les soins de l'entrepreneur Delaitre, il ne restait qu'un amas de ruines. La cloche fondue à Léogane en 1768 et qui, depuis, garnissait le clocher, gisait en morceaux. Le curé, l'abbé Dominique François Moreau, dont la maison d'habitation, louée par les paroissiens, s'était effondrée, s'est réfugié, avec l'autorisation de M. de Bongars, au Trésor particulier dans le voisinage de l'Intendance[3]. Ceux des habitants de la ville qui ne voudront pas être en reste avec leurs devoirs religieux, se borneront le dimanche à se placer aux abords du Trésor pendant que le curé y dit sa messe. Administrateurs et paroissiens ayant à faire face à des obligations plus pressantes, l'érection d'une nouvelle église est remise à plus tard.

Depuis le tremblement de terre, le Conseil de Port-au-Prince tient ses réunions sous une grande tente dressée dans la cour du Gouvernement. Entre-temps, on a commencé à la rue Royale la construction d'une maisonnette qui devra servir de logement provisoire au Conseil et à son greffe. Beaucoup de pièces précieuses qui se trouvaient entreposées dans le greffe de l'ancien local ont disparu au moment du séisme. On prévoit des difficultés sans nombre pour la réouverture des séances de justice. Durant de longs mois, magistrats et conseillers auront à s'astreindre à une pénible besogne de recherches et de classement des actes tant privés qu'officiels, avant d'envisager toute reprise des affaires.

L'effondrement du local de l'imprimerie de Port-au-Prince avait entraîné la perte du matériel d'impression. De ce fait, la parution des *Affiches Amériquaines* avait été discontinuée. Pour remédier à cet état de choses, l'imprimeur Louis Guillot a reçu l'ordre des administrateurs de transporter à la capitale le matériel de l'imprimerie du Cap. Les Capois maugréent à juste titre contre un prêt qui, durant quelque temps, va les priver de tout service typographique.

À la fin de l'année, plus d'un quart des maisons démolies a été reconstruit. Sans arrêt, les forêts des Gonaïves, de la Gonâve et des Baradères ont alimenté les chantiers de la capitale. D'importantes commandes de planches, lancées à la Nouvelle-Angleterre, ont été livrées à bref délai. Épargnes et emprunts ont aidé les particuliers à lutter courageusement pour la survie de leur cité. Hélas! la physionomie de celle-ci est maintenant bien changée. Dans son décor extérieur, Port-au-Prince est vraiment une ville nouvelle. Se conformant aux prescriptions gouvernementales édictées pour la circonstance, on n'a reconstruit qu'en bois. L'utilisation de la maçonnerie indispensable est restée soumise à une réglementation rigide : les solages en moellons ne s'élèvent pas à plus de deux pieds hors de terre, et les murs supportant les clôtures à claire-voie ne dépassent pas trois pieds de haut.

Toujours pour parer à l'éventualité d'un nouveau tremblement de terre, on a, par excès de prudence, renoncé aux maisons à étage et adopté pour les toits la couverture en aissantes. Ces petits carrés de bois, importés de France ou du Mississipi, ne réclament, en effet, à l'encontre de l'ardoise et de la tuile, qu'une charpente légère, bien plus inoffensive que l'ossature lourde et compliquée des anciennes toitures.

Quant aux règlements de l'urbanisme et de l'hygiène publique, ils ont été simplement méconnus. Faisant fi des lois de l'alignement, des propriétaires, dans le but d'augmenter l'étendue de leur propriété, ne se sont embarrassés d'aucun scrupule pour empiéter sur la voie publique ou construire des galeries qui débordent largement sur la chaussée. L'ordonnance du 23 mai 1772 viendra rappeler les servitudes de l'alignement et ne permettra la construction des galeries qu'autant qu'elles seraient rapportées aux maisons, alignées entre elles, d'une largeur maximum de dix pieds et non fermées. La même ordonnance fera obligation à tous les propriétaires de construire des latrines de six pieds de profondeur au moins, dans la cour de leur maison d'habitation... Prescription qui, par parenthèse, ne sera guère observée, car la plupart des propriétaires objecteront, pour s'y soustraire, l'exiguïté de leur terrain ou le danger de contamination des nombreux puits de la ville.

Bref, la capitale semble avoir perdu son caractère. Elle apparaît plutôt mesquine et, durant de longues années ne va faire figure que de «camp tartare».

Le jour de la Pentecôte 1771, dans l'après-midi, le peuple du Port-au-Prince, réuni place de l'Intendance, s'ébranle processionnellement en direction de la butte du Bel-Air. Voici, en tête du cortège, précédée d'un enfant de chœur avec son encensoir, la Croix portée par un paroissien. Puis le curé de la paroisse, entouré des autorités et des notables de la ville. Enfin, armés de bannières ou de cierges, des hommes, des femmes, grands blancs, petits blancs, mulâtres, nègres libres, en rangs serrés, tous confondus dans une même foi, dans un même élan de gratitude. Par les rues larges, bordées de maisons neuves, des hymnes de ferveur montent à l'adresse de Dieu... Un an depuis que, par une lourde soirée d'été, la mort frappa d'épouvante et de deuil tant de familles désemparées ! Un an depuis qu'un désastre sans pareil transforma en quelques secondes une ville florissante en un amas de décombres !...

On atteint le haut de la rue de Vaudreuil. Une grande croix en bois est plantée sur la butte. Autour de l'auguste emblème, on se rassemble pour prier. Un chant d'amour et de reconnaissance clôture l'émouvante manifestation.

Cette croix, dressée sur la butte du Bel-Air en souvenir du cataclysme, sera à l'origine de la fondation du calvaire de Port-au-Prince. La population aura à cœur en effet de remplacer au plus tôt le pieux symbole par un monument digne de la grandeur du Christ crucifié. Réédifié à l'initiative du président François Duvalier, ce calvaire, le plus ancien de Port-au-Prince, sera à la chute de Jean-Claude Duvalier, en février 1986, en partie démoli par le peuple qui s'était plu à associer sa reconstruction à des fins ésotériques...

Ce fut peut-être sous l'effet de cette flambée de ferveur religieuse qui paraissait embraser toute la ville, que le 8 juin 1771, les administrateurs cédèrent à la paroisse l'emplacement de la sucrerie Randot, lieu de réunion des premiers fidèles de Port-au-Prince, pour l'érection du nouveau temple qui sera mis en chantier la même année[4].

L'une des dernières réalisations du gouverneur de Nolivos fut la construction sur l'ancien terrain de l'atelier des nègres, voisin des magasins du roi, de l'arsenal des troupes de la Légion, auquel fut adjoint un parc d'artillerie pour l'entrepôt du matériel des canonniers[5].

... Port-au-Prince, encore sous le coup du terrible événement qui l'a disloqué sans merci, a besoin d'un chef capable de lui redonner pleine confiance et de l'aider à effacer ses blessures. Il va le trouver dans la personne de Louis Florent de Vallière qui s'installe dans ses fonctions de gouverneur-général au mois d'octobre 1772. À l'encontre de ses prédécesseurs, le chevalier de Vallière n'est pas un nouveau venu dans la carrière. Il a laissé le gouvernement de la Martinique pour passer à celui de Saint-Domingue. La préparation et l'expérience du nouveau chef auront sur la colonie et sur sa capitale des répercussions heureuses.

Dès les premiers jours de son arrivée, il ordonne de commencer la construction de l'hôtel du Gouvernement. Les plans prévoient un corps de bâtiment en rez-de-chaussée, flanqué de deux ailes à l'arrière. L'architecture de l'édifice n'aura rien de pompeux, mais tout a été étudié en fonction du confort dont on souhaitait agrémenter cette demeure.

Une partie de l'aile sud du bâtiment de l'Intendance, qui avait tenu tête au séisme, tombant de vétusté, il avait fallu la démolir; en sorte qu'il n'était resté de cette aile que des vestiges réunissant deux ou trois pièces. Le nouvel intendant, Vincent de Montarcher, ordonna de sérieuses réparations à ces ruines et fit ajouter trois nouvelles pièces. On entama peu après la reconstruction de l'aile nord.

À peu de distance de l'Intendance, on entreprit, sous la supervision de l'ingénieur en chef de la colonie, l'érection du bâtiment de l'hôtel de la Marine, destiné à héberger les différents services de cette administration. Situé dans l'îlet qui à l'ouest donne sur un terrain vague, emplacement du premier cimetière de Port-au-Prince, l'hôtel de la Marine se présentera à son achèvement, comme un grand bâtiment en rez-de-chaussée assis sur un soubassement d'environ quatre pieds de haut et coiffé d'un comble très élevé[6].

Le Bureau des classes prend logement dans une maison voisine de l'hôtel de la Marine, et faisant face à la rue de l'Intendance (rue Courte). Cent cinquante ans plus tard, s'élèvera sur ses fondations, la grande école primaire dédiée au deuxième archevêque de Port-au-Prince, Monseigneur Alexis Jean-Marie Guilloux.

Disposés à aider les paroissiens et leur pasteur, les administrateurs louent à l'intention du curé une maison particulière bien plus convenable que le local du Trésor fendillé de toutes parts et menaçant ruine...

Vallière et son collègue Montarcher étaient tout entiers penchés sur les problèmes de reconstruction et de développement qui sollici-taient leur attention d'administrateurs, quand l'ordonnance royale du

18 août 1772, supprimant la Légion de Saint-Domingue et créant les régiments coloniaux, les obligea à délaisser pour un moment les affaires civiles pour se consacrer aux questions militaires. Cette transformation des effectifs que prévoyait l'ordonnance devait s'opérer sans heurt au sein de l'armée. Vallière s'y prépara avec sang-froid.

La relève des troupes de la Légion par celles des régiments coloniaux ne se réalisa qu'à la date du 31 janvier 1773. Port-au-Prince et le Cap furent les villes où s'établirent les quartiers généraux des deux régiments de Saint-Domingue. Ils étaient composés chacun de 2 bataillons de 9 compagnies et furent presque en entier formés des anciens soldats de la Légion. Au marquis de Gripière de Laval fut remis le commandement du *Régiment du Port-au-Prince*. Entre-temps, par ordre du ministre, trois compagnies de dragons, ou soldats de la cavalerie de ligne, avaient été envoyées de la Métropole et attachées à chacune des garnisons du Port-au-Prince, du Cap et des Cayes. Enfin, toujours sur les instructions du ministre de Boynes, l'ancien détachement d'artillerie du Port-au-Prince fut converti en une compagnie de canonniers-bombardiers qui devait être formée de jeunes recrues venues de France et de trente hommes de chacune des compagnies de bombardiers du Cap et du Môle. Ainsi était complété l'ensemble des troupes de l'armée de Saint-Domingue.

La création de la compagnie des canonniers-bombardiers du Port-au-Prince posait un problème qui réclamait une solution urgente. Faute de place, le corps d'artillerie attaché à la Légion avait toujours logé dans des maisons particulières. Il importait d'affecter à la compagnie nouvellement formée un local propre. Au nord de la place du Gouvernement, et donnant sur la rue de Conty, était un terrain inoccupé appartenant au roi. Le gouverneur fit choix de cette position pour y ériger les casernes de l'Artillerie[7].

Elles auront bel aspect, ces casernes conçues par le progressiste Vallière. Formées de quatre pavillons de 66 pieds de long chacun, avec entrée sur la rue de Conty, elles seront aménagées de façon à offrir aux soldats les plus larges commodités.

Les différents forts et corps de garde qui ceinturaient la capitale et dont quelques-uns avaient souffert de la dernière secousse sismique, furent à la même époque, sous la direction de M. Dumoulceau, directeur général des fortifications, consolidés ou réparés. Le Fort-l'Islet, qui avait été renversé puis démoli peu à peu par les ouragans, fut réédifié en maçonnerie. On perça de quinze embrasures la muraille crénelée de son enceinte. La poudrière fut de même entièrement refaite et pourvue d'une armature propre à lui permettre de résister à toute nouvelle secousse.

Une fois consommée la réforme de l'armée de Saint-Domingue, Vallière se hâta de reprendre l'œuvre de régénération de la capitale.

Une question qui, dès son arrivée, n'avait pas manqué d'attirer son attention, était la grave pénurie d'eau dont souffrait Port-au-Prince. Depuis le tremblement de terre, on ne se désaltérait que d'eau pluviale ou d'eau de puits. Le trésor pâtissait de cette déplorable situation, car pour alimenter en eau certains établissements de l'État, tels que les casernes ou l'hôpital, il ne lui en coûtait pas moins de 94 000 livres par an.

Les sondages effectués à l'époque de la fondation de Port-au-Prince avaient indiqué que la source de Turgeau située sur l'habitation des sieurs Le Roy, à 600 pieds au sud-est de la ville, pourrait fournir une eau saine et abondante. Disposé à mettre en application le projet de captage de Turgeau, Vallière se trouva en contradiction avec quelques hautes personnalités qui nièrent péremptoirement les possibilités d'exécution d'une pareille entreprise. Le gouverneur n'abandonna pas pour autant ses intentions. Il s'en ouvrit au commandant du régiment du Port-au-Prince, M. de Laval, très intéressé, lui aussi, au règlement du problème d'eau, qui l'encouragea dans ses vues et promit de l'aider.

«Dès le lendemain matin, raconte Moreau de Saint-Méry avec pittoresque, cinquante soldats ayant deux officiers, leur colonel et le gouverneur-général à leur tête, allèrent commencer la fouille, dont le signal fut un coup de bêche donné par M. de Vallière. C'était une fête pour les soldats qui, travaillant quatre mois sans relâche et sans salaires, se commandaient eux-mêmes du «barbasco». M. de Vallière allait de temps en temps les exciter encore par sa présence et par des rafraîchissements qu'il payait personnellement. On fit des canaux de bois trompette, on se servait de matériaux offerts par le local, enfin l'eau arriva dans le haut du Gouvernement, et la plus vive allégresse éclata au moment où M. de Vallière vint en boire le premier verre et constater ainsi la justesse de son opinion. De là, un autre canal se dirigea vers les casernes, comme pour payer le régiment du Port-au-Prince de son zèle et de ses travaux ».

Ce conduit provisoire fut remplacé par un canal en maçonnerie qui fut achevé après six mois de travail. Le bassin de distribution établi à la savane du Gouvernement assura l'approvisionnement en eau du Gouvernement, de la place d'Armes et des casernes. Si le débit du courant ne fut pas des plus abondants, il procura néanmoins au peuple une bien vive satisfaction, à ce peuple qui en était venu à considérer la bonne eau de source comme une boisson de luxe. Et la petite fontaine de la place du Gouvernement dut supporter bravement les assauts répétés de la population altérée.

Les aménagements apportés au bâtiment destiné à recevoir le Conseil de Port-au-Prince étaient terminés. En corps, le 1er octobre 1773, les conseillers quittèrent la maisonnette qui les avait hébergés après le séisme pour se rendre à leur nouveau local... Sise rue Royale, entre les rues des Miracles et d'Aunis[8], cette construction de piètre apparence, décorée du nom pompeux de Palais de justice, comporte une façade formée de trois pièces s'alignant sur la rue. À la pièce du milieu qui sert de salle des pas perdus, fait suite la salle d'audience où l'on étouffe, tant est défectueuse l'orientation donnée à cette pièce.

Les prisons ont été bâties au fond de la cour du Palais, sombres cachots qui, malgré leur édification récente, ont l'aspect d'oubliettes médiévales.

Face à l'îlet qui fait suite, en direction du sud, un bâtiment nouvellement achevé loge la Sénéchaussée et l'Amirauté[9], tribunaux qui jugent en première instance ou en dernier ressort, selon le cas, et où se règlent les affaires civiles ou criminelles, commerciales ou de simple police de la juridiction du Port-au-Prince. Le samedi, jour réservé aux causes d'esclaves, la Sénéchaussée juge en dernier ressort et sans appel... : implacable rigueur d'une législation qui se voulait juste.

Vallière n'entendait pas se cantonner seulement dans les travaux d'utilité publique. Son rêve était de faire de la capitale des Îles d'Amérique sous le Vent une ville propre, avenante, gaie, en dépit de la simplicité de ses maisons de bois. Il voulait que l'Européen qui s'y trouvait en visite n'y ressentît aucun dépaysement, que la vie y fût douce et supportable à tous.

La Comédie est fermée. Le 3 juin 1770, la salle de l'ingénieur de Saint-Romes, mise en vente par son propriétaire, par suite du départ de Claude Clément, s'est écroulée avec la ville. Mais dans une salle du fort Saint-Joseph, aménagée pour la circonstance (probablement sur les instructions du gouverneur-général), le régiment du Port-au-Prince donne des concerts de musique instrumentale et vocale, auxquels assiste volontiers le gouverneur, entouré d'un nombreux public. Les bals travestis qui s'y organisent à certaines occasions sont aussi très courus. Faute d'un local adéquat, c'est dans cette salle du fort Saint-Joseph que se manifeste le plus la vie mondaine, et Vallière est le premier à encourager l'extension de ce beau mouvement social.

Des ordonnances sur l'urbanisme, appelées à changer favorablement l'aspect de la ville, sont édictées. D'abord, plus d'eaux ménagères s'étalant sur la voie publique. On a prévu pour leur écoulement un fossé pavé qui sera établi au milieu de la chaussée. Les arbres des rues, principaux responsables de la malpropreté et de l'insalubrité de la ville – du moins, le croit-on en toute bonne foi – vont être abattus. On a heureusement pensé à épargner les arbres des places publiques et ceux plantés le long des rues de Rouillé et de Conty qui relient le Gouvernement aux magasins du roi et à l'Intendance. Ce seront les seules avenues entretenues de la cité. Enfin, défense est faite aux particuliers de laisser sans clôture leur propriété non bâtie. Ils auront le choix entre la haie vive et la palissade à claire-voie.

Depuis le transfert du marché à la place de l'Intendance, l'îlet qui lui avait servi de site avait été abandonné aux détritus et aux halliers. Vallière fit procéder au nettoyage de ce terrain et, parachevant l'initiative de Laporte Lalanne, l'entoura d'une deuxième rangée d'ormeaux. Une balustrade en pierre en ferma l'enceinte. On projeta pour plus tard l'élévation en son centre d'une fontaine monumentale.

Ces embellissements plurent tant à la population, qu'elle associa spontanément le nom du gouverneur à la nouvelle place. Les Port-au-Princiens d'aujourd'hui, perpétuant, sans le vouloir peut-être, ce mouvement de gratitude, ont baptisé du nom de Vallière le marché métallique élevé sur cette place par le président Hyppolite.

Le gouverneur avait hâte, pour couronner sa victoire sur les sceptiques, de remplacer les robinets provisoires installés place du Gouvernement, par une fontaine architecturale qui rehausserait du même coup le voisinage immédiat de sa résidence. Il finit par s'y résoudre.

Pour l'érection de cette première fontaine monumentale, les ingénieurs du roi vont s'inspirer du style des fontaines qui embellissent les places publiques d'Aix-en-Provence. Dessinée et réalisée par l'ingénieur Hesse, elle constituera une réussite en son genre et ne contribuera pas peu à relever et à décorer la place du Gouvernement. «Formée, renseigne Moreau de Saint-Méry, d'un bassin octogone au milieu duquel s'élève un obélisque pyramidal de pierres de taille dont la pointe est surmontée d'un globe couronné, ayant les armes du roi, elle est entourée d'une grille de fer... Sur les quatre faces de ce piédestal sont les quatre masques qui font jaillir l'eau dans le bassin, dont quatre côtés sont autant d'abreuvoirs». Au revers de la pyramide, des inscriptions latines, en lettres d'or sur fond de marbre noir, indiquaient l'année de l'érection de la fontaine et le nom de ceux qui dirigeaient alors la colonie.

Pendant que s'exécutent les travaux de la fontaine, on pousse à l'enjolivement de la place en l'encadrant d'une rangée d'arbres. Une magnifique allée est tracée en son centre, qui dégage, jusque sur la rue de Rouillé, l'entrée principale du Gouvernement.

... La nouvelle église du Port-au-Prince, longue de 138 pieds, large de 84 et qui se dresse rue des Favoris (rue Docteur-Aubry), face à l'angle nord-est de la place de l'Intendance, est achevée. Le 10 août 1774, avec toute la solennité requise pour la circonstance, le chevalier de Vallière, gouverneur-général des Îles françaises de l'Amérique sous le Vent, et Madame Marie-Claire Françoise de Lamirande, veuve du marquis de Vaudreuil, ancien gouverneur de la colonie, portent sur les fonts baptismaux la nouvelle cloche nommée Marie-Louise...

Que de sacrifices ont dû s'imposer les paroissiens pour réunir les 109 500 livres qu'il a fallu pour bâtir leur église ! Ils espèrent pourtant n'avoir plus à faire face à de pareils débours. Déférant aux prescriptions en vigueur, l'architecte s'est arrêté à un style fort modeste. L'usage de la pierre, ce noble matériau qui confère aux édifices sacrés majesté et beauté, lui étant interdit, il s'est donné pour tâche de doter au moins la construction d'une solidité à toute épreuve. Grâce aux murs revêtus à l'extérieur de maçonnerie entre poteaux, plaqués à l'intérieur de planches de bois dur, la nouvelle bâtisse est armée, en effet, pour tenir tête aux commotions sismiques les plus fortes. Les rigueurs du temps n'ont pas permis aux habitants d'orner, comme ils l'auraient désiré, l'intérieur de leur sanctuaire. La seule richesse qui capte l'attention, ce sont les 44 piliers en acajou massif sans aubier: ils font l'admiration par leur hauteur et leur épaisseur.

Une tradition que l'architecte a su respecter et dont les paroissiens lui savent gré, c'est l'encadrement des nefs latérales par des galeries couvertes – comme pour les maisons de Port-au-Prince –, permettant aux fidèles qui ne pourraient s'installer à l'intérieur de l'église, d'assister aux offices à l'abri du soleil... Bref, chacun est satisfait de son église, et on se prend de ferveur pour ce hangar massif couvert d'ardoises, dont le clocher, primitivement à beffroi colonial, remplacé en 1849 par un clocher octogonal coiffé d'une coupole, va rentrer, et pour longtemps, dans le décor familier du vieux Port-au-Prince[10].

À l'achèvement de l'église, nouveau «dérangement», sur les instances du curé, des marchands et pacotilleurs du marché de la place de l'Intendance. Il leur faut, cette fois encore, dégager les abords du saint lieu, car la religion ne s'accommode guère de l'écho des discussions mercantiles. Éventaires et ajoupas iront donc retrouver leur ancienne position au bas de la place.

L'esprit de justice et de charité du père Moreau lui dicta, à cette époque, une initiative pour laquelle les habitants lui gardèrent beaucoup de reconnaissance. Le curé avait pensé en effet qu'il n'était pas convenable de laisser à l'abandon les ossements du cimetière désaffecté de la rue Dauphine, d'autant que le terrain, vu sa position excellente, n'allait pas longtemps rester sans destination nouvelle. Pour épargner aux paroissiens, dont les morts s'y trouvaient, une séparation définitive d'avec ces dépouilles, il fit exhumer les ossements de l'ancien cimetière, les assembla, et, processionnellement, les transporta au cimetière du Morne-à-Tuf.

Notes

1   Version de l'historien Saint-Rémy (des Cayes).

2   Moreau de Saint-Méry, *Description*... Au dire de l'auteur des «Lettres d'Affi à Zarac», le séisme du 3 juin 1770 a été plus violent que celui éprouvé à Lisbonne. *Mémoires d'une Américaine*, Lausanne, MDCCCXXXI (1831).

3   Position occupée aujourd'hui par le presbytère de la cathédrale.

4   Depuis 1751 cet emplacement, ainsi que le terrain sur lequel sera bâti le presbytère, avaient été incorporés au domaine de l'Intendance, par l'intendant de Laporte Lalanne.

5   Emplacement actuel du Garage des Travaux Publics.

6   Fragment de l'Hôtel de la Marine, la vieille maison Constant, voisine du Centre de Santé de la Cathédrale, qui constituait l'extrémité nord de l'hôtel du XVIIIe siècle, a été démolie il y a une dizaine d'années, pour permettre l'agrandissement du Centre de Santé.

7   Emplacement actuel de l'aile sud du Palais des Finances et de l'extrémité est du Palais des Ministères.

8   Emplacement actuel des bureaux de la «Scotiabank».

9   Emplacement du théâtre de l'Institution Saint-Louis de Gonzaque.

10   Depuis la funeste journée du 7 janvier 1991, la vénérable relique de bois, vieille de plus de deux siècles, et alors en pleine restauration par les soins de l'ISPAN, a disparu du paysage port-au-princien, livrée aux flammes par une main criminelle.

UNE POPULATION REMUANTE AUX ASPIRATIONS CONTRAIRES

Cinq ans après les terribles convulsions telluriques de juin 1770, la ville de Port-au-Prince est entièrement reconstruite. Le recensement des maisons bâties accuse le chiffre de 787.

Des écrivains qui s'intéressent aux choses de Saint-Domingue et à l'avenir de sa capitale n'en finissent pas toutefois de déplorer le choix de son emplacement. Leurs reproches à ce sujet s'étayent principalement sur l'insalubrité de la région où elle est bâtie. Le port lui-même n'échappe pas à leurs critiques. Hilliard d'Auberteuil, habitant de Saint-Domingue et avocat de profession, affirme que le port du roi réservé aux bateaux de guerre, est peuplé de vers qui ruinent la coque des navires. Quant au port marchand, il est loin d'être sans danger pour les vaisseaux, eu égard à son ensablement progressif. Pour le même auteur, la nocivité du climat de la ville est manifeste, à cause des marais qui longent à l'ouest son littoral, et l'humidité, la chaleur, la pénurie d'eau potable, pense-t-il, ne sont pas les moindres maux dont souffre la capitale.

Les griefs de Paul-Ulrich Dubuisson, homme politique et auteur dramatique, concernent surtout l'enceinte de la ville qu'il trouve bien trop vaste. Elle pourrait absorber aisément, prétend-il, «vingt mille maisons et deux cent mille hommes». Pour lui, l'étendue des distances et la dispersion des bureaux publics sont les causes principales de la lenteur des affaires. «Au Port-au-Prince, déclare cet auteur qui parlait en connaissance de cause, un homme a bien de la peine à terminer plus d'une affaire en un jour, et encore – faisant allusion aux jours de pluie –, en est-il souvent plusieurs dans la semaine, pendant lesquels on n'en peut faire aucune».

Ces inconvénients physiques ne semblent pas trop contrarier l'évolution de la cité : en l'an de grâce 1775, Port-au-Prince fait figure d'une petite ville en plein essor...

En dépit des bouleversements, la capitale a conservé ses caractéristiques originelles. L'ancienne ville est celle de l'intendant, l'administrateur autorisé des affaires civiles de la colonie. Dans la nouvelle ville, réside le gouverneur-général, dont les attributions sont surtout militaires. La ville primitive est restée la ville du négoce. Le marché de la place de l'Intendance ne désemplit pas de toute la journée. Au bord-de-mer s'est édifié un quartier des affaires où foisonnent magasins et boutiques. Sur les quais, débardeurs et portefaix, dans un bruit assourdissant, se livrent aux multiples opérations de la manutention. Alignés avec soin, barils de sucre, d'indigo ou de café attendent, avant d'être embarqués, le déchargement des produits de la Métropole. Par les rues poussiéreuses, des cabrouets bondés de marchandises se dirigent péniblement vers les entrepôts ou les installations des armateurs.

Dans la nouvelle ville, le facteur militaire prédomine nettement. On y rencontre le palais du gouverneur, la caserne du régiment, celle de l'Artillerie et l'hôpital royal militaire. Le port qui lui fait face, ou *port de Roy,* est lui-même réservé à la marine de guerre.

Le palais du gouverneur et la caserne du régiment du Port-au-Prince comptent parmi les édifices publics les plus remarquables de la capitale. Qu'on nous permette d'insérer ici une description de ces deux bâtiments, faite en 1775 par un voyageur de passage à Port-au-Prince, et déjà reproduite dans l'intéressant petit livre de Candelon Rigaud : *Promenades dans les rues de Port-au-Prince.*

«Le Gouvernement, écrit le voyageur en question, est construit sur un terrain élevé et dans une belle exposition; l'on y entre par une vaste cour plantée qui donne sur une place fort grande, et qui sert de place d'armes. Un superbe escalier à deux rampes, terminé par un magnifique perron, conduit à une galerie bien abritée qui règne autour du bâtiment. L'on entre dans un beau salon d'audience, d'où l'on passe dans un autre aussi beau, servant pour les repas; il y a une porte de sortie qui donne sur une terrasse dominant un superbe jardin qui, outre les eaux jaillissantes et les bassins dont il est orné, est terminé par une belle allée de cocotiers. L'on jouit dans cet endroit de la plus belle perspective, car de cette allée qui est en ligne directe vis-à-vis de la porte d'entrée qui conduit par une ligne droite jusqu'au port, l'on voit distinctement la haute mer. Ce bâtiment est construit en bois, mais il est fait avec art. Dans les cours intérieures sont les logements nécessaires aux différents bureaux».

L'entrée du Gouvernement était fermée par «une belle porte de fer grillée et cintrée ayant un chapiteau aux armes de France et portée par deux pilastres en maçonnerie». Cet ultime vestige du palais des gouverneurs français existe encore. Il fait face aujourd'hui à l'allée qui mène à l'ancien mausolée des Pères de la Patrie.

«… En remontant, poursuit le voyageur, on trouvait les casernes[1]; l'on y entrait par une grande porte voûtée, il y avait de droite et de gauche deux salles servant de corps de garde et de salle de discipline. La cour séparée par une allée sablée offrait des deux côtés de grandes cases en bois, ayant chacune deux portes, l'une en face de l'autre, et servant de logement à une compagnie entière. Toutes ces cases alignées et séparées par autant de petites rues offraient l'image d'une bourgade… Au centre de la cour était un corps de garde pour la police intérieure, et après, une salle de spectacle fort simple et assez vaste et construite sur un terrain isolé».

Une inscription latine, «dont le plus grand nombre de soldats», d'après ce qu'affirme un contemporain anonyme[2], ignoraient la signification, s'incrustait au frontispice des casernes. C'étaient des vers d'Horace, destinés à rappeler aux tourlourous du régiment de Port-au-Prince ces pensées salvatrices :

Qu'il est beau de verser son sang pour la Patrie !
Le lâche, en vain fuyant loin de ses étendards,
Pense, par sa vitesse, échapper aux hasards;
La mort à tous ses pas s'attache avec furie.

Les administrateurs font de multiples efforts pour accélérer le développement de la ville et ne manquent pas en même temps d'encourager les particuliers qui veulent se rendre utiles à la cité.

Pour obtenir un front de mer ferme et régulièrement aligné, ils obligent les concessionnaires des terrains en bordure de la mer à exécuter les travaux de remblai prévus dans les contrats de concession, ou à rembourser, sous peine de contrainte par corps, les dépenses effectuées par l'administration pour lesdits travaux.

L'amélioration de l'approvisionnement en eau potable se poursuit avec persévérance. Trois sources assurent maintenant l'alimentation en eau de la ville, celle de la Charbonnière ou des Savanettes captée en 1743, celle de Turgeau, captée en 1773 et celle de Martissans[3] dont les travaux d'adduction, conduits par l'ingénieur Dumoulceau, viennent de s'achever.

Sur le plan de l'assistance humanitaire, les administrateurs ont autorisé l'abbé Moreau, créole de l'Artibonite et curé du Port-au-Prince, à établir à la capitale une Providence pour les blancs malades ou dans la nécessité. Aidé de quelques riches propriétaires de la plaine, messieurs Gourreau, Boissonnière de Mornay, Chastellier et du Crabon, le curé a récemment acheté, pour y construire la future Providence, des emplacements dans l'îlet borné par les rues de Penthièvre, d'Orléans, de Bretagne et Dauphine. Son décès inopiné en 1778 apportera un arrêt à l'exécution de ce projet.

Les libéralités de M. de Sartine, ministre de la Marine et de Madame François de Rozière, nièce du gouverneur, M. de Vallière, ont permis au naturaliste Thiery de Menonville de pourvoir Port-au-Prince d'un jardin botanique. Celui-ci s'étend sur une assez grande propriété située à l'angle sud-est de la Grande-Rue et de la rue de Bretagne (rue Charéron). On y a d'abord cultivé le nopal et tenté d'acclimater la cochenille métèque du Mexique, propre à fournir une teinture rouge, d'un coloris magnifique. Depuis, d'autres plantes sont venues accroître les richesses du jardin, le vanillier, l'ipecacuana blanc, le jalap, le cotonnier de Vera Cruz et le quinquina dont l'écorce, à ce qu'affirme le docteur Catts Pressoir, était encore récoltée jusqu'aux environs de 1900[4].

Un homme d'affaires de Saint-Domingue, entreprenant et dynamique, François Mesplès, a doté la capitale de sa première horloge. Il a, pour la fixer, imaginé d'élever au-dessus du toit d'une de ses maisons du quartier de la place Vallière, un dôme orné de figures de faïence. Dans des notes autographes publiées par Jean Fouchard dans son instructif *Théâtre de Saint-Domingue*, Mesplès fait lui-même la description de son horloge: «Au milieu de cet îlet, en face de la mer, écrit-il, j'ai fait élever un dôme qui domine proportionnellement sur le tout, autour duquel est une plate-forme ornée de quatre figures humaines d'environ quatre pieds de haut. Dans ce dôme, j'ai fait poser une très belle et bonne horloge sonnant l'heure et la demie avec une assez grosse cloche pour être entendue en ville et très loin aux environs»...

Ces créations utiles sont révélatrices d'un incontestable esprit de progrès. Mais là où piétine l'effort, c'est dans la conception architecturale des maisons. L'instabilité dont semble affecté le sol de la ville a ralenti sur ce point l'ardeur des propriétaires, et encouragés en cela par les prescriptions en vigueur, ils s'occupent de la commodité beaucoup plus que de l'effet dans la construction de leur demeure.

Bien entendu, les habitants, ruinés à deux reprises par des catastrophes foudroyantes, ne peuvent tous se payer le luxe d'engager des charpentiers et maçons étrangers. Cette main-d'oeuvre particulièrement chère n'est guère à leur portée. Il leur faut se contenter de la science des ouvriers nègres, pas toujours très étendue malheureusement; mais qu'importe ! «On se soucie peu que les fondements soient solides, les murs d'aplomb, qu'il y ait de la proportion entre les portes et les fenêtres». Le principal, c'est qu'on soit à l'abri.

Dans l'ensemble, dépourvues d'ornements et de décorations, les maisons port-au-princiennes ne comportent qu'un rez-de-chaussée qui ouvre sur la rue par une porte flanquée d'une ou de deux fenêtres. Surélevé de trois à quatre pieds au-dessus du sol pour éviter les effets de l'humidité, le carré rectangulaire dont elles épousent la forme est divisé en trois parties plus ou moins égales. Celle du centre est ordinairement la plus vaste, c'est le salon d'apparat. Les deux autres se subdivisent en autant de pièces que le réclament les nécessités du logement ou du négoce.

Des galeries s'adossent aux façades de la maison. Attenants à celles-là, des escaliers de pierre ou de brique permettent de communiquer avec le dehors. Les galeries sont généralement ouvertes ou parfois protégées par un treillis en bois qui s'exhausse jusqu'au plafond. Celle de la façade principale est le lieu de réunion, le soir après souper, de la famille et des amis. On y disserte à l'occasion jusqu'à une heure fort tardive; l'autre est la salle à manger où se prennent les trois repas de la journée. Dans les maisons plus importantes, on aménage à l'une des extrémités de la galerie la pièce de l'office, susceptible de se convertir en chambre d'amis.

La hauteur élevée du plafond permet quelquefois d'établir un «galetas», espèce d'entresol pouvant servir de débarras.

Les parois en planches de bois dur sont le plus fréquemment blanchies à la chaux ou revêtues d'ocre clair. Chez les riches, elles sont tapissées de «panneaux de damas cramoisis à fleurs, encadrés de baguettes d'or ou de sujets représentant des bergeries ou des scènes de la vie de don Quichotte». Les murs extérieurs sont formés de poteaux équarris, légèrement entremaçonnés. Ils sont enduits d'un revêtement de couleur beige, relevé à la base d'un liséré noir.

Les fenêtres, encadrées à l'extérieur d'un bandeau de chaux blanche, sont garnies de jalousies à coulisse qui laissent passer l'air à volonté et tamisent le jour vif du dehors.

Le sol est planchéié, rarement pavé; mais les galeries sont en maçonnerie: briquetées, carrelées ou dallées.

Les toitures sont presque toutes couvertes d'aissantes. L'ardoise n'est employée que dans quelques rares demeures bourgeoises.

La cuisine, la plupart du temps, fait défaut. Le feuillage d'un arbre est souvent le seul abri offert à l'esclave cuisinière. Les propriétaires qui se décident à construire une cuisine ne la bâtissent, par crainte d'incendie, que fort loin de la maison d'habitation. Le «cabinet de commodité», quand il existe, est relégué au fond de la cour, masqué par un rideau de légères frondaisons.

Cette simplicité d'architecture se reflète dans l'ameublement qui demeure pauvre. Ceux des meubles pour l'achat desquels le colon se résigne à quelques débours, sont les lits, les bureaux et les armoires :

FORTIFICATIONS
PORT AU PRINCE
1775.

PROFIL PRIS SUR LA LIGNE AB DU PLAN
de la fontaine projetée Sur la place d'armes.

~ Fontaine de la place d'Armes ~

~ L'église paroissiale dans la deuxième moitié du XIXᵉ siècle ~

~ Élévation de l'Hôtel du Gouvernement (1775) ~

Archives nationales de France, Aix-en-Provence

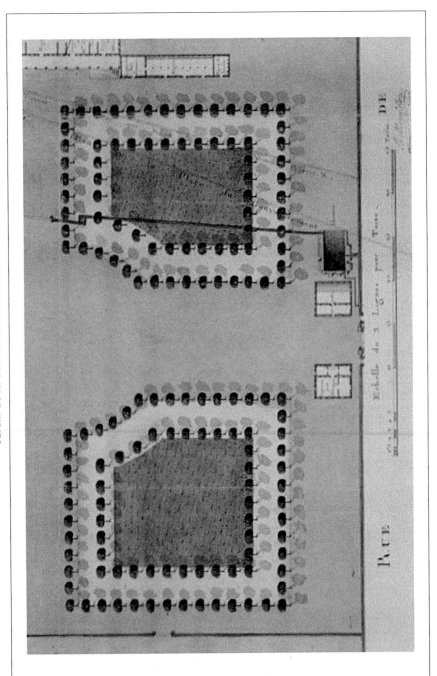

~ Jardin de la cour avant du Gouvernement ~

~ Barrière d'entrée de l'Hôtel du Gouvernement sur la place d'Armes (état actuel) ~

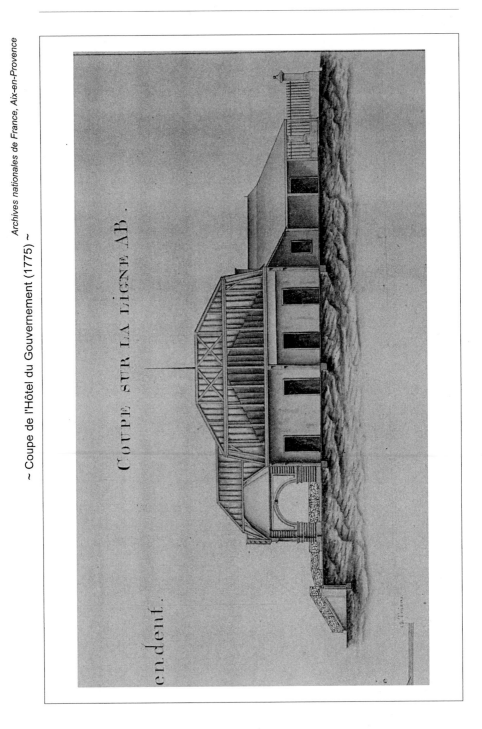

~ Coupe de l'Hôtel du Gouvernement (1775) ~

Archives nationales de France, Aix-en-Provence

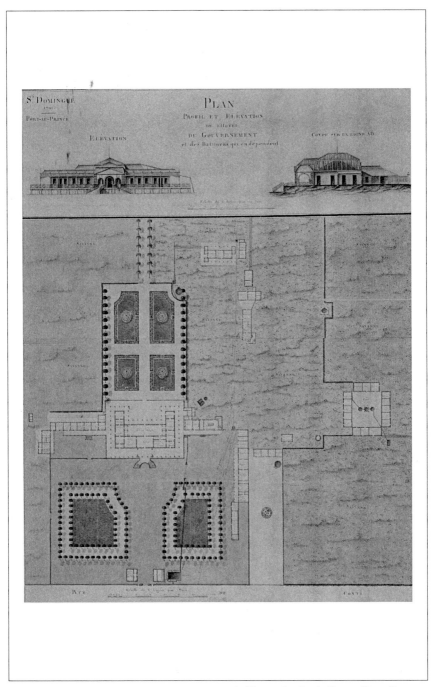

~ Vue générale des jardins du Gouvernement ~

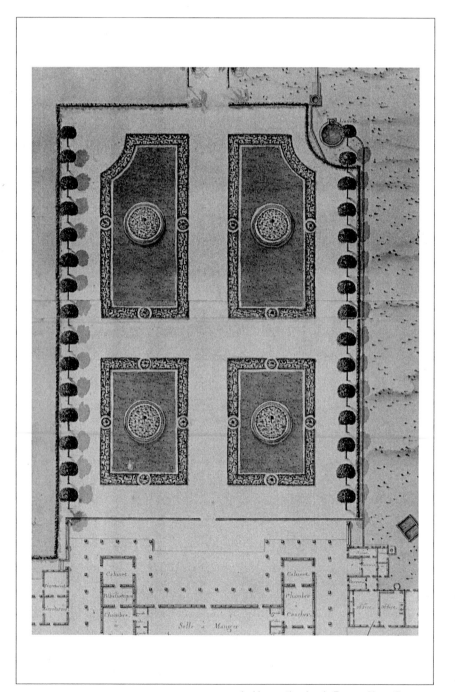

~ Jardin de la cour arrière du Gouvernement ~

dans bien des maisons, ils attirent le regard par le fini de leur fabrication et les soins dont ils sont l'objet. Certains bourgeois et nouveaux riches, dans le but d'éblouir ou d'épater, commandent en France un mobilier de prix qui vient rehausser l'éclat de leur «résidence». Mais dans l'ensemble, chez les grands blancs, comme dans les classes pauvres, les meubles dont on s'accommode volontiers et qui semblent plaire, sont encore ceux du pays.

Dans ce cadre urbain qui laisse beaucoup à désirer pousse une population que le régime colonial a sévèrement compartimentée. Car la conception socio-économique qui préconise l'exploitation à outrance de l'esclavage et le maintien à un certain niveau de soumission des éléments émancipés issus de la servitude, prévaut à Saint-Domingue, comme dans toutes les colonies françaises. Population, du reste, digne d'intérêt, et qui, malgré les rancunes et les jalousies qui torturent son multiple coeur, contribue, par ses charmes et son coloris, à faire de Port-au-Prince une des villes les plus pittoresques et les plus animées du Nouveau Monde.

Depuis la fondation de la capitale, cette population qui n'a cessé de s'accroître en dépit des catastrophes, se colore de plus en plus. Le bord-de-mer, le quartier par excellence des affaires et du négoce, est le champ idéal d'observation de ce phénomène.

Dans le grouillement quotidien des marchands, soldats, négociants, avocats, portefaix, le teint blanc prime encore, suivi de près par les multiples produits du métissage que Moreau de Saint-Méry a si péniblement essayé de distinguer. Grands blancs, petits blancs, affranchis, esclaves se côtoient et semblent s'ignorer. Les blancs sont vêtus pour plupart de la veste de toile blanche et du pantalon de drap gris rayé, la tête couverte d'un large chapeau de paille du pays. On en voit d'autres – des petits blancs, à n'en pas douter – qui n'ont pas voulu se départir de ce qu'ils croient être les attributs de la fortune : habit de velours, jabot plissé, perruque bouclée, épée de parade, canne à pommeau d'or. On les sent heureux de se montrer ainsi attifés sous le soleil ardent, malgré le bain de sueur qui les trempe sans merci.

Les colons ne déambulent pas tous à pied. Certains, confortablement assis dans des cabriolets à deux roues, ornés de galons vert et or, sourient, pleins de suffisance. D'autres, moins fortunés, empruntent les services de chaises à impériale, tout aussi luxueusement décorées que les cabriolets. Quelquefois, au milieu d'un grand bruit de sabots et de roues, un carrosse de deux ou quatre chevaux, montés par de jeunes postillons nègres en livrée de toile blanche, fait irruption sur la voie. Avec ses garnitures de franges en soie cramoisie se balançant éperdument au vent, ses bancs capitonnés en velours d'Utrecht, ses moulures artistement travaillées et plaquées d'or, il roule avec fracas, emportant, comme dans une apothéose, quelque riche colon trop fier pour daigner s'intéresser au mouvement de la rue. À son passage, on se gare prestement pour éviter les éclaboussements d'eau croupissante ou le triste sort des roquets étourdis.

Le front plissé, la démarche lente, des mulâtres au teint blafard errent par les rues de la ville. Libres presque tous, mais implacablement refoulés et rabaissés, ils mènent en général une existence de parias. Les métiers qu'on leur permet d'exercer sont strictement limités et ne parviennent guère à leur procurer une vie décente. La police, il est vrai, ferme parfois les yeux et les laisse pratiquer les métiers interdits, témoin ce Laurent qui, malgré les règlements en vigueur, tient boutique d'orfèvre place de l'Intendance. Mais c'est un risque qui ne sourit pas à tous. À ces occupations exercées dans des conditions si précaires, ils préfèrent encore la vie oisive de sans-travail. Leur rêve, c'est de réunir un peu d'argent et de fuir cette ville ingrate où la souffrance est leur lot. Réconfortés par la réussite de leurs frères de la plaine, propriétaires d'importantes habitations, ils n'aspirent qu'à se livrer eux aussi à la culture, convaincus que seuls les travaux agricoles arriveront à leur procurer considération et fortune.

À certaines heures de la journée, les faces d'ébène prédominent ostensiblement. Presque tous affublés d'une chemise délavée et rapiécée et d'un caleçon d'une étoffe grossière, ces nègres, en grande majorité esclaves, vont et viennent, les uns oisifs et apparemment libres, d'autres occupés à des besognes diverses. L'exploitation coloniale a voulu que nombre de «nègres la ville», quoique esclaves, possèdent un métier qu'ils exercent au profit de leur maître. Ces métiers, ils les acquièrent au petit bonheur, soit en assistant leur maître dans l'exercice de sa profession, ou en aidant pour de la menue monnaie quelque petit blanc du voisinage de leur maison nanti d'un art quelconque : tonnelier, perruquier, tailleur, charron, cordonnier... Une fois suffisamment formés, ils remplacent leur maître dans son emploi ou sont mis en location dans une entreprise.

Ces nègres ouvriers, tellement précieux pour leurs propriétaires, jouissent en compensation d'une liberté relative. Si beaucoup d'entre eux n'emploient leurs heures de loisir qu'à jouer ou à se saouler, d'autres, plus conscients de leur dignité d'homme, se réunissent en cachette, dans un lieu sûr, pour s'initier, sous la conduite d'un des leurs plus éclairé, aux merveilles du syllabaire.

Les nègres domestiques, attachés plus spécialement au service de la maison, n'usent pas moins d'une certaine liberté, une fois leur besogne accomplie. Mais moins directement surveillés, ils sont plus enclins à commettre des actes répréhensibles. Leur traditionnelle intempérance les entraîne souvent à la débauche, et les attentats à la pudeur, perpétrés sur des négresses et même sur des affranchies et des créoles, ne sont pas rares.

En punition de ces fautes plus ou moins graves, les châtiments sont généralement d'une sévérité rigoureuse. La peine du fouet est la plus courante, et les maîtres, sans doute pour en tirer un effet plus salutaire, la fait appliquer en pleine rue : les règlements coloniaux ont été impuissants à enrayer cette pratique sauvage. Certains maîtres, alliant la cruauté à la sottise, font périr leurs esclaves pour des fautes qui certainement ne méritaient pas la peine de mort. Ces excès seront à la base de l'éclosion du marronnage : pour échapper à de pareils traitements, l'esclave fautif ne trouvera d'autre issue que d'abandonner son maître pour s'enfuir au fond des bois.

Ces escapades, elles se répètent de plus en plus à Port-au-Prince et les esprits en sont préoccupés. Des descentes de marrons n'ont-elles pas déjà occasionné d'assez gros dégâts aux habitations de la plaine ?... À quatre reprises, un détachement du régiment de Port-au-Prince, envoyé pour pourchasser et réduire les fugitifs, est rentré en ville sans avoir pu en venir à bout. Afin d'arrêter les fuites d'esclaves, l'administration a adopté contre les marrons et leurs receleurs d'implacables châtiments. La surveillance des nègres s'est renforcée et la Sénéchaussée inflige la sanction maximale même aux simples suspects.

Voici précisément, débouchant de la rue des Miracles, un contingent de «nègres à la chaîne». Attachés deux par deux, la chaîne aux pieds comme des forçats, ce sont des condamnés à mort à qui l'on reproche d'avoir trempé dans une affaire de marronnage. En attendant l'application de leur peine, on les utilise pour des corvées à travers la ville.

Les reines de la cité sont les mulâtresses, étonnante synthèse de deux races aux antipodes, que leur troublante originalité expose à toutes les provocations et à toutes les compromissions. Libérées des liens de l'esclavage, bien souvent par l'effet de leur seule beauté, rares sont celles qui dans cet antre de la dépravation que figure toute ville coloniale, ont pu garder leur honnêteté. Ces dernières sont reconnaissables à la simplicité de leur mise : robe de linon, fichu de calicot rayé, madras d'indienne, et à leur allure préoccupée...

Qu'apparaisse, dans une de ces rues passantes où grouillent les hommes, une aguichante créature au teint de mangue mûre, à la démarche lente et voluptueuse, aux seins à peine voilés d'un corsage de batiste d'une extrême finesse qu'enjolivent plusieurs rangs de colliers de perles fausses, la jupe ample savamment agrafée à la taille et parsemée de fleurs aux couleurs éclatantes, les cheveux cachés par un madras de soie aux «cornettes en bataille», les oreilles et les bras surchargés de bracelets et de boucles : l'on est sûr de se trouver en présence d'une de ces «prêtresses de Cythère» qui peuplent la cité, en font la joie et l'agrément. La traînée de lavande, de sueur et d'ambre qu'elles laissent sur leur passage, n'est pas un des moindres charmes de leur féminité ensorcelante.

Les plus belles, les mieux bâties, celles dont les hanches larges et souples font baver d'admiration, sont des filles «sérieuses» que le vulgaire ne saurait approcher sans péril. Entretenues par de riches colons, elles ne s'exhibent ainsi attifées que pour s'amuser et se distraire de leur oisiveté. Reconnaissantes des mille gâteries dont les gave leur «bon blanc», elles lui demeurent fidèles et soumises.

Leurs sœurs moins chanceuses, abandonnées à leur sort, font le trottoir même en plein jour, car là seulement elles sont certaines de trouver leur pain quotidien. Naturellement accueillantes et de mœurs faciles, elles ne détestent pas trop leur métier, quoique cultivant au fond du cœur des préférences marquées. Les colons fortunés sont sûrs de les trouver toujours disposées, tandis que le «blanc manant» ou même le mulâtre, leur frère, doit parfois, pour gagner leurs faveurs, mener une bataille assez rude. Car ces déesses de l'amour aux attraits si variés, sont très jalouses de leur rang. Elles ne peuvent sans déchoir se donner à de pauvres hères que leur indigence destine aux négresses. Et ce luxe dans l'accoutrement qu'il faut maintenir coûte que coûte et que seul procure l'argent !... Séduisantes, caressantes, ces filles de Vénus aux jupes chatoyantes ne dédaignent pas de faire la noce; mais il faut y mettre le prix.

Dans ce bord-de-mer affairé qui semble drainer toutes les activités de la ville, des négresses simplement vêtues d'une robe blanche d'un tissu ordinaire, les épaules garnies d'un grand mouchoir zéphyr, la tête enveloppée d'un madras de la même nuance, s'en vont nonchalamment. Ce sont des esclaves domestiques, les unes en commission pour leur maîtresse, d'autres, excellentes cuisinières, allant au marché ou en revenant. Rivées à la servitude, elles paraissent résignées à leur sort, car pour peu qu'elles accomplissent leur devoir d'état avec quelque satisfaction, elles obtiennent de leur maîtresse ou de leur maître bienveillance et faveurs. Aussi, s'efforcent-elles de toujours les contenter.

Quelques-unes que leur grâce naturelle, leur denture d'une blancheur éclatante, leur plastique irréprochable ont aidées à se faire distinguer, se sont vues, avec quelle joie, élevées par leur maître au rang de concubine. Si les liens de l'esclavage ne sont pas pour autant rompus, leur nouvel état de favorite leur procure bien des privilèges. Beaucoup d'autres cependant, victimes de leur condition… et de leurs charmes, doivent subir quotidiennement les assauts de volupté de leur maître. Elles se livrent bien sûr pour éviter les châtiments, et ne recueillent en retour nulle tendresse, nulle protection. Des colons peu délicats n'hésitent pas à pousser à la prostitution celles de leurs négresses que leurs formes sculpturales prédisposent à cette besogne d'un nouveau genre. Ce qui les intéresse avant tout, c'est la rétribution de ces amours vénales, dont la plus grosse part leur revient.

Les cocottes, celles pour qui l'amour est chose pratique, sont plutôt rares dans le monde noir. D'ailleurs, moins oisives que les mulâtresses, pleinement conscientes de l'état d'interdit qui accable leur classe, les négresses reconnaissent volontiers aux mulâtresses la priorité dans le droit à la séduction. Certaines pourtant que l'affranchissement a émancipées, mais que le besoin talonne, ne refusent pas de se jeter à leur tour dans la galanterie. Pour peu qu'elles soient bien faites et qu'elles allient aux attraits de leur sexe l'élégance de la mise, elles peuvent alors se révéler pour les mulâtresses des concurrentes dangereuses.

Dans la foule qui va et vient sous le radieux soleil, on distingue quelques-unes de ces beautés d'ébène, portant une jupe de mousseline garnie de dentelles, le dessous en taffetas de couleur, le corsage à petites basques orné de rubans et de colliers à plusieurs tours, les manches et les fausses manches chargées d'une profusion de dentelles, la tête coiffée d'un madras étincelant de pierreries. Elles sourient aux négociants qui surveillent la mise en tonneau de leurs denrées d'exportation, aux officiers fringants caracolant dans la poussière, à tous ces grands blancs du quartier des affaires qu'elles espèrent conquérir et à qui elles sont prêtes à livrer leurs trésors... Inutiles et vains efforts, car presque toujours ces seigneurs de l'argent dédaigneront ce gibier magnifique qu'ils savent l'appât des petits blancs. Le cloisonnement colonial jusque-là ne perdait pas ses droits!

Les vraies rivales des femmes de couleur sont les créoles blanches que l'ardeur des rayons solaires retient pour le moment dans leur hamac suspendu à l'ombre de quelque manguier touffu. C'est surtout à la tombée du jour qu'apparaissent dans l'éclat de leur fraîche beauté ces ravissantes créatures «aux yeux noirs pleins de langueur».

Cependant, voici accompagnée d'une négresse attentive qui l'abrite d'une ombrelle, une de ces filles de colon née dans le pays, que l'ennui pour l'instant a chassée de sa maison. Elle veut voir du monde, elle veut se distraire, et pour la circonstance, elle a revêtu un peignoir de mousseline blanche garni de superbes dentelles. Un riche collier à grains d'or mêlés de grenat orne son cou. Les épaules découvertes, la tête parée d'un «pouf» de gaze savamment combiné[5], elle marche, langoureuse, le regard vaguement amusé, agitant avec mollesse une écharpe en crêpe de Chine brodé.

Ces créoles indolentes que l'oisiveté énerve, que la concupiscence enflamme, sont les pires ennemies des mulâtresses. Elles ne leur pardonnent pas leur triomphe auprès des blancs et imaginent tout pour en venir à bout.

Convaincues que la vogue dont jouissent «ces créatures» tient surtout au luxe de leur toilette qui les rend irrésistibles, aux cornettes provocantes de leurs somptueux madras désespérément inimitables, les créoles finiront, à force de récriminations et de plaintes, par influencer les administrateurs et les porter à édicter des règlements pour signifier aux libres des limites dans leur habillement. Mesure de sagesse et de prudence, voudra insinuer l'ordonnance, car «l'assimilation des gens de couleur avec les personnes blanches dans la manière de se vêtir, le rapprochement des distances d'une espèce à l'autre dans la forme des habillements, la parure éclatante et dispendieuse, l'arrogance qui en est quelquefois la suite, le scandale qui l'accompagne toujours», étaient de nature à troubler la paix publique... Prescriptions stupides et inapplicables que la police elle-même, malgré la tyrannique volonté des trop jalouses créoles, sera impuissante à faire respecter. Le succès des mulâtresses résidait moins dans la richesse de leurs soieries que dans la plénitude et l'harmonie de leurs formes. L'heureuse alliance des sangs européen et africain leur conférait une originalité et une grâce contre lesquelles, hélas! on ne pouvait rien.

Cette frénésie du luxe et de la parure qui anime tant de gens à Port-au-Prince fait l'affaire de bien des commerçants. Pour une ville à population encore si restreinte, les bijoutiers sont relativement nombreux. Tout en s'enrichissant, ils se font une concurrence sans merci. Fournier et Fleuriau, les mieux pourvus en bagues d'or, colliers de perles, cannes à pommeau d'or, pendants d'oreilles garnis de pierreries... sont établis à la rue des Fronts-Forts. Duvert, non moins bien achalandé, a sa boutique rue Bonne-Foi.

Pour répondre au goût des hommes pour l'habillement de luxe, des marchands-tailleurs réputés, venus de la métropole, visitent de temps en temps la capitale et y exposent les derniers modèles d'habits, de fracs ou de redingotes. Mais Port-au-Prince compte aussi des marchands-tailleurs établis sur place, parmi eux Pierre Turgeau, qui, pour un prix convenable, se font gloire de transformer un manant en un gentilhomme superbe, car à Saint-Domingue, c'est l'habit qui fait le moine.

Que dire des magasins de finesse qui foisonnent par toute la ville! Ils ne désemplissent presque pas de dames créoles, de mulâtresses ou même de négresses venant s'offrir une jupe de taffetas, un éventail en ivoire, quelques aunes de riche dentelle ou de fine mousseline. Entre autres magasins de modes, celui de M. Jouette, à la Grande Rue, est assorti, «en soieries de Lyon de toute espèce, même en or et en argent, pour hommes et femmes, le tout dans le nouveau goût»[6]. Les magasins de Mme Guien et de la demoiselle Momot sont aussi achalandés et très réputés.

Les modistes de leur côté ne chôment pas assurément. Aux yeux des frivoles Port-au-Princiennes, les toilettes perdent vite de leur chic : il faut constamment satisfaire leur besoin de renouveau. Et gaules de mousseline[7], robes à queue, corsages de fine batiste, spécialités des midinettes de la capitale, s'enlèvent prestement des boutiques de confection[8].

Si le bord-de-mer avec ses rues remuantes et bigarrées est le lieu où, sous le beau ciel de Port-au-Prince, défile dans l'oisiveté ou le travail la foule de ceux qui peinent ou qui végètent, la place du marché est l'endroit où palpite l'âme de la cité. Ici, c'est la voix du labeur qui couvre la cohue, labeur apparemment avili par l'exploitation coloniale, mais qui porte en soi les fruits de sanctification attachés à toute peine humaine et des échos de délivrance pour les artisans méconnus des richesses d'iniquité.

Depuis la construction de la nouvelle église, le marché s'est établi encore une fois au bas de la place de l'Intendance, tandis que le pourtour même de la place continue d'être le domaine de la pacotille. Petits blancs, mulâtres et noirs affranchis sont les tenants de ces dizaines de boutiques qui encerclent la place. Ils y débitent surtout des comestibles, fromage, huile, savon, chandelle, ou de la marchandise fine : «toile, mouchoirs, bas de fil blancs, chapeaux, basins, souliers, pièces de drap, soieries, indiennes à meubles, taffetas unis, rubans, parasols légers, parfumerie et bijouterie, petite quincaillerie.»

Le marché, ouvert tous les jours, n'est réellement achalandé que le dimanche. C'est le jour en effet où un certain nombre de nègres des habitations de la plaine, outre ceux chargés d'apporter au marché les denrées de leurs maîtres, ont la permission «de se rendre en ville pour aller vendre les volailles, légumes et fruits qu'ils avaient soignés et cultivés toute la semaine». Ces marchands par occasion, réunis au village de la Croix-des-Bouquets, à environ quatre lieues de Port-au-Prince, levaient la marche au petit matin, accompagnés de leurs ânes ou de leurs mulets surchargés de denrées.

L'arrivée par la porte du fort Saint-Joseph de cette armée de plusieurs centaines de nègres et négresses de la plaine, provoquait dans les rues du bord-de-mer une animation fébrile. C'était le signal, pour tous ceux qui dans la ville avaient quelque chose à vendre, de s'amener au marché qui débordait alors largement ses limites ordinaires... On s'installe sous des tonnelles de fortune recouvertes de haillons. La marchandise est disposée dans des paniers de jonc ou dans de grands «daye» de latanier posés à même le sol. Les ânes, allégés et débâtés, sont parqués sur un terrain vague recouvert de halliers, face à l'hôtel de la Marine.

Négresses domestiques, affranchis démunis, blancs misérables s'empressent de venir les premiers pour choisir, parmi les vivres, ce qu'il y a de plus frais et de moins coûteux. Ceux d'entre eux qui s'adonnent au métier de revendeur pourront ainsi, lorsque ces denrées commenceront à manquer, réaliser sur leurs achats des bénéfices intéressants.

Plus tard, apparaissent des mulâtresses à l'affût de menues babioles, des colons arrogants, toujours prêts à jouer du fouet ou de la canne, des matelots en goguette, des créoles au sourire ennuyé... Le marché est devenu une immense fourmilière baignée de soleil, où l'on discute, rit, jure, crie, s'interpelle, non seulement en créole, mais dans tous les patois de France.

Les gourmets, très nombreux à Port-au-Prince, trouvaient au marché tout ce qui pouvait servir à la préparation de leurs plats préférés. Descourtilz nous apprend qu'il y avait «en abondance viande de boucherie, volaille, gibier, poissons d'eau douce et de mer, légumes, fruits, en un mot tous les comestibles indigènes qu'on peut y désirer».

Dans *Ulysse aux Antilles,* Jean-Paul Alaux a dressé une liste des plats indigènes qui figuraient communément sur la table des colons fortunés : soupe de calalou, crabe de terre, poissons frits à la mayonnaise, chair de lambis, safran, salade de laitue et céleri, cochon de lait sauvage rôti à la mode boucanière, patates douces, igname et pain de manioc, mousse de chocolat à la vanille agrémentée de cannelle et de muscade...

Les fruits les plus recherchés étaient les avocats, mangues, ananas, papayes, caïmites, sapotilles...

Les grands crus de France, s'ils étaient appréciés à leur juste valeur, ne détrônaient pas pour autant les limonades à la cannelle et au clou de girofle, et surtout l'eau de coco aromatisée de vieux tafia. Grâce à ses vertus digestives, l'infusion de gingembre était prisée particulièrement des créoles.

Parmi cette profusion de victuailles étalées un peu partout, les petites gens évidemment trouvaient aussi leur part : bananes mûres, ignames, patates, pois, riz, crabes, choux caraïbes, giraumonts, maïs, avocats, morue, poisson pour le court-bouillon pimenté, mangues, oranges douces, figues-bananes... Les nègres ne négligeaient jamais de faire provision de «piment diable». Ce condiment, dont ils abusaient, servait en particulier à épicer leurs bananes, quand ils n'avaient rien d'autre à manger.

Innocents colifichets, vivres de bouche, articles de toilette n'étaient malheureusement pas les seules marchandises qui se débitaient au marché. Dans un coin de la place, étaient assemblés de pauvres êtres humains destinés eux aussi à la vente : c'étaient pour la plupart des esclaves créoles dont les maîtres, pour une raison ou pour une autre, voulaient se défaire. Quelques nègres bossales, des invendus du dernier négrier, se mêlaient parmi eux. Hommes et femmes, sommairement vêtus, en proie à une infinie tristesse, attendaient leur sort avec calme et résignation.

Autour d'eux, acheteurs et badauds allaient, venaient, inspectaient, sondaient, tâtaient. L'examen même intime de la marchandise était un droit reconnu à tout acheteur éventuel, et là, comme en beaucoup d'autres choses, on abusait. Des femmes de colons ne dédaignaient pas de participer à ces inspections minutieuses, et nombre de créoles désoeuvrées prenaient un malin plaisir à examiner consciencieusement tel jeune noir fort bien membré, qu'elles déclaraient ensuite pour s'en sortir... trop délicat ou trop maigre.

De toute la journée, le marchand de bois d'ébène ne cessait d'énumérer et de vanter les talents de chaque esclave. Les nègres domestiques nantis d'un métier pouvaient coûter très cher : la bonne cuisinière s'achetait à prix d'or. La jeunesse de l'esclave constituait un élément de hausse appréciable. «Dites à vos capitaines de préférer la jeunesse à la vieillesse, conseillait un colon à un entrepreneur de la traite; des tétons bas mais pleins ne répugnent point; les secs dégoûtent»[9]. Et ces recommandations étaient énoncées moins à des fins érotiques que pour les divers avantages qu'on pouvait tirer d'un élément jeune : endurance, perspective d'une longue exploitation, progéniture éventuelle.

L'après-midi voyait le déclin de la foire et le départ vers leurs habitations respectives des nègres de la plaine. «Bien peu, note Laujon, s'en retournaient avec le produit de leur vente. Cet argent était de suite employé dans les magasins en acquisition de marchandises pour leur utilité ; ce n'avait été pour eux que l'échange d'une chose pour une autre, et tout était passé au profit du négociant»[10].

En dépit des chocs et des heurts qui naissent journellement entre les différentes couches de la population, Port-au-Prince est loin d'être une ville morose. De part et d'autre, l'on recherche et l'on se crée des divertissements.

Pour les nègres, la grande distraction est le calenda, sorte de danse lascive qu'on leur permettait de pratiquer le samedi soir ou à l'occasion de certaines fêtes publiques. Placés sur deux rangées, d'un côté les hommes, de l'autre les femmes, les esclaves répondaient en battant des mains aux couplets qu'improvisait un chanteur à la voix de stentor. Le tambour conique, de ses sons tantôt vifs, tantôt lents, soutenait la cadence. Peu à peu, les couples, tout en tournoyant et en effectuant mille cabrioles, se rapprochaient et, à un signal du tambour, ils se précipitaient les uns sur les autres en s'entrechoquant les cuisses avec fureur. Durant cette gigue échevelée, déhanchements suggestifs et embrassades prolongées s'associaient sans la moindre gêne.

L'époque du carnaval était une période où blancs et noirs, chacun dans sa sphère, s'en donnaient à coeur joie. Dès la tombée du jour, nègres et négresses de la ville, auxquels se joignaient des esclaves des habitations voisines, se réunissaient place Vallière ou place de l'Intendance. Fagotés de bizarres accoutrements en papiers coloriés, la figure et le tronc barbouillés de farine, ils se mettaient à chanter et à danser, tout en accomplissant pour les spectateurs massés autour de la place les mimiques les plus inattendues. Mais sous l'effet du tafia qui coulait sans arrêt, l'animation grandissait, les corps s'énervaient, les sens se dilataient. À la lueur des torches d'aloès éclairant faiblement la place, les couples se saisissaient, s'enlaçaient. Les hurlements et les chants, mêlés à la cacophonie des tambours martelant la cadence, jetaient bientôt tout ce peuple dans un état de joie frénétique. La ville entière retentissait des clameurs de cette trépidante bacchanale que l'administration tolérait comme un épanchement nécessaire.

Pendant ce temps, les blancs, sous leurs déguisements de Pierrot, d'Arlequin ou de Polichinelle, le visage masqué d'un loup noir, parcouraient les rues de la ville et, pleins d'audace et de fougue, se livraient aux intrigues amoureuses les plus osées. Leurs équipées aboutissaient à la salle de bal du fort Saint-Joseph où, durant toute la nuit, on buvait et dansait à perdre haleine.

Les gens de couleur fêtaient entre eux les jours gras, car ils n'étaient pas reçus aux bals des blancs. Pourtant, maints bals travestis, organisés par des mulâtresses, dépassaient en splendeur et en gaîté les bals parés où l'on n'admettait que des colons.

Durant toute l'année, les bals de nuit se donnaient régulièrement à la Comédie, à l'issue du spectacle. «Leur organisation était à la charge du bénéficiaire de la soirée, trop heureux de ce supplément de recettes». Pendant les rares années d'interruption de la Comédie, ces bals avaient lieu à la salle du fort Saint-Joseph. C'est encore dans cette salle que le corps de musique du régiment de Port-au-Prince offrait, pour la délectation de la population blanche, des concerts très courus.

De temps en temps, la capitale était gratifiée de divertissements particuliers auxquels étaient conviées, sans distinction, toutes les classes sociales. Le souci de la recette qui animait les organisateurs explique cette démocratisation apparemment insolite des loisirs.

Les feux d'artifice comptaient parmi ces attractions que tous semblaient priser. La place Royale, ou place de la Vieille Église (place Sainte-Anne) était, en raison de son éloignement du centre de la ville et du petit nombre de constructions qui l'environnaient, le lieu idéal où se donnaient les représentations pyrotechniques. Quand le spectacle était gratuit, une foule hétérogène s'amenait dès le crépuscule pour jouir de ces «fêtes de lumière». Les spectacles payants étaient de choix et atteignaient à un degré de féerie jamais égalé depuis[11]. Agencés par de fameux artificiers, italiens pour la plupart, ils procuraient à la capitale le privilège de jouir de divertissements qui avaient enchanté bien des cours européennes.

Spéculant sur le goût du jour, des «physiciens» allaient jusqu'à présenter dans des maisons privées des spectacles de «feux pyriques». Jean Fouchard, dans son *Dictionnaire des Comédiens de Saint-Domingue*, relate le nom d'un certain Lemaire qui, pour un droit d'entrée d'une gourde pour les blancs, et de deux gourdins pour les gens de couleur, offrait de ces spectacles «dans la maison de feue Mlle Mallet, rue Sainte-Claire, entre Messieurs Lesage, chirurgien et Goudet, négociant». C'était, pour quelques piastres, faire bien peu de cas d'une ville dont toutes les maisons étaient bâties en bois...

Il n'y avait pas que des artificiers célèbres à laisser leur pays pour venir se produire à Saint-Domingue. Attirés par l'universel renom de prospérité de cette colonie, écuyers, prestidigitateurs, forains de tous ordres et de toutes nationalités, affrontant les périls d'une longue traversée, déferlaient sans cesse vers les rives de l'île.

Quand Port-au-Prince recevait la visite des écuyers, c'est encore à la place Royale, mise à leur disposition, que s'exécutaient leurs exhibitions équestres. Les billets, au prix d'une gourde piastre pour les blancs, de deux gourdins pour les mulâtres et de deux escalins pour les nègres, s'achetaient bien avant la représentation, chez des particuliers à qui était confié le soin de les délivrer. Sur le terrain, palissadé pour la circonstance, on aménageait des gradins et on veillait à ce que «tout le monde fût assis et à l'ombre», et les dames «commodément placées». À quatre heures commençait le spectacle. Des numéros plus extraordinaires les uns que les autres mettaient le public dans l'émerveillement. À l'issue de la représentation, les assistants enthousiasmés promettaient de retourner et d'amener leurs amis. Et ce n'était pas des mots lancés en l'air, puisque le séjour des écuyers à la capitale se prolongeait souvent durant des semaines.

Les démonstrations des forains attiraient également beaucoup de monde. L'arrivée dans les murs de la ville de ces joyeux saltimbanques, au son de leur fanfare et dans l'excentricité de leurs costumes bariolés, était un événement. Composées de sauteurs, d'équilibristes, de jongleurs, de danseurs de corde, de paillasses, ces troupes se produisaient à la salle de la Comédie et y jouaient deux fois par semaine à guichets fermés. Aux époques de fête, les forains dressaient leur chapiteau sur la place Vallière et travaillaient alors sans interruption. De sa voix tonitruante, un grand diable de clown, posté devant la tente principale, exhortait les indécis à venir admirer l'incroyable adresse des acrobates et des chiens savants, pour seulement «deux p'tits gourdins».

Les prestidigitateurs, appelés à l'époque «escamoteurs», étaient aussi très admirés à Port-au-Prince. Leurs séances de prestidigitation se déroulaient généralement à la salle de la Comédie. On payait une gourde pour les places du parterre et deux gourdes pour les loges. «Ne s'abaissant pas aux tours ordinaires de gobelets, rubans, etc.», les escamoteurs préféraient se faire valoir dans des tours qui paraissaient «en quelque manière surnaturels». Catalepsie, questions et réponses à distance, décollation d'animaux suivie de leur résurrection, autant de traits d'adresse qu'ils exécutaient en effet avec art et brio. Des séances en privé étaient aussi offertes, à condition d'avertir un jour à l'avance. Ces innocentes duperies auréolaient l'escamoteur d'un extraordinaire prestige. Aux yeux de la population noire, bardée de superstitions, il passait pour un papaloa hors de pair qu'il était bon de connaître et d'approcher. Chimère qu'entretenaient volontiers ces maîtres de l'illusionnisme et dont ils bénéficiaient largement.

On se récréait de bien d'autres façons. La chasse, ce passe-temps des rois, recrutait des fervents parmi les grands blancs, comme chez les manants de la capitale. Les terrains marécageux de la Saline, au nord-ouest de la ville, qui avaient la réputation de receler un gibier abondant, étaient le champ d'élection des chasseurs de la capitale. En septembre, les pluviers et les perdrix y pullulaient. Le dimanche, jour consacré à la chasse, on s'y réunissait avant l'aube pour se mettre à l'affût du gibier. Il n'existait aucun règlement administratif particulier sur ce «sport», sauf qu'il était défendu de s'y adonner à moins d'une lieue de la ville...

Moins généralisées que la chasse, l'équitation et l'escrime, autres divertissements sportifs, enrôlaient nombre de passionnés, surtout dans le monde des jeunes.

Parmi les distractions favorites des Port-au-Princiens de toutes catégories, le jeu briguait la première place. Blancs pobans, affranchis, nègres domestiques, la plupart torturés par le démon de l'oisiveté, passaient le plus clair de leur temps à taquiner la chance. À l'ombre, au fond d'une cour ou sous une galerie, assis vaille que vaille à même le sol, les joueurs, avec frénésie, se livraient à leur passion. Les cartes attiraient le plus grand nombre d'amateurs : le lansquenet en particulier comptait beaucoup de favoris ; mais les dés, les dominos étaient aussi à l'honneur. Ainsi de jour en jour, de semaine en semaine, se remplissaient les heures creuses de l'existence, dans les éclats de voix et l'ardeur des compétitions.

Dans ce monde de la misère, les enjeux étaient modestes : ils ne dépassaient guère le montant de quelques sous. Bien souvent, ils étaient constitués en nature : lots de cannes à sucre ou de haricots, bouteilles de sirop, de tafia... Dans les classes élevées au contraire, «on jouait l'or à la poignée», et là comme dans les classes pauvres, le jeu embrigadait tout le monde. Le craps à trois dés était le jeu préféré des gens aisés ou fortunés; mais ceux-ci s'adonnaient encore à bien d'autres jeux de société, le pharaon, la bassette, le biriby, et même aux jeux de hasard, interdits pourtant dans la colonie. Le Waux-Hall de Port-au-Prince, le club des commerçants de la capitale fondé en 1782, où les jeux de hasard étaient en grande vogue, sera dissous à cause des nombreux excès que ne cessait d'occasionner la pratique de ces délassements aussi acharnés qu'onéreux.

Un jeu fort distingué, qui requiert à la fois intelligence et talent, le billard, était très apprécié à Port-au-Prince : même les demoiselles en raffolaient. Les cabarets qui n'étaient pas agrémentés d'une salle de billard étaient peu fréquentés. La salle de billard du Gouvernement était la plus réputée de la ville, pour ses proportions et la richesse de ses décorations.

Cet impératif besoin de se distraire, de sortir au moins pour quelques instants de l'ambiance de négoce ou de luttes sourdes qui est celle de toute la colonie, poussera les colons à fonder des loges maçonniques. Chaque après-midi, ils s'y réunissaient, surtout pour se voir et causer. C'était, dit Moreau de Saint-Méry, des «plaisirs bien doux», et qu'il évoquait avec émotion. À Port-au-Prince furent fondées successivement les loges «La Réunion Désirée» et «La Parfaite Union». Les colons se cotisèrent pour les doter de locaux appropriés et coquets.

Mais la distraction de prédilection de la classe blanche, celle qui maintenant était tout à fait entrée dans ses mœurs, c'était le théâtre.

Si l'abandon de la scène par le gros Clément avait été suivi du ralentissement, puis de l'extinction du mouvement théâtral, c'est parce qu'il avait manqué un animateur pour ranimer la flamme. Le goût des planches était en effet resté si vivace, qu'au lendemain même du séisme de 1770, s'était opérée, face aux décombres, une renaissance théâtrale vraiment inattendue dans un pareil moment. L'ancien local de la Comédie, sur la place de l'Intendance, renversé, les acteurs avaient procédé à une sorte de sondage d'opinions, et ayant obtenu l'encouragement de tous, avaient aménagé une salle de fortune où ils jouèrent «assez régulièrement» pendant deux années consécutives. La défectuosité du local et les multiples inconvénients qui en résultaient les portèrent à discontinuer les représentations. En attendant la construction d'une salle convenable, ils se rendirent à Léogane où ils connurent un grand succès.

En 1775, Jean-Baptiste Jenot achève les travaux d'agencement d'une salle de spectacle dans une maison particulière. C'est, sitôt après l'inauguration, le début d'une nouvelle activité théâtrale. Les troupes font leur réapparition. Des abonnements à l'année sont délivrés. L'essor est sérieux. Mais les comédiens s'aperçoivent que la salle est loin de répondre à leurs souhaits. Il faudra penser à déménager...

La ville était entièrement reconstruite. Les maisons privées, les bâtiments administratifs flambaient neuf ; mais le théâtre n'avait toujours pas de local approprié. Cette déplorable situation émut François Mesplès, actif commerçant du bord-de-mer. Dans le but de construire une véritable salle de spectacle, il sollicita des administrateurs la concession de la partie sud de la place Vallière. Une des clauses du contrat, signé le 26 septembre 1776, stipulait qu'il était réservé au gouvernement «à perpétuité» la faculté d'acheter la salle et le terrain, moyennant 50 000 livres comptant. Les dimensions respectives de la nouvelle salle devaient être de 100 pieds de long, 40 de large et 24 de haut. Mesplès se mit immédiatement à l'œuvre.

L'acteur François Saint-Martin, dit La Claverie, venait à peine d'obtenir la direction du Spectacle de la ville, qu'il décida de transférer le théâtre de la salle Jenot à «une grande salle de la rue Saint-Philippe»[12].

Entre-temps, se poursuivait place Vallière l'érection de la nouvelle salle, d'après le plan dressé par l'ingénieur en chef Taverne de Boisforest. Dès le début des travaux, Mesplès s'était trouvé en difficulté avec les propriétaires voisins qui prétendaient que la concession de la place Vallière à un particulier était contraire à l'utilité publique. Pour mettre un terme à cette cabale, les administrateurs avaient proposé aux réclamants de rembourser Mesplès des dépenses effectuées par lui jusqu'ici. On préféra renoncer à toute protestation.

Le 24 février 1778, après bien des ennuis, la construction était achevée.

Pour une ville comme Port-au-Prince où les bâtiments, à quelques rares exceptions, sont d'une architecture plutôt mesquine, le théâtre de la place Vallière, avec ses 750 places assises, présente un aspect fort remarquable.

On y pénétrait par la Grande-Rue, et après avoir traversé une avant-cour flanquée d'une buvette et d'un guichet pour la vente des billets, on se trouvait en présence de deux escaliers menant aux loges. Pour parvenir au parterre, il suffisait de contourner ces escaliers et de suivre un couloir. Seize loges de sept places, dont celles du gouverneur et de l'intendant, s'échelonnaient autour de la salle. Le balcon, placé de chaque côté de la scène, était destiné aux membres du Conseil Souverain. La salle comportait de plus vingt-et-une loges secondaires, dont quinze pour les gens de couleur, et six loges de quatre, six et huit places, réservées aux abonnés à l'année. Le parterre était garni de bancs, de même que l'amphithéâtre. On remarquait, formant retranchement au parterre, la loge des officiers de la juridiction. Face à l'orchestre, était l'espace réservé aux officiers de la garnison. Sur la foi des certificats délivrés par l'ingénieur François Thévenet et des entrepreneurs Monsault, Jean Doyon et Jean-Pierre Glay, attestant la solidité du bâtiment, les administrateurs en autorisèrent l'utilisation. Et le 25 janvier 1778, avec *Les Trois Sultanes*, opéra-comique de Favart, était inaugurée en grand gala devant une foule «inconcevable», au dire même de Mesplès, la nouvelle salle de spectacle du Port-au-Prince.

La construction cependant n'était pas sans défaut, et une de ses principales défectuosités était l'insuffisance d'aération. Les spectateurs n'allaient pas tarder à le constater, avec l'arrivée prochaine de la saison chaude. D'autre part, l'acoustique n'était pas des meilleures et le confort général laissait à désirer. Même l'installation du système d'éclairage n'était pas sans reproches: parfois, la cire des bougies des lustres dégoulinait sur les spectateurs du parterre. Le plus grave, c'est que malgré l'attestation des hommes de l'art, le bâtiment n'était guère aussi solide qu'ils l'affirmaient. Quelques mois après l'inauguration, on dut recourir à la pose d'étais pour en assurer la stabilité... La salle du Port-au-Prince, en dépit de son beau visage, semblait frappée de déchéance congénitale. Époque déconcertante où l'on ne pouvait guère trop se fier à la science des ingénieurs : acquise en France dans les meilleures conditions, elle fondait à Saint-Domingue comme cire au soleil.

Malgré ses misères matérielles, la nouvelle salle entreprend résolument sa carrière. Elle assurera à Port-au-Prince l'extension du mouvement théâtral.

Dans son *Théâtre à Saint-Domingue,* Jean Fouchard a essayé de dégager les aspirations du public de l'époque... «Généralement, écrit-il, le public préféra les pièces gaies aux drames, et les pièces à grand spectacle associant la musique, le ballet, le chant et de somptueux décors à maintes tragédies, si poignante qu'en fût l'intrigue. Ce goût est conforme à la vie facile, au luxe d'apparat et à cette course aux plaisirs qui s'affirmèrent à la fin du XVIIIe siècle...» *Le Légataire Universel, La Gageure Imprévue, La Fée Urgèle, Cartouche, La Belle Arsène, Annette et Lubin, Le Devin du Village, L'École des Pères ou Les Effets de la Prévention* remportent des succès éclatants et tiennent l'affiche pendant des mois.

Certes, beaucoup de vanité et de snobisme se mêlent à cet engouement pour le théâtre. Si l'on y va pour se divertir, on s'y rend aussi pour faire montre de culture, étaler ses bijoux et musarder avec les belles. À la sortie du spectacle, on s'attarde sur les places désertes pour échanger les ultimes serments, tandis qu'au loin s'estompe dans la nuit le roulement confus des derniers équipages.

L'ouverture de la salle Mesplès a consacré une victoire assez significative des gens de couleur : leur accès à la Comédie. Bien entendu, ils n'ont droit qu'aux places qui leur sont assignées, mais les voici admis désormais à assister en compagnie des blancs à des divertissements qui leur avaient toujours été défendus. N'était-ce pas un signe des temps, de ces temps où le tumultueux brassage d'idées qui commençait à ébranler les consciences, désignait à chacun, encore que confusément, le chemin lumineux de la solidarité humaine ?

Au sein de cette société artificielle, rivée à l'argent et aux plaisirs, que devenait l'esprit ? L'instruction publique a toujours été très délaissée, et depuis sa fondation, aucun effort sérieux n'a été tenté pour doter la capitale même d'une bonne école primaire. Le problème se simplifiait singulièrement, et pour cause : aux esclaves, il était interdit l'enseignement du syllabaire. Quant aux grands blancs, ils confiaient aux collèges de la Métropole le soin d'instruire leur progéniture. Les fils d'affranchis et de petits blancs devaient se contenter de maîtres improvisés dont la science n'allait pas très au delà de celle de leurs élèves. Quelques tentatives de fondation de pensionnats pour essayer de soustraire les adolescentes à l'ambiance démoralisatrice du milieu, étaient demeurées sans lendemain, car, nous apprend Moreau de Saint-Méry, les prospectus promettaient toujours des avantages qui ne se concrétisaient jamais.

Un nommé Boisgirard était arrivé cependant à faire fonctionner, place de l'Intendance, non loin de l'église, une institution d'enseignement primaire assez sérieuse. Parmi d'autres élèves, Alexandre Pétion, lorsque le démon de l'école buissonnière cessait de le tenailler, y apprenait l'abécédaire et les rudiments du calcul. En dehors de cette école, très peu d'établissements scolaires dignes de ce nom, s'il faut excepter les quelques cours de musique, de chant ou de danse dispensés par des artistes que stimulaient la présence et les succès de la Comédie. Quand ces derniers jugeaient leurs élèves suffisamment préparés, ils les présentaient au public, et ces soirées artistiques, qui révélaient l'excellence de leurs leçons, leur faisaient en même temps une adroite publicité.

Au contraire du Cap, la production littéraire à la capitale est nulle. Personne ici ne songe à taquiner la muse, à décrire en vers amusants et légers les sortilèges port-au-princiens. Cependant, on apprécie la lecture, et certains colons sont parvenus à se monter des bibliothèques assez importantes.

À la librairie de l'Imprimerie Royale, il existe un assortiment de «brochures nouvelles de tout genre». Entre autres ouvrages, on y trouve des livres de droit, tels que le *Traité des Matières Criminelles*, de Mᶜ Guy du Rousseaud de la Courbe; d'histoire, tels que l'*Histoire de l'avènement de la Maison de Bourbon au Trône d'Espagne*, de Targe, en six volumes; de philosophie, comme le *Discours sur l'origine et les fondements de l'inégalité parmi les hommes* de Jean-Jacques Rousseau; de science, comme l'*Histoire Naturelle* de Buffon, en trente-quatre volumes; d'initiation amoureuse enfin, comme l'*Art d'aimer* ou encore, *Mémoire pour servir à l'histoire du Cœur humain*[13]. Colons aisés et infatués se hâtent d'enrichir leur bibliothèque de ces nouveautés intellectuelles qu'il est de bon ton de posséder.

La masse de ceux qui savent lire et s'intéressent aux choses de la colonie sont des passionnés des *Affiches Amériquaines*, la gazette coloniale qui, paraissant d'abord le mercredi, a changé de jour et se distribue maintenant le mardi. Elle publie «des notices de choses imprimées en France, relativement au commerce, à l'agriculture, à la navigation, à la politique et à la culture coloniale» et aussi, «des choses à vendre et à affermer, le prix des denrées et celui du fret». De plus, sous la rubrique «Nouvelles d'Europe», elle fournit à ses lecteurs des informations de l'étranger, nombreuses et variées.

On lit aussi des ouvrages sérieux, le *Dictionnaire des Sciences*, les *Œuvres Choisies* de Rousseau, Destouches, Corneille, Molière, et on se passionne étonnamment de littérature anticoloniale. L'*Encyclopédie* de Diderot, l'*Histoire Philosophique et Politique des Etablissements et du Commerce des Européens dans les deux Indes*, de Thomas Raynal, les *Considérations sur l'état présent de la Colonie de Saint-Domingue*, d'Hilliard d'Auberteuil, font l'objet de vifs commentaires dans les milieux blancs et mulâtres. La classe lettrée de Saint-Domingue s'imprégnait des idées-forces exprimées dans ces ouvrages et apprenait à ne plus redouter les institutions taboues, sans s'apercevoir que, dans ces mêmes idées, fermentaient les germes de décomposition de l'ordre social anarchique que chacun voulait maintenir en l'accommodant à ses intérêts.

Mais la vogue du roman demeure la plus importante. Dans le monde des femmes, *Manon Lescaut, Paul et Virginie* connaissent un succès prodigieux. Si les ardentes créoles aiment bien s'attendrir sur ces histoires sentimentales, elles raffolent encore plus des romans licencieux que le relâchement des mœurs a mis à la mode, et *L'Eunuque* de Crébillon, *Le Paysan Perverti* de Restif de La Bretonne, *Margot la Ravaudeuse* de Fouquet de Montbron sont littéralement dévorés par ces dignes filles de Vénus à l'imagination enflammée.

Notes

1   Les casernes s'étendaient sur l'actuelle place Louverture, presque à la hauteur de la rue Montalais. Elles étaient composées de quatorze pavillons de 80 pieds de long sur 21 de large, «faits de bois dur, maçonnés entre poteaux, planchéyés en dedans, mis sur deux rangs et tous alignés du Nord au Sud». M. de St-Méry, *Description, II,* p. 1008.

2   Cité par Jean Fouchard in *Le théâtre à Saint-Domingue,* p. 42.

3   La source de Martissans qui prend naissance sur l'ancienne habitation Chavannes est connue de nos jours sous le nom de source Leclerc. Avant d'atteindre Port-au-Prince, la canalisation de cette source traversait le quartier de Peu-de-Chose et débouchait au Champ-de-Mars après avoir longé le Chemin des Dalles.

4   Catts Pressoir, *La Médecine en Haïti,* 1927, p. 27.

5   Pouf : ornement de coiffure des femmes créoles, consistant en un objet rappelant leurs goûts préférés.

6   *Affiches Amériquaines* du mercredi 17 juin 1772, n° 25.

7   Gaule: déshabillé généralement luxueux, sans taille et d'étoffe légère, que portaient les créoles.

8   Ducœurjolly, parlant de l'extrême coquetterie des mulâtresses et des folles dépenses que laissait supposer la satisfaction de ce goût coûteux, écrit que «plusieurs de ces femmes pourraient changer d'ajustement et de décoration chaque jour de l'année».

9   Cité par Hénock Trouillot dans «La Condition de la Femme de couleur à Saint-Domingue», *R.S.H.H.G.,* Avril-Juillet 1957.

10   Laujon, *Précis historique de la dernière Expédition de Saint-Domingue.* Paris.

11   Voir à ce propos *Plaisirs de St-Domingue,* par Jean Fouchard, p. 141 et suivantes, 1955.

12   Tronçon nord de notre rue Courbe.

13   *Affiches Amériquaines* du mercredi 17 juin 1772, n° 25.

PORT-AU-PRINCE
ET LA GUERRE D'AMÉRIQUE

L'instrument diplomatique signé à Paris le 10 février 1763 par les représentants de la France et ceux de l'Angleterre était davantage un armistice qu'un traité de paix appelé à mettre un terme à des agressions éventuelles entre les deux pays. Trop de motifs de dissensions et même de haine, axés sur des intérêts économiques forcenés, subsistaient dans les deux camps.

Pour l'Angleterre, la maîtrise de l'Atlantique était loin d'être une réalité, et pour la France, l'éloignement de ses colonies d'Amérique et leur proximité des bases anglaises constituaient des états de fait qui l'obligeraient toujours à adopter le parti des ennemis de sa traditionnelle rivale. Cette dernière savait bien que les diverses agitations, enregistrées depuis la fin de la guerre de Sept ans dans ses colonies de l'Amérique septentrionale, n'allaient pas laisser la France indifférente. Aux vaines protestations des colons américains contre les faveurs injustifiées octroyées au commerce métropolitain avait fait suite, en effet, un état de rébellion ouverte. Le 4 juillet 1776, alors que l'issue de la lutte demeurait encore incertaine, le congrès de Philadelphie déclarait indépendants les Treize États qui s'étaient unis pour réclamer leurs droits.

L'Angleterre, justement alarmée par ce soulèvement de ses plus florissantes possessions, avait cru devoir renforcer son système de défense en Amérique et autoriser ses navires de guerre à croiser jusque dans les eaux territoriales des colonies françaises. Dans la rade de Port-au-Prince, on enregistre divers actes de provocation. Des vaisseaux anglais obligent des navires français à stopper à fin d'inspection... Les relations ne cessant de s'envenimer, ces affrontements deviennent plus violents. Un senau, le «*Marie-Marianne*», est capturé au large du Port-au-Prince et conduit à la Jamaïque, malgré les réclamations du gouverneur comte Robert d'Argout.

La France fermait les yeux, mais se préparait sérieusement à la guerre. Les chantiers navals travaillaient à plein rendement, et le désir de revanche qui animait le ministère et l'opinion publique, joint à la perspective de récupérer les possessions perdues lors du dernier conflit, laissait présager une éruption prochaine.

La signature par le roi de France et les représentants du Congrès américain d'un traité commercial, le 6 février 1778, hâtera le déclenchement des hostilités. Cet acte de Louis XVI n'équivalait-il pas à une reconnaissance tacite par la France des nouveaux États-Unis ? Le roi d'Angleterre rappela son ambassadeur à Paris, et l'état de guerre entre les deux pays se trouva confirmé, le 17 juin suivant, par le combat naval qui opposa l'«*Aréthuse*» à la «*Belle-Poule*».

«Par sa position, note le père Cabon, Saint-Domingue se trouvait le centre de ralliement des escadres et des troupes françaises qui, des Antilles, devaient opérer sur les côtes d'Amérique»... Dès 1776, en prévision de la guerre, le gouverneur d'Ennery avait entamé sur toute l'étendue du territoire de la colonie d'importants travaux de fortification.

Relativement à la défense du Port-au-Prince, le corps de garde du Fossé, en plaine du Cul-de-Sac, avait été restauré et fortifié d'une batterie de 36. On avait rétabli la batterie de l'habitation Piémont[1] qui protège la ville au sud. Enfin, le blockhaus de Bizoton avait été consolidé, lui aussi, et armé de nouveaux canons.

Dès l'arrivée dans la colonie de la lettre officielle du roi de France annonçant l'ouverture des hostilités, le gouverneur d'Argout prit ses dispositions pour préparer la population à participer activement à la lutte. Dans l'ensemble, on sympathisait sincèrement avec la cause américaine, et beaucoup étaient prêts à sacrifier leur vie pour son triomphe.

Quand parvinrent les ordonnances du 12 mars 1779, créant les deux corps auxiliaires coloniaux destinés à prendre part aux opérations d'outre-mer, ce fut avec enthousiasme que blancs et hommes de couleur s'empressèrent de se présenter pour être enrôlés. Le corps des *Grenadiers volontaires de Saint-Domingue* devait grouper les blancs, celui des *Chasseurs volontaires de Saint-Domingue*, les hommes de couleur. Ce ne fut pourtant pas sans une certaine appréhension qu'on se détermina à l'enrôlement de ces derniers. On craignait «des abus qui pouvaient s'ensuivre». Mais n'était-ce pas tout à fait contre-indiqué de refuser le concours de ces hommes résolus et dévoués, dont la spontanéité à s'inscrire témoignait de l'esprit d'abnégation qui saurait les animer sur les champs de bataille ? Au nombre de 800, dont Rigaud, Bauvais, Villate, Julien Raimond, Férou, Toureaux, Cangé, Christophe, Chavannes, Martial-Besse, Leveillé, Beauregard, ils étaient venus s'offrir pour la cause de l'émancipation américaine. Le parti blanc convint qu'on ne pouvait pas renoncer à un apport si précieux.

Pendant que sur le territoire de la Nouvelle-Angleterre, grenadiers et chasseurs de Saint-Domingue, sous le commandement de l'ancien gouverneur comte d'Estaing, déploient le plus grand courage, particulièrement à Savannah et à Yorktown, que sur mer les combats navals se succèdent et mettent en pièces des flottilles entières, Port-au-Prince s'est transformé en une ville nouvelle, une ville martiale où dominent les uniformes.

Depuis le début de la guerre, le gouvernement, dans le dessein de contrôler plus efficacement le déplacement des troupes et le mouvement des escadres, s'est transporté dans la ville du Cap. Le secrétariat, les services de l'intendance et même la gazette ont suivi dans le Nord gouverneur et intendant. Port-au-Prince est resté sous la garde du gouverneur militaire de l'Ouest, et chaque jour, sur la place d'Armes, se poursuit l'entraînement intensif des volontaires de la guerre d'Amérique.

Pour assurer à la colonie une protection encore plus étendue, les administrateurs créent un nouveau corps de troupe, les *Chasseurs royaux de Saint-Domingue,* qui sera formé de mulâtres libres et de miliciens de couleur. Le recrutement s'opère d'office, et bientôt, Port-au-Prince qui, après le départ des derniers volontaires, était tombé dans un calme inaccoutumé, retentit à nouveau du martèlement des godillots et du bruit des tambours.

Quelques mois avant la fin des hostilités, la ville se trouvera submergée par la présence de nombreuses troupes tant françaises qu'espagnoles – car l'Espagne s'était, elle aussi, engagée dans la lutte contre l'Angleterre –, les unes fraîchement débarquées de la Métropole, les autres en station à Saint-Domingue, et que le Cap, faute de place pour les loger toutes, avait dirigées sur Port-au-Prince. Durant leur séjour dans cette dernière ville, le régiment français d'Agenais, de même que le régiment espagnol de Sorria, seront hébergés en partie dans les casernes de la cité, en partie dans les maisons privées. Le régiment du Port-au-Prince se verra obligé pour la circonstance d'abandonner ses casernes et de chercher asile dans les maisons que messieurs Nau et Marie venaient de construire sur la partie nord de la défunte place Vallière.

Grâce à un accord intervenu entre le commissaire de la marine de La Rivière et le président de la partie espagnole Péralta, la viande de boucherie ne manqua pas pendant ces jours d'encombrement. En revanche, la farine, le vin, les denrées européennes en général avaient presque complètement disparu du marché, et la population s'ingénia à faire du pain frais avec des racines et des graines du terroir, à fabriquer avec des fruits du pays une délicieuse boisson qui pouvait avantageusement remplacer le vin. Mais, dit le père Cabon, «la plupart de ces recettes vantées à l'excès furent oubliées dès qu'on put à la paix se ravitailler en France».

Peu avant le déclenchement des opérations, était mort le père Moreau, le vénéré curé de la capitale. Le temps lui avait manqué de réaliser la construction de cette maison de Providence qui lui tenait tant à cœur. Mais il laissait au bénéfice de l'œuvre une propriété assez étendue comprise entre les rues de Penthièvre, d'Orléans, de Bretagne et Dauphine. Le père dominicain Charles Damien Duguet, préfet apostolique, désigné trois ans plus tard pour lui succéder, habitait dans l'îlet compris entre la petite rue de l'Intendance (rue Courte) et la rue des Miracles. En attendant la construction d'un presbytère définitif, le père Duguet établit à la préfecture apostolique le siège de la cure de la capitale.

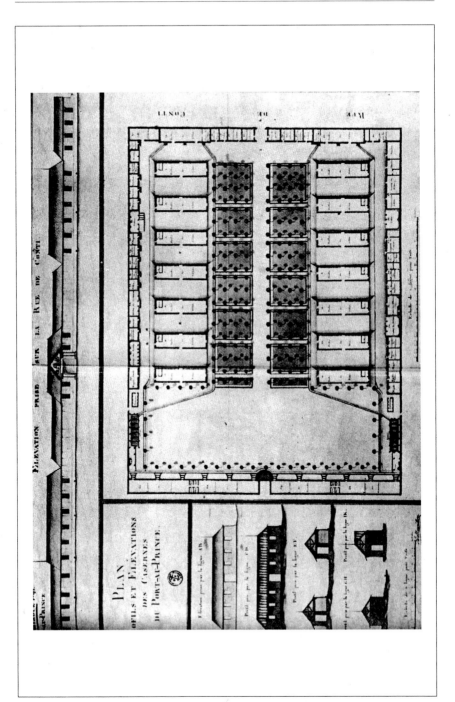

~ Plan de la caserne du Régiment de Port-au-Prince ~

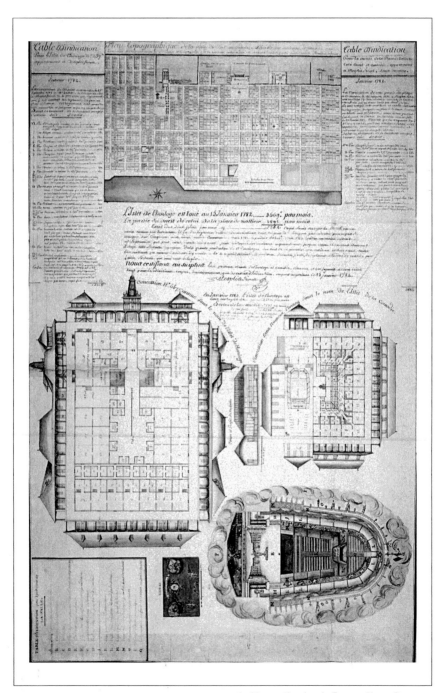

~ Plan du quartier des îlets de l'Horloge et de la Comédie ~

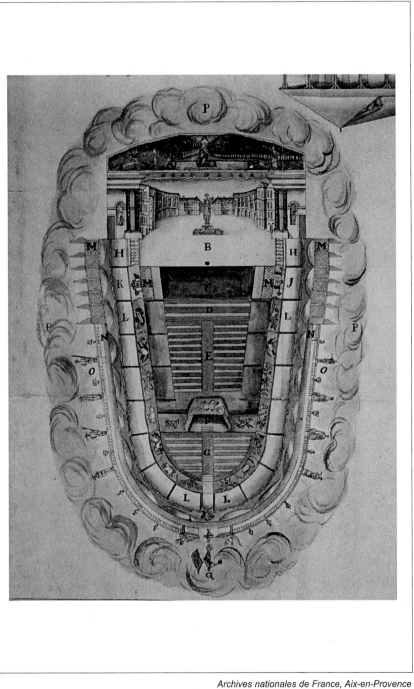

~ Rideau de scène de la Comédie ~

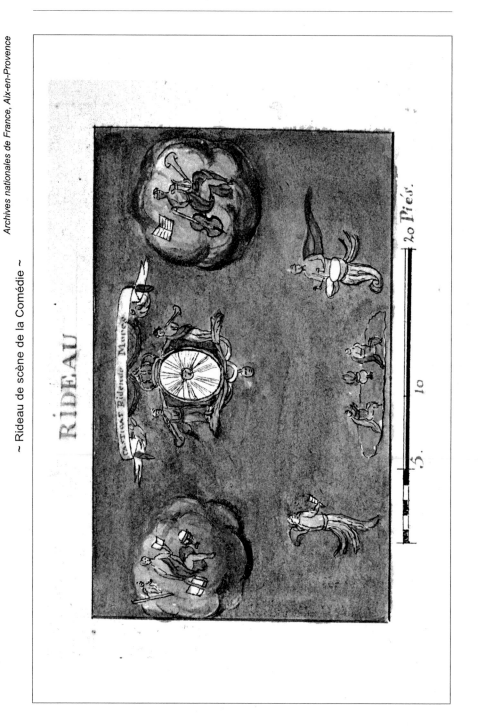

~ Lafayette accompagné d'un volontaire de Saint-Domingue
de la Guerre d'Amérique ~

~ Élévation du mausolée du comte d'Ennery ~

Photo : Jean-François Chalut

~ Le mausolée du comte d'Ennery (état actuel) ~

~ Le presbytère colonial vers 1900 ~

Durant ces années de guerre, éclata à Port-au-Prince un conflit d'ordre administratif qui eut son retentissement dans la colonie, car y était impliqué un ancien gouverneur intérimaire de Saint-Domingue, le comte Jean-François de Reynaud de Villeverd, qui avait su marquer son bref passage aux affaires par des réalisations heureuses. Au mois de janvier 1781, le vicomte Louis de Choiseul, inspecteur général des frontières et beau-frère du gouverneur de Reynaud de Villeverd, avait obtenu de ce dernier la concession de la partie nord de la place Vallière. Dans le plan d'aménagement, on prévit une rue de quatorze toises qui devait séparer cette partie de la place de l'autre moitié où avait été construit le théâtre de la ville. Les habitants maugréèrent avec d'autant plus de raison que l'année précédente cette concession avait été refusée au négociant Delaud.

Le vicomte de Choiseul vendit le terrain à des hommes d'affaires, messieurs Nau et Marie, qui aussitôt commencèrent à y édifier des maisons de rapport. Mais les ressentiments étaient loin d'être éteints, et quelques mois après le départ de de Villeverd du gouvernement, la concession était attaquée et dénoncée comme préjudiciable à l'intérêt public. Portée devant le ministre de la Marine, l'affaire fut soumise à une enquête sérieuse. Mais une lettre pleine de menaces de ce haut fonctionnaire, qui prenait vivement à partie ceux «à la complaisance desquels il imputait la concession», jeta soudain la ville dans le plus grand trouble. On s'accusait l'un l'autre; chacun par mille faux-fuyants, cherchait à se disculper, quand un arrêt du Conseil des Dépêches, en date du 15 novembre 1783, cassa et annula la concession et condamma le viconte de Choiseul à la restitution de la valeur reçue des négociants Nau et Marie pour prix de la concession. Un ordre du 18 novembre prescrivit enfin à M. de Choiseul, ainsi qu'à tous les fonctionnaires qui avaient autorisé la concession, de rembourser aux négociants acquéreurs la valeur des maisons déjà construites par eux.

Cette mesure atteignait directement l'ancien gouverneur de Reynaud de Villeverd qui s'était retiré sur son habitation du Bois de l'Anse, dans la paroisse de Limonade. Il refusa de rien rembourser, alléguant la publicité de sa conduite et l'existence de maints précédents.

Des grands planteurs de Saint-Domingue, il devait se révéler dans la suite un des plus farouches ennemis de l'administration coloniale.

La paix signée à Versailles, le 3 septembre 1783, avait consacré l'indépendance des États-Unis et rendu à la France plusieurs de ses anciennes possessions des Antilles. L'administration de la colonie, établie depuis cinq ans au Cap, se préparait à regagner la capitale. On achevait de liquider les dispositifs spéciaux créés par l'état de guerre et qui avaient assuré pour une bonne part le triomphe des armées alliées.

Le gouverneur Guillaume de Bellecombe envisageait pour un proche avenir la mise à exécution de certains projets patiemment élaborés et que la fin des hostilités allait permettre de réaliser. Encore au Cap, il prétendit infuser un sang nouveau à la principale gazette du pays, les *Affiches Amériquaines*, en lui donnant comme rédacteur principal, un intellectuel de belle eau, poète à ses heures, le sieur Charles Mozard. Les nombreux lecteurs notèrent aussitôt une heureuse transformation dans la présentation du journal. À l'affût de tous les détails coloniaux aptes à intéresser le public, sollicitant la collaboration de gens instruits pour l'aider dans ses projets de vulgarisation, Mozard, par ses «vues neuves», ne tarda pas à placer la gazette à un niveau respectable.

… C'est dans une joie délirante et par l'illumination de toute la cité qu'avait été célébrée à Port-au-Prince la victoire des armées alliées. Les principaux édifices publics, le palais du Gouvernement, les casernes, l'intendance, l'hôtel de la Marine, la Comédie flamboyaient sous les feux rutilants de milliers de bougies, tandis que sous les galeries des maisons privées scintillaient des petits cierges colorés qui faisaient le bonheur des enfants. Esclaves, libres, grands blancs, petits blancs, tous avaient été conviés à glorifier la victoire, et cette allégresse de toute une nuit s'était clôturée au petit matin par un gigantesque feu d'artifice.

Cette féerie lumineuse n'était malheureusement que la préfiguration d'un sinistre effroyable qui, quelques mois plus tard, allait plonger la ville dans la plus profonde consternation…

Les notes cristallines de l'horloge Mesplès avaient sonné onze heures. À la Comédie, des nègres en livrée, les paupières lourdes de sommeil, plongeaient peu à peu dans l'obscurité, à l'aide de leur éteignoir, la salle tout à l'heure frémissante de spectateurs. Par les rues désertes, de rares couples, tout en se tenant par la taille, s'empressaient de regagner leur demeure. Aux grandes chaleurs des derniers jours, avait succédé une assez forte brise qui s'était mise à souffler dans la soirée, promesse pour les habitants d'une nuit délicieuse.

Soudain, au bas de la ville retentit le cri lugubre : au feu !... Plongée dans un sommeil bienfaisant, la cité ne prend pas immédiatement conscience du malheur qui la frappe ; mais le ciel qui rougeoie finit par dessiller les yeux.

Déjà résonne le tocsin. Au pas de course, des officiers et soldats du régiment de Port-au-Prince et de l'Artillerie, munis de haches et d'échelles, se hâtent vers le lieu du sinistre. Affolés, des gens armés de pics et de seaux, se précipitent dans les rues, les uns à demi vêtus, d'autres dans leur accoutrement de nuit.

Le feu qui avait éclaté dans un entrepôt de la rue Sainte-Claire (rue du Magasin de l'État), s'était, par suite d'un brusque changement de la direction du vent, rapidement répandu dans tout le secteur avoisinant. Au milieu d'immenses tourbillons de fumée, disparaissaient dans le grondement des flammes et le crépitement des charpentes en ignition, ces fragiles maisons de bois si rapprochées les unes des autres. Virevoltant dans le ciel, d'innombrables flammèches s'éparpillaient sur la ville, menaçant d'allumer de nouveaux foyers sur les toits d'aissantes.

Des officiers et matelots du vaisseau l'«*Emphiom*», sous le commandement de leur capitaine, le comte de Macnemara, ont débarqué une pompe et tentent d'arrêter le feu. Le vent qui s'accentue leur enlève tout espoir. Il leur faudra se limiter à abattre des maisons...

Au matin, l'incendie était maîtrisé, mais que de ruines ! Le bord-de-mer est méconnaissable. Du rivage à la Grande-Rue, de la rue de Bonne Foy à la rue des Fronts-Forts : rien que des décombres. Ici, en une nuit tragique, quatre-vingt-trois maisons ont flambé comme des torches. Cinq îlets réduits en cendres, le quartier commerçant à moitié anéanti, des stocks de marchandises entièrement consumés. On évalue les pertes à 12 000 000 de livres tournois. Au rendez-vous du destin, la ville avait soldé l'impôt périodique de sacrifices et de larmes dont le sort l'avait grevée en naissant. Cet incendie de la nuit du 29 au 30 juin 1784, connu sous le nom d'*incendie de la Saint-Pierre*, ouvrait la série des effroyables sinistres qui, au cours de son existence, allaient désoler la ville de Port-au-Prince.

L'entraide dans le malheur a toujours été une vertu port-au-princienne : on avait pu le constater en de bien pénibles circonstances. Face à la catastrophe qui en quelques heures venait de ruiner tant de familles, un grand mouvement de solidarité se dessina dans la cité. Le gouvernement, dès le lendemain du désastre, allouait une importante valeur aux sinistrés. Les négociants, réunis en nombre imposant chez l'un d'eux, décidaient de se cotiser pour porter secours à leurs confrères dans le malheur. Des marchands, des pacotilleurs promettaient à ceux des leurs dont maison et commerce avaient disparu dans les flammes, de les aider à reconstituer leurs stocks.

Les maçons de la loge «La Parfaite Union», voulant prouver que leur «amour de leurs semblables n'était pas un vain mot», organisèrent entre eux une collecte qui rapporta 20 000 livres. Cette somme fut remise aux sinistrés, tandis qu'une seconde valeur de 64 000 livres, fournie par la même loge, était mise à leur disposition à titre de prêt, moyennant de faibles intérêts.

L'administration, toujours très attentive à veiller à la préservation des biens matériels des particuliers, mais trop imprévoyante et trop incomplète dans ses mesures pour atteindre ce but, s'empressa de modifier l'ordonnance de police qui, depuis le séisme de 1770, défendait de bâtir en pierre. On exigea cette fois que «des angles attenant aux constructions voisines fussent en maçonnerie, avec revêtement intérieur en planche».

Un des projets du gouverneur de Bellecombe auquel il attachait une grande importance, était la construction d'une estacade, en vue de changer favorablement la physionomie du front de mer et de faciliter en même temps les échanges commerciaux. Nonobstant diverses ordonnances réglementant les concessions vers la mer et soumettant les concessionnaires à des servitudes bien déterminées, ces derniers s'étaient très peu souciés de leurs obligations. Une fois suffisamment remblayé l'espace où ils comptaient ériger leur maison, ils négligeaient d'élever sur le rivage, d'après l'alignement indiqué, la digue en pieux appelée à donner plus de régularité au littoral. Les pénalités prévues pour l'inexécution de ces clauses n'étant pas appliquées, les concessionnaires ne demandaient pas mieux que d'éterniser cette situation anarchique.

Des petits débarcadères en bois avaient été construits à l'extrémité des rues du Bel-Air (boulevard des Veuves), de Bonne Foy, des Miracles, d'Aunis (rue Pavée), de Provence (rue des Casernes); pourtant, en dehors du quai de Rohan, vieux déjà de quelques années, aucuns travaux d'endiguement sérieux n'avaient été entrepris le long de la côte. Coquillages ternis par les ordures, débris végétaux, détritus de toutes sortes, telles étaient les dignes parures du littoral de Port-au-Prince.

Le 2 décembre 1784, les administrateurs rendirent public le plan-directeur de la ville de Port-au-Prince qui fixait, depuis le bas de la rue Tiremasse jusqu'aux magasins du roi, le tracé définitif du quai. Sous le contrôle des ingénieurs du roi, commencèrent aussitôt les travaux d'endiguement. On vit alors les concessionnaires récalcitrants, dans la crainte d'avoir à payer des remboursements excessifs à l'État, s'empresser de se soumettre à leurs obligations. Et bientôt, sur une étendue de plus d'un kilomètre, le front de mer ne fut plus qu'un vaste chantier.

Toujours dans le cadre de son plan d'assainissement du littoral de la ville, de Bellecombe fit procéder au nettoyage de l'emplacement bordé par la rue Sainte-Claire et l'esplanade de la batterie du même nom, que son isolement désignait comme dépôt d'immondices. On orna ensuite le terrain de plusieurs files de citronniers et de mandariniers, ce qui amena une heureuse transformation des lieux : la *Promenade Bellecombe* était née.

À souligner à l'actif de Messieurs de Bellecombe et de Bongars[2] un acte d'utilité publique que la population blanche, bien plus sans doute par crainte d'épidémie que par humanité, ne cessait de réclamer depuis de longues années : la désaffectation du cimetière nègre de la *Croix-des-Bossales*. La grande pitié de ce cimetière livré aux pourceaux et aux chiens, et sur qui flottait constamment un indéfinissable relent de puanteur, finit par émouvoir les administrateurs, qui, par ordonnance du 28 juin 1785, établirent sur un terrain délimité par le prolongement extra-muros des rues de Conty et des Favoris un nouveau cimetière pour les nègres. Ce cimetière, désigné sous le nom de cimetière Saint-Martin, à cause de l'habitation Saint-Martin, sa voisine, allait, durant des décennies, servir de lieu de sépulture aux indigents de la capitale et aux habitants des sections rurales proches de Port-au-Prince. Il a depuis été désaffecté pour permettre l'extension du secteur industriel de Delmas.

La fin prématurée de Thiery de Menonville, fondateur du *Jardin Royal des Plantes*, avait amené le déclin de son établissement. La nomination du docteur Joubert de La Motte à la direction du jardin ne put empêcher la mort de la cochenille métèque dont l'acclimatation avait donné tant de mal à Thiery. Dès lors, l'institution n'avait cessé de péricliter. Le départ pour la France en voyage d'études du docteur de La Motte acheva de la ruiner. La direction par intérim en avait été confiée à un ancien soldat du régiment de Port-au-Prince nommé Lamotte qui, sans le vouloir peut-être, donna le coup de grâce à l'oeuvre de Thiery de Menonville. À son retour, Joubert de La Motte jugea préférable d'abandonner le jardin et de le reconstituer sur un autre terrain. Il revenait d'ailleurs avec des vues nouvelles, et voulait établir un jardin consacré à l'observation de plantes indigènes utiles et à l'acclimatation de plantes exotiques d'une culture délicate.

Entre le Gouvernement et l'hôpital militaire s'étalait un emplacement vague où croissaient les herbes folles. Joubert de La Motte jeta son dévolu sur le secteur de ce terrain limitrophe de l'hôpital militaire, et, d'accord avec les administrateurs, délimita un enclos de 50 toises de long sur 60 de large[3]. Par une prise sur le canal de Martissans, il fit venir l'eau, et une fois le terrain préparé, entreprit des démarches auprès des institutions sœurs de l'étranger, en vue d'obtenir des plantes exotiques pour le nouveau jardin.

En ce temps-là, eut lieu l'inauguration solennelle du mausolée de Victor Thérèse Charpentier, comte d'Ennery, ancien gouverneur de Saint-Domingue. Le roi Louis XVI qui, à l'époque des troubles enregistrés sur le continent américain, avait désiré, en prévision de la guerre qui s'annonçait, placer à la tête de la colonie un homme capable de la fortifier, avait fait choix de lui. Le comte s'était consacré avec tant de zèle à sa tâche, qu'au bout d'un an, sa mauvaise santé aidant, il s'était trouvé totalement épuisé. Peu après, il expirait, entouré des sommités médicales de la colonie dont la science s'était avérée impuissante à le rétablir.

Louis XVI fut très affecté de la mort de cet ami personnel, et, à son instigation, le Conseil supérieur de Port-au-Prince décida de lui ériger à Port-au-Prince un monument funéraire. L'ingénieur Hesse dressa le plan du mausolée, et Fossaty, habile sculpteur italien établi à Marseille, fut chargé de son exécution. Depuis 1778, le travail était achevé, mais à cause de la guerre d'Amérique, son expédition à Saint-Domingue avait été retardée. Au rétablissement de la paix, le monument fut durant quinze jours exposé avant son départ à la curiosité et à l'admiration des Marseillais. Au mois de septembre 1784, il arrivait à Port-au-Prince et était mis à l'abri dans un entrepôt des magasins du roi, en attendant l'achèvement des travaux d'ensemble du mausolée. La paroisse avait entrepris en effet la construction au cimetière d'une chapelle destinée à protéger le monument : on y mettait la dernière main.

Le jour de l'inauguration, après une messe solennelle de Requiem chantée à l'église paroissiale, le Conseil supérieur de Port-au-Prince, suivi du gouverneur, de l'intendant et des hauts fonctionnaires de l'administration, se rendit en corps au cimetière de la paroisse, dont les murs extérieurs avaient été drapés de deuil pour la circonstance. Au milieu du champ de repos, la chapelle, pauvre bâtiment en bois couvert d'aissantes, dresse ses modestes contours. Les discours succèdent aux discours. Ils proclament tous avec grandiloquence les vertus du défunt... On pénètre enfin à l'intérieur de la chapelle et surgit alors, dans tout son éclat et sa beauté, le mausolée de l'illustre trépassé.

Une nouvelle fois, nous recourons à Moreau de Saint-Méry pour lui emprunter la description du tombeau du comte d'Ennery, de nos jours l'un des derniers vestiges du malheureux cimetière Sainte-Anne, jadis si riche en sépultures de personnages historiques.

«Son massif est formé par 24 pierres de taille venues de Provence, et il est revêtu en entier de marbre statuaire, porte-or et blanc-veiné, de Massa-Carera, à la côte de Gênes. Il est composé extérieurement de deux marches et d'un soc de marbre blanc-clair. Au milieu du soc et sur le voussoir, qui couvre le cercueil, est le mausolée formé de 4 pièces ou côtés, disposés dans la direction des quatre points du monde et dont les quatre bases sont de marbre noir. Les deux côtés du nord et du sud ont une table d'inscription d'airain jaune de quatre lignes d'épaisseur, d'un magnifique poli, mise au-dessus de la corniche de la base. Une frise en marbre noir surmonte ces tables, mais elle est bordée de marbre blanc, correspondant aux corniches du côté de l'est et de l'ouest.

«Le côté de l'est a au-dessus de la corniche de sa base un tableau d'une seule pièce de marbre statuaire, où sont supérieurement sculptées les armoiries de M. le comte d'Ennery, au-dessus desquelles est une guirlande en festons où l'on a incrusté un morceau d'airain en forme de ruban, portant la devise gravée : *À tout par Guerre et Fermeté*, qui est celle des armoiries.

«Le côté de l'ouest diffère de celui de l'est en ce qu'il a au lieu du tableau de marbre, une table d'inscription d'airain, comme au nord et au sud.

«Les deux faces de l'est et de l'ouest ont de plus un tympan de marbre noir, où l'on a mis une tête de mort avec des larmes de marbre blanc statuaire sculptées.

«Tout le reste du monument est de marbre, même le dessus, qui est bombé en forme de croissant. Tout est arrêté en fonte, et l'on n'a employé le fer que le moins possible, afin que la rouille ne tachât point le marbre.

«Les inscriptions sont gravées dans l'airain même avec de grandes lettres, d'une ligne d'épaisseur[4]...»

Par une aberration et une absence de goût trop courantes chez les chefs de paroisse, ce magnifique et si riche monument n'allait pas pour longtemps se prêter à l'admiration du public. Le conseil de paroisse ayant décidé que dorénavant l'office des morts se dirait dans la chapelle, on adossa à la façade principale du mausolée un chétif autel de bois, en sorte que le monument se trouva presque totalement dérobé à la vue. Et, détail suggestif que le regard scrutateur de Moreau ne manqua pas de découvrir, mais que le curé croyait sans doute du meilleur effet, «la tête de mort du tympan de la face occidentale paraissait surmonter l'autel et en faire partie»!

Notes

1 Position occupée par les ruines du fort Mercredi.

2 De Bongars avait été appelé une seconde fois aux bureaux de l'Intendance et était arrivé à Saint-Domingue le 14 février 1782.

3 Emplacement approximatif du pavillon des Urgences de l'Hôpital de l'Université d'État.

4 Pour la traduction de ces inscriptions latines, se référer à la page 21 du tome I de la *Description* de Moreau de Saint-Méry, édition de la Société de l'Histoire des colonies françaises, 1958.

UN ADMINISTRATEUR PROGRESSISTE : BARBÉ DE MARBOIS

La fin de la guerre de l'Indépendance des États-Unis avait marqué pour Saint-Domingue le début d'une période de grande prospérité : la colonie allait atteindre l'apogée de sa richesse. Les finances cependant restaient plongées dans une situation des plus chaotiques. Une comptabilité défectueuse, de multiples complaisances envers débiteurs et créanciers de la colonie, avaient soustrait aux caisses de l'État des millions de livres qu'il fallait essayer de récupérer. L'homme de poigne qui, dès son installation aux bureaux de l'Intendance en 1785, se consacra à la lourde tâche de réformer la comptabilité et d'assainir les finances publiques fut le marquis François de Barbé de Marbois. Port-au-Prince allait largement profiter des mesures énergiques adoptées par cet intègre et progressiste intendant. Grâce aux importantes rentrées opérées en peu de temps, de grands travaux d'utilité et d'embellissement allaient s'ouvrir à la capitale. Barbé de Marbois devait se révéler, après Larnage et Vallière, le serviteur le plus zélé du destin de grandeur de la cité.

Depuis l'époque de la fondation de Port-au-Prince, un litige était né de la décision prise par l'intendant Maillard de s'approprier la grand'case de l'habitation Randot. Cet emplacement étant la propriété de la paroisse, par l'achat qu'elle avait fait de la totalité du domaine, l'intendant eût dû la dédommager de cette expropriation forcée : jamais la moindre valeur n'avait été versée à cette fin.

Les paroissiens, réalisant plus tard la patente injustice qui avait présidé à l'acquisition de Randot, demandèrent à être remboursés des 42 000 livres que leur avait coûté l'habitation. N'était-ce pas assez étrange, en effet, que l'emplacement de la capitale d'une colonie appartenant au roi de France dût être payé par des particuliers ? D'autant que la paroisse n'avait tiré le moindre profit de ses débours. Les trois livres par pied de façade, dont on avait à l'époque pensé imposer les concessionnaires au bénéfice de la Fabrique, n'avaient jamais été exigées, et les 6 000 livres de réparations effectuées en 1749 à la maison Randot, pour les commodités de M. de La Caze, ne lui avaient pas été restituées. Il était juste que toutes ces sommes dépensées pour le roi fussent rendues à la paroisse. De Rohan, le premier, avait reconnu la justesse des arguments soulevés par les paroissiens, mais l'intendant de Bongars n'avait pas cru devoir donner suite à l'approbation de principe du gouverneur.

À côté des légitimes réclamations des paroissiens, il convenait de ne pas méconnaître les avantages dont bénéficiait la paroisse et qui n'étaient pas sans affecter la caisse publique ni sans handicaper certaines vues du gouvernement. Depuis le tremblement de terre de 1770, en effet, le loyer de la maison curiale était à la charge du roi : la paroisse volontiers laissait faire. D'autre part, la fabrique possédait dans la nouvelle ville, propriété du roi, un terrain inoccupé qui dans le temps lui avait été concédé pour l'érection de l'église paroissiale. Cet emplacement faisait grandement besoin à l'administration qui avait décidé d'y édifier le palais de justice et les prisons.

Ainsi, depuis tant d'années que duraient ces tergiversations, bien des projets, tant de l'administration que de la paroisse, étaient restés pendants. Il allait de l'intérêt de tous de trancher au plus vite ce déconcertant litige.

C'est à quoi s'attelle Barbé de Marbois, sitôt que commencent à germer dans son esprit des idées de progrès pour la ville. D'abord, il obtint du conseil de paroisse la renonciation pure et simple au terrain de Randot, à l'emplacement primitivement destiné à l'église dans la nouvelle ville et aux 6 000 livres de réparations faites à la maison Randot. Par l'ordonnance du 1er avril 1786, les administrateurs à leur tour donnaient décharge à la paroisse des loyers de la maison curiale et accordaient aux paroissiens une compensation de 60 000 livres pour aider à la construction du nouveau presbytère. Ce juste compromis obtenu grâce au tact et à l'habileté de Barbé de Marbois mit fin à des contestations qui n'avaient que trop duré.

Huit ans après son inauguration, la salle de la Comédie, malgré de fréquentes réparations, était devenue pour les habitués du théâtre un sujet de grande appréhension: on craignait une imminente catastrophe. Une commission de techniciens, formée en vue d'inspecter le local, prétendit effectivement qu'on ne pouvait continuer les représentations sans danger pour le public. Les administrateurs rendirent responsable de cette déplorable situation, le propriétaire François Mesplès, qu'ils accusèrent de négligence dans l'exécution des restaurations antérieures. Conformément à la convention originelle, ils déclarèrent, au nom du roi, prendre possession de la salle et du terrain de la Comédie, moyennant le paiement de 50 000 livres qu'ils versèrent à Mesplès.

Le devis des réparations à effectuer se révéla si élevé, que les administrateurs jugèrent préférable d'abandonner le local de la place Vallière et d'ériger ailleurs une nouvelle salle. La population donna son unanime appui à cette résolution, car en plus des légitimes craintes qu'inspirait à chacun le bâtiment même, on lui reprochait son trop proche voisinage des maisons en bois construites par François Mesplès sur le surplus de sa concession, et qui pouvaient, à la moindre négligence de leurs occupants, se transformer en foyers d'incendie. On imagine la folle panique, si ce malheur venait à se produire un jour de grande représentation. D'autres, au contraire, pensaient que c'était plutôt la salle elle-même qui constituait pour ces immeubles un risque d'incendie, et, de ce fait, prévoyaient la disparition du secteur commercial le jour où le feu éclaterait à la Comédie. «Tous ces édifices finissent ordinairement par le feu, faisait remarquer un abonné des *Affiches Arnériquaines*. L'Opéra de Paris a été brûlé deux fois, en moins de vingt ans, la salle d'Amsterdam l'a été, il y a quelques années; celle de Montpellier vient d'être réduite en cendres au mois de décembre dernier[1]...»

Relativement au choix du terrain, les avis étaient partagés. S'appuyant sur des considérations les unes plus fondées que les autres, quelques-uns proposaient pour l'emplacement de la future

172 Port-au-Prince au cours des ans • Tome I

construction le terrain de l'ancienne église, à la rue Dauphine ; certains, la vaste étendue voisine du parc d'artillerie; plusieurs, le cul-de-sac de l'Intendance, appendice inesthétique de la place de ce nom. Cette dernière position, qui réunissait de nombreux avantages, retint l'attention des administrateurs. Ils écrivirent au ministre pour lui soumettre leur suggestion et lui demander l'autorisation de faire fonctionner une loterie, afin de recueillir des fonds pour la nouvelle bâtisse. Le ministre, tout en approuvant le choix de l'emplacement, se déclara partisan de tout autre moyen, quant à la manière de récolter des fonds. Mais comme il n'indiquait aucun «autre moyen», et que les administrateurs persistaient à penser que la loterie était la seule source capable de leur procurer des recettes satisfaisantes, le projet de déplacement de la salle de théâtre fut pratiquement mis en veilleuse.

Au cours de l'année 1787, furent entamés les travaux de construction du presbytère de Port-au-Prince qui devait servir à la fois de maison curiale et de résidence au préfet de la mission. Le devis de l'architecte Ragueneau était de 123 000 livres. En réalité, le coût de l'immeuble allait s'élever à 130 000 livres, dont 60 000 furent payées par le roi, le reste, moitié par la paroisse, moitié par la préfecture apostolique.

Derrière l'église, s'étendait une propriété d'une assez belle superficie qu'on avait toujours réservée au presbytère. C'est sur ce terrain que s'ouvrirent les travaux. L'argent ne faisant pas défaut, la construction marcha rondement, et lorsque le curé Duguet vint y prendre logement, il put se féliciter de l'agencement et du confort de sa résidence.

Long de 80 pieds et large de 37, le presbytère se présentait comme un grand bâtiment trapu, reposant sur un soubassement en maçonnerie de 3 à 4 pieds de haut. Il comportait un rez-de-chaussée bordé de galeries généreuses et un immense grenier couvert d'ardoises d'où saillissaient trois grandes lucarnes.

On accédait à la maison curiale par un escalier central à deux rampes en fer ouvragé et par deux escaliers en retour, placés aux extrémités de la façade. De l'escalier d'honneur une allée d'orangers menait à l'entrée qui donnait sur une rue séparant l'église du presbytère. Deux portes cochères, surmontées d'un cintre en fer forgé, s'ouvraient sur la rue des Fronts-Forts et la petite rue côtoyant l'Intendance, toutes deux latérales à la propriété.

Aux angles de la cour avant, s'élevaient quatre pavillons couverts d'ardoises. Deux autres pavillons de même dimension et de même style se dressaient dans la cour arrière, en bordure d'un magnifique parterre. Le jardin, planté d'essences diverses, s'étirait en profondeur jusqu'aux limites du terrain.

Bâtie suivant les prescriptions en vigueur dans la colonie, cette construction de bois et de maçonnerie devait durer jusqu'en 1914, époque où elle fut abattue pour faire place au bâtiment actuel de l'Archevêché. Auparavant, en 1861, elle avait été élevée au rang de Palais Archiépiscopal...

En dépit de ses apparences plutôt modestes, le presbytère était l'un des beaux bâtiments de Port-au-Prince. Il fit crier d'envie. On le qualifiait de demeure seigneuriale et on interprétait sa splendeur comme le reflet de l'immensité des revenus du curé. Il fallut au père Duguet se défendre, avouer sa pauvreté et montrer comment il aurait été incapable de pourvoir même aux frais d'entretien de la maison, sans le soutien financier de la Mission.

En effet, la modicité du tarif des cérémonies d'où le curé tirait la part la plus importante de son revenu, jointe à la tiédeur religieuse des fidèles, ne contribuait pas peu à perpétuer l'indigence du casuel. À Port-au-Prince notamment, il se précisait depuis déjà quelques années un relâchement général dans l'exercice des devoirs religieux. On se rendait à l'église comme on allait au théâtre, pour faire étalage de parures. Le luxe et la dépravation endurcissaient les cœurs. On se souciait peu de faire dire des messes. Quant au mariage, il était de plus en plus supplanté par le concubinage. La coutume de dons, aussi bien en espèces qu'en nature, avait peu à peu disparu des mœurs des habitants: l'âpreté au gain, les dépenses folles auxquelles ils se livraient, leur enlevaient toute pensée généreuse. Il semblait ne rester que les frais de funérailles sur quoi, en toute quiétude, pouvait compter le curé.

Si l'église de Port-au-Prince, livrée au culte depuis 1772, s'était enrichie de quelques dons de haute valeur, en particulier un ostensoir en or vert, roux et jaune, six chandeliers en argent massif et une croix de même style ornée, d'un côté d'un christ en or, de l'autre d'une vierge en argent fin, elle ne le devait qu'à la piété d'une paroissienne, Madame Valembrun, dont la propriété, contiguë à l'habitation Saint-Martin, touchait le Bois-de-Chênes². Le maître-autel en marbre était un cadeau de Louis XVI: épousant la forme d'un sarcophage, il offrait à l'admiration de tous la porte de son tabernacle en lapis-lazuli richement sculptée, représentant le sacrifice d'Abraham... Le toit était resté sans voûte. La chaire, petite et de mauvais goût, témoignait des efforts mesquins qui avaient rendu possible sa réalisation. Les bancs étaient inexistants. On se résignait à assister aux offices debout. Néanmoins, messieurs les notables disposaient de places réservées. «Dans le choeur, du côté de l'épître, était le banc du gouverneur-général et de l'intendant; du côté de l'évangile, celui du commandant en second et du contrôleur général de la marine. Dans la nef à droite, était le banc du Conseil Supérieur et celui de la Sénéchaussée, et en face de la chaire, celui des marguilliers. A gauche se trouvaient ceux des officiers majors et d'administration³.»

Aucun ornement, nulle statue, nulle image pieuse n'enjolivait l'intérieur du lieu saint. Seuls les quatre premiers drapeaux du régiment de Port-au-Prince, suspendus deux à deux, décoraient tant soit peu les murs du chœur. Cette nudité quasi générale confinait à l'austérité des temples protestants.

Toutefois, pour répondre à leur goût invétéré de la parade, les paroissiens avaient jugé indispensable de doter leur église d'un suisse richement accoutré. Vêtu de son «habit bleu avec des parements de velours cramoisi, un baudrier bleu galonné d'or», il allait et venait, la hallebarde en main, maintenant l'ordre. Ils en étaient très fiers et tenaient à sa présence à toutes les cérémonies.

Le père Duguet pouvait-il attendre de telles ouailles le relèvement de sa situation matérielle?

... Le comte César-Henri de La Luzerne avait été très heureux, en arrivant au gouvernement de Saint-Domingue, de trouver un intendant de l'envergure de Barbé de Marbois. «Grand seigneur, frère de l'évêque de Langres plus tard cardinal, neveu de l'ambassadeur de France à Londres, neveu du premier ministre Malherbes», de La Luzerne avait bien autre chose à faire que de s'occuper de la direction d'une colonie.

La situation générale du pays semblait favoriser un tel détachement. Saint-Domingue était parvenu à l'apogée de sa prospérité, et ce qui importait à l'heure actuelle, c'était de ramener de l'ordre dans les finances coloniales. A cette tâche ingrate, au reste du ressort de ses attributions, Barbé de Marbois se consacrait de tout son courage et de toute son intelligence. Le plus simple, n'était-ce pas de continuer à faire confiance à cet honnête collègue et de s'en remettre à son jugement?

De La Luzerne tourne donc le dos aux ennuis de l'administration, se livre aux travaux littéraires – il traduit d'un bout à l'autre l'*Anabase* de Xénophon – ... et s'intéresse à la direction du jardin botanique.

Le directeur Joubert de La Motte était mort au mois de mars 1787. Le comte de La Luzerne trouva qu'il n'était en effet plus agréable passe-temps que de présider lui-même aux destinées du jardin botanique de la capitale. Il s'y adonna très consciencieusement. Chaque jour, et sans avoir un long chemin à parcourir, car le jardin était voisin de l'hôtel du Gouvernement, il se faisait le plaisir et le devoir de visiter ses plantes et de veiller à leur entretien. Durant sa brève direction, il apporta au jardin de notables améliorations. Féru d'expériences scientifiques et désirant procéder à l'acclimatation de certaines plantes épicières, il demanda au botaniste Hippolyte Nectoux de se rendre en Guyane et d'en ramener des spécimens. Il n'eut pas le temps d'assister au retour de Nectoux, dont la mission d'ailleurs devait se solder par un échec, car peu après son départ, il était appelé en France à la tête du Ministère de la Marine et des Colonies.

Pendant son bref passage au gouvernement de Saint-Domingue, de La Luzerne eut cependant le redoutable devoir d'entériner une mesure royale qui, à la veille de la convocation des États Généraux, devait peser de tout son poids dans la balance des événements à venir:

la suppression du Conseil du Cap, ou plus précisément la fusion de ce Conseil avec celui du Port-au-Prince, pour former le *Conseil supérieur de Saint-Domingue.*

L'autorité royale pensait avoir des motifs suffisants pour expliquer sa détermination. À son avis, la réforme n'avait été envisagée que pour atteindre à ces deux objectifs : l'uniformité dans les décisions de justice et la remise à une direction unique de la conduite des affaires administratives du ressort des conseils... On avait délibérément ignoré les divergences de vues du milieu.

Depuis la fondation de Port-au-Prince en effet, il existait dans le Nord un sentiment d'extrême jalousie contre cette dernière ville. Pour apaiser tant soit peu la rancœur des populations du Nord qui ne se consolaient pas de l'écartement de leur métropole de l'administration de la colonie, il avait été recommandé aux gouverneurs-généraux d'aller résider au moins quatre mois durant l'année dans la ville du Cap. Ce palliatif n'avait pas pour autant éteint les ressentiments. Étendre cette insupportable subordination, en réduisant les justiciables du Nord à dépendre du Port-au-Prince pour le règlement de leurs causes, et en obligeant des membres riches et influents de l'ancien Conseil du Cap à aller siéger à la capitale, était faire fi des sentiments majeurs de toute une population.

Dès la publication au Cap des édits royaux de janvier 1787 consacrant la réforme de l'ordre judiciaire, les protestations les plus acerbes s'élèvent, tant au sein du Conseil supprimé, que parmi les habitants de toute la partie du Nord. Bien entendu, les administrateurs sont accusés d'avoir participé à cet indigne complot ; mais les plus vifs reproches partent à l'adresse du procureur général de Port-au-Prince, François de La Mardelle, convaincu d'avoir, par des manœuvres sordides, influencé le ministre de Castries.

En dépit de l'effervescence des populations du Nord, le Conseil supérieur de Saint-Domingue est constitué. Sur l'insidieuse suggestion des conseillers du Nord, le nouveau Conseil décide d'adresser au roi des remontrances relatives aux inconvénients suscités par la réforme. En politique habile, le gouverneur de La Luzerne approuva cette démarche. Rendu à Versailles à son nouveau poste de Ministre de la

Marine, il devait lui-même recevoir le texte des remontrances et le présenter au roi. Louis XVI se borna à demander aux conseillers un rapport sur les défectuosités qu'ils avaient observées dans les édits de janvier. C'était leur signifier son intention de maintenir le Conseil unique, tel que l'avait voulu son «bon plaisir».

Le dépit du Cap et du Nord demeura entier.

À Port-au-Prince, le mécontentement trouva son aliment dans la rigidité administrative de Barbé de Marbois qui avait mis fin aux prébendes et enlevé aux escrocs les possibilités de s'enrichir aux dépens de la colonie. Ils vouèrent à l'intendant une haine implacable et se dépensèrent corps et âme pour le perdre aux yeux de la population... Partout à Saint-Domingue, s'opérait dans les esprits une dangereuse fermentation. Sous les apparences d'une santé florissante, la colonie cachait une plaie hideuse qui de jour en jour s'envenimait davantage.

Marbois pourtant a résolument décidé de mépriser les calomnies, et, plein d'enthousiasme et de foi, continue avec le même acharnement son travail d'épuration et de construction.

À partir de 1787, de nombreuses ordonnances, inspirées par son désir d'assainir, d'embellir et de protéger la capitale, voient le jour. Salutaires mesures qui exerceront sur la ville, alors en plein progrès, une influence des plus heureuses.

Un gros souci pour tout le monde était le problème des eaux pluviales. La ville n'avait pas d'égouts, et l'ordonnance de Vallière sur l'établissement d'un fossé collecteur au milieu des rues, était restée lettre morte. Les petits fossés aménagés aux côtés de la voie publique étaient incapables de canaliser le volume d'eau qui, lors des grandes averses, dévalait des hauteurs. Des débordements en résultaient, provoquant l'inondation des parties basses de la ville. Avec le temps, les choses avaient empiré. Certains fossés s'étaient profondément creusés et menaçaient de se transformer en ravins. À la rue d'Aunis (rue Pavée), il existait une de ces tranchées qui à chaque averse s'élargissait davantage et n'était pas loin de partager la ville en deux.

Barbé de Marbois pria le comte Henry de Laffitte, ingénieur en chef, de lui trouver une solution à ce problème. De Laffitte dressa le plan d'un grand fossé de couronnement qui, partant des hauteurs du Bel-Air pour aboutir à la ravine aux Chats[4], recueillerait les eaux pluviales venant des montagnes environnantes et les conduirait à la mer. Mais le commerce de la ville, principale victime des inondations périodiques, ayant dans son ensemble refusé tout concours pécuniaire pour la réalisation du projet, Barbé de Marbois trouva naturel de s'en désintéresser lui aussi.

En août 1787, une ordonnance vint réglementer l'abattage des bœufs destinés à la consommation. Avant toute opération d'abattage, un archer de police devait s'assurer de la bonne santé de l'animal. Il était défendu de tuer ailleurs qu'à l'abattoir. Cet établissement, situé en contrebas du fort Saint-Joseph, ne jouissait pas d'une propreté irréprochable. L'atmosphère y puait à cent mètres à la ronde. On se démenait mais en vain pour trouver la manière d'éliminer cette pestilence.

Huit boucheries étaient autorisées à fonctionner à Port-au-Prince. Les hommes de couleur avaient pu obtenir l'exploitation de quatre de ces établissements. Les étals des bouchers, disséminés aux environs du marché et dans quelques rues populaires, constituaient autant de défis à l'hygiène. Toutes les mouches de la ville paraissaient s'y donner rendez-vous. Messieurs les bouchers ne s'en tiraient pas moins d'affaire.

En plus de la viande dont l'écoulement ne souffrait d'aucun risque de mévente, les maîtres bouchers trouvaient également un placement sûr pour la peau des animaux abattus. Aux abords de la ville, à droite du grand chemin Port-au-Prince-Léogane, était installée une tannerie assez pauvrement équipée, qui préparait les peaux surtout pour l'exportation. Cet établissement, source de la puanteur qu'on devine, avait donné le nom de *Tannerie* à toute la région l'avoisinant.

D'autres ordonnances concernant la tenue des marchés, la surveillance à exercer sur les cabarets, les billards, les cafés, les mesures à adopter en cas d'incendie, furent publiées à la même époque. De toutes ces réglementations, celle organisant le service d'incendie était certainement la plus utile et la plus sage. Qu'une ville en bois, exposée aux mille négligences d'une population en majorité inculte, fût restée si longtemps sans aucune protection contre le feu, était une preuve d'incurie administrative poussée à l'extrême. Il est vrai qu'un matériel embryonnaire, composé de trois pompes, de seaux, d'échelles, de haches, avait été acheté et mis en sûreté aux magasins du roi. Mais l'absence d'organisation risquait de rendre inefficace l'utilisation de ce matériel.

La nouvelle ordonnance traçait à chacun la voie à suivre en cas d'incendie. Sitôt l'appel du tocsin, les particuliers devaient se diriger vers le théâtre du sinistre, armés de deux seaux de cuir portant le numéro de leur maison et se mettre aux ordres du sénéchal et du procureur du roi. Les ouvriers étaient réquisitionnés d'office et devaient se rendre sur les lieux, munis d'outils appropriés. Sur la requête du commandant de la place, les gardes-magasin du roi devaient livrer le matériel contre incendie entreposé dans les dépôts, et les piqueurs des nègres de l'atelier du roi, pourvoir ces derniers de haches, d'échelles et de seaux. Enfin la maréchaussée et la troupe de police, après s'être réunies en armes, devaient patrouiller les rues et maintenir une garde aux portes de la ville pour empêcher tout exode des habitants.

Le comte de La Luzerne, dans le but de rendre effective la participation de l'armée dans la lutte contre les incendies, crut nécessaire d'édicter de son côté certaines consignes à l'adresse du régiment de Port-au-Prince.

Une fois l'alerte donnée, deux coups de canon de gros calibre partiraient du fort Saint-Joseph, tandis qu'une section de l'artillerie se posterait sur la plate-forme du fort, pour des signaux éventuels à transmettre. Des détachements armés laisseraient la caserne et prendraient position sur la place du Gouvernement et sur la place de l'Intendance. Un autre détachement marcherait sur la prison et conduirait les prisonniers à la caserne, au cas où le feu viendrait à se propager à la maison d'arrêt. Un dernier détachement se joindrait à la maréchaussée, pour le maintien de l'ordre dans les rues. Le reste du régiment serait affecté au transport des pompes et du matériel d'incendie, et à la lutte contre le fléau. Il était prévu l'aménagement, en des endroits appropriés, de dépôts étroitement surveillés, destinés à recueillir les effets des personnes sinistrées, la remise de ces effets à leurs propriétaires ne devant s'effectuer qu'une fois l'incendie conjuré.

Les mêmes consignes enjoignaient aux vaisseaux du roi, à l'ancre dans le port, d'envoyer à terre sans tarder hommes, pompes et secours divers. Pour prévenir toute propagation du feu dans la rade, les navires marchands étaient tenus de s'éloigner des quais «au moins d'une encablure».

Dans la perspective de tout incendie, il fallait nécessairement penser à l'alimentation adéquate des pompes. On procéda dans la ville au repérage des positions-clés par où passaient les canaux, en même temps qu'une commande de bouches d'incendie était placée en France.

Mais Marbois pousse encore plus loin les précautions contre le feu. Les toitures en aissantes sont bientôt prohibées. Ne sont autorisées que les couvertures en ardoises ou en tuiles. On permet de conserver l'ancien toit en aissantes des maisons déjà bâties, mais toute remise à neuf de toiture est assujettie aux prescriptions nouvelles. Aux propriétaires d'entreprises industrielles, telles que boulangeries, forges..., un délai convenable est accordé pour leur permettre de remplacer les toits en aissantes de leurs établissements.

Au sud du fort Sainte-Claire et à l'ouest du fort Saint-Joseph, en direction de la mer, on aménage des emplacements affectés au dépôt des bois de construction, bois à brûler, douves et autres matières inflammables...

L'intendant cependant ne se sent toujours pas tranquille. Pour préserver du feu cette frêle cité de bois qu'il s'est mis à aimer de grand cœur, il veut tout tenter, tout essayer. Contre la négligence des hommes sur ce chapitre, la ville est déjà bien prémunie, mais demeure vulnérable aux «feux célestes». La géniale invention de Benjamin Franklin lui semble en l'occurrence une protection idéale. Pourquoi ne pas l'adopter? Pour tracer l'exemple, il fait placer sur l'arête des toits du Gouvernement et de l'Intendance une de ces " barres électriques " déjà si célèbres en Europe: ce seront les premiers paratonnerres à pointer dans le ciel de Saint-Domingue. L'auteur de cette prouesse, le serrurier Gaumont, détiendra du coup le monopole de l'installation des paratonnerres à Port-au-Prince.

Barbé de Marbois rumine bien d'autres projets d'utilité publique en faveur de la capitale, mais il pense qu'il faut savoir choisir et accorder la priorité aux problèmes les plus urgents. Le service des eaux va, pendant un certain temps, occuper toute son attention.

Si depuis Vallière l'alimentation en eau de la capitale a profité de notables améliorations, par le captage de la source de Turgeau et l'adduction des eaux de Martissans, trop de quartiers demeurent encore privés de cet élément indispensable. Le vif désir de l'intendant était d'arriver à installer l'eau courante dans chaque maison. Pour y parvenir, les hydrauliciens proposaient de continuer, d'après les plans déjà étudiés, le captage des différentes eaux de source et de les réunir en un grand bassin général de distribution.

Passant aux actes, Marbois ordonne aux ingénieurs du gouvernement d'entamer les travaux de captage de la source de la Coupe, située dans les montagnes de la Charbonnière, à deux lieues à l'est de la ville. En même temps, des travaux d'adduction sont entrepris à la source de Turgeau pour une nouvelle prise, tandis qu'à la savane du Gouvernement, derrière le palais du gouverneur, on procède à l'agrandissement du bassin de distribution.

Loin de traîner, ces différents travaux menés de front s'achèvent durant l'année de leur ouverture. La dépense totale s'élève à 800 000 livres, somme qui, vu l'ampleur des travaux, se serait chiffrée à un montant bien supérieur, sans le concours gratuit des nègres de l'atelier du roi.

Attentifs à la pérennité de leur œuvre, les administrateurs publient une ordonnance en vue de réglementer la répartition des eaux. Celles des sources de la Coupe et des Savanettes situées dans les montagnes de la Charbonnière, serviront à alimenter le Bel-Air ainsi que le lavoir de M. de Saint-Martin, construit à ses frais sur son habitation, aux portes de la ville. Il est alloué un pouce carré aux habitations sur lesquelles passe la conduite-mère. L'eau de Turgeau, dont le quart est réservé à l'habitation Le Roy où elle prend sa source, desservira l'Intendance, le presbytère, les fontaines que l'on projette de construire sur la place de l'Intendance et sur la place Vallière, les aiguades du quai de Rohan et celle du bas de la rue des Fronts-Forts. Les sources Chavannes ou de Martissans, les plus abondantes de toutes, et dont le tiers du débit est laissé à l'usage de l'habitation où elles prennent naissance, fourniront d'eau l'Hôpital militaire, le jardin botanique, les casernes, l'atelier des nègres du roi, le Gouvernement, la fontaine de la Place d'Armes, les magasins du roi et l'ensemble des fontaines, lavoirs et abreuvoirs prévus pour les commodités des habitants de l'ancienne «ville du roi».

«Ainsi, concluait Moreau de Saint-Méry, la ville la plus aride, la plus mal partagée du côté de l'eau, est actuellement la plus favorisée à cet égard, et ces bienfaits appartiennent d'abord à l'administration de Larnage et Maillart, à celle de M. de Vallière et enfin à celle de MM. de Laluzerne et de Marbois». Certes, le rêve de ce dernier de pourvoir les maisons d'eau courante n'a pas pu se réaliser, mais pour Marbois, la matérialisation de ce projet n'est qu'une affaire de temps. À cet esprit progressiste que guidait un idéal de grandeur et de paix, l'avenir apparaissait débordant de promesse.

Le règlement du litige opposant la paroisse aux administrateurs avait mis ces derniers en possession de l'ancienne propriété paroissiale de la rue Dauphine (rue du Centre). Elle comprenait la moitié méridionale de l'îlet borné par les rues Dauphine, d'Orléans, de Provence et de Rouillé ou du Gouvernement. Un hardi projet d'édification de plusieurs bâtiments administratifs appelés à loger le Conseil Supérieur, la Sénéchaussée, l'Amirauté et les prisons avait été élaboré. L'ancien terrain de l'église fut mis à la disposition des ingénieurs.

Le bâtiment dont la construction réclamait priorité sur les autres était certainement les prisons. Pour effacer la honte des cachots moyenâgeux qui garnissaient l'arrière-cour du Conseil Supérieur, et où nombre de blancs purgeaient leur peine, administrateurs et conseillers convinrent effectivement d'ouvrir en premier lieu les chantiers de la future maison de détention.

Le plan général avait réservé à cette dernière construction la partie centrale du terrain. Elle serait encadrée au nord par le palais de la

~ L'intendant Barbé de Marbois ~

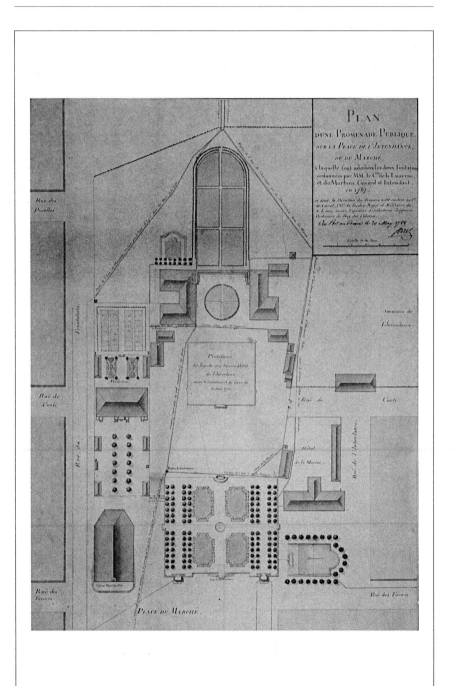

~ Plan général de l'Intendance ~

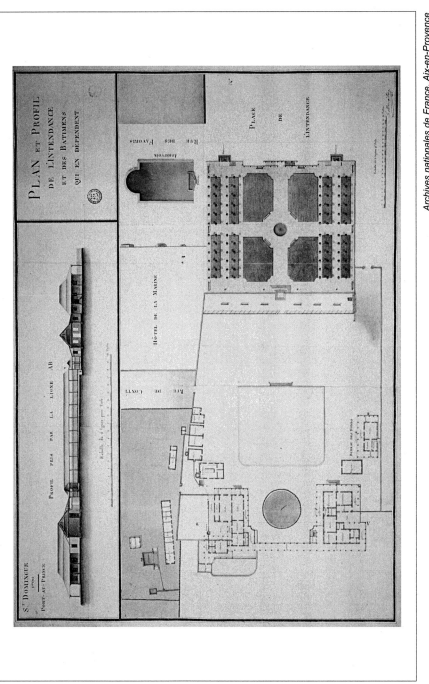

~ Plan et profil de l'Intendance ~

Archives nationales de France, Aix-en-Provence

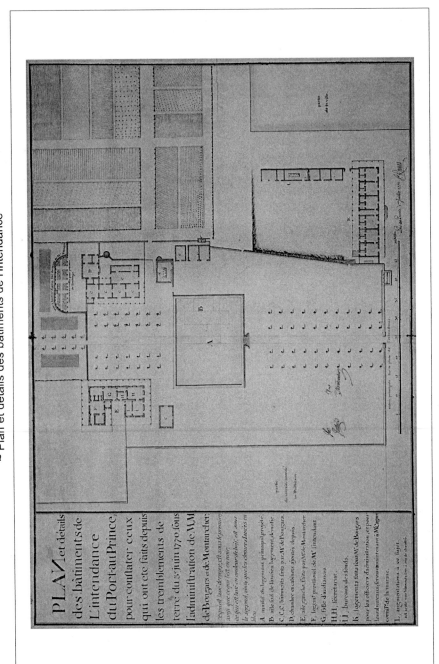

Archives nationales de France, Aix-en-Provence

~ Plan et détails des bâtiments de l'Intendance ~

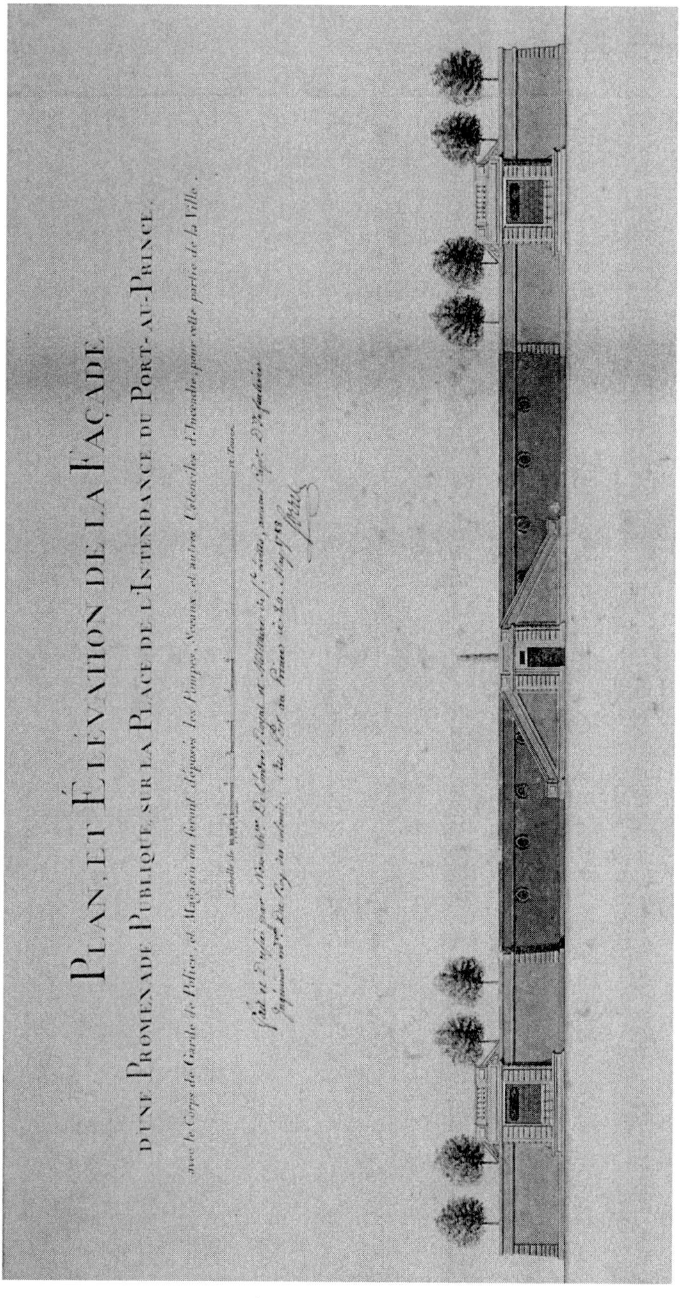

Archives nationales de France, Aix-en-Provence

~ Élévation de la Terrasse de l'Intendance (1789) ~

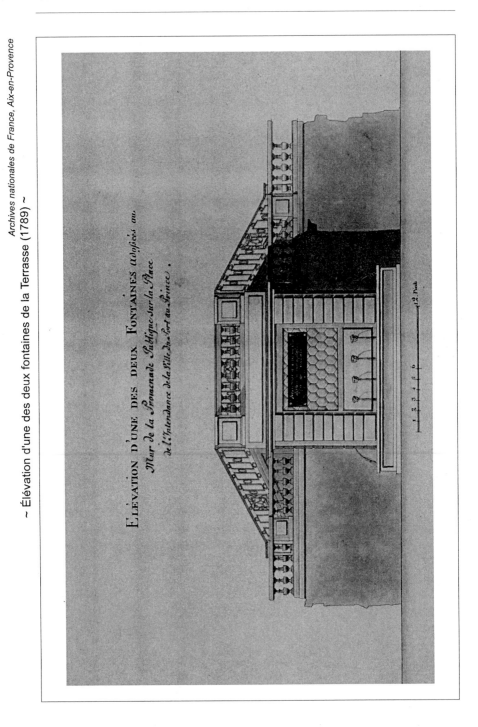

~ Élévation d'une des deux fontaines de la Terrasse (1789) ~

~ L'ancienne place de l'Intendance dans la dernière moitié du XXe siècle ~

Photo : Jean-François Chalut

~ La Terrasse et les fontaines en 1999 ~

Sénéchaussée et de l'Amirauté, au sud, par le palais de la Cour Souveraine, l'entrée principale de ces édifices devant s'orienter sur la rue Dauphine.

Comme pour toutes les constructions ordonnées par Marbois, l'érection du local des prisons se poursuivit avec célérité. On put juger, à son achèvement, du progrès réalisé dans la conception «fonctionnelle» des maisons pénitentiaires. «Tout est combiné dans ces nouvelles prisons, témoigne Moreau de Saint-Méry, pour que la sûreté soit complète, sans qu'il en coûte à l'humanité d'autres souffrances que celles qui tiennent à la nécessité de la privation de la liberté.»

La nouvelle maison d'arrêt comprend deux sections : la prison de droit commun, composée de quatre cachots de pierre, mais planchéiés et plafonnés d'énormes madriers pour arrêter la chute de la maçonnerie en cas de tremblement de terre; elle s'ouvre sur une avant-cour, face à la rue Dauphine. Au fond de la propriété, vers la rue d'Orléans, s'élève le bâtiment de la prison pour dettes, ainsi que le logement du concierge. Les condamnés de droit commun étant généralement des mulâtres ou des nègres, les débiteurs insolvables principalement des blancs, il était évident que le cloisonnement social dût se poursuivre jusqu'à l'ombre des cachots.

Le palais de la Cour Souveraine, celui de la Sénéchaussée et de l'Amirauté, ne devaient jamais voir le jour. Leur façade majestueuse, restée à l'état de plans, devait prendre le chemin des tiroirs pour s'endormir et mourir de leur belle mort.

Il paraissait plus urgent, semble-t-il, de s'occuper du local de la Comédie, dont la précarité, depuis le rapport alarmant des ingénieurs de la colonie, n'avait fait que s'aggraver. Paradoxe étrange, c'est dans une salle près de s'écrouler que la Comédie de Port-au-Prince connaîtra ses plus grands succès, sa plus belle époque.

Le célèbre Acquaire, danseur, comédien et chanteur à la fois, port-au-princien de naissance et fils d'un perruquier, dirige depuis peu le Spectacle de sa ville natale. La troupe se compose de huit acteurs, huit actrices, onze musiciens, un souffleur, un machiniste, un peintre-décorateur, un tailleur, un perruquier, quatre portiers et un buraliste.

Elle est parvenue, dit Jean Fouchard, à «une qualité qui décourage tous murmures». Les mardis, jeudis et dimanches, qui sont les jours ordinaires de représentation, elle se produit devant une salle comble qui ne lui ménage pas ses applaudissements. Pour l'année 1787, les dépenses s'élèveront à 280 000 livres et les recettes à 340 000 livres.

Le projet de déplacement du théâtre traînant encore sur les bureaux du ministère de la Marine, les administrateurs se décident, vers la fin de 1787, à entamer de nouvelles réparations à la salle de la place Vallière... Un travail consciencieux, qui réclamera plusieurs mois de labeur et consolidera pour quelque temps l'ensemble du vieil édifice.

Chez M. La Souchire Rivière, rue Royale, le sieur Lassay inaugure un musée de cire à l'instar de ceux de France. Le droit d'entrée à ce «cabinet curieux», ouvert «depuis le matin jusqu'à dix heures du soir», était d'une gourde pour les blancs et de deux gourdins pour les gens de couleur. Lassay y avait rassemblé «plusieurs figures de grandeur naturelle, très ressemblantes», parmi lesquelles, «la famille royale en habit de cour, le roi tenant son lit de justice, accompagné de ses gardes en uniforme». Ce nouveau divertissement, ajouté à tant d'autres, dut amener bien du monde chez le sieur Rivière. Tant de Dominguois ignoraient et se savaient condamnés à toujours ignorer ce personnage sacré – le Roi! – qui veillait aux destinées de la France et de ses colonies!...

À Port-au-Prince, «rendez-vous de tous les intrigants et de tous les chercheurs de fortune», la turbulence des esprits ne s'est pas encore refroidie. La suppression du Conseil du Cap est encore trop proche, et les affairistes ne se consolent toujours pas du chômage forcé où les a jetés l'honnêteté de l'intendant. Ils lui en veulent à mort. Pour créer le désordre et la confusion, ces brigands vont tenter d'utiliser l'arme la plus déloyale et la plus meurtrière que l'on puisse employer contre une ville: l'incendie.

Durant trois nuits consécutives, les 25, 26 et 27 juin 1787, ils essaient d'allumer le feu à Port-au-Prince. Grâce aux récents dispositifs créés par Marbois, les foyers d'incendie sont vite circonscrits. Sur le toit d'une maison de la place de l'Intendance, on découvre dans un panier retenu par une pierre un engin formé d'une allumette «enveloppée d'un linge huilé et soufré». Les malandrins n'avaient pas eu le temps d'utiliser leur scélérate invention. Le lendemain, au son de la trompette, les administrateurs promirent 3 000 livres à tout libre, la liberté et 1 000 livres à tout esclave, fût-il complice, qui désignerait les auteurs de ces attentats.

Le 10 août, les bandits reprennent l'offensive. À la suite de l'explosion inexpliquée d'une barrique de tafia, une maison disparaît dans les flammes. Le 15, le 28, le feu se déclare à nouveau. On maîtrise les incendies de justesse. Dans la nuit du 30 au 31 août, pour la septième fois depuis le début de l'année, le tocsin retentit dans la ville. On organise les secours. Chacun à son poste. Pendant l'action, les archers mettent la main sur une jeune esclave que la clameur publique accuse d'avoir allumé le feu. Elle sera condamnée et pendue. Pauvre fille qui n'avait peut-être été qu'un instrument entre les mains de misérables criminels ! Cette exécution néanmoins produisit son effet : les incendies cessèrent comme par enchantement, et la population soulagée put reprendre avec plus de quiétude son train-train journalier.

… L'achèvement des prises et distributions d'eau va permettre à Barbé de Marbois de procurer à la capitale une série de commodités qui le désigneront pendant longtemps à la reconnaissance de tous.

Les immeubles de messieurs Nau et Marie démolis en vertu de l'arrêt du Conseil des Dépêches, la place Vallière est revenue à ses proportions de 1781. Mariant l'utile à l'agréable, les administrateurs aménagent cette place en la plantant d'arbres et en la décorant d'une fontaine d'eau potable conçue, comme sa sœur aînée de la place du Gouvernement, sur le modèle des jolies fontaines d'Aix-en-Provence. Son bassin, de figure oblongue, est tapissé de pierres de taille du Môle Saint-Nicolas. Seize robinets à mascarons assurent la distribution de l'eau. Au milieu du bassin, émerge un piédestal triangulaire, orné d'une cuvette en fonte, qui avait pour effet de recueillir l'eau de la gerbe en l'empêchant de napper… À l'angle sud-est de la place, on érige un corps de garde pour la police du quartier et on laisse entièrement libre un espace suffisant pour permettre un déplacement aisé des voitures, lors des représentations théâtrales.

Sur les quais, au bas de la rue des Césars et à l'extrémité de la rue des Fronts-Forts, ainsi que sur l'esplanade de la batterie Sainte-Claire, on élève des aiguades «finement ornées» pour distribuer l'eau aux équipages en rade. Montées sur pilotis revêtus de plaques de cuivre, elles sont garnies de quatre robinets, dont le dernier, tourné en direction de la ville, donne de l'eau au quai. Les vaisseaux seront libérés de la pénible nécessité de se rendre jusqu'à l'embouchure de la rivière du Trou-Bordet pour s'approvisionner en eau potable.

A deux pas du marché, sur le petit carré qui fait face à l'hôtel de la Marine, on construit un grand bassin en pente douce d'une capacité de 450 mètres cubes d'eau[5] pour servir de lavoir aux blanchisseuses de la région. Dans une section du bassin, on accommode un abreuvoir destiné à désaltérer les bêtes de somme qui fréquentent le marché. Le bassin, qui chaque semaine était nettoyé, pouvait se remplir en vingt-quatre heures. Des orangers plantés tout autour répandaient leur ombre légère sur les accortes lavandières.

Au nord de l'esplanade du fort Sainte-Claire, on établit un deuxième lavoir, bien plus considérable que celui de l'hôtel de la Marine, comprenant trois bassins protégés par des rotondes.

Ces lavoirs publics, placés dans des quartiers opposés, avaient aussi pour destination de servir de réservoirs d'eau en cas d'incendie. En des circonstances dramatiques, on leur devra le sauvetage de bien des maisons.

Dans le plan préparé par les ingénieurs hydrauliciens, on a encore prévu, en dehors des aiguades et des lavoirs, la création de nombreuses fontaines, en particulier, pour les places Royale et de l'Intendance, et pour les secteurs les plus peuplés de la ville. A l'angle de la Grande Rue et de la rue de Provence, on met la dernière main à une fontaine qui va desservir une zone jusqu'ici très peu favorisée.

Comme conséquence de la multiplication des points d'approvisionnement, la vente de l'eau à travers la ville commence à péricliter. Les nègres qui réalisaient dans ce petit commerce un profit assez intéressant, en vendant l'eau à un demi-escalin, ou cinq sous le seau, pâtissent maintenant de l'abondance du précieux liquide.

... Barbé de Marbois s'était jusqu'alors énormément dépensé pour revigorer la situation financière de la colonie et accroître le prestige de la capitale. Penché jour et nuit sur les problèmes et les projets les plus divers, il n'avait guère eu le temps de penser à lui-même. Le vieux logement de l'Intendance, rafistolé de séisme en séisme, et qui n'avait plus de style, tant les morceaux de rapport ajoutés sans souci d'esthétique l'avaient à peu près défiguré, lui servait encore de résidence. Certes, on y vivait confortablement, et la situation de cette vaste propriété, à cheval sur la ville et sur la campagne, et de plus caressée par une brise perpétuelle, n'en était pas un des moindres charmes.

Bien sûr, depuis son arrivée, Barbé y avait apporté de nouvelles améliorations, spécialement au jardin qu'il avait assuré d'un arrosage convenable. Au milieu d'un gazon fort bien entretenu, une allée d'orangers conduisait à l'entrée principale qui s'alignait au niveau de l'hôtel de la Marine, sur un terrain encaissé précédant la place de l'Intendance. L'hôtel de l'Intendance s'ouvrait également, mais depuis peu, sur la rue de Conty, par une porte de fer grillagée dont l'écusson aux armes de France était surmonté d'une couronne de comte. Cette anomalie s'expliquait par le fait que la porte en question, destinée à l'origine à l'habitation du comte d'Argout, gouverneur-général de la colonie, avait été achetée pour l'Intendance à la mort de ce dernier[6]. Bref, en dépit de sa vétusté, l'Intendance ne manquait pas d'attraits, et Alfred de Laujon pouvait noter sur son carnet de voyage: «C'est une demeure charmante que celle de l'intendance. On peut y dîner entouré de fort belles pièces d'eau, et différents arbres du pays y répandent et leur parfum et leur ombrage.»

Marbois est cependant un esprit trop progressiste pour se complaire dans une maison qui, malgré ses charmes évidents, contraste tellement avec la poussée d'urbanisme qui se manifeste partout. Il veut d'une demeure imposante qui réponde à l'éminente dignité de l'hôte appelé à l'habiter.

Le terrain vague, vrai cul-de-sac, qui jouxte l'entrée de l'Intendance, et se trouve borné d'un côté par l'église et le presbytère, de l'autre par quelques maisons particulières, est déclaré d'utilité publique. L'ingénieur Antoine François Sorrel, directeur des travaux pour la construction des canaux et fontaines, est chargé de la délicate besogne d'aménager sur ce terrain les abords du futur édifice.

C'est une idée vraiment heureuse qu'aura l'ingénieur Sorrel de transformer l'esplanade de l'Intendance, nouvellement mise à sa disposition, en une terrasse monumentale destinée à servir de décor au palais projeté. Le terrain, espèce de tertre qui s'allonge jusqu'à la place de l'Intendance, s'y prête admirablement. Et quelle incroyable métamorphose une fois les travaux terminés ! Du plus loin qu'on se tient à la rue Bonne Foi, on aperçoit, en partie, tout en haut de la ville, la majestueuse terrasse de huit pieds et demi de haut, garnie de balustres de pierre, qui fait maintenant l'orgueil de la cité. Parvenu sur la place de l'Intendance, ce qui d'abord frappe le regard, c'est le grand escalier central à double rampe, construit en pierres de taille, qui conduit au terre-plein. Sous l'escalier, on a aménagé un corps de garde pour abriter les archers préposés à la police du marché. Aux extrémités de la terrasse s'élèvent, adossées aux murs, deux fontaines parallèles surmontées d'une plate-forme d'où l'on découvre sur le port une vue admirable. D'une architecture fort simple, elles sont décorées de six masques, dont un «sur chaque côté de saillie», par où s'échappe l'eau. On a utilisé pour leur construction des «madrépores d'un ton gris et vermiculé» qui leur confère un cachet de sobriété et de distinction.

En plus de l'escalier principal, deux escaliers latéraux, placés aux côtés nord et sud de la terrasse, permettent d'y accéder aussi aisément. Une fois sur le terre-plein, on est vivement impressionné par l'ordonnance et l'harmonie des jardins créés par le botaniste Nectoux. Entourée d'une double rangée de jeunes orangers, la place est plantée d'un gazon dru que sillonnent de petites allées sablées bordées de fleurs tropicales. En son centre, un bassin circulaire, d'où pointe un jet d'eau d'une assez grande puissance, répand la fraîcheur. Les Port-au-Princiens vont tout de suite faire de cette charmante promenade leur lieu de prédilection. Ils aimeront venir le soir y respirer le frais, et face à un ciel palpitant de vie, se laisser bercer par le clapotis de l'eau retombant dans le bassin[7].

L'aménagement de l'esplanade de l'intendance en jardin public masquait désormais l'entrée principale de cette résidence. On pratiqua une entrée latérale, sur la petite rue longeant le presbytère et la terrasse, qui fit pendant avec l'entrée de la rue de Conty.

Marbois n'aura pas le temps d'édifier le nouveau palais de l'Intendance: il devait, aux premiers jours de la Révolution, succomber aux cabales. Le vieux logis continua donc de profiler sa silhouette archaïque sur la promenade de la Terrasse jusqu'au jour où, désaffecté, tombant en ruine, il fallut penser à le démolir.

... La capitale de Saint-Domingue qui par deux fois avait subi les commotions d'un violent tremblement de terre, qui, par une nuit de la Saint-Pierre, avait éprouvé les morsures d'un horrible incendie, n'était pas au bout de ses épreuves. Un fléau qui jusqu'alors ne lui avait occasionné que de légères blessures allait, durant la journée du 16 août 1788, se déchaîner sur elle et lui infliger cette fois de profondes cicatrices.

On s'était réveillé sous un ciel bas et gris. Le vent qui durant toute la nuit n'avait cessé de souffler, avec des accalmies intermittentes, était tombé brusquement, cédant la place à une petite pluie fine. À six heures du matin, il se leva de nouveau. Vers sept heures, sa violence se précisa, s'amplifia: point de doute, c'était un cyclone.

Sans arrêt, les grondements du tonnerre se répercutaient avec furie. Partout, les maisons craquaient, des toits s'envolaient, des arbres s'écroulaient: l'ouragan faisait rage. Pendant trois heures et demie, il soutint son implacable élan...

Le relevé des dégâts indiqua qu'environ un dixième des habitations de la ville avaient souffert dans leur toiture. Quelques maisons étaient même entièrement décapitées, d'autres totalement abattues. De ce nombre, la case principale, longue de 180 pieds, des nègres de l'Atelier du roi, dont les occupants furent quittes... pour de simples minutes d'émotion. Le Gouvernement et l'Intendance étaient en partie découverts, les jardins de l'Intendance ravagés, les rues jonchées de feuillages. «Des ormes aussi anciens que la ville» gisaient, déracinés. Les pertes en marchandises sèches étaient assez élevées, car la pluie, en pénétrant à l'intérieur des entrepôts, avait avarié d'importants stocks de denrées.

Dans la rade, les effets du cyclone s'étaient révélés particulièrement terribles. Un brigantin et une goélette avaient sombré. Des chaloupes et des embarcations légères s'étaient brisées contre les récifs. On dénombra sur la côte plus de soixante cadavres de blancs et de nègres.

Tout aussi importants furent les dommages en plaine : cultures presque entièrement détruites, cheptel décimé. La population de Port-au-Prince allait connaître des jours de disette[8].

Dès le lendemain de l'ouragan, on entama des réparations aux maisons. Sur l'ordre des administrateurs, les nègres du roi furent répartis sur différents chantiers. Toujours héroïque dans l'adversité, la population port-au-princienne pansa courageusement ses plaies. Quelques mois après le passage du cyclone, peu de traces subsistaient des nombreux dégâts qu'il avait causés.

Notes

1   Cité par Jean Fouchard in *Le théâtre à Saint-Domingue,* p. 65.

2   Ces précisions ont été tirées d'une lettre de M. Dom Booz au rédacteur en chef de la revue *Haïti Sociale et Littéraire* et reproduite dans le journal *Le Soir* du 23 mars 1905.

3   Monseigneur Jean-Marie Jan, *Port-au-Prince*, 1956, p. 10.

4   Désignée aujourd'hui sous le nom de ravine du Bois-de-Chênes.

5   Soit, d'après Semexant Rouzier, le contenu de 2 690 barriques de 60 gallons. (*Dictionnaire Géographique... d'Haïti*)

6   Jusqu'au début de la présidence de M. Louis Borno, cette porte monumentale était encore à sa place. Qu'en est-il advenu?

7   Sous le gouvernement du Président Sténio Vincent, en 1932, la Terrasse bénéficia d'une restauration complète. Elle sert d'esplanade à la nouvelle Cathédrale de Port-au-Prince.

8   Grâce à la caisse de réserve créée par Barbé de Marbois, les habitants de Port-au-Prince, ainsi que ceux des autres régions éprouvées, purent cependant s'approvisionner en farine au taux normal.

LA CAPITALE DE SAINT-DOMINGUE À LA VEILLE DE LA RÉVOLUTION FRANÇAISE

L e 20 décembre 1788, arrivait au Port-au-Prince le nouveau gouverneur, M. le marquis Marie-Charles Du Chilleau, successeur du comte de La Luzerne qui avait été appelé par le roi au ministère de la Marine et des Colonies. Saint-Domingue était en pleine agitation. L'ouverture prochaine des Etats Généraux, fixée pour le début de mai 1789, avait ravivé les multiples récriminations que les habitants de Saint-Domingue, en particulier les colons, et plus précisément les grands planteurs, prétendaient opposer, tant sur le plan politique que sur le plan économique, à l'actuel système colonial.

A l'instigation du comte de Reynaud de Villeverd, ancien gouverneur intérimaire qui résidait alors à Paris, les colons avaient décidé de se faire représenter à ces importants débats... De telles prétentions n'allaient pas sans devoir créer de sérieuses difficultés. Comment admettre au sein de la grande assemblée métropolitaine les représentants d'une catégorie de sujets qui, quoique «faisant partie intégrante de l'empire français», n'appartenaient à aucun des trois ordres composant la nation française?

Du Chilleau n'avait reçu aucune instruction précise pour la circonstance. Sa seule inspiration devait le guider. Face au déchaînement des passions, c'était pour le nouveau gouverneur se trouver en présence de bien grands embarras.

Le 22 décembre, il est solennellement reçu par le Conseil supérieur. Ce jour-là, les conseillers arboraient pour la première fois le signe distinctif commun aux membres des parlements de France, que le roi, «pour consoler les membres du Conseil de tout ce que les lois de 1787 avaient de douloureux pour eux», leur avait permis de porter. C'était un chapeau de laine écarlate, herminé qui, avec l'habit court et l'épée, conférait à messieurs les conseillers une prestance vraiment remarquable.

Cette prise de contact permet à Du Chilleau de peser le malaise qui sature l'atmosphère coloniale. Les conseillers du Nord se sont montrés à son égard réservés et pleins de réticence. Déjà, il n'avait pas manqué de noter l'indifférence avec laquelle la population de la capitale l'avait accueilli. Saurait-il ramener la confiance dans les cœurs? Les circonstances allaient-elles lui permettre de poursuivre la politique d'embellissement de Port-au-Prince si heureusement inaugurée par son collègue de Marbois?...

A la veille de la Révolution, comment se présente la physionomie de la capitale française des Îles sous le Vent? À quoi ont abouti, contre vents et marées, quarante années d'administration et d'efforts collectifs?

À côté de certaines villes du Nouveau Monde, vieilles déjà de plusieurs siècles, et même de sa sœur aînée, le Cap, dont la fondation officielle remonte à 1711, le Port-au-Prince de 1789 fait figure de petite ville, une petite ville néanmoins en plein progrès, et dont l'extension est assurée par l'étendue de son enceinte encore peu bâtie. Elle affecte la forme d'un quadrilatère légèrement incliné vers la mer. Depuis le 29 octobre 1788, les administrateurs en ont fixé les limites nouvelles. Des bornes marquées de la lettre «D» ont été posées, qui indiquent la défense de les franchir, sauf aux cabanes à roulettes qui disposent au delà des murs d'un espace de deux cents toises.

Partant de la mer, le nouveau tracé gravit l'actuelle rue des Remparts, parvient au Bel-Air qu'il dévale en direction du sud, longe approximativement la rue Geffrard jusqu'à sa jonction avec la rue Oswald-Durand, suit cette dernière en direction de l'ouest pour aboutir de nouveau à la mer. La surface ainsi délimitée est d'environ 458 000 toises carrées, divisée en 101 îlets inégaux.

Les grands traits de la ville esquissés dès sa fondation sont demeurés immuables : au nord, la ville ancienne, dominée par l'église et les bâtiments de l'Intendance, quartier commercial par excellence, où grouille à longueur de journée une population dont la raison d'être semble tenir dans les multiples opérations du négoce. Au sud, la ville nouvelle, le siège de l'autorité militaire, le quartier des casernes, du polygone[1], du magasin à poudre, de l'hôpital et de bien d'autres établissements militaires... Caractéristiques essentielles qui braveront les années.

Deux portails principaux et un portail secondaire donnent accès à la capitale. Le portail du fort Saint-Joseph, – dont le nom, avec le temps, se simplifiera en *portail Saint-Joseph* – débouche par la rue Royale ou Grande Rue sur la plaine du Cul-de-Sac. Lui faisant pendant, à l'autre extrémité de la même artère, le *portail de Léogane* s'ouvre sur le chemin de Léogane. A l'est de Port-au-Prince, le *portail Montalais* ou *du Petit Paradis*[2] donne passage aux usagers du chemin de la Charbonnière[3].

Dans l'enceinte de la capitale, vit une population qui, d'après Moreau de Saint-Méry, se répartit ainsi :

Blancs	1 800
Affranchis	400
Esclaves	4 000
Garnison	1 000
Hommes à bord des bâtiments de toute espèce, formant le taux moyen habituel de la rade	2 200
POPULATION TOTALE:	9 400

Le territoire de la paroisse, qui a gardé les limites que lui avait assignées l'ordonnance du 13 juin 1749, totalise de son côté une population de 20 000 âmes. Le dimanche, jour de marché, il se vide de plusieurs centaines d'individus qui vont, pour quelques heures, enfler la population de la cité.

Cette capitale qui commence à faire parler d'elle, dont, à l'étranger, on vante à l'excès les progrès et les charmes, mérite-t-elle réellement tant de louanges?... Le premier déçu est le baron Stanislas de Wimpffen. Arrivé à Port-au-Prince par la porte de Léogane, il se voit «entre deux rangs de cabanes, roulant sur une voie poudreuse que l'on nomme rue, et cherchant en vain Persépolis dans un amas de baraques de planches». En vain, durant son court séjour, essayera-t-il de découvrir quelques traces des merveilles qu'on lui a si complaisamment décrites: le rapprochement qui lui vient naturellement à l'esprit est celui d'un camp tartare, ou tout au plus d'une cité qui ne supporterait même pas la comparaison avec «une de nos villes de troisième ordre».

Ces injustes récriminations du baron de Wimpffen s'expliquent du fait que âgé, malade, passablement atrabilaire, il ne se résignait pas à l'idée d'avoir été trompé et s'était fait fort de «mettre un terme aux mensonges et aux exagérations». Port-au-Prince avait quelque peu payé les frais de son irritation.

Bien sûr, la ville ne se présente pas sous l'aspect d'une cité européenne où les demeures se tassent les unes sur les autres. Ses 895 maisons sont plutôt disséminées sur de vastes étendues, et leur peu d'élévation, par rapport à la largeur des rues, est capable de choquer un esthète avide d'harmonie. Dans l'ancienne ville cependant, les maisons se pressent davantage entre elles, et le quartier chic du Bel-Air domine la cité de ses demeures élégantes. Dans le quartier des affaires, les effets de l'incendie de la Saint-Pierre sont encore perceptibles, et trop d'espaces libres subsistent çà et là.

Ces solutions de continuité sont beaucoup plus apparentes dans la nouvelle ville. Plus on se rapproche de ses limites au sud, plus rares se font les constructions, plus aussi la ville retrouve son aspect d'ancienne exploitation agricole. Les terrains situés en contrebas de la rue Sainte-Claire et bordant au sud la Promenade Bellecombe sont restés des terres de culture. On y cultive la canne à sucre; on y élève du gros et menu bétail. Une guildive y fonctionne.

Les malheurs publics, les guerres incessantes ont énormément contrarié l'exécution du plan initial de construction de la ville, tel que l'avaient élaboré les ingénieurs du roi, inspirés du «Traité» de Bélidor. Bien des projets ont été modifiés et même abandonnés, mais l'ensemble de la ville présente un aspect relativement plaisant, et le parti architectural des arcades «que le Moyen-Age avait si souvent et si heureusement exploité», et que les architectes de la colonie ont avec autant de bonheur adopté, confère à la jeune cité antillaise un cachet d'originalité et de «fonctionnalisme» tout à son honneur.

D'ailleurs, en 1789, les travaux d'urbanisme sont loin d'être achevés. La ville est en pleine transformation, en plein développement, et la fièvre de progrès a atteint les habitants eux-mêmes. Depuis la vigoureuse impulsion donnée aux affaires par l'intendant Barbé de Marbois, un esprit nouveau semble les animer. On le constate par l'apparence généralement propre des maisons et l'accroissement sensible de leurs proportions.

Si l'ordonnance du 8 août 1770, défendant de construire les maisons autrement qu'en bois ou maçonnerie entre poteaux, a été jusqu'ici scrupuleusement respectée par les particuliers, l'obsession de ne se limiter qu'à un simple rez-de-chaussée commence à décroître. Au Bel-Air surtout, les maisons à étage sont de plus en plus nombreuses. Elles sont ornées de balcons protégés par des balustrades de bois ajourés, où la famille, le soir, aime à se réunir. Mais en général, les maisons sont basses. Pourvues de galerie, elles s'alignent directement sur la rue. Ces galeries pavées ou carrelées, aménagées sous l'appentis des toits, constitueraient, si elles étaient toutes de même niveau, d'excellents trottoirs à l'abri du soleil. Il n'en est rien, et le piéton qui, pour se garer de la pluie ou de l'insolation, se résigne à les emprunter doit tout en surveillant les casse-cou, se plier à des exercices de gymnastique assez éreintants. Quelques-unes de ces galeries, particulièrement celles des maisons du bord-de-mer, restent à longueur de semaines encombrées de marchandises de toutes sortes: planches, barriques, pièces en fonte pour moulin ou guildive... Parfois, on y abrite la voiture du maître de céans.

Les toits en aissantes sont les plus répandus. Par suite de la sage ordonnance des administrateurs, on revient peu à peu à l'usage de l'ardoise d'Anjou ou de la tuile de Normandie : de nombreuses maisons en sont déjà couvertes.

Un progrès marquant se constate dans l'ameublement. Il est devenu plus élégant et plus confortable. Les lits à ciel, les bergères en acajou, les chaises de rotin, les tables rondes en chêne, les vaisseliers surchargés de vaisselle en faïence coloriée, tout ce mobilier récemment commandé en France, et dont les propriétaires demeurent fiers à plus d'un titre, confère maintenant aux intérieurs des maisons port-au-princiennes un réel cachet d'intimité et de bien-être.

Des haies de verdure ou des clôtures à claire-voie séparent les cours des maisons. Il existe pourtant, dans certains secteurs de l'ancienne ville, des cours communes où des propriétaires, désireux d'augmenter leurs revenus, ont construit de nombreuses chambrettes individuelles dont quelques-unes se louent jusqu'à une gourde par mois. Des sentiers tortueux, raboteux, s'y faufilent. Ces maisonnettes en planche, sans plafond ni parquet, sont, pour ceux qui y logent, de véritables cachots. C'est ici l'habitacle de tous ces mulâtres, nègres libres et blancs pobans que la misère talonne. Ils y vivent seuls ou en concubinage, au milieu d'une nuée de marmots obèses. Refuge idéal des voleurs et de tous les mauvais sujets, ces cours interlopes font le désespoir de la troupe de police qui est sûre d'être mise en échec, une fois qu'un délinquant a eu l'adresse de s'y glisser.

Le plus sélect quartier de la capitale est sans contredit le Bel-Air, résidence de ville des riches habitants de la plaine. Sur la butte crayeuse, on distingue les confortables demeures de Laurent de Saint-Martin, Jean-Baptiste de Caradeux, Prat Desprez, Rey Delmas, François de La Mardelle, Veuve Turgeau, Alexandre Kenscoff, Charles Chancerel, Fleuriau de Bellevue, François Beudet, Guesdon de Monrepos... Ce sont pour la plupart des maisons à étage, en bois, pourvues d'immenses vérandas et de nombreuses ouvertures. L'on y a assemblé toutes les commodités propres à rendre agréable la vie sous les tropiques. Le plus beau, le plus chic quartier de Port-au-Prince, le Bel-Air en est également le plus sain. Constamment ventilé, les «vapeurs méphitiques» qui montent des lagunes du rivage n'y séjournent pas... Vraiment, les seigneurs de la plaine ont su s'offrir le meilleur morceau de la ville capitale.

En 1789, Port-au-Prince ne compte que 24 rues, dont 9 percées du nord au sud, et 15 de l'est à l'ouest[4]. Marquée dès sa naissance du sceau de la grandeur, la ville a hérité de voies larges, tirées au cordeau. Elles ont toutes, en effet, de 60 à 70 pieds de largeur. La rue Royale est remarquable par son étendue parfaitement rectiligne. Elle mesure deux quarts de lieue environ. La suit de près, en longueur, la rue des Capitaines ou rue Sainte-Claire (rue du Magasin de l'Etat). Le négoce y est très actif et les propriétés haut cotées.

À partir de la rue d'Aunis, ancienne ligne de démarcation entre la ville paroissiale et la ville royale, l'alignement de certaines rues parallèles à la mer subit une déviation ostensible. On a alors la rue des Favoris qui, après la rue d'Aunis, se change en rue de Condé ; la rue de Vaudreuil qui, en enjambant la rue d'Aunis, devient la rue d'Orléans[5]. Ou bien, c'est la voie elle-même qui s'élargit brusquement. Dans la nouvelle ville, la rue Royale atteint de belles proportions, une fois franchie la rue d'Aunis. Ces inégalités voulues par les ingénieurs de l'époque indiquent, on le sait, l'apparence imposante que ces derniers entendaient conférer à la «ville du roi», acquise des sieurs Morel et Bretton des Chapelles. C'est à ces mêmes fins que la superficie des îlets de la nouvelle ville avait été sensiblement augmentée. Ceux-ci se présentent effectivement comme des rectangles, tandis que les îlets de l'ancienne ville ne constituent presque tous que des carrés parfaits.

Ces rues si larges, si droites, offrent malheureusement une apparence déplorable. Nullement pavées, peu entretenues, elles sont loin de présenter l'aspect de propreté et de coquetterie des rues d'une capitale. De forme plus ou moins bombée, elles sont bordées de canaux pavés pour l'écoulement des eaux. Quelques ormes, vestiges des plantations faites sous les administrations antérieures, bordent encore les rues du Gouvernement et de Conty. La population se plaint amèrement de la disparition des arbres qui jadis prodiguaient une ombre tutélaire aux avenues de la ville. Les rues sont d'autant plus incommodes qu'elles sont couvertes d'une poussière aveuglante qui, à la moindre averse, se transforme en boue glissante.

Bien des gens à Port-au-Prince souffrent de maux d'yeux et d'ophtalmie. «Nous avons remarqué, témoigne Dubuisson, que de toutes les villes de Saint-Domingue, Port-au-Prince est celle dont les habitants ont la plus faible vue». On attribue cette affection aux «reflets pernicieux» du tuf qui recouvre les rues. Pour en atténuer les effets nocifs, les administrateurs ont plus d'une fois invité les propriétaires à faire arroser, au moins deux fois par jour, la portion de la chaussée qui longe leur maison. Ces derniers ne se sont jamais souciés de donner suite à cette utile recommandation.

L'aménagement et le pavage des canaux d'écoulement étaient l'œuvre de Barbé de Marbois qui souhaitait parvenir à l'assainissement complet de la ville. Mais ces canaux ne semblaient pas l'objet d'un entretien constant. On y entendait, déclarent Dubuisson et Moreau de Saint-Méry, coasser les crapauds. Il est certain pourtant, que c'est grâce à eux et aux nombreux fossés d'égout creusés dans les parties hautes de la ville, que la situation de Port-au-Prince se trouva à ce point de vue grandement améliorée. Les parties basses demeuraient les plus vulnérables aux inondations. Pour éviter l'arrêt des affaires en temps de pluie, on avait naguère décidé de reprendre le pavage des rues du bas de la ville : projet d'urbanisme qui, comme bien d'autres, n'a pas eu de lendemain.

Pas de service de voirie, pas de tombereaux pour enlever les immondices, on devine l'état de la ville. On s'est contenté d'édicter des règlements interdisant de «jeter des immondices dans la rue, surtout des clous et des verres cassés». Ces prescriptions, bien entendu, sont restées lettre morte. Pour tout le monde, la voie publique est le dépotoir des ordures ménagères de toute nature. Et l'administration, à défaut de cantonniers pour le balayage régulier de la chaussée, utilise de temps à autre les services des nègres du roi. Leurs coups de balai sporadiques n'empêchent pas, hélas! la capitale de se ranger au nombre des villes les plus sales qui soient.

Un spectacle on ne peut plus dégoûtant, qu'offrent chaque soir les rues de Port-au-Prince, est celui du nettoyage des latrines de la caserne du régiment. Le système des fosses s'étant révélé inadéquat, parce qu'elles se remplissaient trop vite, la coutume s'était établie de déverser dans de grands baquets les déjections de la journée, que des nègres de la chaîne publique allaient le soir vider dans la mer. On suppose ce que le passage de ce malodorant cortège provoquait de réactions diverses parmi les citadins. Ceux qui prenaient le frais chez eux se hâtaient de fuir leur galerie. Les passants, en suffoquant, tiraient leur mouchoir. L'air, pendant quelque temps, demeurait empesté. Pour obvier à cet inconvénient, les soldats du régiment ont proposé d'établir, depuis leur quartier, un canal souterrain aboutissant à la mer, qui fonctionnerait par une chasse d'eau alimentée par les lavoirs de la caserne. Idée excellente en elle-même, mais qui n'obtiendra aucun encouragement des autorités.

Les efforts assidus de Marbois en vue de l'amélioration sanitaire de la capitale ont toutefois abouti à quelques réalisations positives. Pour recevoir «des ordures, les copeaux et toutes les matières de remblai», des dépôts ont été placés en différents points du littoral, principalement au bas du Bel-Air, entre les rues des Miracles et Bonne Foi, et dans le prolongement de la rue de Provence. Quant au produit des fouilles et aux résidus de construction, ils doivent être déversés dans des endroits spéciaux désignés par le voyer. De plus, l'élevage des cochons et des cabris dans la ville est prohibé et défense est faite aux particuliers de laisser vaquer leurs animaux dans les rues, sous peine de confiscation.

La population a quand même du mal à se conformer à ces prescriptions salutaires. Le baron de Wimpffen affirme que les deux fontaines de la place de l'Intendance étaient «inabordables par les ordures dont les nègres qui viennent y puiser l'eau ne cessent de souiller les avenues». La rue Traversière, les environs de la place Vallière restaient constamment salis «de la paille déchargée des cabrouets qui ont apporté de la plaine les barriques de sucre». Si on se résigne à maintenir certains animaux à l'attache, les chiens, eux, continuent à jouir de leur pleine liberté. La nuit, ils sont les maîtres de la cité, et l'éclat de leurs luttes épiques, pour la chasse aux ordures, retentit jusqu'à l'aube.

Le soir, les rues commencent à sortir de leur noirceur opaque. Sur les places publiques, à proximité des bâtiments administratifs et dans quelques rues du bord-de-mer, on a placé des réverbères que le lampiste allume à la tombée du jour. L'administration projette d'en installer dans tous les quartiers de la ville, surtout dans les secteurs populeux, pour faciliter l'action de la police.

Le quai, construit suivant les directives du plan-directeur, est presque achevé. Du bas de la rue Tiremasse jusqu'aux magasins du roi, l'estacade en pieux se prolonge, jalonnée de cales, de fontaines et d'aiguades. 215 000 livres ont déjà été dépensées par le roi pour procurer à la ville ce quai d'importance. De la rade, le coup d'œil est simplement imposant.

Deux sections du quai sont réservées au service de la marine royale: le tronçon longeant les magasins du roi et le parc d'artillerie, et, dans l'ancienne ville, la partie du quai de Rohan faisant face à la rue Bonne Foi. Quand l'intensité du trafic maritime le commande, on permet aux navires de commerce d'emprunter le «quai du roi» de la nouvelle ville, sauf la section où on lit bien en évidence *«Quai réservé pour le service du roi».*

Le port est divisé en *port marchand* et en *port du Roy.*

Le port marchand, situé au nord, commence à la Pointe-à-Fortin (bas du Bel-Air). Il mesure environ deux cents toises carrées et peut contenir quelque soixante-dix navires marchands «qui trouvent mouillage assez près de la terre par 3, 4 ou 5 brasses sur fond excellent». Le port marchand renferme plusieurs îlots. Sur l'un d'eux, placé au milieu de son entrée, on a construit un fort, le Fort-l'Islet. «Les navires peuvent entrer des deux côtés du fort, informe Nicolson, mais la passe méridionale est plus large et plus sûre que celle du nord». Une station de carénage a été installée dans ce port.

Le port du roi, ou port de guerre, aménagé dans la baie Morel, est bien plus étendu. Séparé du précédent par une suite d'îlots, il mesure à peu près quatre cents toises carrées. A 150 ou 200 toises du rivage, les vaisseaux y mouillent par les 6 à 8 brasses de profondeur. Le port du roi n'est guère utilisé par les vaisseaux de la marine royale qui préfèrent mouiller au large, et ce sont les bateaux négriers, autorisés à y séjourner, qui le fréquentent. Aussi, le désigne-t-on couramment sous le nom de *rade des négriers.*

Un gros problème commun aux deux ports est celui de leur envasement progressif. À chaque averse, l'eau descendant des hauteurs charrie des masses de sable et de pierres qui vont combler la rade. L'essai de M. Bourgeureau, capitaine du port, d'utiliser une drague pour nettoyer le port se révélera infructueux, les soldats du régiment, les matelots des vaisseaux du roi et jusqu'aux nègres de l'Atelier royal ayant manifesté le plus grand dégoût à travailler au milieu des émanations fétides provenant de la vase du port. On dut abandonner la drague qui plus tard fut convertie en ponton.

En dehors des caboteurs et des bateaux de plaisance, plus d'une centaine de bâtiments marchands se trouvent ordinairement à l'ancre dans la rade. Ils font la fortune de la ville et la classent immédiatement après le Cap pour l'importance du trafic maritime. Toutes proportions gardées, Port-au-Prince reçoit même plus de vaisseaux que le Cap, à cause de l'immense volume de sucre brut que fabrique la partie de l'Ouest et qui, malgré les nombreux chargements, encombre toujours les dépôts de la ville.

À ce trafic intense, il faut des chalands pour le transport des denrées. Des accons de 40 à 50 pieds de long, et qui peuvent porter jusqu'à 25 barriques de sucre, font la navette du quai aux navires.

Dans la ville, le transport des marchandises est assuré par environ une centaine de cabrouets. Le coût de ce transport varie, suivant les distances, entre trois livres et une demi-gourde. Pour leur déplacement à travers la cité, les particuliers ont à leur disposition des cabriolets à deux roues, attelés de chevaux menés par un postillon nègre. Ces voitures, au nombre de cent vingt, sillonnent les rues de la capitale à toutes les heures du jour. Elles sont très appréciées des femmes créoles que le soleil incommode et aussi des hommes d'affaires que leurs occupations conduisent souvent en des quartiers éloignés de leurs magasins ou de leurs offices.

L'ouverture de la route Port-au-Prince – Cap, au mois d'août 1789, a encouragé les administrateurs à organiser un service de transport pour la province. Les carrioles des courriers postaux sont affectées à ce mode de transport. Le long de la route, s'échelonnent des relais établis toutes les cinq lieues. Les postillons sont costumés d'un uniforme comportant «une veste bleue avec des parements et revers rouges, et une plaque aux armes du roi à l'avant-bras gauche». Avec des bagages n'excédant pas quinze livres, on se rend au Cap pour 6 portugaises; à Saint-Marc, pour 3 portugaises[6].

Ces différents modes de transport maintiennent dans la ville la présence constante de plus de 250 chevaux, 500 mulets et 100 ânes. De plus, note Moreau de Saint-Méry, il s'y trouve habituellement «20 voitures de la plaine, 60 cabrouets qui y apportent des vivres, des denrées, du fourrage, du bois à brûler, de la chaux, 300 boeufs ou mulets de trait ou de charge, 60 chevaux de monture ou de charge et 20 ânes portant des légumes, du bois ou les marchandises des pacotilleurs.»

L'habitation Saint-Martin, aux portes de la capitale, en plaine du Cul-de-Sac, est la principale pourvoyeuse en fourrage de cette armée d'animaux domestiques. Trois cents carreaux de terre y sont plantés rien qu'en bois-patate et le revenu de cette entreprise lucrative s'élève à près d'un demi-million. Plusieurs habitants de la ville, propriétaires d'habitations en plaine, s'adonnent eux aussi à ce commerce rémunérateur.

La Poste aux lettres assure la liaison postale de Port-au-Prince avec les principaux centres de la province. Le directeur de ce service est désigné sous le nom d'Administrateur des Postes, et son bureau occupe le bâtiment de l'hôtel des Postes, à la rue Sainte-Claire. Deux fois par semaine, un courrier se rend au Cap et un autre aux Cayes. Il existe également un courrier hebdomadaire pour toutes les villes de l'Ouest et du Sud que ne desservent pas la grande route du Cap et celle des Cayes.

Bien des propriétaires, grâce à l'organisation rationnelle du service des eaux, peuvent aujourd'hui se payer le luxe d'installer chez eux un «cabinet de bain».

Si l'abondance du précieux liquide entraîne le dépérissement de certaines petites activités commerciales, elle fait naître à l'inverse des industries nouvelles. M. Jean Mages a ouvert dans le voisinage de la Comédie un établissement de bains publics, où, pour une demi-gourde pendant la journée et trois quarts de gourde la nuit, on a droit à un bain agréable et tonique. On s'abonne pour un mois, trois mois ou six mois. Aux époques de fortes chaleurs, l'entreprise de M. Mages lui procure des recettes sensationnelles.

Les efforts du regretté abbé Moreau, joints aux dons successifs de Pierre Foucaud, négociant, et de Le Franc de Saint-Haulde, entrepreneur de travaux, avaient rendu la Maison de Providence propriétaire de tout l'îlet compris entre les rues de Penthièvre, d'Orléans, de Bretagne et Dauphine[7]. Mais l'établissement attendait encore ses bâtiments. Provisoirement relégué dans un des pavillons de l'hôpital militaire, il ne rendait pas moins, bien qu'à l'étroit, de grands services «aux enfants de la ville, aux malades atteints de maladie incurable et particulièrement aux personnes des deux sexes qui arrivaient de France sans aucunes ressources». En principe, la Maison pourvoyait à l'entretien de ces derniers jusqu'à leur établissement définitif. Depuis 1789, la Maison de Providence est à la charge de la colonie. Elle est habile à recevoir des dons et des valeurs en espèces jusqu'à concurrence de 1 200 000 livres tournois.

Parmi les sources de revenus dont bénéficie cet asile de bienfaisance, il faut mentionner la contribution de 6 000 livres que le concierge des prisons de Port-au-Prince doit verser chaque année pour les pauvres, les recettes de la représentation annuelle de la Comédie en faveur de la Providence, enfin les bénéfices réalisés sur l'exploitation des étals et baraques établis dans le marché de la ville au profit de la fondation.

Le souci des administrateurs est de pousser au développement de cette utile institution, d'arriver à la loger dans des bâtiments convenables. La vaste propriété de la rue Dauphine est affligée malheureusement d'un voisinage suspect : le cimetière. On a déjà pensé à doter la Providence d'un terrain mieux situé. Sur les collines boisées qui bornent la ville à l'est, des sondages minutieux ont permis de découvrir une position plus appropriée à un établissement de ce genre. Le terrain visé, d'une superficie de plus de soixante carreaux, se trouve en bordure du chemin de la Charbonnière, et n'est éloigné de la ville que de 250 toises[8]. Choix excellent que les administrateurs se sont empressés d'approuver, en attendant la ratification du ministre de la Marine.

Port-au-Prince peut se flatter de compter au nombre de ses établissements hospitaliers, une maison de santé que le chirurgien

Robert a installé à ses frais sur la butte du Bel-Air. On finissait par concevoir que les positions élevées convenaient mieux aux hôpitaux. À l'hôpital militaire, les patients souffraient beaucoup du manque d'air et de l'étroitesse des locaux. Pour respirer et se délasser, ils ne craignaient pas de gagner le dehors, ce qui bien souvent provoquait des contestations entre médecins et malades...

Le chirurgien Robert avait en projet de joindre à sa maison de santé un hôpital de cinquante lits, exclusivement réservé aux nègres des deux sexes. Le déchaînement révolutionnaire ne lui permettra pas de donner suite à son noble dessein. Il est juste cependant d'honorer le nom du docteur Robert qui, le premier à Port-au-Prince, comprit que les nègres tout comme les blancs étaient des êtres humains, qu'ils pouvaient être affligés des mêmes maladies que ces derniers et qu'on leur devait comme aux autres des soins appropriés.

Le luxe, la recherche du plaisir, le besoin de distractions ont donné naissance à Port-au-Prince à un nombre assez important de cabarets et de cafés. À la rue Sainte-Claire, proche du quai, ces établissements se comptent par dizaines. À longueur de journée, et presque fort tard dans la nuit, ils ne désemplissent pas de marins en permission, avides de se procurer quelque plaisir avant la longue traversée. Il y vient aussi tout un monde de commerçants, de négociants, même de petits blancs et aussi de libres, qui tout en dégustant café, chocolat, limonade, se délectent de potins, causent négoce, arrivage, départ et surtout... politique. L'administration coloniale demeure, bien entendu, la cible de toutes les flèches.

Beaucoup de ces cabarets sont pourvus de salle de billard. Les amateurs de boules d'ivoire, très nombreux à Port-au-Prince, s'y donnent rendez-vous pour de passionnantes parties.

Plus dispersées que les cafés, les auberges n'offrent pas moins d'animation. On y trouve bon couvert et bon gîte, et, pour 40 gourdes, un maître et son domestique y reçoivent, durant tout un mois, nourriture et logement.

Pour répondre à l'inclination naturelle des Port-au-Princiens pour la bonne chère, les aubergistes ne se font point faute de soigner leur cuisine. Aux repas que l'on sert midi et soir, chacun est régalé selon son argent... et ses goûts. «Les tables pour l'ordinaire sont toujours bien servies, nous apprend Ducœurjolly. La viande la moins bonne, c'est celle du bœuf; aussi, n'en fait-on usage que pour se procurer du bouillon; mais en récompense, le mouton, le cabri, la dinde, le pigeon et le canard y sont infiniment supérieurs à ceux de France. La menue volaille est aussi très bonne, et l'on mange des poules pintades qui sont délicieuses, surtout lorsqu'elles sont tuées marronnes, c'est-à-dire sauvages.» La tortue, le poisson, les crustacés et toute la gamme des salaisons jouissent de la même faveur. Ces viandes sont préparées avec force assaisonnements, car l'une des grandes satisfactions du consommateur est de se sentir le palais en feu par l'effet de la pimentade.

Grâce à l'ingénieur de Saint-Romes, qui depuis peu s'est donné pour tâche d'acclimater sur sa propriété de la Charbonnière des fruits et légumes de France, on se régale à Port-au-Prince de choux-fleurs, d'artichauts, de betteraves, de carottes, de toute une variété de légumes dont nombre de colons avaient presque perdu le souvenir.

Dans les auberges de la capitale, comme d'ailleurs partout à Saint-Domingue, le pain est excellent. Préparé avec la fine farine de Moissac et de Montauban, les meilleures produites en France, et les seules que les armateurs de la métropole expédient dans la colonie, il fait les délices de toute la population. L'esclave lui-même, quand par hasard il se trouve nanti de quelques pièces de monnaie, résiste difficilement à la tentation de s'offrir un petit pain croustillant et doré.

La pâtisserie est aussi très appréciée, mais ce sont surtout les fruits qu'on aime prendre au dessert, car ils sont délicieux. On les mange naturels ou confits. Les espèces en sont très variées : oranges, ananas, caïmites, sapotilles, abricots, pommes cannelles, grenades, noix d'acajou «préparées en cerneaux», melons français et espagnols, melons d'eau... «L'orange est excellente, note Ducœurjolly, et elle vaut celle de Malte. L'ananas est le fruit le plus beau, le plus suave et le meilleur qu'on puisse servir.» Mais en fait de fruits, le traiteur a aussi de quoi satisfaire le client en veine de nostalgie. À condition d'y mettre le prix, il sera servi à souhait de dattes du Sénégal, de pêches de

France, de raisins muscats et d'autres variétés de fruits exotiques cultivées à la Charbonnière.

La boisson le plus en honneur est le vin de Bordeaux. On en consomme énormément. Pour expliquer cette préférence, Ducœurjolly déclare que le vin apporté par les navires bordelais est souvent préférable au bon bourgogne, «surtout lorsqu'il a passé la mer». Il arrive rarement que l'on commande un repas sans mentionner une bouteille de bordeaux.

En satisfaisant les besoins d'une population si portée aux plaisirs de la bouche, boulangeries et boucheries réalisent des affaires d'or. La consommation journalière en viande pour Port-au-Prince et sa proche banlieue est de 14 bœufs, 6 veaux, 20 moutons ou cabris, 10 cochons. Les boulangeries au nombre de trente-cinq consomment chaque jour 70 barils de farine pesant chacun 180 livres. Les mangliers du rivage fournissent pour une grande part le combustible nécessaire à chauffer les fours.

Le marché de la place de l'Intendance demeure le grand pourvoyeur en comestibles de tous genres. Depuis quelques années, il a bien changé d'aspect. Les rangées de baraques ont été démolies par crainte d'incendie. La place elle-même a été entourée d'arbres plantés à douze pieds d'intervalle. On projette de réaménager entièrement le marché. Les travaux dont les frais seront supportés principalement par la Maison de Providence, comprendront l'érection d'une double rangée de boutiques au nord et au sud, et la construction au milieu de la place d'une halle couverte pour protéger acheteurs et vendeurs, abriter les animaux et préserver les denrées périssables de l'ardeur du soleil. Les loyers des baraques seront affectés au profit exclusif de la Providence.

Faisant droit aux réclamations justifiées des habitants de la nouvelle ville, trop éloignés du marché de la place de l'Intendance, les administrateurs ont décidé de créer un nouveau centre d'approvisionnement sur la partie septentrionale de la place Royale[9]. Comme il faut laisser au temps la part qui lui revient dans l'élaboration des entreprises humaines, on retardera d'année en année l'exécution de cet utile projet qui ne se réalisera que sous l'administration haïtienne.

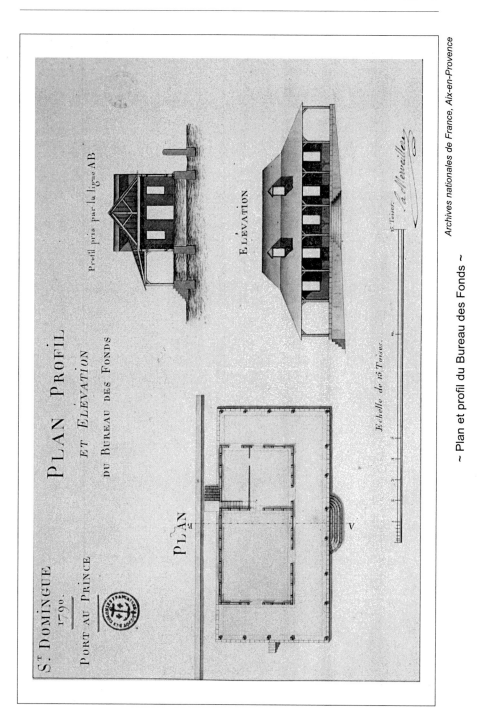

~ Plan et profil du Bureau des Fonds ~

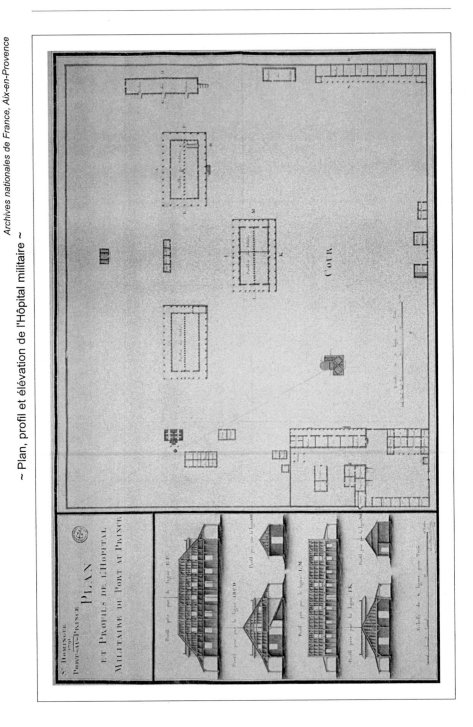

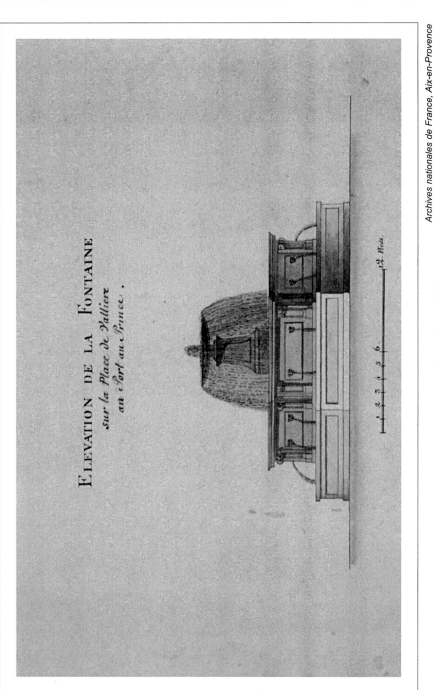

~ Fontaine de la place Vallière ~

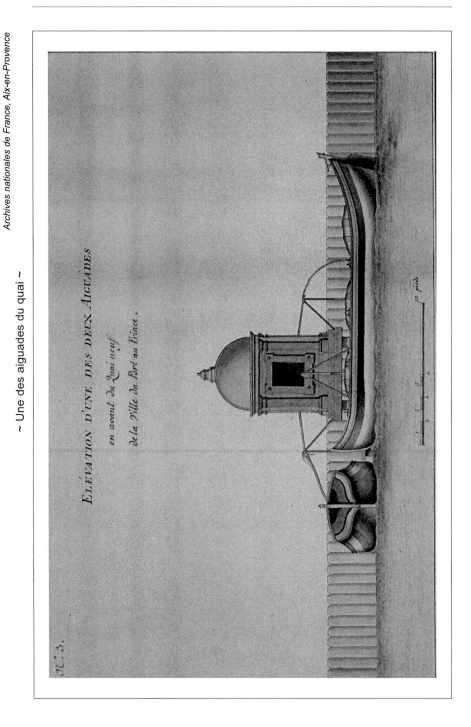

~ Une des aiguades du quai ~

Archives nationales de France, Aix-en-Provence

~ Aiguade élevée dans le port ~

~ L'abreuvoir de la rue des Favoris vers 1900 ~

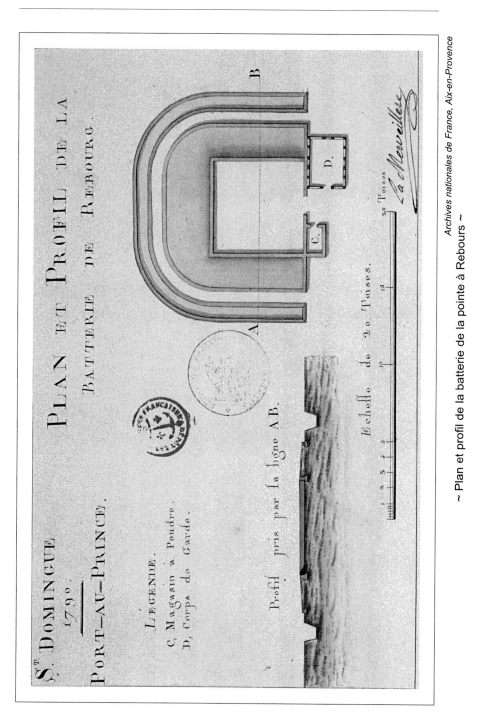

~ Plan et profil de la batterie de la pointe à Rebours ~

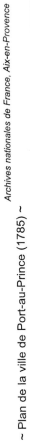

~ Plan de la ville de Port-au-Prince (1785) ~

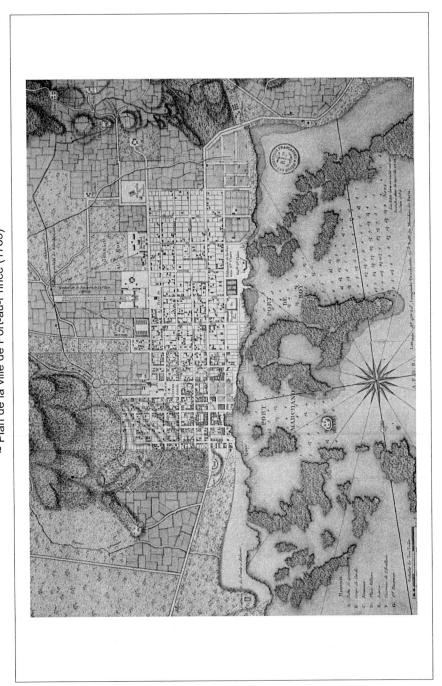

Au haut de la ville, à mi-chemin entre le palais du gouverneur et l'hôpital militaire, s'épanouit le jardin botanique. Bénéficiaire des soins habiles de l'ancien gouverneur, M. de La Luzerne, et de ceux non moins intelligents de son nouveau directeur, M. Nectoux, le jardin compte à présent pas mal de plantes précieuses, rapportées de pays aussi éloignés les uns des autres que la Guyane, l'Inde, la Jamaïque ou l'île Maurice. En dépit du baron de Wimpffen qui, aveuglé par sa mauvaise humeur, déclare que le jardin botanique «est à peu près tout ce que peut être un semblable établissement dans son origine», on y admire le châtaignier de Virginie, le cirier de Louisiane, le jaca de l'Inde, le cèdre de La Havane, la canne à sucre de Batavia, le palmier et le jasmin du Cap de Bonne Espérance, les rosiers de Chine, les épices de Cayenne et bien d'autres plantes aromatiques.

L'entretien du jardin botanique cause cependant de bien grands soucis à son directeur. Le terrain, en effet, avec ses veines de galets à fleur de terre, sa couche végétale peu profonde, n'est pas de première qualité. Il faut à M. Nectoux déployer des efforts incessants et coûteux pour maintenir les plantes en bonne forme. On a déjà pensé, pour le Jardin Royal des Plantes, à un emplacement dans les montagnes de la Charbonnière. Les pourparlers engagés à cette fin, entre le directeur et les propriétaires intéressés, se trouveront interrompus par suite des troubles révolutionnaires.

Un autre jardin qui fait la fierté de la ville: celui du Gouvernement. Aménagé derrière la résidence du gouverneur-général, il n'est pas ouvert au public. Certainement agrandi et embelli sous l'administration du comte de La Luzerne, l'ami des plantes au nom prédestiné, le jardin du Gouvernement, avec la luxuriance de sa végétation tropicale, n'a pas manqué d'attirer le pinceau de l'enthousiaste Alfred de Laujon. «Il joignait par de diverses plantations, l'agréable à l'utile, relate ce dernier dans ses *Souvenirs et Voyages*; il était d'une vaste étendue, et l'on s'y reposait à l'ombre du bananier, de l'oranger, du cocotier et de l'abricotier. On y voyait aussi de magnifiques palmistes, et l'eau circulait sur tous les points. Ce n'était pas le jardin des Tuileries, et pourtant, comme il me plaisait!»

Au delà de cette oasis de rêve, s'étend la savane du Gouverne-ment[10] où poussent vaille que vaille d'épaisses frondaisons. On y a depuis peu acclimaté quelques-uns des chameaux que le marquis de Caradeux avait fait venir pour les besoins de son habitation en plaine du Cul-de-Sac. C'est une curiosité qui attire tout le monde. Ces énormes mammifères sont laissés dans une totale liberté et paraissent on ne peut plus heureux de se pavaner dans ce bois sauvage qui leur rappelle sans doute leur brousse natale.

Le goût des fleurs est très répandu à Port-au-Prince. Bouquets de violettes, de giroflées ou de roses se vendent au marché à raison de dix sous pièce. En fait de fleurs, le marché de la capitale est alimenté presque entièrement par les plantations de l'ingénieur de Saint-Romes, et c'est un grand plaisir pour les Port-au-Princiennes de s'orner le corsage d'un bouquet de ces fleurs ravissantes.

Par un paradoxe courant dans les centres urbains, Port-au-Prince, à côté d'une vie matérielle orientée vers le plaisir, montre une inclination sensible pour les choses de l'esprit, inclination qui pourrait trouver une explication dans le souci qu'on se faisait d'afficher des goûts de lettré et de paraître informé sur les dernières productions littéraires de Paris.

La propension à la lecture, manifestée chez nombre de blancs et d'affranchis aisés de Port-au-Prince, a suggéré à des particuliers l'idée d'ouvrir des librairies, et maintenant, trois grandes librairies fonctionnent à la capitale. Le sieur Charles Mozard s'est spécialisé dans la vente d'ouvrages d'imagination. À la librairie de «l'Imprimerie Royale» du sieur Bourdon, la plus ancienne de la ville, on ne trouve pas seulement des livres, mais un peu de tout ce qui peuple généralement les bazars. Enfin chez le sieur J. B. Barthélemy, dont la boutique est «établie rue Bonne-Foi, à côté de la maison Bascave», on est certain de trouver l'ouvrage scientifique que l'on désire. Ainsi, sans mutuellement se gêner, ces libraires arrivent-ils à satisfaire les goûts les plus divers.

Sous l'impulsion de l'infatigable Mozard, la ville vient d'être pourvue d'un cabinet littéraire. Annexée à sa librairie, cette salle de lecture, créée pour l'instruction et le divertissement de la population, possède des ouvrages embrassant les différents genres : roman, histoire, poésie, théâtre, sans oublier les journaux de Paris qui charrient jusqu'à Saint-Domingue les effluves séduisants de l'atmosphère de la mère patrie. Moyennant une cotisation mensuelle de huit livres, on est libre de s'adonner à la lecture de son choix. Pourtant le cabinet ne semble pas jouir d'une grande faveur. Les grands blancs dédaignent d'aller s'enfermer dans une salle, un livre en mains. Les petits blancs, accaparés par leur négoce, n'ont guère le temps de s'occuper de lecture. Les affranchis, qui aimeraient bien tuer leur désœuvrement chronique dans la compagnie d'un auteur, n'ont, pour la plupart, ni les moyens, ni l'instruction voulus pour se permettre ce profitable passe-temps. Malgré son utilité évidente, le cabinet littéraire de Port-au-Prince végète et languit.

Le centre de la vie intellectuelle, c'est encore la Comédie, ce foyer de l'esprit où l'on se divertit tout en s'instruisant. Le répertoire des plus variés ne cesse d'y attirer les foules. Des auteurs dramatiques, tels un Charles Mozard, un Louis François Ribié, un Paul-Ulrich Dubuisson, un Campistron, tous venus de France, s'inspirent de la vie à Saint-Domingue pour écrire des pièces qui obtiennent la faveur du public et restent longtemps à l'affiche. C'est dire que ces dramaturges n'étaient pas dénués de talent. On se targuait à Port-au-Prince d'avoir le goût théâtral sûr, et les pièces sans intérêt ne tardaient pas, sous les lazzis du public, à s'évader de la scène.

Conjointement avec la production théâtrale se développe la production musicale. Il faut des partitions pour accompagner comédies et tragédies, et d'autre part, la présentation assez fréquente d'opéras, d'opérettes ou de ballets-pantomimes sollicite un apport musical encore plus important. Concertos, ariettes, ouvertures, symphonies d'accompagnement sont composés par des maîtres de musique dont les airs connaissent une grande vogue. Maulan, second maître de musique à la Comédie du Port-au-Prince, Pisset, Petit, maîtres de musique au Port-au-Prince, «ne cessent de lancer des compositions personnelles d'une grande variété».

Dans sa sphère d'action, l'imprimerie, «cet art tout à la fois si ingénieux et si utile», contribue au rayonnement de la vie intellectuelle à Port-au-Prince. Dufour de Rians, qui jouissait du monopole de l'impression pour toute la colonie, s'est vu, depuis février 1788, enlever son privilège à cause des négligences et de la lenteur de ses travaux. A la même époque, une seconde imprimerie s'est établie à Port-au-Prince sous la direction de Mozard. Moreau de Saint-Méry se félicitait de ne plus trouver dans les travaux sortis de la nouvelle presse les fautes typographiques dont fourmillaient ceux de l'ancienne imprimerie.

Les *Affiches Américaines* sont encore le seul journal important de la capitale et de la colonie, et son rôle d'informateur et d'éducateur n'est pas des moindres. De plus en plus lu et recherché, le journal paraît, depuis le 4 janvier 1787, deux fois par semaine, le jeudi et le samedi. Avec le temps, le format est devenu plus grand et les pages plus nombreuses. Les livraisons du jeudi sont de huit pages in-quarto, celles du samedi, de quatre pages. Avec ses 1 500 abonnés payant chacun 66 livres de souscription annuelle, la publicité qui rapporte 15 000 livres l'an, la gazette jouit d'une situation financière enviable. Depuis que les administrateurs en ont confié la direction puis l'impression à M. Mozard, celui-ci est parvenu, en dépit de la censure administrative qui frappe toutes les publications coloniales, à donner au journal un regain de vie qui le fait apprécier de tous. Beaucoup de personnes de la colonie parmi les plus instruites, y collaborent en y apportant le fruit de leurs réflexions et de leur science. Des rubriques visant à étendre l'information ont été créées. Les *Affiches Américaines* sont devenues le périodique où palpitent les mille reflets de la vie coloniale.

Évidemment, l'attrait pour le plaisir est resté très vivace, et sur le chapitre de l'amour, les mulâtresses tiennent toujours le haut du pavé.

Désespérant de vaincre ces émules, les blanches se renferment dans leur dépit et ne prennent plaisir à déployer leurs charmes que quand l'occasion d'une réunion mondaine entre blancs leur donne la quiétude de se savoir les seules reines admirées et choyées.

Cette vie mondaine, élégante et brillante, est régentée par la classe blanche, plus particulièrement celle des grands blancs, dominée par les hauts fonctionnaires et les riches commerçants. Ce serait pourtant une grave méprise de croire en l'apparente cordialité qu'affichent dans leurs rapports sociaux, les représentants de ces deux catégories de blancs. La sourde animosité, née d'antagonismes profonds, qui divisait grands fonctionnaires et colons, ne faisait au contraire que s'accentuer depuis plus de quarante ans. Mais à ces seigneurs du pouvoir et des affaires, il fallait des occasions pour étaler leur toute-puissance, et à cette fin, quelles meilleures occasions que les réunions mondaines? Et puis, après tant de journées passées dans les tracas administratifs ou les fatigues du négoce, il faisait bon se voir, se rencontrer, se trouver enfin «en bonne compagnie».

Dans la haute société port-au-princienne, ce besoin de se réunir pour plastronner et se distraire se précisait chaque jour davantage. Louis-Philippe May a pu dire qu'en ce temps-là «pour les amusements et les fêtes, Port-au-Prince supporte le rapprochement avec les plus grandes villes de France, et à la veille de la Révolution, on y allait demeurer avec plus de plaisir qu'en de nombreux endroits de la province[11].»

Bals et soupers au son du clavecin, du violon et de la flûte se succèdent à un rythme de plus en plus accéléré. Dans les salons, le menuet déploie les grâces de son allure élégante. Aux murmures d'admiration qui saluent l'aisance des danseurs, se mêlent les propos polissons que des messieurs poudrés à frimas glissent aux oreilles perverties de belles dames en décolleté de mousseline. Les rires fusent, et les vieilles douairières sont encore les plus assoiffées de tels propos. Elles se font répéter les cancans licencieux qui les jettent dans des transports de gaîté roucoulante.

Alfred de Laujon, ce brillant représentant de la jeunesse dorée des environs de la Révolution, qui fit plusieurs voyages à Saint-Domingue et fréquenta les hautes sphères aristocratiques et gouvernementales de la colonie, a laissé le compte rendu d'un bal offert par le comte de Laval, colonel du régiment de Port-au-Prince. Ce tableau, on ne peut mieux brossé, nous replace dans l'atmosphère de la vie mondaine à Port-au-Prince, à la veille de la grande commotion de 1789:

«... On entrait dans les appartements meublés avec le meilleur goût, raconte-t-il. Quatre pièces de plain-pied étaient destinées à la danse; suivaient ensuite une pièce pour le jeu et divers boudoirs.

«Dans une cour immense, on voyait une tente que tout l'art avait décorée. Cette tente était planchéiée. Un couvert magnifique y frappait les regards, et plus de cent personnes devaient y trouver place. Une espèce de grotte avait été ménagée, et cet espace était destiné à recevoir pendant le repas un excellent orchestre composé de la musique du régiment. On remarquait aussi 24 grenadiers reposant sous les armes.

«Dans l'intérieur des appartements, se faisait apercevoir une galerie de dames dont la parure était éclatante. L'élégance et le luxe y rivalisaient à la fois. On pouvait y distinguer cinquante jeunes personnes nouvellement entrées dans leur printemps et dont les physionomies semblaient se confondre à merveille avec l'élégance et la fraîcheur de leur mise. Les plaines environnantes avaient, de quinze lieues à la ronde, envoyé ce qu'elles avaient de mieux, et leur choix était pris dans la blancheur du lis et la tendre couleur de la rose.

«Je n'entrerai pas dans le détail de cette charmante soirée, et vais parler du moment où des fanfares annonçaient que le souper était servi. Le mouvement devint à l'instant général, et l'on voyait chaque cavalier s'empresser d'aller offrir sa main à la personne à laquelle il la destinait.

«Il ne pouvait exister de confusion à ce repas : tous les noms des dames se suivaient par ordre alphabétique. Quelques places avaient seulement été réservées aux personnes les plus notables.

«Quel coup d'œil brillant! Un orchestre enchanteur se faisait entendre, ses sons arrivaient jusqu'au coeur, et l'on observait certains yeux qui cherchaient ceux avec lesquels de si doux accords devaient se répéter...[12]»

Au Gouvernement, la coutume est d'imiter Versailles. Le gouverneur qui, de par ses fonctions, représente la personne du roi, aime bien, comme Louis XVI, faire les honneurs de sa résidence. Bien rares sont les jours où une fête, une réception, ne vient animer les salons du Gouvernement. Ici, c'est la haute société coloniale qui se donne rendez-vous. Aux soirées de gala en effet, sous les lustres de cristal aux reflets chatoyants, comtes, marquis, grands fonctionnaires, hautes autorités militaires, accompagnés de leurs femmes et de leurs filles «fleurant l'ambre et la marjolaine», se pressent dans les salles décorées de bouquets de jasmin et de frangipane. Quelle suite de ravissants tableaux, ces menuets et sarabandes, contredanses et quadrilles, qui se succèdent sur la marqueterie luisante, dans le froufrou de la mousseline ou de la soie et le ruissellement des pierreries aux feux multicolores! C'est à qui fera le plus admirer son adresse à exécuter les légers entrechats ou sa souplesse à s'infléchir pour les gracieuses révérences!... Bien sûr, à ces fêtes du grand monde, galanterie et volupté font bon ménage, et que de couples, se faufilant sous les galeries, finissent par se glisser dans les jardins et disparaître, Dieu sait en quête de quelles aventures !

La table du gouverneur est réputée pour sa succulence et son abondance. Rarement monsieur le gouverneur dîne seul. Ses convives habituels sont M. l'intendant de la colonie, M. le colonel du régiment de Port-au-Prince, M. le gouverneur militaire de la province de l'Ouest. Aux dîners de cérémonie, plus nombreux qu'on ne le pense, c'est encore la fleur de l'aristocratie et du négoce dominguois que l'on voit arriver au Gouvernement. Services de porcelaines de Sèvres, cristaux de Saxe, faïences de Rouen, argenteries d'argent s'étalent sur les nappes damassées, ornées de feuillages et de fleurs...

Le souper est servi! Dans un bourdonnement discret, les têtes enrubannées de dentelle s'installent autour des tables. Une double rangée de serviteurs noirs, aux vêtements d'une blancheur immaculée, se tient derrière les chaises. Des candélabres d'argent aux bougies protégées de globes de verre, illuminent la salle. Le menu est copieux et varié: potage de calalou, d'herbes et de légumes, oies rôties, veau lardé, fricassée de mulets, salade de laitue et céleri, mousses de chocolat à la vanille et à la cannelle, le tout arrosé de bons vins de France: bordeaux, sauternes, saint-émilion, champagne. On fait honneur à ce menu de choix. Sous l'effet des libations généreuses, les visages s'illuminent, les sens s'émeuvent, les plaisanteries légères entrent en lice.

Après le dîner, des groupes se forment çà et là. Quelques messieurs se réunissent autour d'une table pour une partie de craps. Plus loin, on réclame un claveciniste pour un menuet ou une pavane. De jeunes dames et quelques beaux messieurs ont opté pour une promenade au jardin. Les voici, au milieu d'éclats de rire, s'avançant parmi les massifs. Bientôt, dans la nuit silencieuse, s'envoleront des sous-bois embaumés de jasmin les modulations d'une chanson de circonstance. Et les langoureuses créoles, emportées au royaume des rêves, ne seront plus que les esclaves soumises de ce maître adoré: l'Amour !

Cette société qui aime la vie, qui a fini par prendre goût à la vie, ne dédaigne aucun des artifices qui aident à la rendre encore plus belle et plus supportable. La musique, cet art divin, a ici comme partout ailleurs de profondes résonances dans les coeurs. C'est à longueur de journée qu'on entend fredonner dans les rues ou sur les places publiques ces airs célèbres d'opéra que la Comédie a mis à la mode. On s'enchante de la musique légère de Grétry. On s'enthousiasme des airs pleins de fraîcheur de Monsigny. On s'émerveille des mélodies charmantes de Glück.

Des artistes émérites de la musique instrumentale ne cessent alors de se produire dans les réunions mondaines, et, bien entendu, à la Comédie. Un Petit, «élève du célèbre Jarnovick», un Mile, maître d'orchestre à la Comédie, un Rivière, dont la peau noire n'empêchait pas de susciter l'émoi quand il se mettait à manier l'archet, tous ces musiciens célèbres de la Comédie de Port-au-Prince honoraient leur art par leur interprétation savante et contribuaient à l'éducation artistique de la population.

Aussi, constate-t-on pour les études musicales un engouement de plus en plus prononcé. «Rue Dauphine, près de celle des Césars, à côté de la boulangerie du sieur Coen», monsieur Caillé a ouvert une école pour l'enseignement du chant, du violon et de la guitare. Chez M. Faure, inspecteur de police, rue des Césars, le comédien Roland «s'occupe seulement à montrer la musique vocale et à pincer la guitare». De nombreux élèves suivent avec assiduité les leçons de ces maîtres doublés de professeurs de chant.

Aucun cuivre dans le programme des cours musicaux, mais la flûte, la cithare, le violon, la clarinette, la harpe, le hautbois, la guitare, sans oublier le clavecin. C'étaient précisément les instruments qu'utilisaient les musiciens de la Comédie pour en tirer ces airs séduisants qui ravissaient toute la ville.

Confiants, des particuliers se sont délibérément lancés dans le commerce des instruments de musique. Entre autres, le luthier Lullier a ouvert avec sa femme, sous la raison sociale «Lullier et Aubel», à l'angle des rues de Bonne Foy et de Vaudreuil, une maison de vente d'instruments de musique. Cette entreprise fonctionne à l'enseigne du «Roi David».

Des affranchis et petits blancs s'adonnent avec profit au métier d'accordeur ou de réparateur d'instruments de musique. Certains ont poussé l'habileté jusqu'à fabriquer de toutes pièces, avec des matériaux de fortune, des instruments qui rendent bien le son.

L'étude de la musique vocale suit de près celle de la musique instrumentale. Si on brûle de savoir jouer de la musique, on aspire beaucoup à imiter ces ténors magnifiques ou ces sublimes soprani qui dans opéras et opérettes emportaient au septième ciel les spectateurs enthousiasmés. Les veilles de Noël, la direction de la Comédie offrait habituellement un grand concert de musique instrumentale et vocale. Le public se pressait en foule à ces galas. Souvent, on y présentait de jeunes artistes du chant, particulièrement doués. À l'une de ces soirées de Noël à la Comédie, se révélera l'extraordinaire talent de Minette, cette fille de couleur née à Port-au-Prince, qu'on surnomma la «jeune personne», et qui à ses talents de comédienne joignait ceux d'une cantatrice prodigieuse[13]. De pareils virtuoses contribuaient à maintenir bien haut le prestige de l'art vocal.

On aime encore le chant pour les avantages mondains qu'il procure. Le bon chanteur est certain de plaire aux femmes. Sa voix expressive, créatrice d'ambiance, lui ouvre tous les cœurs. Alfred de Laujon, qui avait quelque aptitude au chant, dit, qu'à l'occasion de certaines réunions mondaines, il était quelquefois sollicité par les dames de se produire pour leur délectation. Alfred ne se faisait jamais trop prier, les remerciements pour ces cas se soldant généralement par d'agréables rémunérations.

Un autre art fort cultivé à Port-au-Prince, depuis que les moeurs s'étaient mises à se policer, et surtout que la Comédie l'avait consacré, c'était la danse. Presque pas de soirée mondaine sans une gavotte, un menuet, une contredanse ou une chaconne. Toutes ces danses exigent pour leur parfaite exécution une pratique assidue de l'art de la cadence. Les danseuses professionnelles, celles qui avaient à se produire sur la scène pour des représentations de ballets et autres danses chorégraphiques, se pliaient à des études très poussées de cadence et de rythme. Le raffinement du goût réclamait des danseurs et danseuses une perfection qu'ils étaient les premiers à vouloir atteindre. En effet, quel plaisir et quelle fierté de se voir environné de regards admirateurs, tandis que sous le charme d'une musique aux accords parfaits, on se joue des plus téméraires difficultés du pas de Vestris ou de la mesure à trois temps! Quelle ivresse lorsque, sous les acclamations de toute une salle, on semble irrésistiblement confondu avec ces entités divines, la fantaisie et la grâce!

Des maîtres de danse réputés enseignent leur art à toute une jeunesse avide de plaire et de briller. L'un d'eux, le sieur Colette, après diverses pérégrinations en province, a fini par s'établir à Port-au-Prince où fleurit une clientèle des plus intéressantes.

Grâce au choix judicieux qu'elle a toujours eu soin de faire des artistes appelés à travailler au décor des pièces, la Comédie semble avoir pour une grande part concouru à la vulgarisation de l'art de la peinture. On n'ose plus guère maintenant présenter des pièces sans des décors beaux et somptueux, répondant d'ailleurs à la propension au luxe des habitants de Saint-Domingue. Jean Peyret, «peintre et décorateur du spectacle», peint des décors dignes de «l'admiration des connoisseurs». Le machiniste Julian, qui le seconde pour les changements de décor, est un collaborateur plein d'adresse et de zèle.

Les oeuvres d'art destinées à l'embellissement des intérieurs sont très recherchées, surtout de la classe riche. Portraitistes et paysagistes habiles peignent leurs toiles qu'ils vendent au prix fort. Le désir d'initiation à cet art d'agrément, manifesté par de nombreux jeunes, a déterminé certains peintres réputés à ouvrir à leur intention des cours de dessin et de peinture. Le peintre Perrosier a son école au numéro 20 de la rue Traversière...

Au seuil de la Révolution, c'est donc la Comédie le centre de la vie culturelle et mondaine à Port-au-Prince. Son coeur bat à l'unisson du coeur de la cité. Arbitre du goût et de l'élégance, elle lance les talents, détrône les médiocrités, façonne les esprits, élargit en un mot, et de façon grandiose, l'horizon colonial. A l'ombre de ses murs délabrés, tout un monde d'écrivains, poètes, dramaturges, toute une pléiade d'artistes, acteurs, danseurs, chanteurs, musiciens, couturiers, peintres, travaillent au maintien de sa réputation, permettant à des centaines d'individus de savourer les délices les plus pures. Aux *Affiches Américaines,* Charles Mozard, le seul journaliste détenteur d'une carte de presse pour les spectacles de la Comédie, brosse d'étincelants comptes rendus des soirées théâtrales, qui contribuent fort à accroître le renom de la célèbre salle.

Par une bizarrerie du sort, ce foyer de l'art et de la culture est toujours logé dans le local vétuste de la place Vallière, tant de fois consolidé et réparé. Qui pis est, la brillante salle n'est pas exempte de certaines misères d'ordre administratif. Pour y obvier, les administrateurs ont pensé à renflouer l'entreprise en émettant des actions. La compagnie d'actionnaires nouvellement constituée est présidée par M. Parizet. À M. Acquaire, le directeur de la salle, on a donné le titre d'entrepreneur.

Quoique totalement dévoué à la Comédie, Acquaire, à l'instar du gros Clément, son prédécesseur dans la fonction, demeurait un bohème irréductible. Continuellement endetté, allant jusqu'à négliger ses propres intérêts, il lui était impossible de se payer même un logement décent. Naguère encore, c'est dans une «demie chambre» louée de François Mesplès, à l'îlet de la Comédie, qu'il habitait avec sa femme et son domestique Scipion. Peu lui importait. Pourvu que fonctionnât le théâtre: cela suffisait à son bonheur...

Tout autour d'Acquaire gravitent des comédiens dont la renommée, pour beaucoup d'entre eux, est née sur les scènes de la Métropole. Ainsi Volange, qui avant de jouer à Port-au-Prince, avait été un acteur célèbre du «Théâtre des Variétés». Si leurs compagnes de planches ne sont pas toutes de vertu irréprochable, elles prodiguent leur art sans réticence, et pour la Comédie, cela seul comptait. Magdeleine L'Aurore, Mme Delaunay, Mlle Thibault, Minette, la jeune actrice de couleur, étaient de celles qui recueillaient maints lauriers sur la scène de la capitale.

Capricieux, querelleurs, mais aussi généreux, solidaires, ces serviteurs de l'Art ne paraissaient pas soupçonner ce que leur présence sur la scène apportait de plaisir et de charme, et aussi de motifs de réflexion à bien des esprits. C'est à longueur de journée qu'on fredonnait de par la ville les airs tirés de leurs grands succès : *L'Oiseau en Cage, Richard Cœur de Lion, Le Devin du Village...* Ces témoignages de popularité, s'ils ne les laissaient pas indifférents, demeuraient pour eux chose secondaire. Ce qui les touchait davantage, c'était d'être compris, car leur vie d'efforts, jalonnée de multiples combats, restait, en dépit d'une gaîté de façade, chargée de déboires et d'amertumes.

... Dans cette petite ville animée, pittoresque, où se côtoient et se heurtent tant d'existences au destin contraire, existe-t-il une organisation capable de maintenir l'ordre et la sécurité publics?

Depuis le temps de sa fondation, Port-au-Prince a toujours été soumis à des règlements de police que des agents dépendant de la Sénéchaussée avaient pour devoir de faire respecter. En tant que corps constitué ayant pour mission de protéger les vies et les biens, la police dépend toujours de la Sénéchaussée. En tant qu'organisation millitaire, elle relève de l'état-major de la Place qui passe ses troupes en revue.

Deux corps distincts composent la police: la *maréchaussée*, dont la juridiction s'étend à toute la paroisse, et la *troupe de police*, dont la juridiction se confine à la ville seule.

À la tête de la maréchaussée se trouve le Prévôt-général pour les parties de l'Ouest et du Sud. Le corps lui-même est constitué d'un prévôt, d'un exempt, de deux brigadiers et de huit cavaliers. La troupe de police, commandée par un inspecteur de police, est composée de deux exempts, cinq brigadiers, vingt archers et d'un nombre indéterminé d'auxiliaires nègres.

La maréchaussée loge dans une petite caserne au centre de la capitale, tandis que la troupe de police possède des corps de garde à l'intérieur et aux entrées principales de la ville.

La troupe de police est chargée de la police effective de la cité. À elle de maintenir l'ordre et la tranquillité publics, de veiller à la bonne exécution des dizaines d'ordonnances qu'une succession d'administrateurs avisés ont édictées en vue du développement rationnel de la ville. Son action est multiple, universelle; elle va même parfois jusqu'à intervenir dans des questions auxquelles elle n'est pas nécessairement intéressée.

Plus spécialement, elle s'occupe de la propreté des rues et des places publiques, procède à la capture des animaux errants, inspecte les marchés, s'assure de la bonne qualité des vivres et de leur vente au prix réglementaire, dresse procès-verbal contre les profiteurs qui débitent leurs marchandises à faux poids ou à fausse mesure, surveille les lavoirs, les cabarets, les auberges, les boulangeries, les boucheries, visite les abattoirs, contrôle l'état de santé des animaux à abattre, empêche la pratique des jeux illicites, veille au respect des prescriptions administratives en matière de constructions privées, traque les esclaves vagabonds qui rôdent dans les rues, poursuit les affranchis qui veulent s'arroger des libertés qu'ils n'ont pas, veille enfin à préserver la ville de toutes les calamités dont elle pourrait avoir à pâtir, en particulier les incendies.

La vigilance de la maréchaussée s'exerce sur des délits plus graves. Elle pourchasse les déserteurs et les esclaves fugitifs, court sus aux criminels, aux incendiaires, aux marrons qu'elle arrête et livre aux magistrats, escorte les condamnés à mort et prête main forte, si le cas y échoit, à l'exécution des sentences des juges.

Ces innombrables missions dévolues en principe à la police ne sont guère remplies avec satisfaction: l'aspect général des rues laisse beaucoup à désirer; les marchands indélicats font choux et raves au marché et se moquent du tarif officiel; partout dans la ville les voleurs prolifèrent, les cas d'empoisonnement par les marrons se multiplient...

Il faut l'avouer, l'exercice de la police à Port-au-Prince est gêné par de bien nombreuses embûches, et l'étendue de la ville en demeure une parmi celles qu'on évite difficilement. Les patrouilles, esquintées par des marches forcées sous un soleil de plomb, jettent souvent le manche après la cognée. Par ailleurs, l'existence des quartiers populeux aux maisons sordides, avec corridors et courettes intérieurs, et qui constituent autant de refuges pour ceux dont la conscience n'est pas sans reproches, handicape considérablement la poursuite des délinquants.

La nuit, les difficultés s'avèrent encore plus grandes. En dehors de quelques places publiques et de certaines rues du quartier du commerce éclairées par des réverbères d'une faible luminosité, la ville est plongée dans une obscurité presque totale, et les filous ont alors beau jeu de se livrer à leurs déprédations. C'est aussi l'heure où les nègres marrons, abandonnant leurs cachettes, descendent des montagnes, se répandent dans la ville et vont semer la terreur parmi les blancs: incendie et poison sont leurs armes préférées... Le service du guet instauré par la maréchaussée est impuissant à mettre un terme aux mauvais coups. Les cavaliers ont beau parcourir pendant la nuit les différents quartiers de la cité, l'obscurité reste la grande complice des «brigands», et peu s'en faut que ces derniers ne tiennent le haut du pavé.

La ville semble bien mieux gratifiée en ce qui concerne sa protection au point de vue militaire. Dans sa spacieuse caserne de la rue de Conty, loge le régiment de Port-au-Prince, fort de 1 048 hommes de troupe et de 60 officiers. Assimilé depuis le 10 décembre 1784 aux règlements du département de la Guerre, il est composé de deux bataillons comprenant chacun quatre compagnies de fusiliers et d'une compagnie de chasseurs rattachée au deuxième bataillon. Le corps de cavalerie, formé d'une compagnie de dragons, est cantonné dans le même bâtiment.

À la caserne voisine, loge le détachement d'artillerie dans lequel, depuis 1784, se trouve incorporée l'ancienne compagnie des canonniers-bombardiers.

En dehors de cette force militaire qui constitue la garnison de Port-au-Prince, la milice, formation paramilitaire destinée à prêter main-forte à l'armée, possède ses bataillons toujours prêts à se regrouper en cas de besoin. Ils comprennent une compagnie de grenadiers, une de carabiniers, quatre compagnies de fusiliers blancs, une compagnie de volontaires, une compagnie de dragons et une de gendarmes.

À l'instar des places fortes du Cap et du Môle Saint-Nicolas, la capitale de Saint-Domingue est pourvue d'un système de défense assez important. Dès l'époque de la création de la ville, les stratèges coloniaux s'étaient rendu compte de son évidente vulnérabilité sur le plan stratégique, sauf à y remédier par des travaux de défense. Certes, si la baie du Cul-de-Sac, protégée par la position en avant-garde de l'île de la Gonâve, offrait un refuge à de nombreux navires, ces mêmes vaisseaux pouvaient se trouver bloqués à l'intérieur de la rade par une escadre ennemie croisant au large. De plus, les îlots qui séparent les deux ports, loin de protéger la ville, pouvaient au contraire ne servir qu'à couvrir une éventuelle descente.

Du côté de la terre, si la cité, grâce à la position du Bel-Air et à celle du Piémont, était à même de défendre avec avantage ses entrées nord et sud, elle restait dominée par le morne de l'Hôpital, et cette fâcheuse situation ne pouvait qu'être préjudiciable à sa sécurité.

Port-au-Prince n'existait encore qu'à l'état de projet, que son fondateur Larnage, face aux défectuosités d'ordre stratégique, avait su découvrir les positions susceptibles de garantir à la future capitale une protection efficace. Il y avait placé des corps de garde armés de batteries, et en 1789, c'étaient encore ces mêmes établissements, pour la plupart agrandis, fortifiés, bastionnés, qui défendaient la ville.

De l'embouchure de la Grande-Rivière du Cul-de-Sac[14] jusqu'au lieu-dit Morne-à-Bateau, sur le chemin de Léogane, en suivant la courbe de la côte, s'échelonnent toute une suite d'ouvrages fortifiés appelés à parer à une invasion, soit par la rade, soit par les anses ou plages de débarquement situées aux approches de la ville. L'état de guerre quasi perpétuel entre la France et l'Angleterre motivait cette défense côtière établie avec soin.

Du côté de la plaine, à l'embouchure de la Grande-Rivière, la batterie du Fossé défend le mouillage du Cul-de-Sac et bat les passes qui mènent à la rade.

Plus près de la ville, la batterie de la Pointe à Rebours, ou fort Dimanche, croise ses feux avec ceux du Fossé, tout en protégeant les petites îles qui sont à sa portée et qui pourraient servir d'abris à des corsaires.

Le fort Saint-Joseph, d'une importance capitale, dresse ses murs bastionnés à l'entrée nord de la ville qu'il protège tant du côté de la plaine que du côté de la mer. De ses onze pièces de gros calibre, il donne des feux sur le mouillage et la passe du port marchand, contrôle le débarcadère de ce port et enfile le grand chemin du Cul-de-Sac qui, par le pont Larnage[15], débouche sur la plaine.

Dans la ville même, le fort Sainte-Claire, armé de quinze canons et de deux mortiers, étend ses feux sur la passe et le mouillage du port du roi, ainsi que sur le débarcadère de ce port.

Sur la colline de l'habitation Piémont, le fort Bagatelle[16] protège de ses quatre pièces l'entrée sud de la ville, tout en donnant des feux additionnels sur le mouillage du port du roi.

À une lieue à l'ouest du fort Bagatelle, sur une éminence dominant d'environ cinquante pieds le chemin de Léogane, le blockhaus de Bizoton assis là où s'élevait autrefois la grand'case de l'habitation Bizoton de La Motte, est armé de six canons. Il défend l'anse du Port-Sallé qui lui fait face, ainsi que le mouillage de ce petit port, et contrôle les approches de la ville par le sud.

Toujours dans la région côtière ceinturant au sud la baie de Port-au-Prince, deux pièces de canon, établies à l'emplacement de l'ancien Trou-Bordet, protègent l'embarcadère de ce lieu. À peu de distance, une batterie de deux pièces également croise ses feux avec ceux du Trou-Bordet et protège l'embarcadère et le mouillage de l'habitation Volant.

Deux autres batteries de canons postées, l'une sur l'habitation Mariani, l'autre au Morne-à-Bateau, défendent une série de petites anses capables de servir de plages de débarquement à une armée d'invasion ayant la capitale pour objectif.

Avec son armement imposant de douze pièces de canon et de deux mortiers, le Fort-l'Îlet, la plus ancienne fortification de la ville, placé sur un îlot en pleine rade, n'offre qu'un médiocre intérêt stratégique. L'expérience a démontré qu'il remplissait mal sa fonction de défendre le canal qui conduit au port et la pointe avancée qui sépare les deux ports. De plus, sa position basse l'exposait au feu des navires ennemis. «Ce fort ne peut rien protéger, prétend encore Moreau de Saint-Méry, et n'empêcherait pas qu'un bâtiment ne fût pris en grande rade par un autre bâtiment plus fort que lui.» On n'y maintient une garde que par habitude, et le piteux état de ses murs crénelés dit bien le peu d'importance que l'autorité militaire attache à son entretien.

... Telle est, à la veille de la Révolution Française, la capitale de Saint-Domingue, avec ses rues animées, son port actif, son commerce florissant; la voici, sous la baguette d'un intendant intègre et sage, essayant de se lancer résolument sur la route de l'évolution... Dessein on ne peut plus téméraire: tant d'embûches apparemment insurmontables jalonnent cette voie!

La loi fondamentale qui conditionne à Port-au-Prince, comme partout à Saint-Domingue, les relations des individus entre eux, L'INÉGALITE SOCIALE, est la grosse plaie qui affaiblit tout effort généreux, décourage les plus belles initiatives. Derrière l'apparence de luxe et de prospérité qui anime le décor port-au-princien palpite «une existence de lutte âpre et pénible, pleine d'aléas et de surprises». Haine, méfiance, envie, jalousie, toutes ces passions malsaines qui à longueur de journée labourent le cœur de ses fils ont fait à la cité une âme de tourmentée.

Car rien de plus factice que cette atmosphère de jouissance qui règne dans la capitale. Trop de cruautés, d'iniquités de toutes sortes ont, depuis plus de deux siècles, déshonoré le sol de Saint-Domingue. Le bouillonnement des idées a atteint son paroxysme. Dans sa sphère d'action, chacun, inquiet et anxieux, pressent que quelque chose va changer, doit changer. Vienne l'étincelle, et éclate la déflagration que tout le monde attendait. En définitive, cette vie éblouissante de luxe et de libertinage qui fait bénéficier la capitale d'une réputation de ville brillante où les plaisirs sont la règle, n'est qu'un leurre que chacun s'est façonné à sa mesure pour se divertir et s'étourdir. Artifice qui n'arrivait pas à effacer la frémissante réalité et son cortège d'écœurantes anomalies.

Que de tiraillements, que de contradictions dans les aspirations! Au haut de l'échelle, les deux piliers de l'aristocratie coloniale en complet désaccord: négociants et grands planteurs se plaignent sourdement du despotisme des représentants de la Métropole et des obstacles qu'ils opposent à l'évolution de leur commerce. Parvenir à s'emparer de l'administration et du gouvernement de la colonie, telle est leur secrète prétention. Plus bas, les petits blancs, irrités contre l'ostentation et la morgue des grands blancs à leur endroit, ne rêvent que de les remplacer sur l'échiquier colonial. Puis les mulâtres libres et les noirs affranchis qui, pleins de rancœurs contre le colon, leur oppresseur, n'aspirent qu'à s'arracher de leur humiliante et doulou-reuse situation. Enfin, au dernier échelon, la masse anonyme des es-claves, ouvriers ou domestiques, qui voit, entend, juge et ne dit mot...

1789! La pittoresque cité de Port-du-Prince vit ses derniers beaux jours de capitale française des Îles sous le Vent...

Notes

1   Le polygone, terrain d'exercices de tir, était situé à la savane du Gouvernement, derrière le palais du gouverneur. En dehors des murs, sur le vaste emplacement borné de nos jours par l'Asile Communal et l'autoroute de Delmas, s'étendait le polygone de l'Artillerie.

2   Le portail du Petit Paradis se trouvait au carrefour de l'actuelle rue Montalais et de la rue longeant au nord la place Toussaint-Louverture. Il tirait son nom de l'habitation du Petit Paradis, aujourd'hui propriété des Frères de l'Instruction Chrétienne (Juvénat de Lamennais), que desservait le chemin de la Charbonnière.

3   Ce sentier, après avoir côtoyé les cases de l'atelier des nègres, suivait à peu près le tracé de l'actuelle avenue John Brown et, par le Canapé-Vert, allait desservir les nombreuses habitations des montagnes de la Coupe-Charbonnière.

4   Moreau de Saint-Méry qui donne ces chiffres semble avoir négligé quelques petites rues secondaires. Il paraît de plus avoir compté pour une seule les rues dont les tronçons portaient des noms différents, comme c'est le cas pour nos actuelles rues Courbe et Traversière. Voir à ce sujet, en appendice, la nomenclature des rues de l'époque coloniale.

5   La consécration de cette rupture s'est maintenue. De nos jours, la rue Docteur-Aubry précède la rue de la Réunion, et à la rue du Peuple succède la rue de la Révolution.

6   Pour les détails de la construction de la route Port-au-Prince–Cap, voir l'*Histoire*

d'Haïti du R.P. Adolphe Cabon, Édition de la Petite Revue, tome II, pp. 445 à 447.

7   Bloc où s'élève aujourd'hui l'Hospice Saint-François de Sales.

8   Zone actuelle de l'église Saint-Antoine.

9   Îlet du Lycée Toussaint-Louverture.

10   Aujourd'hui, Place des Héros de l'Indépendance, ci-devant Champ-de-Mars.

11   *Revue d'Histoire des Colonies,* Tome XXXVI, 1949, pp. 225 à 229.

12   Alfred de Laujon, *Souvenirs et Voyages* (1835), pp. 181 à 184.

13   Voir dans *Le théâtre à Saint-Domingue,* de Jean Fouchard, les pages intitulées «Minette et Lise» et l'article de B. Camier paru dans le n° 205 de la R.S.H.H.G.

14   Aussi appelée: rivière Grise et rivière de la Croix-des-Missions.

15   Ce pont érigé en 1786, sur la ravine Saint-Martin, à l'entrée nord de la ville, portait le nom du grand administrateur français qui avait fondé Port-au-Prince. Il devait plus tard servir de cadre à un drame affreux, et dès lors ne s'appela plus autrement que Pont-Rouge.

16   Le fort Bagatelle s'élevait sur l'emplacement approximatif du fort Mercredi.

DEUXIÈME PARTIE

SOUS LES ASSAUTS DE LA RÉVOLUTION 1789-1804

~ Panorama de Port-au-Prince en 1800 ~

LA RÉACTION ROYALISTE

Le coup de tonnerre du 14 juillet 1789 surprend Saint-Domingue en pleine discorde civile. L'autorité des administrateurs, discutée ou méconnue, se désagrège davantage chaque jour. Les tentatives du gouverneur Du Chilleau pour arriver à calmer l'opposition des grands planteurs, la plus résolue de toutes, n'ont abouti qu'à des subterfuges. Contre l'intendant Barbé de Marbois, défenseur intransigeant du régime dit de l'Exclusif, la résistance a redoublé, car celui-ci, conscient de l'illégalité des mesures qui avaient été adoptées par son collègue, a refusé de les entériner. Du Chilleau, décontenancé, a dû démissionner. Son successeur, Louis-Antoine de Thomassin, comte de Peynier, arrivé à Port-au-Prince le 18 août 1789, s'est aussitôt attelé avec Marbois à la tâche délicate de redresser la situation née des initiatives osées de son prédécesseur. Profondément découragé cependant, l'intendant avait, depuis quelques mois, sollicité son rappel. Il se sentait impuissant à tenir tête aux cabales et aux haines que ses idées et sa conduite ne cessaient d'attiser. La lutte pour lui était sans issue... Menacé d'arrestation, il s'embarqua avec sa famille, dans la soirée du 26 octobre à bord de l'*Ariel*, trois-mâts de la marine de guerre, en route pour la France. Port-au-Prince perdait en lui un insigne bienfaiteur.

La nouvelle de la prise de la Bastille, parvenue à Saint-Domingue vers la fin d'août, est accueillie avec allégresse. Se manifestent au grand jour, les Comités du Nord, de l'Ouest et du Sud qui s'étaient constitués en secret, sous le patronage des colons, en vue de préparer les élections des députés de Saint-Domingue aux États généraux. À

Port-au-Prince, le marquis Jean-Baptiste de Caradeux de la Caye, dit Caradeux aîné, riche planteur du Cul-de-sac, «personnage d'une stature gigantesque, d'un orgueil insupportable et d'une bêtise rare en matière politique»[2], est élu président du Comité de l'Ouest.

Cependant, au sein de la population de Saint-Domingue, la confusion était complète. En exploitant à outrance les ressources de la démagogie, les blancs étaient parvenus à ce paradoxal tour de force d'identifier la réaction du peuple de Paris à leurs intérêts les plus fanatiquement égoïstes.

Pour surveiller l'administration, renforcer les doléances et proposer des réformes, la création d'un corps constitué se révélait indispensable... Vers la fin de l'année, les grands planteurs du Nord, profitant de l'effervescence générale, se donnent une assemblée provinciale, composée de députés des paroisses du Nord. Mais la grande ambition de la bourgeoisie blanche était la fondation sans délai d'une assemblée coloniale législative qui serait formée de députés élus par les habitants. Ce fut l'une des principales requêtes des députés de Saint-Domingue admis aux États généraux qui, sous la pression du Tiers État, s'étaient proclamés Assemblée Nationale Constituante. Craignant une mainmise de celle-ci sur l'organisation politique des colonies, le Conseil d'État se hâta d'approuver la pétition des députés domingois; mais fortement influencé par les armateurs et négociants de France, arc-boutés à leurs privilèges, il déboucha sur une solution résolument «bâtarde». Le 26 septembre 1789, en effet, le Conseil autorisait l'institution à Saint-Domingue d'une assemblée coloniale, simple assemblée consultative, dépourvue du droit de légiférer.

À l'exemple du Nord, l'Ouest, puis le Sud s'étaient donné une Assemblée provinciale formée sans la participation des affranchis[3]. Pour les blancs de toutes catégories, les libres étaient le point noir qui les remplissait d'inquiétude: n'étaient-ils pas concernés, autant qu'eux, par la *Déclaration des droits de l'homme et du citoyen* formulée par la Constituante le 26 août 1789? À Paris principalement, le parti des hommes de couleur, ou *Société des Colons amériquains*, représenté par Vincent Ogé et Julien Raimond et soutenu par Jacques-Pierre Brissot, fondateur en 1788 de la *Société des Amis des Noirs*, montrait une activité débordante. Harcelée par ses réclamations, l'Assemblée Nationale, après avoir pris connaissance des doléances des délégués de couleur, votera, rédigés par Antoine Barnave, esclavagiste convaincu et président du Comité des Colonies, le décret du 8 mars 1790 sur les assemblées coloniales, et les instructions du 28 du même mois qui paraissaient reconnaître aux libres l'exercice des droits civiques. Par ces prescriptions du pouvoir souverain, l'Assemblée coloniale de Saint-Domingue obtenait pour la première fois la légitimité.

Quand furent reçus dans la colonie les décrets nationaux de mars, l'Assemblée coloniale, à la suite d'élections par assemblées primaires qui avaient envoyé siéger un nombre élevé de grands planteurs, s'était réunie dans la ville de Saint-Marc, le 16 avril 1790. Pour marquer au départ son esprit d'indépendance vis-à-vis de la Métropole, elle s'était empressée de s'arroger le titre d'*Assemblée générale de la partie française de Saint-Domingue*. Attitude tout à fait conforme au plan d'action des grands planteurs qui avaient bénéficié de leur position de protagonistes des idées nouvelles, pour recueillir les suffrages même des électeurs petits blancs[4] et qui étaient prêts à surmonter tous les obstacles pour conduire la colonie à l'autonomie économique, administrative et politique.

En dépit de leur victoire, que semblaient consacrer les instructions du 28 mars, les hommes de couleur allaient se heurter à l'intransigeance outrancière de la classe blanche. D'après ces instructions, de nouvelles élections devaient venir confirmer le choix des représentants récemment élus à l'Assemblée coloniale. Spéculant sur l'ambiguïté du texte qui n'avait pas formellement désigné les gens de couleur, parmi les «personnes» aptes à prendre part aux élections, les blancs, tolérés par le gouvernement, s'opposeront à ce qu'on leur attribue le statut d'électeurs. Les élections, organisées dans ce climat de mystification, renverront à l'Assemblée coloniale les députés de la première session.

Détentrice d'une autorité qui se voulait irréductible et tracassière, et s'appuyant sur le décret du 8 mars qui autorisait les assemblées coloniales à élaborer des plans de constitution et à organiser des municipalités, l'Assemblée de Saint-Marc bâtit hâtivement les «Bases constitutionnelles de Saint-Domingue». Elles se révélèrent, à l'analyse, une pure prise de position d'autonomie par rapport à la Métropole. Devant l'omnipotence de plus en plus grandissante de l'Assemblée générale, les Assemblées provinciales de l'Ouest et du Sud s'étaient tour à tour dispersées. Seule semblait vouloir lui résister l'Assemblée provinciale du Nord qui, sentant ses intérêts menacés et reconnaissant ses propres excès, se rapprochait du gouvernement. Au moment de s'effacer, l'Assemblée provinciale de l'Ouest, avait transmis ses pouvoirs au Comité de l'Ouest, le seul des trois comités provinciaux qui avait survécu aux perturbations politiques. Se réclamant du plus ardent patriotisme, il groupait les adeptes de l'assemblée saint-marcoise.

Quelle est à cette époque l'atmosphère de la capitale ?

La population blanche y est profondément divisée. Aux fonctionnaires, placés sous la bannière du gouverneur, se sont joints la plupart des commerçants, lésés dans leurs intérêts par les entreprises téméraires de l'Assemblée de Saint-Marc. Les libres, sollicités d'un côté par l'Assemblée générale qui, après la rixe de Fond-Parisien entre blancs et affranchis, avait déclaré prendre sous sa protection les gens de couleur de bonne conduite, de l'autre par le gouverneur lui-même qui ne cesse de leur faire des mamours, gardent une certaine expectative. Cependant, lancinante comme une meurtrissure, leur remontait à l'esprit la frustration dont ils venaient d'être victimes de la part des blancs. Les divergences de vues entre le gouvernement et l'Assemblée de Saint-Marc, porte-parole des revendications racistes des petits blancs, les amèneront à se rallier avant longtemps au parti du gouvernement.

Grâce à sa fermeté, le colonel de Mauduit du Plessis, successeur à la tête du régiment de Port-au-Prince du marquis de Gripière de Laval, est parvenu à maintenir un ordre relatif. Ennemi des principes révolutionnaires, il paraissait résolu à faire respecter l'autorité royale.

D'une ancienne famille aristocratique de Bretagne, le chevalier Thomas Antoine de Mauduit du Plessis était, selon Madiou, de stature moyenne. La démarche fière, les yeux pleins de feu, il était doué d'un grand courage et d'une énergie remarquable. Au cours d'un voyage en

Europe, il avait rencontré à Turin le comte d'Artois qui semble alors lui avoir transmis des instructions pour opérer la contre-révolution à Saint-Domingue. On peut présumer, si le fait est exact, ce que dut ressentir de fierté et de joie ce hobereau de vieille souche, à se voir confier une tâche qui s'accordait si bien avec ses convictions et ses principes.

Dès son retour à Port-au-Prince, le 17 juin 1790, après un séjour à Paris[5] où il avait suivi, place des Victoires, les séances du *club Massiac*[6] Mauduit s'était rendu compte que pour faire avantageusement face à l'audacieuse prépondérance des petits blancs de la capitale, il lui faudrait avoir son régiment bien en main. Un seul moyen s'offrait à lui pour y parvenir : prodiguer ses faveurs à ses hommes. Complaisance calculée qui n'ira pas sans créer bien des contestations entre citoyens et militaires. Chez les petits blancs, une sourde animosité contre le régiment de Port-au-Prince et son colonel commença à couver.

Dans le but de contrebalancer l'influence du terrible Comité de l'Ouest, dont les menées subversives se précisaient de plus en plus, le gouverneur a pris la décision de grouper ses partisans de la capitale en une *Corporation des Volontaires de Port-au-Prince*. Par opposition aux prosélytes de l'Assemblée de Saint-Marc, qui arboraient avec ostentation la cocarde tricolore, ils porteraient comme signe distinctif un *pompon blanc*. Mais pour mieux signaler l'esprit révolutionnaire qui les animait, les petits blancs n'allaient pas tarder à adopter le *pompon rouge*.

Le 10 juillet 1790, sous les auspices du colonel de Mauduit, est officiellement fondée, à la salle de la Comédie, la Corporation des Volontaires de la capitale. Beaucoup d'affranchis, de commerçants, de fonctionnaires, de commis de négociants et de l'administration, de capitaines et officiers de navires marchands ont jugé à propos de s'y embrigader. Le 14 juillet, tandis qu'à la caserne on célébrait avec éclat la fête de la Révolution, la troupe jure de combattre jusqu'au dernier souffle aux côtés de son colonel. Entre les mains de Mauduit, les volontaires font à leur tour le serment d'être fidèles aux drapeaux du régiment.

La réaction des ennemis de l'autorité ne se fait pas attendre. Pour s'attacher les régiments du Cap et de Port-au-Prince, l'Assemblée de

Saint-Marc, après avoir fait miroiter aux yeux des soldats la promesse d'une substantielle augmentation de solde, décrète que le serment de fidélité aux commandants de régiment n'aurait de valeur que prêté devant les officiers municipaux. Le Comité de l'Ouest, de son côté, désapprouve publiquement la création du corps des volontaires et justifie son attitude par le fait que toute corporation particulière avait, de par sa formation, un caractère illicite. La ville, selon le Comité, avait, depuis le 20 mai 1790, été dotée d'une Garde nationale[7] qui s'était substituée à l'ancienne Milice coloniale. Juxtaposer à ce corps, fruit des idées nouvelles, une corporation dont la plupart des membres étaient des citoyens non actifs, puisque non domiciliés à Saint-Domingue, était conduire la situation vers un redoutable imbroglio.

On passe outre à ces protestations intéressées que l'on classe au nombre des intrigues d'un parti abhorré qui tôt ou tard aura à en rendre compte. Pendant ce temps, les volontaires s'organisent. Chaque jour à la caserne, ils sont assujettis à des exercices militaires. M. de Mauduit y assiste assez souvent et ne manque jamais l'occasion de témoigner sa grande estime aux recrues. Il exige que les volontaires jouissent des mêmes faveurs que les soldats du régiment et qu'à la cantine on leur débite vin et tafia à prix modéré.

Nantis d'une autorité que le commandant néglige de limiter, militaires et volontaires arrivent bientôt à se considérer comme les maîtres de la cité. Pas d'excès qu'ils ne se permettent: bravades presque journalières devant le corps de garde national de la rue Dauphine (rue du Centre ou Hammerton-Killick), insultes aux habitants qu'ils soupçonnent de ne pas être en communion d'idées avec eux, voies de fait sur ceux qui exhibent trop ostensiblement leur pompon rouge.

… Les événements vont se précipiter. Confiant en sa force, de Peynier a pris le parti d'en finir avec les faux-fuyants. Il était las de se sentir la chose du Comité de l'Ouest et le subalterne de l'Assemblée générale et n'entendait plus se laisser faire. L'ambiance menaçante qui étreignait la ville s'était accrue. Dans les forts, à la caserne, au palais du gouverneur, il y avait comme un branle-bas de combat. Au fort Saint-Joseph en particulier, des canons étaient pointés sur la capitale et le chemin du Cul-de-Sac. On y aménageait des grils et des fourneaux pour rougir les boulets, en même temps qu'on y entreposait des caissons de munitions. La nuit, de nombreuses patrouilles circulaient par toutes les rues.

Le 29 juillet 1790, au conseil de guerre tenu au Gouvernement[8], la suppression du Comité de l'Ouest est décidée. À Mauduit, de Peynier confie le soin de disperser le Comité et d'arrêter ses membres les plus influents. Le colonel a demandé un délai de quelques heures pour préparer son plan. Dans l'après-midi, on le voit à cheval traverser la place de l'Intendance (place de la Cathédrale), parcourir le centre commercial du bord-de-mer, se rendre au parc d'artillerie et dans divers quartiers de la ville.

Le Comité, qui a pris conscience du danger qui le guette, fait appel au patriotisme des habitants. Des défenseurs s'amènent aussitôt à son local de la rue Dauphine (rue du Centre), en même temps quartier général de la Garde nationale[9]. Quelques pièces d'artillerie y sont traînées pour renforcer les deux petits canons qui protégeaient le corps de garde . Des membres de l'équipage du vaisseau stationnaire le *Léopard,* circonvenus par une clique de petits blancs qui ont forcé le commandant marquis de la Galissonière et ses officiers à abandonner leur bord, se présentent devant le Comité pour se mettre à ses ordres. Au soir, plus de quatre cents hommes, munis d'armes des plus hétéroclites, se trouvaient rassemblés autour du corps de garde national, disposés à défendre le Comité jusqu'au bout, tandis que des patrouilles civiques faisaient le guet dans les rues avoisinantes.

Bien sûr, les mesures adoptées par le gouvernement pour porter, durant la nuit même, le coup fatal au Comité de l'Ouest, étaient autrement impressionnantes. Le régiment entier avait été consigné et les volontaires cantonnés, en partie à la caserne, en partie à la savane du fort Saint-Joseph. Quelques-uns avaient été postés à l'Arsenal et à la Poudrière; d'autres, au clocher de l'église, pour empêcher les Pompons rouges de venir y sonner l'alarme. Les portes de la ville étaient fermées et sévèrement gardées. La ville elle-même se trouvait coupée en deux par un cordon de soldats s'étirant du Gouvernement au littoral. Pour ne pas éveiller les soupçons sur l'importance des préparatifs, on avait poussé la ruse jusqu'à envelopper de lisières de drap et de toile les roues des canons qu'on avait disposés aux points stratégiques[10]. Aux affranchis volontaires, Mauduit avait préparé une participation de choix à l'action. Des postes de confiance leur avaient été assignés. Plusieurs d'entre eux, dont le jeune Alexandre Pétion, avaient été choisis pour faire partie de son escorte personnelle.

Vers minuit, le colonel fait circuler dans les rangs de la Garde nationale la fausse nouvelle du repli vers leur caserne des soldats du régiment disséminés dans la ville. Pensant le danger écarté, plusieurs Pompons rouges regagnent leurs demeures. Alors débouche par la rue de Bonne-Foi, à la tête d'une compagnie de cinquante grenadiers et de plusieurs volontaires, le chevalier de Mauduit dans son uniforme de colonel des armées du Roi. Par la rue des Fonts-Forts, apparaît la colonne du capitaine Germain. Chacun de ces détachements est appuyé par une pièce de canon. Le secteur de la rue Dauphine, compris entre les rue Bonne-Foi et des Fonts-Forts, et où logeait le corps de garde national, se trouvait pratiquement investi.

Surpris, les Pompons rouges restés aux alentours du local du Comité se regroupent hâtivement. Entouré de ses grenadiers, baïonnette au canon, Mauduit s'avance jusqu'aux abords de la maison, et par trois fois, au nom de la Nation, de la Loi et du Roi, somme les membres du Comité de se rendre aux ordres du gouvernement. Bordelier, capitaine de la Garde Nationale, crie: «Feu!». Décharge de mousqueterie. Douze grenadiers tombent. Les Pompons blancs se précipitent avec fureur sur les Pompons rouges. L'engagement est rude. Bordelier et trois gardes nationaux sont égorgés. Les autres, réalisant qu'ils avaient peu de chance, en combattant les armes à la main, de s'échapper de la souricière où ils étaient pris, se sauvent à toutes jambes, certains sautant par-dessus les murs de clôture, d'autres grimpant sur les toits ou gagnant les cours arrière des maisons voisines. Les hommes de Mauduit les pourchassent et arrivent à s'emparer d'une quarantaine de fuyards. Mais les membres du bureau, qui avaient eu la précaution de se réunir au domicile du négociant Duchemin, leur président, plutôt qu'au siège du Comité, ont le temps de se mettre à l'abri. Les soldats envoyés chez eux pour les arrêter reviendront bredouilles.

Mauduit et ses grenadiers ont pénétré dans la salle des séances du Comité. Un désordre indescriptible y règne. Ça et là, des flaques de sang. Jonchent le parquet, des débris de plâtras. Les drapeaux de la Garde sont arrachés des cloisons où ils étaient suspendus et traînés dans la poussière. On en fait ensuite un trophée de victoire. Musique en tête, soldats et volontaires quittent le corps de garde national, qu'ils baptiseront par moquerie du nom de *Fort Capon*[11], et reprennent le chemin de la caserne. Des fonctionnaires, des conseillers, des affranchis marchent en se donnant le bras, pendant que la fanfare fait entendre des airs triomphants. Avant d'atteindre la caserne, on s'arrête rue de Provence (rue des Casernes ou avenue Paul VI), chez le colonel de Mauduit à qui l'on remet, en signe de gratitude, les drapeaux de la Garde nationale[12].

Dans la matinée, le gouverneur-général lance une proclamation par laquelle il annonce aux habitants de Port-au-Prince la suppression du Comité de l'Ouest. Le même jour, la Garde Nationale, créature de l'Assemblée coloniale, est déclarée dissoute. Au vaisseau du roi le *Léopard,* dont bon nombre de marins avaient, durant la nuit, participé à l'action dans les rangs des Pompons rouges, ordre est donné de partir pour France. L'équipage refuse d'obtempérer. Sous la menace des batteries côtières, il donne le commandement au capitaine en second, le baron Balthazar de Santo Domingo, blanc créole propriétaire de l'habitation Santo du Cul-de-Sac, qui rallie le port de Saint-Marc.

La dispersion du Comité de l'Ouest ouvrait plus aisément la voie au renversement de l'Assemblée de Saint-Marc. Entre cette dernière et le gouverneur-général, les relations avaient atteint leur plus haut degré d'acrimonie, depuis que, dans une récente proclamation, de Peynier avait qualifié les membres de l'Assemblée générale de «traîtres à la patrie» et de «criminels envers la nation et le roi». L'Assemblée provinciale du Nord, opposée plus que jamais aux visées sécessionnistes de sa rivale, et qui travaillait ardemment à sa chute, s'empressa d'envoyer des commissaires à Port-au-Prince pour inviter le gouverneur à débarrasser une fois pour toutes la colonie de cet État dans l'État, au besoin par les armes. Pour Peynier, le temps des tergiversations était bien révolu. Un conseil militaire, réuni le 3 août au Gouvernement, donne le feu vert à l'Assemblée du Nord pour faire marcher des troupes contre Saint-Marc.

À sa réquisition, M. de Vincent, commandant en second de la province du Nord, s'embarque avec 400 volontaires et 200 soldats du régiment du Cap à destination des Gonaïves. De Port-au-Prince, 600 hommes, tant du régiment de cette ville que des Pompons blancs et des hommes de couleur, s'ébranlent par terre et par mer, sous le commandement du colonel de Mauduit, en vue d'aller prêter main-forte aux colonnes capoises.

Contre toute attente, ces dispositions belliqueuses ne devaient donner lieu à aucun engagement. Renonçant brusquement au combat, en dépit de la présence à Saint-Marc de nombreux volontaires de l'Artibonite qui avaient répondu à leur appel aux armes, les membres de l'Assemblée générale, après avoir protesté de leur attachement à la France et à ses lois, s'embarquèrent le 8 août pour la Métropole, à bord du *Léopard*. Adeptes fanatiques du séparatisme, ils n'avaient trouvé d'autre issue à leur dramatique situation que le recours à l'arbitrage de la mère patrie![13]

Le triomphe du parti monarchique était certain et de Peynier pouvait se montrer généreux. Beaucoup de citoyens qui, lors de la suppression du Comité de l'Ouest, avaient été mis sous les verrous, sont relaxés, par ordre du gouverneur. Cet acte de clémence sera impuissant à ramener la confiance. Ceux des habitants, parmi les plus compromis dans l'affaire du 29 juillet, qui avaient pu s'échapper de la capitale, refuseront d'y retourner. Ils craignaient non sans raison les ennuis que la défaite de leur parti ne manquerait pas de leur susciter.

En effet, dans les premiers jours qui suivent la victoire des forces du gouvernement, soldats et volontaires se livrent aux pires abus. «Notre armée est respectable et imposante, nos fortifications imprenables, proclamaient-ils. Trente mille, cinquante mille hommes ne peuvent rien contre nous[14]». Et ils n'y allaient pas de main morte pour faire sentir cette omnipotence. «Sur les moindres délations, rapporte un habitant de la ville, des citoyens sont mandés et torturés… Des soldats ivres parcourent les rues et insultent jusqu'aux femmes enceintes[15]». Les Pompons rouges, désarmés, restent à la merci du premier soudard qui veut leur chercher querelle.

Le Conseil Supérieur[16], froissé du mépris où l'avaient tenu les partisans de l'Assemblée coloniale, s'acharna de son côté à assouvir sa vengeance sur les trublions déconfits. Il condamna nombre d'entre eux au bannissement et fit fouetter en public ou marquer au fer rouge plusieurs autres.

Ces excès ne sont pas pour apporter aux esprits la paix bienfaisante. Une bonne partie de la population voit qu'elle est traitée en vaincue. Le fait par M. de Mauduit d'avoir accueilli chez lui les drapeaux considérés comme un trophée pris à des ennemis n'était-il pas assez convaincant?... Seuls les libres, forts de la part active qu'ils avaient prise dans la chute du Comité local, gardaient l'espoir d'une amélioration de leur situation. On leur a permis de conserver leurs armes. On les traite en alliés.

Une atmosphère lourde pèse sur la cité. Dès la tombée de la nuit, les rues et les places publiques sont abandonnées aux patrouilles. La Comédie fait relâche. Auberges, cabarets sont désertés. On évite de se rencontrer en public. Les commentaires s'échangent à voix basse, dans les pièces arrière des maisons, soigneusement calfeutrées et verrouillées.

La position du gouvernement se trouvera singulièrement renforcée à l'annonce du vote par la Constituante du décret du 12 octobre, condamnant l'Assemblée de Saint-Marc. Avaient été également prescrites par l'assemblée métropolitaine, des félicitations à l'adresse du gouvernement et des troupes de Port-au-Prince et du Cap pour l'énergie dont ils avaient fait montre dans la répression des ennemis de la patrie...

Déterminé à consolider sa victoire, de Peynier ordonne de grands travaux de retranchement du côté de Bizoton. On pouvait à juste titre craindre un coup de main dans cette région, le Sud étant resté la seule partie de la colonie hostile au gouvernement. L'on place des batteries sur les éminences dominant le chemin de Léogane. Dans la ville même, on accroît l'armement des forts. Des canons y sont amenés et fixés sur leurs affûts. Au bord-de-mer, au niveau du quai de Rohan, et en contrebas de l'ancienne concession Ducoudray, aujourd'hui Place Geffrard, on installe une batterie destinée à donner des feux additionnels pour la défense du port. Cette batterie s'appellera plus tard *batterie Montbrun*, après que ce général l'aura pourvue d'une enceinte crénelée et de bastions que l'on construira en avancée sur la mer. Elle deviendra le *fort Per*, quand le corps du général Louis Per y aura été enterré.

À cette époque, une dame qui se rendra tristement célèbre, la cabaretière Martin, entre en scène. De forte corpulence, la taille haute, les cheveux noirs retombant en cascade sur ses épaules toujours à moitié découvertes, madame Martin était une blanche que ses hérédités ancillaires avaient placée au rang des plus farouches ennemis de l'aristocratie. Depuis la fameuse nuit du 29 juillet, son animosité contre les royalistes avait décuplé, animosité qui, à l'endroit du colonel de Mauduit, allait jusqu'à la haine. Rentrée dans ses gonds après le pitoyable échec de son parti, elle n'osait plus faire entendre sa voix de rogomme qui, dans les réunions publiques, lui avait attiré la sympathie de la canaille blanche. Mais le démon de l'action la démangeait, et l'idée lui vint, puisque certains de ses amis, appréhendés lors de l'affaire du 29 juillet, étaient encore en prison, de leur apporter au fond de leur cellule le gage de sa fidélité sous la forme d'un chaudron de bouillon. Éconduite par le directeur de la geôle, la Martin ne se laissa pas désarmer pour si peu.

À son initiative, les dames de la petite société de Port-au-Prince se réunissent un matin à l'église et s'érigent en assemblée de paroisse. Les délibérations roulent sur les moyens à utiliser en vue d'obtenir l'élargissement des prisonniers du 29 juillet, en détention préventive depuis trois mois. Mais un intrus, escorté de deux sapeurs, se présente plein de morgue, et s'avance jusqu'à elles. Le colonel de Mauduit – car il s'agit de lui – veut être informé du motif de cette réunion. «C'est pour marier des veuves et baptiser des enfants», répondent ces dames sur un ton sarcastique. Le colonel reste un moment embarrassé. Craignant, à cause de leur attitude, de tomber dans le ridicule, il se retire sans mot dire.

De l'église, la Martin et ses compagnes se rendent au palais du gouverneur et demandent à être introduites auprès de M. de

Blanchelande. Celui-ci venait de succéder à de Peynier au gouvernement de Saint-Domingue[17]. Il jugea de bonne politique de les recevoir en compagnie de sa femme. Prise de contact qui devait aboutir à un résultat satisfaisant, car elles s'en retournèrent chez elles avec la promesse du général que les incarcérés du 29 juillet ne tarderaient pas à passer en jugement. Dans les petites sphères de la capitale, on fut unanime à féliciter la Martin de son succès, prélude à de plus importantes victoires...

Notes

1   Le régime de l'Exclusif, improprement appelé «Pacte Colonial», était constitué d'un ensemble de lois prohibitives qui assuraient à la France le monopole du commerce avec ses colonies et n'autorisaient les transports maritimes que sous pavillon français. Ces réglementations particulières, préconisées par Colbert dans les années 1660, et qui servaient avant tout les intérêts du négoce métropolitain, avaient toujours été vivement combattues par les grands planteurs et les commerçants de Saint-Domingue.

2   Journal inédit du colon Gamot, reproduit dans la revue *Le Document,* Port-au-Prince, n° 3, mars 1940, p. 177.

3   La «classe» des affranchis était composée d'une majorité de métis et d'une minorité de noirs. Nous les désignerons indifféremment, suivant la terminologie de l'époque, sous les noms de gens de couleur, hommes de couleur, mulâtres, sang-mêlé, libres, citoyens du 4 avril (1792), et à partir d'août 1793, pour les distinguer des nouveaux libre, sous celui d'anciens libres.

4   Les «petits blancs» occupaient, après les fonctionnaires, les planteurs et les grands commerçants, le bas de l'échelle sociale blanche. Ils comprenaient des ouvriers, des tenanciers, des artisans, des boutiquiers et aussi des dévoyés et des déclassés. Tous ils nourrissaient de profondes rancœurs contre les classes supérieures.

5   Gabiel Debien, *Les colons de Saint-Domingue et la révolution,* pp. 212 et 219.

6   Société constituée à Paris, en août 1789, sous le nom de «Société correspondante des colons français assemblés à Paris», par les colons absentéistes pour la défense de leurs privilèges.

7   La Garde nationale de Port-au-Prince était composée d'une majorité de petits blancs.

8   Gouvernement: abréviation pour désigner le Palais du Gouvernement.

9   Le Comité de l'Ouest siégeait à l'étage du corps de garde des gardes nationaux.

10   *Nouvelles de Saint-Domingue,* n°s 19 et 28.

11   *Courrier du Cap,* n° 9, 2e année.

12   L'emplacement approximatif de la maison du colonel de Mauduit est indiqué dans le récit du désarmement du régiment de Port-au-Prince, publié dans le *Courrier du Cap,* n° 21, 2ᵉ année.

13   L'Assemblée coloniale, composée à l'origine de 212 députés, avait vu le nombre de ses membres tomber à 85, par suite de l'éloignement volontaire de maints députés, las de siéger dans la confusion. Ceux qui s'enfuirent à bord du *Léopard* furent appelés *léopardins*, du nom de ce vaisseau. Condamnés une première fois par la Constituante, sans avoir été entendus, ils furent cinq mois plus tard admis à se défendre à la barre de l'assemblée. Le 8 juillet 1791, ils obtenaient gain de cause par la réhabilitation qui fut prononcée en leur faveur.

14   *Nouvelles de Saint-Domingue,* n° 28.

15   *Nouvelles de Saint-Domingue,* n° 19.

16   Depuis le 6 janvier 1790, l'Assemblée provinciale du Nord avait, de sa seule autorité, rétabli le Conseil supérieur du Cap, invalidant du même coup le Conseil Supérieur de Saint-Domingue qui siégeait à la capitale. Aussitôt avait été reconstitué le Conseil supérieur de Port-au-Prince.

17   Rouxel de Blanchelande était arrivé à Saint-Domingue en octobre 1790, avec le titre de «lieutenant au gouvernement général». Après le départ, le 9 novembre, de Peynier qui avait envoyé sa démission au ministre des Colonies, il prit aussitôt les rênes de l'administration.

LES MÉFAITS D'UNE COLLUSION
MAL ASSORTIE

Au début de 1791, un renouveau sensible apparaît dans la vie sociale à Port-au-Prince. Mais c'est la classe triomphante qui redonne à la capitale un peu de son vernis des beaux jours. Les places publiques sont de nouveau fréquentées. Les estaminets ont rouvert leurs portes. Les équipages, les landaus se sont remis à circuler. De mauvais vers, en l'honneur de Mauduit et de l'ancien gouverneur de Peynier, encombrent les gazettes. Les comédiens sont remontés sur les planches et l'entrepreneur de la Comédie, Blainville, donne en l'honneur de M. de Mauduit, une soirée au cours de laquelle il le félicite, par la voix de la comédienne Madame Bourgeois, «d'étouffer des méchants les complots odieux».

Le curé, M. l'abbé Duguet, s'est retiré en France pour refaire sa santé. À son départ, il a nommé vice-préfet et pro-vicaire de l'ordre des dominicains le père Nicolas Viriot qui assumait depuis 1789 la fonction de vicaire de la paroisse de Port-au-Prince. Le père Viriot est ainsi devenu supérieur régional de la mission des Frères-prêcheurs, en même temps que curé de la capitale.

Chez les petits blancs, la rancœur est loin d'être éteinte. S'ils laissent l'impression de s'adapter au régime, leurs menées souterraines sont très actives. La révolution de la grande bourgeoisie mise en échec par le renversement de l'Assemblée de Saint-Marc, ils ambitionnent de prendre la relève. À l'auberge du sieur Fabre, les réunions de ces «bons citoyens», comme ils commencent à se nommer avec fatuité, sont suivies par tout un monde d'envieux et d'aigris qu'électrisent les propos incendiaires des démagogues de tout poil. À la fin des harangues, larges distributions de pains et de viandes à ces patriotes faméliques qui sont enchantés de casser la croûte aux frais de la révolution.

Les libres s'impatientent, car on tarde à leur faire une place dans l'arène des libertés conquises. Bien plus, les autorités manifestent comme une gêne d'avoir, malgré leurs services, à s'accointer avec eux. À ceux qui lui demandaient l'autorisation de porter le pompon blanc, Mauduit n'a-t-il pas répondu par une échappatoire, en leur suggérant d'arborer de préférence une cocarde jaune? Le supplice au Cap-Français des leaders affranchis Vincent Ogé et Jean-Baptiste Chavannes, l'arrestation, puis l'emprisonnement à Port-au-Prince du libre de couleur André Rigaud, finissent par leur indiquer qu'ils n'avaient rien à attendre des blancs, et qu'en dépit des conseils de modération de Julien Raimond, leur porte-parole à Paris, la seule voie qui leur restait ouverte pour un changement de leur condition était encore celle de la lutte armée.

Le parti royaliste lui-même n'était pas sans éprouver un malaise interne dû à l'influence des grands planteurs sur les riches commerçants de la capitale. Les premiers réalisaient qu'avec Mauduit il leur serait difficile de donner libre cours à leurs ambitions. Point de vue que partageaient tous ceux-là qui, comme eux, aspiraient à gouverner le pays en fonction de leurs seuls intérêts. Vraiment, il ne semblait rester que le régiment et les fonctionnaires sur la fidélité de qui le gouvernement pouvait encore compter.

Un événement apparemment anodin, la relève de la station navale, va mettre à l'épreuve la puissance du parti gouvernemental... C'est par un numéro du *Courrier de l'Europe* que M. de Blanchelande avait appris l'arrivée prochaine à Saint-Domingue de l'escadre commandée par M. de Village. Instruit de l'esprit révolutionnaire des soldats que l'on destinait à la capitale et qu'une insidieuse propagande, menée avec outrance par les envoyés des *léopardins* à Brest, avait contribué à fortifier, le gouverneur s'était hâté d'expédier des dépêches à M. de Village, lui ordonnant de débarquer les troupes au Môle Saint-Nicolas. Les dépêches n'avaient pas pu atteindre le commandant.

De Blanchelande tente de faire aboutir ses instructions par l'intermédiaire du capitaine du port. Mais les navires n'étant pas en rade, celui-ci n'avait pas qualité pour aborder le commandant.

Le 3 mars 1791, l'escadre arrive en vue de Port-au-Prince. Guidé par la sagesse, de Village a jugé préférable de mouiller au large. Rendu à terre, il se présente au Gouvernement et fait connaître à M. de Blanchelande l'effectif de la station: 1 transport, le *Nantais,* 2 vaisseaux de ligne, le *Borée* et le *Fougueux,* 2 frégates, l'*Uranie* et la *Prudente,* ayant à leur bord un bataillon des Colonies, deux bataillons des régiments d'Artois et de Normandie et un détachement de l'Artillerie royale, aux ordres du gouverneur-général. Interrogé sur les dispositions des troupes, de Village avoue qu'elles lui paraissent remplies de l'esprit d'insubordination et de licence qui règne en France, et invite M. de Blanchelande à aller lui-même leur parler. Conciliant, de Blanchelande se rend à cette suggestion. Mais tandis que sur le *Fougueux,* le gouverneur engageait les troupes à se diriger vers le Môle, parce que la capitale était parfaitement tranquille et qu'il n'y avait pas de logement pour elles, sur le *Borée,* des citoyens petits blancs se plaignaient amèrement du despotisme des administrateurs et suppliaient les bataillons d'Artois et de Normandie de les délivrer.

En ville, l'agitation commence à se généraliser. Enhardis par la présence dans la rade des révolutionnaires de la mère patrie, les Pompons rouges envoient des émissaires dans tous les quartiers clamer que l'heure est venue de former une municipalité et de rétablir la Garde nationale. Le menu peuple se laisse entraîner aux mots de liberté et de régénération.

À la caserne, Mauduit harangue ses grenadiers. Ceux-ci renouvellent le serment de lui rester fidèles.

Entre-temps, le va-et-vient du quai aux navires s'est considérablement intensifié. De nombreuses délégations de Pompons rouges vont à bord prêcher la haine contre la tyrannie, personnifiée par le gouverneur et le commandant du régiment. L'effervescence grandit de minute en minute.

Encouragé par ses coreligionnaires, un ancien procureur de la région lyonnaise, le nommé Pérussel, se hâte de rédiger un pseudo-décret de l'Assemblée nationale, daté du 17 décembre. Ce décret était censé rapporter celui du 12 octobre, qui condamnait l'Assemblée de Saint-Marc et félicitait le gouvernement. On communique le faux document aux équipages en rade et on trouve moyen de l'introduire à la caserne.

À la tombée de la nuit, les habitants, comme sur un mot d'ordre, illuminent leurs maisons. Les Pompons rouges, de plus en plus arrogants, obligent ceux-là qui hésitaient à le faire, à éclairer leurs demeures pour fêter l'heureuse arrivée de la station libératrice.

Une députation de soldats et de matelots se présente dans la soirée au Gouvernement, munie du décret du 17 décembre. Elle réclame du gouverneur des explications sur sa conduite. De Blanchelande déclare que seul était valide le décret du 12 octobre et pour justifier les mesures qu'il avait prises, exhibe l'ordre du ministre qui l'autorisait à envoyer des troupes au Môle. Les arguments du gouverneur n'arrivent pas à convaincre la délégation. Elle insiste pour que les équipages et les régiments qui sont à bord mettent pied à terre. Malgré l'opposition de Mauduit, de Blanchelande a la faiblesse d'accorder «trois jours de rafraîchissements».

De Village qui avait retenu ses matelots à bord lève alors la consigne. Les soldats d'Artois et de Normandie débarquent avec eux. Reçus sur le quai au milieu d'ovations chaleureuses, ils sont par la foule portés en triomphe.

L'écho des cris de joie et de victoire se répercute jusqu'aux murs de la caserne. Les soldats, déjà fortement troublés par le faux décret du 17 décembre, demandent qu'il leur soit permis d'aller fraterniser avec les troupes de la Métropole. Intimidés par l'agitation qu'ils montrent, les officiers accèdent à leur désir. Mais l'accueil des soldats d'Artois et de Normandie remplit les grenadiers d'affliction. Pour avoir fait couler «le sang des patriotes», ils sont repoussés par ceux qu'ils croyaient leurs frères. Honteux d'être appelés aristocrates, ils se joignent aux Pompons rouges auxquels s'étaient déjà ralliés un grand nombre d'hommes de couleur, irrités contre Mauduit, depuis l'affaire de la cocarde jaune. Dans les cabarets et les cafés, on consomme à l'œil. Le vin et la bière coulent à flot. La ville n'est plus qu'une vaste clameur.

Quittant les beuveries, les membres de l'ancien Comité de l'Ouest et leurs alliés de la classe des commerçants se réunissent pour des délibérations de haute importance. Le lendemain, l'un de ces derniers, le futur maire Leremboure, s'en va chez ses amis «aristocrates» pour les persuader de s'éloigner de la ville, à cause des dangers qu'ils pouvaient bientôt avoir à courir.

Chez Mauduit, l'espoir de ramener ses grenadiers à l'obéissance et à la soumission s'est écroulé. Il n'avait plus à s'y méprendre: ses hommes s'étaient laissés emporter par le «vertige révolutionnaire». Mais sa résolution à lui était arrêtée: quoi qu'il advienne, il ne reculerait pas devant l'émeute… Dans la matinée, une troupe hétérogène de petits blancs, de mulâtres et de quelques soldats des régiments métropolitains, envahit la caserne. Mauduit est mis en état d'arrestation. On l'enferme avec Germain et Galesseau, ses fidèles amis, dans une pièce du bâtiment.

Pendant ce temps, au Gouvernement, des partisans de l'ancien Comité de l'Ouest soumettaient, pleins d'audace, leurs desiderata au gouverneur : suppression de la corporation des Volontaires de Port-au-Prince, rétablissement de la Garde nationale et du Comité de l'Ouest, reddition des drapeaux aux Pompons rouges. Blanchelande, décontenancé par la tournure des événements, s'empresse de tout accorder. Aux cris de : *Vive la nouvelle Municipalité! Vive la Garde nationale!* les partisans laissent le palais.

Dans tous les secteurs, la rébellion s'affirmait. Voulant marquer leur intention de rester à la capitale bien au delà des quelques jours de permission octroyés par le gouverneur, les bataillons d'Artois et de Normandie amènent leurs drapeaux à terre. L'emblème du bataillon de Normandie est placé chez le capitaine-général des districts que l'on porte, sur les épaules, de l'hôtel des Postes à son domicile. Celui du bataillon d'Artois est déposé chez M. Béquillon.

Sur la requête des leaders mulâtres, on se dirige en foule vers la prison pour libérer les affranchis incarcérés. Rigaud, Daguin, Lebel, Labastille, Faubert et tous les conjurés des récentes révoltes de libres qui avaient le bonheur d'être encore sains et saufs sont délivrés de leurs fers et conduits triomphalement à l'église. Le curé demande au peuple de lever la main et de prononcer le serment de fidélité à la Constitution. Au son des cloches et au bruit des tambours, il entonne le *Te Deum.* Des exaltés empoignent un prisonnier et le hissent sur l'autel. Une clameur frénétique emplit le saint lieu. Des cris mille fois répétés de *Vive la nation!* partent de toutes les poitrines.

Ce déchaînement de passions fait appréhender le pire à de Village. Pour conjurer le désordre, il ordonne aux patrouilles de la marine d'arrêter les soldats et matelots qui font du tapage. Les non-permissionnés sont ramenés à bord. Ces mesures de sagesse enlèveront aux troupes placées sous ses ordres l'occasion de participer au crime qui se prépare.

À deux heures de l'après-midi, au son du tambour, les citoyens, sur la demande de M. Nicolas, capitaine général des districts, sont invités à se rassembler immédiatement à l'église. Les débats roulent sur une question délicate: la réintégration des drapeaux de la Garde, saisis naguère par Mauduit... Au cours de l'assemblée, on entend résonner dans la rue la musique du régiment. Ce sont les grenadiers de Port-au-Prince qui, spontanément, ont décidé de rapporter les drapeaux à l'église. Cette patriotique démarche n'a pas l'heur de satisfaire les citoyens. Ils expliquent aux soldats qu'ils étaient beaucoup moins coupables que leurs chefs et que c'était à ces derniers de procéder personnellement à la remise des drapeaux, au lieu même d'où ils avaient été enlevés.

À ces mots, la foule se transporte à la caserne. Mauduit est arraché de son cachot et traîné au Gouvernement. On réclame le gouverneur pour qu'il vienne prendre part à la cérémonie. Mais de Blanchelande est en fuite. Craignant de se trouver à la merci des agitateurs, il a, depuis quelques heures, abandonné la capitale et s'est retiré avec les officiers du régiment et de nombreux volontaires dans les montagnes de La Coupe, au sud-est de la ville. Le départ de Blanchelande attise la fureur des Pompons rouges.

Mauduit, entouré d'une forte escorte, prend avec ses dévoués compagnons Germain et Galesseau, le chemin du local du Comité de l'Ouest. Sur le parcours, la foule, excitée par la Martin, veut l'écharper. Partout des cris: *Périsse le traître! À la lanterne les aristocrates!* ... Mauduit, imperturbable, tenant d'une main les drapeaux, s'avance sans daigner relever les outrages. Devant le corps de garde du Comité, on lui ordonne de se mettre à genoux. Sur son refus, il est conduit à l'angle des rues Dauphine et des Fronts-Forts. Des gens indignés tentent de l'entraîner dans la maison du sieur Duchemin; mais celui-ci a vite fait de fermer sa porte.

Aux cris de *Tue, tue, point de grâce!* poussés par la Martin, des femmes se jettent sur le colonel. Pétion, personnellement estimé de Mauduit, essaie de lui venir en aide. Il n'est pas soutenu par ceux de ses amis qui lui avaient promis de le seconder dans sa tentative. Deux officiers entreprennent de sauver Galesseau et Germain. Ils sont terrassés par la multitude. Le Pompon rouge Beausoleil, pris de pitié pour le colonel, tente de le protéger. Il reçoit un coup de sabre en pleine poitrine.

Soudain, écartant la foule, le grenadier Schleiger s'avance vers le colonel. «M. de Mauduit, s'écrie-t-il, vous nous avez trompés, vous nous avez mis dans le malheureux cas de nous déshonorer...» D'un geste brusque, il arrache à son commandant sa croix de Saint-Louis et lui porte un coup de sabre au front. Un second coup donné par Clément, caporal de la compagnie Descollines, lui tranche la tête, que l'on place au bout d'une baïonnette. La meute, ivre de sang, se précipite sur le cadavre. Pendant que la Martin lui tient les jambes, un énergumène, armé d'un sabre, détache les parties viriles. Après l'horrible besogne, la mégère pousse son sadisme jusqu'à s'asseoir sur le corps mutilé[1].

Tandis que les membres du commandant sont coupés et jetés çà et là, la tête est promenée par tous les quartiers de la ville. Cette tournée macabre conduit les assassins devant la maison de Mauduit, rue de Provence, non loin des casernes. On fixe à une porte la tête de l'infortuné colonel, et on la crible de balles. La demeure est pillée de fond en comble. On brise tout ce qu'on ne peut pas emporter.

Dans un brouhaha assourdissant et aux cris de *Vive la Nation! Vive la Loi! Vive le Roi!* la foule se dirige vers l'église. Les drapeaux des citoyens claquent allègrement à côté de ceux des diverses troupes de ligne. Un *Te Deum* solennel est entonné pour magnifier l'heureuse union.

Dans la soirée, réjouissances générales et illuminations par toute la ville. Les navires pavoisés «lancèrent tant de fusées, qu'on eût dit une pluie de feu». La femme Pommier, tenancière du «Café de la

Comédie», présentera à la municipalité un compte de 9 878 livres et 19 sols pour le vin, la bière, les liqueurs, la limonade et le punch dont, par ordre des districts, elle abreuva les soldats ce soir-là. Les troupes et les équipages reçurent de tous les cabarets les mêmes largesses. Durant trois jours, soldats et grenadiers s'offriront à l'admiration des citoyens en défilant crânement, au son de la musique.

Le colonel de Mauduit trouva dans son esclave, le nègre Jean-Pierre, l'âme charitable qui épargna à ses restes le destin cruel de devenir la pâture des chiens. Voulant donner à son malheureux maître les dernières preuves de son attachement, il ramassa les morceaux épars de son cadavre et les enterra près du cimetière[2].

Avec le départ du gouverneur et de la plupart des officiers du régiment, la chose publique se trouvait livrée à elle-même. Il s'avérait urgent de créer un pouvoir capable de ramener l'ordre et la paix dans la ville. Le parti triomphant saisit l'occasion pour justifier la formation des corps populaires. Tandis que le Comité de l'Ouest se mue en Assemblée provinciale de l'Ouest, la paroisse s'assemble pour procéder à la nomination d'une municipalité provisoire. Le citoyen Michel-Joseph Leremboure, originaire du Pays basque, est élu maire[3]. Ce commerçant septuagénaire, réputé pour sa dureté, avait le faciès d'un fauve; aussi, avait-il reçu le surnom de *Vieux Tigre*. Caradeux aîné, grand planteur, est nommé capitaine-général de la Garde nationale, et Praloto, matelot de la frégate *Uranie*, commandant de l'artillerie de ce corps. Les trois groupements sociaux de la classe blanche, qui s'étaient unis pour mettre en échec le parti royaliste, se trouvaient dignement représentés à la direction des affaires.

On fait choix de l'hôtel des postes, rue Sainte-Claire (rue du Magasin de l'État ou Abraham-Lincoln), pour servir de local à la mairie et à la capitainerie-générale. Les bataillons d'Artois et de Normandie logeront dans les maisons proches du carrefour de la Grande Rue et de la rue du Port (rue Pavée ou Dantès-Destouches), que l'on aménagera en caserne.

L'ordre plus ou moins rétabli, on procède, devant le corps de garde patriotique, et en présence de messieurs les officiers municipaux et d'un détachement des deux bataillons de Normandie et d'Artois et du corps royal d'Artillerie, à la remise solennelle des drapeaux de la Garde nationale. À l'issue d'un *Te Deum* – le troisième en deux jours – les autorités populaires s'adressent à la foule massée sur la place de l'Intendance. Elles reconnaissent aux anciens volontaires, à ces «frères égarés», des circonstances atténuantes. Aujourd'hui, elles veulent oublier le passé et convient chacun à la collaboration pour la survie des libertés citoyennes. Une députation est envoyée auprès du gouverneur pour l'engager à rentrer en ville. Mais de Blanchelande, redoutant de ne pouvoir s'imposer aux factieux, avait pris le parti de se rendre au Cap.

Voici la capitale de Saint-Domingue aux mains des forces révolutionnaires. Les partisans du gouverneur commencent à la désigner sous l'appellation ironique de *la nation de Port-au-Prince*, tandis que les Pompons rouges s'affublent du titre honorable de *bons citoyens*.

Pour en imposer à tout le monde, la Municipalité se hâte de faire acte d'administrateur. D'abord, elle s'attribue les pouvoirs de la première Assemblée provinciale de l'Ouest, puis supprime l'Intendance, nomme de nouveaux membres au Conseil supérieur de Port-au-Prince et s'arroge les fonctions de lieutenant du roi.

Mais il lui faut également songer à sa sécurité. L'hôtel des Postes est fortifié: quinze canons sont installés aux abords de l'immeuble. De forts stocks de munitions y sont emmagasinés. On affecte à la défense du local une compagnie entière d'artilleurs de la Garde nationale.

Au corps de garde national, siège de l'ancien Comité de l'Ouest, le système de défense n'est pas moins imposant. Douze canons en protègent l'entrée. On a de plus replacé au balcon de l'étage tout l'armement qui s'y trouvait au moment de la suppression du comité par de Mauduit, principalement des espingoles chargées à mitraille.

La victoire des forces populaires a déterminé beaucoup de Pompons blancs à quitter la ville. Les fonctionnaires publics qu'on tolère dans leurs charges, pour faire aller le service, sont à tout instant menacés de la lanterne. La dictature de la basse classe blanche se présente sous des dehors plutôt féroces.

La Comédie a fermé ses portes. L'entrepreneur Blainville, qui s'était compromis avec de Mauduit, a dû s'esquiver sans laisser d'adresse. Mais les «bons citoyens» se créent d'autres distractions. Les bals publics en particulier prolifèrent dans la cité. À un de ces bals offerts par le maire Lerembource, la cabaretière Martin sera proclamée la meilleure citoyenne de la ville. Beaucoup de boutiques ont changé leurs enseignes. Un chapelier de la rue des Fronts-Forts, chaud partisan de la Municipalité, a dédié son magasin «À l'heureuse arrivée de la Station».

Tout ceci serait bien inoffensif, sans l'état d'anarchie qui sensiblement s'installait dans tous les domaines. Les mêmes scènes qui avaient déshonoré les rues de la capitale au lendemain de la victoire de Mauduit, les souillent encore une fois; mais les persécutés sont devenus persécuteurs. Les autorités supérieures demeuraient impuissantes à réprimer le désordre. Souvent, elles en étaient les propres victimes.

La femme Martin était à ses plus beaux jours. Au milieu de la canaille qui régnait à Port-au-Prince, elle faisait grande figure. Les yeux vairons, le nez barbouillé de tabac, la lèvre supérieure garnie de moustache, elle parcourait, armée de son sabre et de ses pistolets, les différentes administrations, toujours en quête de faveurs pour les services insignes rendus à la Révolution. De justesse, l'Hôpital militaire échappe à son grappin... L'entrepreneur, M. Guillaume Lefranc, s'était absenté de la ville pour quelques jours, et la Martin, profitant de cette circonstance, contraignit le maire Lerembource à la présenter comme candidate à l'entreprise de l'établissement. Peut-être serait-elle parvenue à ses fins, si ne s'était présenté un obstacle imprévu : le personnel domestique et la literie de l'hôpital, que l'on croyait appartenir au roi, étaient la propriété de M. Lefranc!

Terrassé par la maladie, de Village était mort le 19 mars 1791, en rade de Port-au-Prince, après avoir remis ses pouvoirs à «l'un des vaillants marins de la guerre d'Amérique», le comte Henri de Grimoüard, commandant du *Borée*. Les rapports sont alors excellents entre les officiers municipaux et l'état-major de l'escadre. De Blanchelande, qui s'est retiré au Cap-Français, a cru bon, pour apaiser les esprits, de reconnaître la municipalité de Port-au-Prince. Décision qui, effectivement, a contribué dans une large mesure à normaliser les relations entre les forces de terre et les forces de mer de la capitale.

Une plaie qui n'en finit pas de harceler les «bons citoyens», c'est la présence parmi eux du régiment de Port-au-Prince. En dépit des efforts de réconciliation sincèrement tentés, «ils ne pouvaient, explique Pamphile de Lacroix, pardonner au régiment qui portait le nom de leur ville de les avoir réduits et désarmés»... Ce malaise chronique, source de rixes continuelles entre grenadiers et soldats d'Artois et de Normandie, amène le gouverneur de Blanchelande à donner son acquiescement au transfert en France du régiment de Port-au-Prince. Mais entre les autorités de la ville et le commandant de la station surgit un différend, quant aux navires à désigner pour le transport des soldats. On se perd dans des considérations sophistiques. Chacun croit avoir de bonnes raisons de se cramponner à son point de vue. Un fait divers hâte le dénouement de la situation.

Le dimanche 1er mai, Praloto pose sur la porte principale de l'église un immense placard. Gatereau, l'éditeur du *Courrier du Cap,* gazette peu tendre pour la «nation de Port-au-Prince», y était représenté «avec des énormes griffes aux pieds, des oreilles d'âne, un nez, un menton énormes et la langue hors de la bouche, les yeux bandés et guidés par un chien qui portait un chapeau surmonté d'un pompon blanc»[4]. Durant toute la matinée, cette caricature «piquante» attire un grand nombre d'individus, parmi eux, de nombreux conseillers municipaux et le maire en personne.

Vers deux heures de l'après-midi, un chasseur du régiment de Port-au-Prince arrache le placard en disant que cette plaisanterie insolite était l'œuvre d'un Jean-Foutre et qu'il n'y avait que des Jean-Foutre pour s'en gausser. Ces propos sont relevés par des soldats d'Artois et de Normandie qui s'emparent du chasseur et le conduisent en prison. Entre les soldats de la Métropole et ceux du régiment, des cartels sont échangés. Avant la nuit, douze blessés sont portés à l'hôpital.

Le lendemain, de véritables combats singuliers se livrent sur la savane de M. de Laval ou du Gouvernement, derrière la caserne. Deux soldats du régiment sont tués. Leurs frères d'armes se déversent à grands renforts sur la savane. Cette invasion sert de prétexte aux soldats d'Artois et de Normandie pour propager la nouvelle que le régiment s'est mis en état de rébellion.

Praloto fait battre la générale et sonner le tocsin. En hâte, on se rassemble dans la rue du corps de garde national. À cheval, sabre au clair, le commandant va et vient en éructant des ordres. Il fait sortir canons et drapeaux. Des membres de la Municipalité, revenus de la caserne, lui apportent la garantie que les soldats du régiment ne nourrissaient aucune mauvaise intention. «Au quartier! leur répond-on. Il faut les désarmer.»

Entre quatre et cinq heures de l'après-midi, l'armée des ennemis du régiment de Port-au-Prince, forte de plus de 2 000 hommes, s'ébranle en direction de la caserne. Dans ses rangs, des soldats de la Garde nationale et des bataillons d'Artois et de Normandie, des cavaliers au nombre d'une cinquantaine et une nombreuse artillerie. Sitôt sa mise en branle, la troupe s'est sectionnée en deux colonnes. La première, contournant la rue Dauphine (rue du Centre), doit se transporter à la savane du Gouvernement. L'autre va remonter la rue de Provence (rue des Casernes) et se porter face à l'édifice. Ce mouvement en tenaille doit aboutir à l'investissement du bâtiment et à sa reddition à bref délai.

Caradeux, qui était arrivé précipitamment de son habitation de la Plaine, se rend à la caserne. Il tombe en pleines délibérations. M. de Saulnois, capitaine au bataillon de Normandie, exhorte les soldats du régiment à renoncer au combat. Il leur montre les malheurs que causerait toute résistance et leur donne l'assurance qu'ils ne seraient que momentanément désarmés, leurs fusils et leurs drapeaux devant leur être rendus, avec les honneurs militaires, au moment de leur embarquement.

Le dialogue traîne… Les grenadiers n'ignorent pas l'avantage stratégique que leur offrent les murs de la caserne: quoique en nombre inférieur, il leur était aisé de canarder l'ennemi par les fenêtres et de se mettre à l'abri pour recharger leurs fusils. Mais leur régiment, jadis la fierté de la ville, est détesté de la population. Cet isolement les abat. Ils sont effrayés d'être réduits à leurs seules forces et, paralysés par leur impopularité, acceptent de capituler. Les armes sont transportées au corps de garde national. Trois cents hommes des troupes de «la nation de Port-au-Prince» occupent la caserne. Des canons sont installés devant le bâtiment.

Le soir, la ville entière illumine. Par les rues éclairées de torches d'aloès, des citoyens, bras dessus, bras dessous avec des soldats et des matelots, chantent à tue-tête, en vomissant des injures aux Pompons blancs et aux aristocrates.

Le 4 mai, à une heure de l'après-midi, le régiment est embarqué. «C'était un spectacle bien triste, déclare le correspondant du *Courrier du Cap*. Les malheureux étaient sans armes, pâles et consternés. Plusieurs avaient le mouchoir sur les yeux.» Les articles de la capitulation n'ayant pas été signés, les Pompons rouges refusèrent de souscrire à la promesse qui avait été faite aux soldats de leur rendre les honneurs. Les efforts du capitaine de Saulnois, joints à ceux de plusieurs autorités de la ville, furent impuissants à exciter les sentiments de magnanimité de la tourbe irascible des «bons citoyens».

Après le départ du régiment, les bataillons d'Artois et de Normandie, abandonnant leurs logements de fortune de la Grande Rue, prennent possession des bâtiments de la caserne. Appréhendant de nouvelles représailles, la moitié de la ville plie bagage. Partout, on ne parle que d'arrêter et de pendre, propos qui entretiennent un climat de terreur propice à la perpétration des forfaits. La vie humaine est moins que jamais respectée. On menace, on insulte, on tue pour tout propos, pour tout geste où l'on croit voir une provocation. C'est la liberté des «bons citoyens» dans tout son épanouissement.

Une des idées magnifiques héritées de la Révolution française est celle des «soupers fraternels». Simple différence de termes, ces soupers, à Port-au-Prince, sont appelés «déjeuners patriotiques». Oh! ces splendides repas, où les classes réunies autour d'une table se confondaient dans une même ferveur, un même élan de fraternité!

Les autorités municipales ont décidé pour le 21 mai un imposant déjeuner patriotique à la caserne. Il s'agit de régaler les bataillons métropolitains qui se sont si bien associés aux aspirations de la population. En vue de la préparation de ce pantagruélique banquet, les dons pleuvent. Il y en a en espèces, comme celui de 50 portugaises du marquis de Caradeux, et aussi en nature: des moutons, des coqs d'Inde, de la volaille, des bœufs (on en comptera onze). Des dames se sont offertes pour aller collecter de porte en porte, afin de s'assurer la participation de tous aux frais.

Au jour indiqué, 1 800 couverts sont dressés sur des tables de fortune. Mais plus de 4 000 convives sont là, qui ont de la peine à trouver une place. Pour donner l'exemple de l'égalité et de la modestie, messieurs les membres de la municipalité, de même que M. le commandant de la Garde nationale, se sont assis autour d'une table sans assiette et sans nappe. Malgré l'énorme quantité de victuailles fournie par les organisateurs, bon nombre d'invités ne trouvent rien à manger. Beaucoup de plats sont escamotés par d'indélicats commensaux. L'huissier Pamelar en «saisit exécute» à lui seul une vingtaine.

Au dessert, on entonne des hymnes à la liberté, et on en improvise contre l'aristocratie et les Pompons blancs. Les citoyennes Martin, Pommier, Perdereau, Béguin, Chabanne et quelques autres de même trempe, se présentent aux autorités locales et offrent des drapeaux aux bataillons d'Artois et de Normandie et au corps d'artillerie de la Garde Nationale. Caradeux est complimenté en vers par l'ex-comtesse Chabanne. On invite ces dames à s'asseoir à la table d'honneur et l'on passe aux toasts. Celui de la Martin est proposé par le maire Lerembourre et est accueilli avec transport. Chaque autorité se fait un plaisir de venir à tour de rôle trinquer avec ces «bonnes citoyennes» qui, faute de verres, boivent au goulot des bouteilles. Après les libations, elles font une distribution de bonnets nationaux ornés de devises, aux commandants des vaisseaux stationnaires, qui s'en coiffent sur-le-champ[5].

Mais la fête a raté son but. Beaucoup de soldats d'Artois et de Normandie se plaignent, en regagnant leur chambrée, de se coucher le ventre creux. Les marins du *Borée* manifestent eux aussi leur mécontentement de n'avoir eu que des reliefs.

Trois jours après ces réjouissances patriotiques, la ville se réveille en plein émoi. Messieurs les soldats des bataillons métropolitains sont en désaccord avec leurs officiers. Ils ont sollicité de ces derniers l'autorisation d'organiser une cérémonie, en vue de la bénédiction des drapeaux offerts au cours du déjeuner par les dames de la capitale;

mais les officiers estiment cette manifestation inutile. Le différend menaçant de s'aggraver, la municipalité a proposé de recourir au scrutin. Le rejet de la cérémonie est décidé. Les femmes qui tenaient à la bénédiction pour réaliser une quête à l'église, afin de couvrir les frais de confection des drapeaux et des bonnets, se mettent à tempêter. Faisant fi du résultat du scrutin, les soldats, le cœur encore gros des déconvenues du déjeuner patriotique, prennent sur eux de renvoyer la cérémonie au 14 juillet, et pour proclamer l'irrévocabilité de leur résolution, se répandent par bandes dans les rues, en vociférant sur l'air du *Ah! Ça ira* des couplets subversifs:

> *Ah! c'en est trop, c'en est trop, c'en est trop*
> *Les municipaux à la lanterne*
> *Ah! c'en est trop, c'en est trop...*[6]

L'air bravache, des luronnes de la classe des petits blancs se mêlent à leurs groupes. Durant toute la journée, seuls maîtres de la chaussée, les soldats en colère des bataillons d'Artois et de Normandie feront vibrer la ville de l'éclat de leurs chants orduriers et de leurs cris séditieux.

La femme Martin, l'une des reines de la cité, ne s'était pas consolée de la déception essuyée par elle, lors de sa présentation comme candidate à l'entreprise de l'Hôpital militaire. Elle intriguait sans cesse dans les coulisses pour en venir à ses fins. Imposer son outrancière dictature à cet établissement hospitalier, tout en se garnissant les poches du fruit des déprédations auxquelles elle comptait se livrer, était le comble de ses désirs. Un matin, accompagnée de quelques femmes, elle se présente à l'hôpital pour une «visite patriotique». La sentinelle, suivant la consigne, les accueille brutalement et les empêche de pénétrer. Elles vont se plaindre à la Municipalité, qui approuve leur démarche. Désormais, c'en sera fait de toute discipline. Tolérées par le maire, elles montent la tête aux malades, les persuadent que les remèdes que leur donne le médecin du roi ne sont tout juste bons qu'à les tuer. Elles dressent elles-mêmes leurs propres prescriptions, suppriment les diètes, donnent leur exeat à ceux-là qui semblent douter de l'efficacité de leurs soins, sèment enfin dans les salles un si grand désordre, que le médecin du roi se voit obligé de se retirer⁷.

Jamais l'hôpital n'avait hébergé tant de malades. On comptait plus de 150 marins des vaisseaux stationnaires et de nombreux soldats des bataillons de la Métropole. Le nombre des matelots qu'il fallait y envoyer chaque jour était si grand, et le service hospitalier si déplorable, que Grimoüard, craignant de manquer bientôt de bras pour manœuvrer les vaisseaux, avait cru devoir proposer à Blanchelande d'aller passer quelque temps à la Nouvelle-Angleterre pour rendre la santé à ses hommes...

Émue du traitement impitoyable qui avait été fait aux leaders affranchis Vincent Ogé et Jean-Baptiste Chavannes, l'Assemblée nationale, après quatre jours de délibérations houleuses, avait, le 15 mai 1791, rendu un décret assurant les droits civils et politiques à tout libre né de père et de mère libres. Cette concession, qui avait sur les instructions du 28 mars le bénéfice de la clarté, n'était au fond qu'un compromis plutôt précaire, car elle ne satisfaisait les aspirations que de quelque quatre à cinq cents individus, qui remplissaient les conditions requises. Cependant, quand fut connu à Saint-Domingue le vote du décret du 15 mai, on assista à une véritable flambée d'indignation des blancs. Selon ces derniers, l'Assemblée nationale, en accordant explicitement à une catégorie de libres l'exercice des droits civiques, n'avait fait qu'encourager les autochtones dans des espérances illusoires, les enhardir même à formuler les plus dangereuses revendications. À Port-au-Prince, le grand rassemblement de la Fête de la Fédération, le 14 juillet, va leur donner l'occasion de clamer leur réprobation.

On a convenu que la commémoration de la prise de la Bastille se déroulerait au Champ-de-Mars⁸, autour de l'Autel de la Patrie. Pas de «déjeuner patriotique», mais un bal au Gouvernement, avec buffet de rafraîchissements. En vue des préparatifs, un prêt de 40 000 livres a été sollicité par la Municipalité du directeur des Finances, le chevalier Vincent-René de Proisy. Celui-ci, qu'on avait été chercher à la campagne où il prenait des vacances avec sa femme, refuse

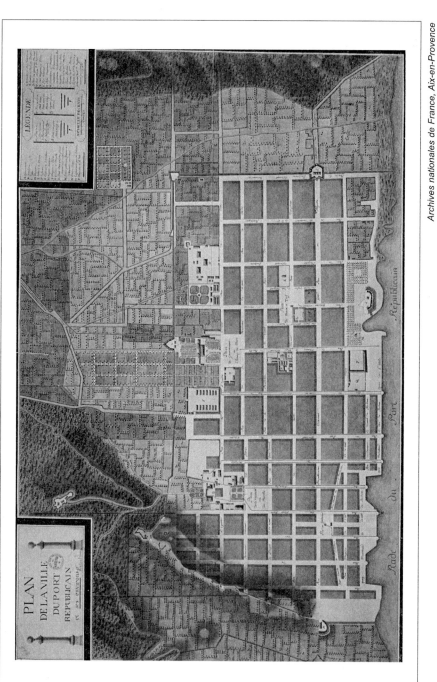

~ Plan du Port Républicain ~

Bibliothèque nationale, Cabinet des Estampes, Paris
~ Le Chevalier de Mauduit du Plessis, commandant du
Régiment de Port-au-Prince ~

~ Le *Borée* en rade de Port-au-Prince ~

Bibliothèque nationale, Paris

~ Assassinat du colonel de Mauduit ~

Collection Jacques de Cauna
~ Michel Joseph Leremboure, premier maire de Port-au-Prince ~

~ Plan et profil des casernes d'artillerie ~

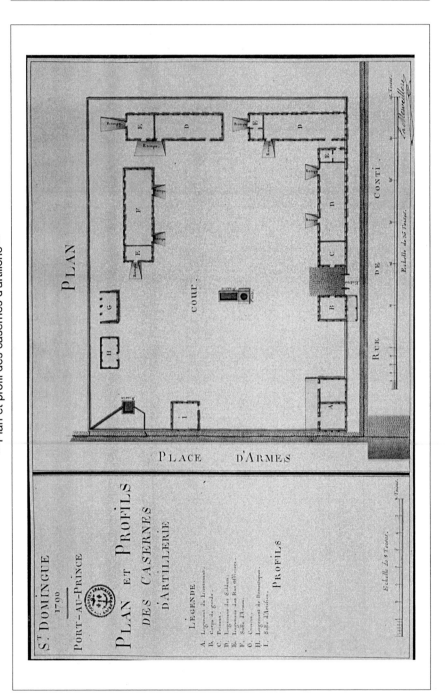

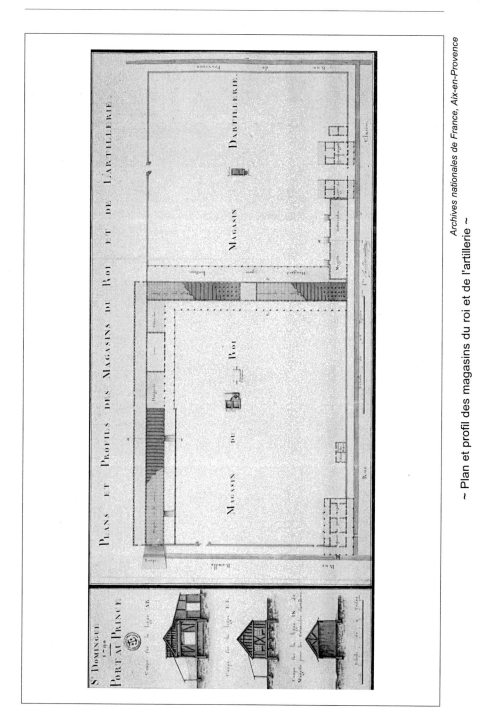

~ Plan et profil des magasins du roi et de l'artillerie ~

~ Plan et profil du magasin à poudre ~

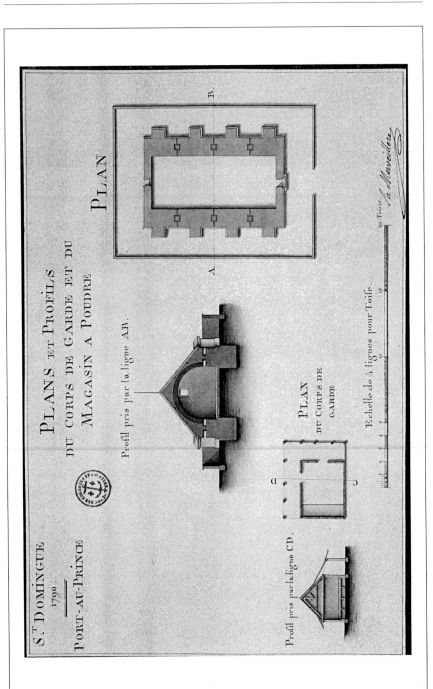

d'approuver le prêt. Mais sous la pression des commissaires municipaux qui organisent devant l'Intendance une manifestation au cours de laquelle le directeur des Finances est «amené à l'église en veste et pantalon, c'est-à-dire dans l'état où il est trouvé[9]», le prêt est accordé. Plus tard, de Proisy sera forcé d'accepter, en vue de la même fête, un compte «de 100 barriques vides et d'une quantité immense de bois de construction pour l'Autel de la Patrie[10]».

Le jour tant attendu arrive enfin. On a, durant des semaines, scié le bois, raboté les solives, et maintenant, au milieu du Champ-de-Mars se dresse, imposant, l'Autel de la Patrie, auquel donnent accès deux spacieux escaliers. Partout des oriflammes agitées par le vent et une multitude qui applaudit à tout rompre, lorsque les troupes de ligne et celles de la Garde nationale viennent prendre position aux abords de l'édifice. Les dragons blancs se mettent d'un côté, les dragons mulâtres et nègres libres, de l'autre.

Un frémissement dans la foule : les voitures des autorités civiles et militaires débouchent sur la place. Les applaudissement crépitent. Le curé Viriot assisté de son vicaire, l'abbé Ouvière, entonne le *Te Deum*. Après la cérémonie religieuse, le marquis de Caradeux, commandant de la Garde nationale, s'adressant au peuple annonce qu'en vue de perpétuer le souvenir de cette journée mémorable, on va procéder à la distribution d'un insigne – en l'occurrence un ruban tricolore – symbole de l'union, de la liberté civile et de l'égalité entre tous.

Les dragons blancs, les premiers, reçoivent ce présent de la Révolution et en ornent aussitôt leurs chapeaux. On s'apprêtait à en distribuer aux libres, lorsque dans la foule s'élèvent de vives protestations. Les affranchis demeurent glacés de surprise. Puis dans un élan de dignité blessée, ils déclarent n'avoir que faire de cet oripeau. Se moquant de leur dépit, les blancs se resserrent autour de l'Autel de la Patrie et renouvellent les serments chers aux patriotes, sans omettre celui de rejeter les lois de l'Assemblée nationale, favorables aux hommes de couleur. À ce moment, la colère des affranchis explose, irrésistible. Voici, révélée au grand jour, l'infamie des blancs ! Ainsi, le récent décret du 15 mai de l'Assemblée nationale n'avait à leurs yeux pas plus de valeur qu'un chiffon de papier!

Entre dragons blancs et dragons de couleur, c'est bientôt la bagarre. Aux cris d'allégresse, succèdent les invectives les plus outrageantes. Et la fête qui devait se prolonger jusqu'au soir, s'achève dans la plus totale confusion. Les blancs se retirent chez eux, alors que la plupart des affranchis, gagnant la campagne, vont s'attrouper, loin de la ville. Huit jours plus tard, ils seront en armes dans les hauteurs de La Coupe.

Les autorités ont conscience du danger qui maintenant menace la capitale. Elles n'ignorent pas, en effet, l'esprit de décision qui anime les sang-mêlé, ni l'intelligence et l'adresse des chefs qui les commandent... Pour protéger la ville d'une attaque possible de la petite armée des hommes de couleur campée sur l'habitation Diègue, à la Charbonnière[11], l'Assemblée provinciale de l'Ouest charge l'ingénieur Charles Durand de Saint-Romes et le commandant de l'Artillerie nationale, Praloto, de faire exécuter des travaux de défense et de retranchement, suivant le plan établi par le directeur général des fortifications, le lieutenant-colonel Frémond de La Merveillère. Sous leur conduite, on érige à la Saline, à l'ouest du fort Saint-Joseph, la redoute Touron, et sur la butte du Bel-Air, à l'est de l'actuelle chapelle Saint-François, le fortin de Robin, du nom du propriétaire de cette position[12].

C'est à Nérette, habitation située au canton de la Charbonnière, que se livrent les premiers engagements. Des blancs de Grand-Fond, qui se rendaient à Port-au-Prince pour s'offrir comme volontaires dans la lutte contre les affranchis, sont attaqués par les hommes de couleur. Après un bref accrochage, les blancs sont mis en déroute. Le 2 septembre 1791, un nouvel affrontement a lieu à Pernier dans le canton de Bellevue, sur la rive gauche de la rivière Grise ou Grande Rivière du Cul-de-Sac. L'armée des affranchis est cette fois victorieuse de l'armée de Port-au-Prince, qui perd 33 hommes de la Garde nationale, 24 soldats et beaucoup de marins. Les insurgés s'étaient acharnés surtout contre ces derniers, car la Municipalité leur avait promis 80 gourdes par tête de mulâtre ou de nègre libre qu'ils apporteraient. Ils étaient encore munis «du sac fatal où ils devaient mettre leurs sanglants trophées»…

Dans la crainte de voir les affranchis parvenir indistinctement à la conquête des droits civils et politiques, de nombreux colons se déterminent à entrer en rapport avec les Anglais. De Port-au-Prince, ils dépêcheront une députation à la Jamaïque, en vue de jeter les bases d'une éventuelle annexion.

Les blancs n'avaient pas tous la vue aussi courte que ceux de Port-au-Prince, et les grands planteurs du Cul-de-Sac en particulier avaient bien compris qu'il fallait coûte que coûte favoriser l'union avec les libres: le maintien de l'esclavage était à ce prix. Le 7 septembre, un accord est conclu à la Croix-des-Bouquets, entre les affranchis et les habitants du bourg, représentés par Hanus de Jumécourt, chevalier de Saint-Louis et ancien capitaine d'artillerie.

Le 11 septembre, sous la pression de cette paroisse, la Garde Nationale députe auprès de Louis-Jacques Bauvais, capitaine-général des libres de Port-au-Prince, des commissaires qui signèrent à la Croix-des-Bouquets un concordat rédigé dans les mêmes termes que le premier. Cet arrangement, qui prévoyait entre autres l'acceptation par les blancs des décrets nationaux de mars 1790 et de mai 1791, fut remis en question au moment de son application. L'acte de la Croix-des-Bouquets avait reconnu aux hommes de couleur le droit de représentation dans les corps populaires. Sans prendre garde aux prodromes d'un soulèvement des ateliers de l'Ouest, la Municipalité et la Garde nationale prétendirent ignorer ces dispositions.

À Port-au-Prince, la résistance est soutenue par l'Assemblée provinciale et par le commandant de l'Artillerie nationale, l'aventurier Praloto, qui se déclare opposé à toute nouvelle négociation avec les affranchis. Ses écarts de langage finissent par provoquer une effervescence quasi générale que la Municipalité a beaucoup de mal à calmer.

Devant l'incompréhension des citoyens de Port-au-Prince, les habitants de la Plaine, plus conscients des multiples bénéfices qu'ils pouvaient recueillir d'une paix sincère avec les affranchis, proposent à ces derniers, par l'intermédiaire de Jumécourt, de réunir des députés blancs et de couleur des quatorze paroisses de l'Ouest, en vue d'élaborer un nouveau concordat. À ces assises, Port-au-Prince, comme les autres paroisses de l'Ouest, délègue des députés. Mais c'est surtout dans le dessein de faire échec aux velléités des hommes de couleur et de combattre toute intention de rapprochement entre les deux classes. En effet, au fort des discussions, les citoyens de Port-au-Prince réclament le statu quo jusqu'à décision de l'Assemblée nationale. Le traité de Damien, issu de ces délibérations qui s'étaient poursuivies durant huit jours, n'en fut pas moins une victoire des gens de couleur, devant laquelle les hommes de la capitale durent se courber… Signé le 23 octobre 1791, près du pont de la Croix-des-Missions, le traité édictait, entre autres clauses, le maintien provisoire des municipalités, avec participation des libres aux délibérations, le paiement d'indemnités aux affranchis victimes des derniers troubles, la création de deux bataillons de couleur de la Garde Nationale, avec un effectif de cinq cents hommes chacun[13].

Dès lors, il ne restait plus qu'à ouvrir aux insurgés les portes de la ville. Les blancs, admettant qu'il fallait faire contre mauvaise fortune bon cœur, se préparèrent à les accueillir chaleureusement. Voici comment, dans son *Pétion et Haïti*, Saint-Rémy relate l'entrée des hommes de couleur dans la capitale: «L'armée des confédérés, écrit-il, composée de quinze cents hommes, parmi lesquels se trouvaient les Suisses[14], entra solennellement au Port-au-Prince le samedi 24 octobre. Elle fut reçue par la Municipalité au portail Saint-Joseph. Cavalerie en tête, artillerie au centre, drapeaux déployés et tambour battant, cette armée traversa la ville et vint se mettre en bataille sur la place de l'Intendance où déjà se trouvaient la Garde nationale et toutes les troupes de la garnison. Un *Te Deum* devait être chanté pour sanctifier cette réconciliation: tout le monde déposa les armes en faisceaux; on se prépara à gravir les marches de l'église, située non loin de là. Caradeux, qui commandait la Garde Nationale, vint prendre le bras à Bauvais et à Lambert pour ouvrir le cortège; les officiers et les soldats des deux armées suivirent cet exemple. Praloto qui commandait l'artillerie nationale, marchait sous le bras de Pétion qui commandait celle des confédérés. Après le *Te Deum*, Caradeux qui avait fait préparer un repas aux casernes s'y dirigea avec la Garde Nationale blanche, en même temps que la confédération; dans l'enthousiasme universel,

Caradeux fut proclamé commandant-général des gardes nationales de l'Ouest, et Bauvais commandant en second. La fête terminée, Bauvais et Lambert, à la tête des confédérés, se rendirent au palais du Gouverneur, qui était inhabité depuis la fuite de Blanchelande au Cap. Ils y établirent leur quartier général avec trois cents hommes de garnison»[15].

Notes

1   *Courrier du Cap,* n° 7, 2ᵉ année.

2   *Journal des Colonies,* n° IV.

3   Voir l'étude du Dʳ Jacques de Cauna sur M. J. Leremboure parue dans le n° 129 de la *Revue de la S.H.H.G.*

4   *Courrier du Cap,* n° 21, 2ᵉ année.

5   *Journal des Colonies,* n° V – *Courrier du Cap,* n° 26, 2ᵉ année.

6   *Courrier du Cap,* n° 27, 2ᵉ année.

7   *Courrier du Cap,* n° 31, 2ᵉ année.

8   Cette place, où naguère reposaient les restes de Jean-Jacques Dessalines et d'Alexandre Pétion, était aussi désignée sous les noms de place d'Armes et de place du Gouvernement.

9   *Courrier du Cap,* n° 35, 2ᵉ année.

10   *Courrier du Cap,* n° 38, 2ᵉ année.

11   L'habitation Diègue était située «à l'est de l'actuelle cité de Pétionville, sur les éminences formant les berges orientales de la ravine de Marlic», renseigne Gérard Jolibois, dans sa chronique du *Nouveau Monde,* «Le Saviez-Vous?» du 10 septembre 1971.

12   Ce fort, appelé plus tard Gommier, puis Bazelais, sera démoli sous Nord Alexis pour faire place au réservoir d'eau potable du Bel-Air. Cf. Saint-Rémy, *Pétion et Haïti,* 1956, tome I, p. 47.

13   Voir à l'Appendice V, le discours prononcé par le Maire du Port-au-Prince, à la séance de clôture de l'assemblée de Damien.

14   «Suisses»: contingent d'esclaves qui avaient combattu à Pernier, aux côtés des hommes de couleur. Peut-être étaient-ils, comme le pense Roger Dorsinville, «des domestiques ou des membres de leurs ateliers». Déportés sur la proposition de Leremboure et de Caradeux, ces valeureux auxiliaires de l'armée des confédérés, après avoir été refoulés des pays où on les destinait, devaient presque tous finir misérablement leurs jours en rade du Môle Saint-Nicolas. Plusieurs d'entre eux y furent égorgés par des blancs de l'Artibonite appelés «Saliniers». D'autres, retenus prisonniers sur le bateau qui les avait transportés, y périrent de misère et de faim. – B. Ardouin, *Études sur l'Histoire d'Haïti,* 1958, tome I, pp. 57 et 58. À la proclamation

de la liberté par Sonthonax en août 1793, il ne restait des Suisses que treize survivants, sur les deux cent vingt qu'ils étaient à l'origine. – Gérard M. Laurent, *Documentation Historique pour nos Étudiants*, p. 81.

15   Saint-Rémy (des Cayes), *Pétion et Haïti,* 2ᵉ édition, 1856, tome I, p. 47.

RAIDISSEMENT ET CHAMBARDEMENT

Bien sûr, le concordat de Damien n'a apporté qu'une paix factice. Malgré la réconciliation spectaculaire des blancs et des libres et les nombreux jours de réjouissance qui ont suivi l'entrée des confédérés à la capitale, le malaise persiste. Les blancs paraissent menaçants et restent sous les armes dans leurs quartiers. Fraternité précaire qui ne semble pas à première vue inquiéter les hommes de couleur. «Confiants, généreux, n'ayant aucun soupçon de perfidie ni d'imposture», ils se laissent aller à la sincérité. Plusieurs d'entre eux se sont dépouillés de leurs armes et se sont dispersés dans leurs familles. Presque tous ceux du Sud ont suivi Rigaud dans cette province.

L'homme qui, dans les coulisses, préparait le coup de Jarnac à asséner aux gens de couleur, était l'aventurier Praloto, le commandant de l'artillerie de la Garde nationale.

Génois de naissance, Jacques Prélot, dit Praloto, matelot à bord de la frégate l'*Uranie*, était arrivé à Port-au-Prince avec la station de M. de Village. Ses sentiments nettement révolutionnaires l'avaient fait apprécier des Pompons rouges, qui, pensant trouver en lui l'homme qu'il fallait pour tenir en échec affranchis et royalistes, lui avaient confié le commandement de l'artillerie de la Garde nationale et l'avaient placé à la tête du *Club des Amis de la Constitution* fondé à l'instar des nombreux clubs révolutionnaires de la métropole[1].

Ce personnage cynique, dont la mise toujours négligée l'avait fait surnommer le *mal peigné,* se croyait d'une telle importance dans la cité, qu'il osait prétendre aux avantages les plus inattendus. N'avait-il pas poussé l'impudence jusqu'à exiger du tapissier du roi de lui meubler de neuf le corps de logis particulièrement luxueux, connu à Port-au-Prince sous le nom de «petit Gouvernement»? En attendant, il continuait à vivre dans une méchante bicoque et, pour suppléer à l'étroitesse de son logement, s'était approprié une chambre attenante à la chapelle du cimetière où, prétend-on, il allait parfois se coucher pour prouver qu'il n'avait pas peur des morts. «C'est dans ce laboratoire, ajoute le *Courrier du Cap*, c'est parmi les ossements et sur les cendres des trépassés que ce pourfendeur fabrique les gargousses et les cartouches destinées à détruire les vivants[2].»

Une fois, le mal peigné présente au Conseil d'Administration un état de dépenses «d'un pouce d'épaisseur», s'élevant à plus de 100 000 écus, rien que pour les frais de l'artillerie. Dans ce mémoire rocambolesque, il avait porté le papier pour cartouche à 50 portugaises, le camphre pour l'artifice à 45 livres, alors que les spécialistes en la matière affirmaient que pour utiliser 45 livres de camphre, il aurait fallu consommer deux à trois cents milliers de poudre. Sur la requête de Maître Baudamant, procureur, le Conseil rejeta la demande de paiement formulée par Praloto, ce qui provoqua chez le digne commandant une explosion de colère sans précédent.

Quand de pareils déboires lui survenaient, sa rapacité trouvait toujours à se rabattre sur d'autres proies. S'étant attribué pour le 14 juillet la préparation des feux d'artifice, il réclama, entre autres frais, qu'on lui payât 50 bouteilles d'esprit-de-vin à 4 gourdes la bouteille, valeur qui était bien au-dessus du prix courant de cet article.

L'indiscipline du commandant de l'artillerie était notoire. Lors d'une revue de la Garde nationale, il refusa de participer au défilé, parce que la musique n'avait pas été placée en tête de sa colonne. Jugé devant le Conseil d'administration, on lui reconnut des circonstances «favorables» et il fut absous... Tel était le personnage qui s'était juré de faire payer aux gens de couleur l'insolence de s'être imposés, les armes à la main, comme les égaux des blancs.

L'Assemblée nationale, ballottée par les influences diverses qui faussaient son jugement sur la situation prévalant à Saint-Domingue, avait, le 24 septembre 1791, rendu un décret qui laissait à l'Assemblée coloniale le soin de décider du sort des libres et des esclaves. À la tâche assignée à la Commission civile, formée par l'Assemblée nationale pour apaiser les troubles à Saint-Domingue, fut jointe celle de faire exécuter le nouveau décret.

L'occasion était belle pour les petits blancs extrémistes de la capitale de déclencher de nouvelles agitations, dans le but d'anéantir l'influence grandissante des hommes de couleur. Le moment leur semblait d'autant plus favorable, que les chefs des confédérés avaient négligé de partager avec les blancs, comme le prescrivait le traité de Damien, la garde des forts et postes de la ville, et avaient permis une réduction notable de l'effectif de leur armée.

Conformément au traité, la Municipalité avait déjà convoqué les quatre districts de Port-au-Prince et proclamé l'ouverture des assemblées primaires pour la formation des nouveaux corps populaires, lorsque l'un de ces districts, celui où dominaient les petits blancs et la troupe de Praloto, réclama un sursis. Le décret du 24 septembre et l'arrivée prochaine de la Commission civile furent donnés comme motifs de cet ajournement. Une vive inquiétude commença alors à s'emparer des esprits. Flairant un mauvais coup, les affranchis se réunirent au Gouvernement et au Bel-Air où Jean-Louis Doyon, dit Doyon aîné, occupait la position Robin. Un changement ostensible se lisait sur les physionomies. Il semblait que le démon de la discorde eût subitement repris possession de la ville pour lui amener les pires désastres.

Le lendemain, 21 novembre, Scapin, surnommé Pistolet, noir affranchi et tambour dans l'armée des confédérés, se rendant à son poste, est provoqué par un certain Duclos, charpentier de son état et canonnier de la Garde nationale. Le blanc, pour se moquer de lui, se montre surpris de le voir sous l'uniforme des confédérés, n'ayant jamais su qu'il était sorti des liens de l'esclavage. Une dispute s'élève entre les deux hommes. Le canonnier tire son sabre. Le nègre le lui arrache et le brise. Quatre cavaliers de la maréchaussée se saisissent de Scapin et le conduisent rue Sainte-Claire (rue du Magasin de l'État), au local de la Municipalité. Là, Praloto et les siens demandent qu'il soit jugé prévôtalement et sans délai.

Sitôt informé de l'incident, Bauvais délègue deux députés auprès des officiers municipaux, pour réclamer une enquête sérieuse en faveur du prisonnier. On passe outre à cette demande. Le conseil prévôtal, établi depuis les troubles et présidé par le chef de bataillon Taillefer, condamne Scapin à mort. Il est fouetté puis conduit dans la rue et pendu à un réverbère proche de l'hôtel de ville.

Cette exécution éclair occasionne un grand attroupement dans la rue de la Municipalité. Autour du cadavre de Scapin, on s'agite, on profère des cris de mort contre les mulâtres. Un canonnier blanc du nom de Cadot s'en va jusqu'à la place d'Armes provoquer par ses airs d'ironique suffisance les soldats de couleur établis sur cette place. L'un d'eux, Valmé Cortades, hors de lui-même, décharge sur lui son pistolet. Blessé, Cadot chancelle et tombe de son cheval. Bauvais ordonne de le transporter au Gouvernement pour recevoir des soins.

La nouvelle de cet attentat se répand dans la ville comme une traînée de poudre. On crie à la révolte. On bat la générale. La Garde nationale se met en armes, ainsi que les bataillons d'Artois et de Normandie et le corps royal d'artillerie. Il faut venger Cadot. Il faut chasser de la ville ses ignobles assassins.

En hâte, la Municipalité a rédigé une requête à Bauvais, le sommant de livrer aux autorités municipales l'agresseur du canonnier blanc. Une commission, composée de de Saulnoy, commandant d'armes au Port-au-Prince, et de quelques officiers d'Artois et de Normandie, se rend au Gouvernement apporter la requête. Ils essaient, par des paroles de paix, d'émouvoir le chef des confédérés. Celui-ci rejette tous les torts sur Duclos.

La Municipalité ordonne alors de marcher sur le quartier général de l'armée de couleur. Au milieu de cris confus, Praloto, parti de l'Arsenal, débouche sur la place d'Armes avec une nombreuse artillerie. Ses pièces de campagne, au nombre d'une vingtaine, sont alignées sous les galeries des maisons qui bordent la place au nord. De sa caserne, l'artillerie royale pointe deux pièces sur le palais... L'infanterie a déjà occupé la presque totalité de la place, tandis que la Garde nationale, sous les ordres de Caradeux, tente de contourner le Gouvernement. Optant pour la neutralité, les bataillons d'Artois et de Normandie restent dans leurs quartiers, prêts néanmoins à intervenir, au premier signe des assaillants.

En ville, le tumulte est général. Les cris de mort contre les mulâtres remplissent la cité. Des détachements de gardes nationaux sont envoyés dans les maisons des commerçants pour les obliger à prendre part au combat. Ces derniers allaient bientôt chèrement payer l'appui moral qu'ils avaient toujours prêté aux réclamations des hommes de couleur, escomptant, une fois abolis les interdits dont ils étaient frappés, se concilier cette clientèle prometteuse, mais pour le moment en grande partie désargentée[3]. Sur le quai, on fait refluer la population qui fuit la bataille. On défonce les caisses, on ouvre les malles, on vide les sacs, pour bien s'assurer que ces objets ne servent pas à protéger la retraite des gens de couleur.

Retranché au Gouvernement, Bauvais ne dispose que de faibles forces: sept compagnies d'infanterie et de cavalerie. Il a confié à Pétion la défense du Palais. Celui-ci désigne le mur de clôture comme rempart à sa compagnie et place une pièce de canon, la *Gourmande*, au seuil de l'édifice.

À deux heures de l'après-midi, l'action se déclenche. Praloto bombarde le portail d'entrée de plusieurs coups de canon à boulets et à mitraille. Mais l'artillerie blanche est mal servie. Les chasseurs de Jacmel et de Saltrou abattent de nombreux canonniers blancs.

À force de cracher la mitraille, la pièce de Pétion est devenue brûlante. Les seaux sont à sec et les artilleurs de couleur ont du mal à la charger. «Un brave!» s'écrie Pétion. Charles Pons, jeune Port-au-Princien de 18 ans, se présente, et se moquant des balles qui sifflent de tous côtés, se dirige jusqu'à la fontaine de la place d'Armes pour y remplir les seaux. Il revient et reprend son poste.

Pétion, craignant d'être abordé de flanc par les bataillons d'Artois et de Normandie, de la neutralité desquels il doute, ordonne de canonner la caserne. Surpris par l'attaque, les bataillons métropolitains laissent leurs quartiers et vont se joindre aux troupes de Caradeux… Devant le Gouvernement, se sont concentrés le gros des forces de la Garde nationale, l'artillerie royale, la troupe soldée et la cavalerie. Pétion a fait rouler sa pièce hors du portail et se pose en face de la masse des soldats d'Artois et de Normandie qui manœuvrent pour avancer.

Les compagnies de Doyon, établies au Bel-Air, ont quitté leurs retranchements avec Aubrant, pour prendre à revers les assaillants du Palais. Un détachement de la Garde nationale, commandé par Taillefer, après avoir traversé la rue des Césars, les attaque par derrière. Volteface d'Aubrant qui poursuit les blancs jusqu'à la place de l'Intendance où Taillefer est tué. Les affranchis ont le temps de s'emparer d'une pièce de Praloto, mais ils doivent regagner le Bel-Air. À ce moment, l'investissement du Palais se resserre davantage. Les bataillons d'Artois et de Normandie, protégés par l'Artillerie royale, attaquent du côté sud.

Au Gouvernement, les munitions sont épuisées. Pétion nourrit son feu de cailloux et de pavés. L'ordre de retraite est donné par Bauvais. On gagnera la Croix-des-Bouquets par les jardins du Gouvernement et le quartier de La Coupe. Les canons sont encloués. La retraite est protégée par le capitaine Doyon. Campé à la rue Montalet, celui-ci arrête Caradeux qui tentait de contourner le Gouvernement. Bauvais se replie sur le chemin de la Charbonnière. La confédération a laissé dans l'enceinte du Palais une vingtaine de morts et emporté les blessés. Les blancs ont perdu plus de cent hommes. Le combat a duré jusqu'au soir.

Doyon, cependant, s'est maintenu au Bel-Air et pousse ses patrouilles fort avant dans la ville. Au cours de la soirée, le feu éclate au corps de garde de Robin, dernier point de résistance des confédérés. L'incendie est circonscrit. Au même moment, un nouvel incendie se déclare dans le secteur du Morne-à-Tuf. Comme celui du Bel-Air, il est presque aussitôt éteint. Après avoir tenu toute la nuit, Doyon se voit forcé d'abandonner la partie. Au petit jour, accompagné de Lambert, il rejoint Bauvais qui s'était retiré à la Croix-des-Bouquets.

Vers quatre heures du matin, un gros incendie jaillit du quartier du commerce, plus précisément rue Saint-Philippe[4], et dans plusieurs rues adjacentes. Le feu est activé par la brise de terre. Du *Borée*, le commandant de Grimoüard donne l'ordre aux équipages de recueillir à leur bord femmes, enfants, vieillards et blessés. Un contingent de marins et de charpentiers est envoyé à terre, muni d'une pompe à incendie.

Mais le feu a déjà pris de terribles proportions. Maintenant, le Bel-Air brûle. L'incendie se propage jusqu'au Morne-à-Tuf.

Un vent de carnage et de folie déferle sur la ville. Les magasins sont mis à sac. Bravant les flammes, la fumée et les nuées d'étincelles, des petits blancs menacent d'abattre ceux qui tentent d'arrêter le sinistre et tirent sur les habitants qui fuient par-dessus le toit de leurs maisons, afin de leur rafler les biens qu'ils ont péniblement arrachés aux flammes. Partout on traque les affranchis. Ceux que l'on trouve dans les rues sont tués à bout portant : au nombre de ces derniers, le chevalier Duplan, mulâtre, et Pierre Pellerin, noir. Le juge sénéchal Kercado, connu pour son attachement aux affranchis, est attaqué dans sa maison et tombe percé de coups de baïonnettes, dans les bras de sa jeune épouse. Michel Lilavois, homme de couleur, retenu chez lui par la maladie, est abattu dans son lit. Une négresse libre, Marie-Rose, femme aux principes libéraux, est assassinée, malgré ses émouvantes supplications.

Des scènes encore plus affligeantes marquent cette journée tragique. Une certaine dame Papillot s'enfuyait vers le portail Saint-Joseph avec sa fille, Mme Beaulieu, jeune mariée enceinte de plusieurs mois. Elles sont apostrophées par deux gardes nationaux qui mettent en joue les pauvres femmes. La dame Papillot se jette sur sa fille qu'elle couvre de son corps. Les gardes tirent. Un projectile transperce une main de Mme Papillot, mais pénètre dans le sein de Mme Beaulieu qui tombe morte. L'un des forcenés, le nommé Larousse, plonge alors son sabre dans le ventre de la malheureuse, en extrait le fœtus et le précipite dans un brasier tout proche.

Beaucoup d'affranchis, cherchant leur salut dans la mer, se sont dirigés vers le littoral. Ils y seront tous massacrés. Des femmes de couleur, qui ont réussi à atteindre les mangliers des îlots de la rade et à s'y cacher, sont mitraillées du rivage par les hommes de Praloto. Celles que la Municipalité, sous prétexte de les protéger, a fait incarcérer, vont être les témoins d'une épouvantable tuerie. En effet, à l'approche de l'incendie, des dizaines de prisonniers se trouvant dans le secteur de la prison donnant sur la rue d'Orléans (rue de l'Enterrement) sont impitoyablement abattus. Par miracle, on épargne les femmes et les enfants.

Les actes de barbarie ne furent heureusement pas les seuls commis durant cette fatale journée. Comme un défi à tant de sauvagerie, on vit aussi des traits de sublime dévouement... Du fort Saint-Joseph où il dirigeait l'hécatombe, Praloto a remarqué un important groupe de femmes et d'enfants mulâtres qui, affolés, cherchaient à gagner la plaine par le grand chemin. Il fait manœuvrer un canon en direction du lamentable troupeau. Réalisant le danger que couraient ces innocents, un blanc leur désigne en toute hâte un chemin détourné par où s'enfuir. Cet acte d'humanité leur sauva la vie.

Aux environs du portail de Léogane, un esclave noir rencontre des enfants de couleur au nombre d'une soixantaine, poussant des cris et réclamant leurs parents. Il les apaise, puis les conduit à l'habitation de Mme Volant, blanche, qui les héberge tous. Pendant de nombreux jours, cette femme de cœur se fera le devoir de prodiguer des soins aux petits infortunés.

... L'incendie qui depuis le matin faisait rage ne sera tout à fait maîtrisé que le lendemain. Dans la lutte contre le feu, quatre pompes seront endommagées et abandonnées... Et le carnage s'apaisera avec la fin du sinistre. Les mulâtres, pourchassés de quartier en quartier, se sont jetés dans les bois. Port-au-Prince reste aux mains des Pompons rouges. L'abbé Ouvière, ce prêtre journaliste qui dirigeait le *Journal de Port-au-Prince*, défenseur du gouvernement et de la cause des affranchis, comparant ces tragiques événements à ceux de la Saint-Barthélemy, leur donnera le nom de *Sainte-Cécile*, car ce fut en ce jour où l'Église fêtait la patronne des musiciens que tant de crimes se perpétrèrent.

On retire des Magasins du roi des comestibles que l'on distribue aux différents bâtiments en rade afin de nourrir ceux qui s'y sont abrités. Sur la réquisition de la Municipalité, réfugiée avec l'Assemblée provinciale, à la caserne, le commandant de Grimoüard met l'embargo sur les navires marchands qui, pendant l'incendie, avaient reçu en dépôt des commerçants de la ville une grande partie de leurs stocks de vivres et de farines menacés par les flammes et le pillage. Ces marchandises aideront à ravitailler la population sinistrée.

La capitale est aux trois quarts détruite et son quartier commerçant presque anéanti. Seuls ont résisté aux assauts du feu les établissements de messieurs Pellé frères, Kerlegan, Legal et Cie, Libérale frères, Allemand jeune, Guien et Brin, Daubagnac et Trigant, Longuemand de La Salle, Dumoutier et Rodrigue, Laissoul et Cie[5]. Plus de cinq cents maisons saccagées, brûlées. La Comédie, en cendres. L'hôpital Robert du Bel-Air, un amas de décombres. Ce sélect quartier résidentiel, lui-même, entièrement consumé par les flammes. Mises à part quelques demeures isolées, les constructions épargnées dans l'ancienne ville sont l'Intendance, l'église paroissiale, le presbytère et l'hôtel de la Marine[6].

Le panorama de la cité est catastrophique : champ de ruines fumantes, d'où émergent, à côté des maisons préservées, de misérables pans de mur et des poteaux de bois calcinés. Les propriétaires et locataires qui ont eu le bonheur de survivre à cette tragédie, cherchent, parmi les décombres, ce qui reste de leur avoir. On estime déjà à près de 50 000 000 de livres tournois les pertes en édifices, magasins, marchandises et mobiliers. «Tu ne reconnaîtrais plus Port-au-Prince», écrivait le commerçant Guien à sa femme, résidant en France... «On ne peut pas voir un pareil spectacle sans frémir, renchérissait le sieur Bohain dans une lettre à Madame Bohain. Il n'y a jamais eu d'événement pareil.[7]»

À qui attribuer ce désastre ? Dans leur haine implacable des gens de couleur, les blancs tenteront d'incriminer ces derniers, spéciale- ment leurs épouses. Puis, pour se justifier du sac des magasins, ils ac- cuseront les commerçants de s'être mués en incendiaires, afin de s'affranchir de leurs dettes... Au dossier des responsables du sinistre, Dalmas apporte le témoignage de nombreuses personnes qui attestent avoir vu «des hommes les plus fanatiques du parti patriote, les plus factieux d'Artois et de Normandie et les plus scélérats de l'artillerie de Praloto... propager le feu à l'aide de matières combustibles.[8]»

Retranchée en plaine, la population de couleur de la capitale qui a pu échapper au massacre se regroupe à la Croix-des-Bouquets. Dans les faubourgs de la petite ville, on dresse des huttes de feuillages pour abriter les femmes et les enfants qui n'ont pas pu trouver à s'héberger dans les maisons du bourg. Les hommes couchent sous les galeries ou à la belle étoile. En dépit des épreuves matérielles et morales, ils gardent confiance, réconfortés par l'exemple des chefs qui partagent avec eux leurs misères.

À son retour de Mirebalais, Pierre Pinchinat, leader des libres de cette ville, et qui jouissait d'une grande autorité sur les hommes de couleur, procède à une réorganisation en profondeur de l'armée des insurgés. Elle reçoit la dénomination officielle d'*Armée des Confédérés*. Bauvais et Hanus de Jumécourt en deviennent respectivement le commandant et le capitaine-général.

Les passions apaisées, la Municipalité, qui depuis l'incendie, s'est installée à la caserne, estime qu'elle s'est nettement trompée en ne s'opposant pas à l'attaque des mulâtres entrés dans la ville sous la garantie des traités. Dans le dessein de ramener une paix propice à ses intérêts esclavagistes, elle essaie, par l'intermédiaire du commandant de Grimoüard et du comte Laurent de Caradeux de La Caye, frère du commandant de la Garde nationale, d'engager quelques pourparlers avec les confédérés de la Plaine. Exaspérés par la conduite déloyale des citoyens de Port-au-Prince, les hommes de couleur posent comme condition, avant toute amorce de conversation, le renvoi en plaine des femmes et des enfants libres encore en ville. Le maire Leremboure, acquiesçant à ce désir, fait embarquer dans de grandes charrettes ceux qui avaient survécu à la tourmente.

Mais l'initiative de la Municipalité n'aura aucune suite, les exigences des affranchis – occupation par leurs troupes des forts Saint-Joseph et Robin, déportation de Praloto et des canonniers – se révélant inacceptables aux yeux du commandant de la Garde nationale et d'un fort pourcentage de soldats et de citoyens.

Dès le lendemain de l'émeute, Port-au-Prince voit défiler dans ses rues la faune des détrousseurs exhibant leurs butins. De pauvres hères, encore couverts de haillons, se promènent, les doigts ornés de bagues en or. Celui-là déambule, l'air important, une canne à pommeau d'or à chacune de ses mains. Beaucoup se sont dépouillés de leurs guenilles et ont revêtu les habits qui hier garnissaient la garde-robe des gros commerçants. Toute cette racaille cousue d'or et chargée de bijoux s'engouffre dans les quelques estaminets qui subsistent et se fait servir à gogo de la bière et du vin. Ils pontifient.

Ils pérorent. Ils se déclarent les serviteurs zélés de la révolution et reconnaissent que l'incendie, le massacre et le pillage étaient les armes les plus efficaces pour maintenir les conquêtes révolutionnaires.

Parmi ces scélérats, se distingue le nommé Dumont qui étale un luxe particulièrement agressif. Il s'était enrichi du jour au lendemain en écrivant simplement son nom sur les paquets que les négresses domestiques, au moment du sac, transportaient à bord pour leurs maîtresses. Les réclamer ensuite, avec l'effronterie que l'on devine, avait suffi pour le hausser jusqu'à l'intéressante classe des nantis de ce monde.

Les démonstrations de joie de ces «bons citoyens», va-nu-pieds d'hier, n'arrivent pas cependant à effacer la morne tristesse qui accable la ville. Dans les zones dévastées, les décombres s'étalent en une longue suite de toits effondrés, de poutres calcinées, de galeries défoncées. Des demeures, noircies par la fumée, restent béantes. Des boutiquiers naguère aisés, aujourd'hui marchands ambulants, s'en vont, le regard terne, offrant à une clientèle problématique la marchandise sauvée du pillage. Des centaines de sinistrés, hâves et désemparés, errent sans projet et sans but, en proie à la plus lourde consternation. De nombreux habitants, séparés de leurs proches, continuent encore à s'informer d'eux, ne pouvant se résoudre à se croire des veufs, des veuves ou des orphelins.

Les conditions infiniment précaires qui prévalent à Port-au-Prince, vont encore empirer par l'action de plus en plus rigoureuse de l'armée des confédérés contre la capitale. Les approvisionnements en vivres et viande fraîche sont bloqués, les conduites d'eau de Turgeau et de Martissans, coupées. On recourt à l'eau nocive des puits, qui donne naissance à une épidémies de fièvres malignes: vingt-cinq à trente personnes en mourront chaque jour. En représailles, les corps populaires interdisent l'envoi en plaine des viandes salées et des conserves, et, pour parer à la disette et ménager les derniers stocks de vivres en dépôt à Port-au-Prince, arment des goélettes qui ont ordre de détourner les navires marchands faisant le commerce avec les villes voisines et de les diriger sur la capitale. Sans s'en rendre compte, les «bons citoyens» se transformaient en audacieux pirates !

À l'est comme à l'ouest, les insurgés travaillent jour et nuit à l'établissement de retranchements. Pour dégager les abords de la cité, les canons tonnent sans arrêt. Par une ironie des choses, les projectiles lancés par les forts serviront à approvisionner le parc d'artillerie des confédérés.

Les campements de Martissans et de Bizoton, où les hommes de couleur, sous le commandement de Rigaud, se sont bien fortifiés, donnent de sérieuses inquiétudes à la Municipalité. Elle ordonne à Grimoüard d'attaquer les positions ennemies. Le commandant lui fait répondre que les mulâtres se tenant sur la défensive, dans l'attente d'un arrangement à la satisfaction des partis, il n'était pas indiqué de les provoquer, d'autant qu'ils étaient décidés à mettre tout à feu, si on tirait sur eux. Sur ses conseils, on entreprend des pourparlers avec Rigaud pour le rétablissement des eaux et l'évacuation du poste de Martissans, trop rapproché de la ville. Celui-ci accepte de se retirer à Bizoton, mais doit en référer au Conseil d'administration de la Croix-des-Bouquets, avant de rendre les eaux.

Quelques jours s'écoulent. Aucun changement à la situation. Pour mettre fin au blocus, la Municipalité fait placer sur la drague du port plusieurs pièces d'artillerie. Soutenue par le fort Sainte-Claire, la batterie flottante ouvre le feu sur Martissans. Rigaud reflue vers Bizoton. Les agitateurs petits blancs, qui entre-temps avaient travaillé l'esprit des équipages, soulèvent les marins de la frégate la *Galathée* et entraînent ceux du *Borée*. Ils s'emparent des pièces et bombardent Bizoton. Sévèrement battu en brèche, Rigaud doit lever le camp. En se repliant, il livre aux flammes les riches habitations de Martissans, Bizoton de la Motte, Volant, Cottes de Jumilly et Trutier de Vaucresson.

Une délégation de marins mutinés se rend le lendemain auprès des autorités populaires pour leur faire rapport des résultats du bombardement. Accueillie par la Municipalité, elle reçoit les vives félicitations des officiers municipaux pour l'action énergique exercée contre les «brigands» de Bizoton. On persuade les matelots que la Municipalité détenait seule le pouvoir à la capitale, et qu'on ne pouvait lui désobéir sans se rendre coupable: c'était entretenir chez eux le venin de la mutinerie. Dès ce moment la détérioration des relations, d'abord cordiales entre la Municipalité et le commandant de la station, va s'accentuer. Grimoüard n'entend pas se laisser faire, et malgré l'ordre de l'ondoyant Blanchelande de soumettre les mouvements des forces navales aux réquisitions des corps populaires, il reste résolu à résister autant qu'il le pourra aux prétentions aberrantes de la Municipalité de Port-au-Prince.

Après le retrait des forces confédérées des faubourgs de la capitale, on entame une nouvelle série de fortifications. La ville est entourée de fossés et garnie de canons.

Mais dans l'intervalle, les paroisses de l'Ouest et du Sud, qui avaient adhéré au concordat de Damien, s'étaient déclarées contre le Port-au-Prince. À la Croix-des-Bouquets, s'est formée la *Coalition des Paroisses de l'Ouest*, avec un Bureau de police à sa tête, composé de commissaires blancs et libres. La ville de Saint-Marc, dont la population est en majorité mulâtre, s'est mise à la disposition des autorités de la Croix-des-Bouquets, pour renforcer le blocus de Port-au-Prince du côté de la mer. Les bâtiments qui tentent d'y apporter des vivres sont interceptés et conduits à Saint-Marc.

Cette aggravation de la situation a des répercussions désastreuses sur le commerce port-au-princien déjà durement éprouvé. Aucun bateau marchand n'entrant plus au port, les habitants ne trouvent rien à acheter dans les magasins, pas même les toiles et marchandises de première nécessité. Quant aux provisions alimentaires, elles se raréfient chaque jour davantage. On ne voit plus de légumes au marché, les colons des montagnes environnantes, qui en cultivaient de si belles variétés, ayant abandonné leurs plantations et laissé leurs esclaves épars et sans direction. «La misère est extrême, se lamentait le commis Alexandre Thomas au négociant armateur Guillon fils. Une volaille coûte jusqu'à une gourde et demie; le vin, deux gourdains la bouteille; un chou, deux gourdains...[9]»

Avec l'extension du blocus, s'accroît la fureur des petits blancs contre les gens de couleur et ceux qu'ils soupçonnent de sympathiser avec eux. Certains vont jusqu'à armer leurs esclaves pour les lancer à la chasse aux mulâtres. Leur besogne accomplie, les meurtriers reçoivent, avec le gage de l'impunité, une récompense pécuniaire. Les affranchis tués au cours des engagements sont décapités, et leurs têtes promenées au bout d'une pique dans les rues de Port-au-Prince. Les anciens Pompons blancs sont traités comme des ennemis déclarés. Depuis la sombre journée de la Sainte-Cécile, plusieurs d'entre eux ont été, après un simulacre de jugement, pendus aux réverbères. M. Arnaud, l'un des cinq membres députés en France pour dénoncer l'ancienne Assemblée de Saint-Marc, n'a pas échappé à ce sort.

Dans une lettre au gouverneur de Blanchelande, de Grimoüard trace un tableau navrant de l'état des esprits à Port-au-Prince, à la veille de l'arrivée en cette ville du commissaire civil Saint-Léger :

«Il y a eu à terre aujourd'hui et les jours précédents cinq blancs immolés par le peuple, écrivait le commandant de Grimoüard; on assassine, on pend sans aucune formalité judiciaire, la fureur populaire est à son comble. La municipalité du Port-au-Prince a bien fait une proclamation pour rappeler le respect dû aux personnes, mais aucune poursuite n'est intentée devant les tribunaux contre les auteurs de ces atrocités. Ces crimes ne cessent d'exciter la fermentation sur les bâtiments de l'État et du commerce. Mon état-major et moi, nous tenons à bord, attendant le résultat des conspirations faites contre nous... Si nous sommes seuls contre tous, nous mourrons, l'épée à la main[10].»

Méconnaissable, la cité de Larnage gisait dans un cloaque, victime du «jacobinisme raciste» des petits blancs.

Notes

1   Voir *La révolution à Port-au-Prince (1791-1792)*. Relation inédite du négociant Lajard, par Jacques Cauna, *R.S.H.H.G.,* n° 152 et 153.

2   *Courrier du Cap,* n° 20, 2e année.

3   Les commerçants bordelais étaient les plus menacés, les *Pompons rouges* ne pardonnant pas à la ville de Bordeaux d'avoir «proposé à la Constituante d'envoyer dans la colonie une partie de sa garde nationale pour faire respecter le décret du 15 mai». J. Cauna, *R.S.H.H.G.,* n° 152, note 7.

4   Aujourd'hui rue Courbe, secteur compris entre les rues Tiremasse et des Césars.

5 *Journal des Colonies,* n° XVIII.

6 En dépit des précautions prises par le curé Viriot, d'importants papiers qu'il s'était empressé de mettre à l'abri, dans une maison éloignée du Bel-Air, furent consumés. D'anciens registres paroissiaux, remontant à l'époque des paroisses du *Trou-Bordet* et du *Cul-de-Sac,* disparurent dans les flammes.

7 Archives de l'Amirauté anglaise, dépendant du P.R.O. – Dossiers HCA30 et HCA30–400. Documentation aimablement fournie par M. Bernard Foubert.

8 M. Dalmas, *Histoire de la révolution de Saint-Domingue,* 1814, pp. 203-204. Ces attestations concordent avec le témoignage du colon Gamot, à propos des vrais incendiaires de Port-au-Prince. Cf. revue *Le Document,* n° 3, mars 1940, pp. 184-185.

9 Archives de l'Amirauté anglaise dépendant du P.R.O. – Dossier HCA30-391.

10 Vicomte Henri de Grimoüard, *L'Amiral de Grimoüard au Port-au-Prince,* 1937, p. 55.

FIN D'UNE DICTATURE

Au moment où Port-au-Prince était à feu et à sang, la commission civile envoyée par l'Assemblée nationale pour apaiser la lutte des partis à Saint-Domingue, débarquait dans la ville du Cap. Composée des citoyens Philippe Rose Roume de Saint-Laurent, Frédérique-Ignace de Mirbeck et Edmond de Saint-Léger, elle devait, d'après les instructions qu'elle avait reçues, orienter ses démarches, suivant les directives du décret du 24 septembre.

Mais depuis le 4 septembre 1791, une nouvelle Assemblée coloniale, formée en grande partie des colons de l'Assemblée de Saint-Marc, s'était réunie au Cap. Après avoir déclaré qu'elle n'était pas opposée à l'exécution du décret du 15 mai en faveur des hommes de couleur, elle s'était rétractée, lorsque le nouveau décret du 24 septembre les avait mis à sa merci.

Le caractère souverain attaché à ce corps n'allait pas favoriser l'entente de ses membres avec les commissaires civils dans la recherche des solutions appelées à pacifier la colonie. «L'assemblée, fait observer Cabon, entendait bien se passer des commissaires et de leurs conseils, pour exercer sa souveraineté, tandis que les libres n'admettaient pas qu'on pût disposer d'eux à discrétion...» Au départ, la mission dévolue à la Commission civile semblait vouée à l'échec.

Vers la fin de janvier 1792, Saint-Léger, laissant ses collègues face aux embarras suscités par l'Assemblée coloniale, décide de partir pour l'Ouest. Un vif désir d'y apporter la paix le tenaillait. Il n'ignorait pas la dure besogne qui l'attendait. La volonté inflexible des confédérés qui continuaient à se fortifier, l'indiscipline notoire et la confusion des pouvoirs qui régnaient à Port-au-Prince, étaient parmi les grosses difficultés qu'il lui faudrait surmonter[1].

À son arrivée à la capitale, le 29 janvier, Saint-Léger trouve une ville étroitement bloquée par les confédérés de la Croix-des-Bouquets et du Sud, et qui n'est que «débris et cendres». Privée d'eau «pour la possession de qui on a livré maints combats», elle est de plus menacée d'une épouvantable disette de vivres alimentaires. Marchés vides. Pas de viande pour l'hôpital. Les réquisitions militaires ont presque épuisé les provisions des Magasins du roi et celles des rares maisons de commerce qui en avaient en réserve. Seule l'abondance relative des fruits de mer tempérait tant soit peu la famine naissante.

Sans tarder, Saint-Léger s'entremet entre la ville et la Plaine. Les autorités populaires lui font obligation de ne pas s'éloigner au-delà de la portée de canon du fort Saint-Joseph. Cette restriction, plutôt humiliante, n'empêche pas les négociations d'aboutir à des résultats concrets. Le 4 février, Saint-Léger obtient des hommes de couleur le rétablissement des eaux de la ville, l'évacuation de la Croix-des-Bouquets par les troupes confédérées, la suppression du Bureau de police de ce bourg et son remplacement par une municipalité. Les communications étant devenues libres entre la capitale et la Plaine, les échanges commerciaux reprennent aussitôt. En quelques jours, deux mille barriques de sucre entrent en ville.

Malgré ces beaux résultats, l'animosité des deux partis en présence ne fléchissait guère. Si les confédérés, pour prouver leur bonne foi au commissaire Saint-Léger, ont accepté de faire des concessions, ils demeurent intraitables sur le plan des revendications, et pour les appuyer, se maintiennent en armes. En ville, nonobstant les efforts de Saint-Léger pour parvenir à une paix définitive, les blancs s'élèvent contre les solutions suggérées. On reproche sourdement au commissaire de se faire l'ami des sang-mêlé. Un député de l'Assemblée provinciale ira jusqu'à présenter une motion demandant son expulsion de Port-au-Prince. À un moment, les ressentiments à l'endroit du représentant de la Nation atteindront un tel degré d'animosité, que le commandant de la station, craignant pour sa personne, l'invitera à venir à bord du *Borée*, pour le soustraire à la fureur populaire.

Aveuglée par ses préjugés, l'Assemblée coloniale se montrait toujours peu disposée à fixer le sort des gens de couleur. Attitude qui ne contribuait qu'à embrouiller davantage la situation... En effet, la fièvre de revendications, qui depuis des mois agitait blancs et affranchis avait fini par atteindre les esclaves. Suivant l'exemple de ceux de la plaine du Nord qui, à l'appel de Boukman «l'inspiré», s'étaient soulevés contre leurs maîtres dans la nuit du 22 août 1791, leurs congénères de l'Ouest et du Sud commençaient eux aussi à briser leurs chaînes. Des révoltes d'esclaves étaient signalées sur divers points de ces territoires. En les armant contre les affranchis, les colons les avaient portés à prendre conscience de leur force, et Boukman, en promenant le massacre et l'incendie dans toute la plaine du Nord, leur avait appris que la volonté de s'affirmer était inséparable de l'obligation de brandir la machette et la torche.

En dépit de l'entrée sans obstacles des denrées de la plaine, la disette menaçait toujours la capitale. L'insécurité des mers encourageait peu les capitaines de bateaux marchands à faire voile vers le Port-au-Prince: depuis plusieurs semaines, aucun bâtiment européen n'avait touché le port. D'autre part, les prodigalités de tout genre, au bénéfice des ayants droit, avaient hâté l'appauvrissement des réserves, et le rationnement s'était présenté comme l'unique moyen de prévenir la disparition à brève échéance des provisions alimentaires et des produits importés.

L'anniversaire, le 3 mars, de l'arrivée de la station navale en rade de Port-au-Prince, est célébré avec éclat. Des citoyens de la ville ont organisé un déjeuner patriotique, auquel ont été conviés les corps administratifs, et bien entendu, le commandant, les officiers et les membres de l'équipage du *Borée*. Ne voulant pas s'associer aux démonstrations démagogiques, Grimoüard a prétexté son mauvais état de santé. Peu d'officiers se sont décidés à répondre à l'invitation ; mais une partie de l'équipage s'est rendu au déjeuner. En veine de cordialité, les organisateurs ont néanmoins envoyé quelques rafraîchissements à bord pour ceux qui n'avaient pu se déplacer. Pendant la journée, plusieurs salves de coups de canon furent tirées en ville en commémoration de cette grande date. Sur la demande de l'équipage, et pour répondre en même temps à la politesse des citoyens, Grimoüard autorisa onze coups de canon.

... Outré du mépris ostensible de la Municipalité à son égard, et découragé par le désordre qui ne cessait de sévir à Port-au-Prince et dont l'exécution sporadique et sans aucune forme de justice d'individus suspectés «d'indigénisme», était l'expression la plus horrible, Saint-Léger se détermina à partir pour Léogane que menaçaient Romain Rivière, dit Romaine la Prophétesse, et sa bande de sectateurs illuminés[2]. Le commandant de la station resta seul, face aux exigences immodérées des corps populaires dont la politique agressive était si contraire à ses visées de paix.

L'hostilité des blancs à l'égard des confédérés demeurait telle que quelques jours après le départ de Saint-Léger, l'Assemblée provinciale de l'Ouest projeta l'envoi d'un corps de troupe dans le Cul-de-Sac, sous prétexte d'y «maintenir de l'ordre dans les ateliers». Un différend éclate à ce propos entre les autorité militaires de la ville et les corps administratifs. Voulant conformer sa conduite aux dispositions prises par M. de Saint-Léger, M. de Géres, commandant de la place, s'oppose à cette sortie. Il doit se démettre de sa fonction et aller au Cap s'expliquer auprès du gouverneur et de l'Assemblée coloniale. Les officiers des divers corps militaires, refusant de remplacer leur chef, donnent à leur tour leur démission et s'embarquent avec lui pour le Nord. M. Leborgne de Coertivy, lieutenant au régiment de Normandie, est nommé commandant de la ville.

Le conflit résolu, on prépare l'expédition. Environ 2 000 hommes, tant blancs que noirs, de la Garde nationale et de l'artillerie de ce corps, répartis en deux détachements, sont placées sous le commandement de Praloto. Le 22 mars, la colonne destinée à occuper la Croix-des-Bouquets n'y trouve aucune résistance, les hommes de couleur l'ayant précédemment abandonnée. La seconde, après avoir essuyé le feu de quelques mulâtres retranchés au poste de la Charbonnière, s'empare finalement de la position.

Cette expédition, décidée sous le fallacieux prétexte de maintenir les esclaves de la Plaine dans la paix, va au contraire précipiter l'insurrection de la quasi-totalité des ateliers du Cul-de-Sac. Ce soulèvement sera l'œuvre des hommes de couleur qui, pour répondre aux armements d'esclaves décrétés par les blancs, pousseront leurs alliés des ateliers à s'engager ouvertement dans la rébellion. Le 31 mars, sous la conduite d'un jeune noir, Hyacinthe, esclave de l'habitation Ducouday, des bandes de plusieurs milliers d'esclaves, encadrées d'affranchis, attaquent au point du jour la Croix-des-Bouquets. Les troupes du *mal peigné*, après de lourdes pertes en hommes , se voient forcées d'évacuer le bourg et de laisser à l'ennemi leurs magasins à vivres et trois pièces de canon. Celles de la Charbonnière, doutant de leurs moyens de conserver cette position, se replient dans le plus grand désordre sur la capitale. Le même jour, de nombreuses habitations de la plaine sont livrées aux flammes par les noirs révoltés.

Après ces rencontres, l'attitude des confédérés durcit considérablement. Plus question désormais de poursuivre les échanges commerciaux. Les ponts sont de nouveau coupés entre Port-au-Prince et la Plaine. En ville, les approvisionnements en farine et salaison sont assurés par quelques navires américains; mais le vin manque, et bientôt, les vivres vont à leur tour disparaître du marché. Les capitaines de bateaux marchands, perdant l'espoir de se procurer des cargaisons, chargent leurs bâtiments de pierres pour retourner en France.

Menacée de partout par la coalition des esclaves et des libres, la capitale se fortifie avec soin. Grimoüard cependant, las de cette situation déplorable, a demandé son rappel. La guerre, plus active que jamais, entre les blancs de la capitale et les hommes de couleur, lui enlevait tout espoir de pacification. D'autre part, la maladie avait fait de grands ravages parmi l'équipage du *Borée*, et il était à craindre qu'un plus long séjour ne réduisit le vaisseau à ne plus pouvoir partir. Les perspectives pour lui étaient d'autant moins rassurantes, qu'il n'ignorait pas le dessein secret des citoyens de Port-au-Prince de s'emparer du *Borée*.

Une décision inattendue de l'Assemblée provinciale allait le libérer de l'atmosphère déprimante de la capitale. Dans la soirée du 18 mai, il reçoit l'ordre de se rendre dans les eaux de Saint-Marc et d'intercepter les petits bâtiments «corsaires» qui faisaient tant de tort au ravitaillement de la capitale. Les vaisseaux marchands lui cèdent quelques marins pour compléter son équipage, et le 21 mai, à sept heures du matin, il met le cap sur Saint-Marc.

Dans cette ville où régnait le parti des libres, avec Savary comme maire, et Chanlatte comme commandant de la Garde nationale, une coalition des citoyens blancs et de couleur des paroisses de Saint-Marc, de l'Arcahaie, de la Petite-Rivière, des Verrettes et des Gonaïves s'était formée, le 19 avril 1792, sous le nom de *Conseil de Paix et d'Union*, qui rejetait l'autorité de l'Assemblée coloniale, tout en étant soumise au gouverneur et à la Commission civile. Le marquis de Borel, qui avait tenté de troubler cette entente, avait été attaqué et vaincu. Dès lors, la coalition de Saint-Marc avait fait tache d'huile, et chaque jour, de nouveaux partisans blancs et mulâtres venaient s'y enrôler. Cette politique d'union des deux classes à laquelle travaillait le Conseil, et qui était celle de Grimouärd, le fit bien accueillir de la population de Saint-Marc. Quelques jours après son arrivée en cette rade, il écrivait au gouverneur de Blanchelande pour lui faire part de son intention de ne plus retourner au Port-au-Prince.

L'Assemblée législative, qui depuis octobre 1791 avait succédé à l'Assemblée Constituante, faisant sienne l'opinion qui attribuait aux restrictions du décret du 24 septembre la cause des malheurs de Saint-Domingue, avait le 4 avril 1792, accordé les droits civils et politiques à tous les libres, les assimilant ainsi aux blancs, et dissous les corps populaires formés sans leur participation. À l'arrivée de cette nouvelle à Saint-Domingue, l'Assemblée coloniale se hâta, en attendant la sanction royale de la loi, de proclamer la nouvelle constitution de la colonie, dont l'élaboration avait été entamée depuis quelques jours, et de décréter l'esclavage perpétuel des noirs...

L'extension de l'insurrection des esclaves du Nord a déterminé le gouverneur de Blanchelande et le commissaire civil à entreprendre une grande tournée dans l'Ouest et le Sud, afin d'y recruter des volontaires et d'obtenir des secours dans la lutte contre les révoltés. Après s'être arrêtés au Port-de-Paix, Roume et Blanchelande sont reçus à Saint-Marc aux cris de Vive le roi! «Libérés de la tutelle de l'Assemblée coloniale», ils acceptent volontiers de confirmer le

Conseil de Paix et d'Union, mais penchent pour le rétablissement de l'entente avec le Port-au-Prince. Cependant, la loi du 4 avril, proclamant l'égalité politique des blancs et des hommes de couleur, était un obstacle à toute tentative de paix avec la capitale. Pendant que Grimouärd essaie d'en convaincre le gouverneur général, les coalisés réclament la dissolution de l'Assemblée provinciale de l'Ouest, la déportation de ses membres les plus fanatiques et offrent des troupes au gouverneur pour réduire le Port-au-Prince par la force.

De Blanchelande se décide enfin. Le 22 juin 1792, à bord du *Jupiter*, il fait voile vers Port-au-Prince. «Grimoüard qui ne voulait plus y revenir, y retourne cette fois, non plus pour y obéir, mais pour y dicter la loi, avec son général, l'approuvant, à son bord.»

Pour faciliter sa mission de conciliateur, Roume a opté pour la voie terrestre. Il voulait s'entretenir personnellement avec les coalisés de la Croix-des-Bouquets et leur donner l'assurance de la bonne volonté du gouvernement de la Métropole. À la Croix-des-Bouquets, il obtint sans difficulté la suspension des hostilités et la promesse formelle d'une amélioration de la discipline dans les ateliers. De là, il partit rejoindre de Blanchelande.

Port-au-Prince, à ce moment, se trouvait investi de toutes parts. Deux petites armées, celle de Rigaud à Bizoton et celle de Bauvais devant le portail du fort Saint-Joseph, sous l'autorité du commissaire civil, bloquaient les entrées nord et sud de la ville. Grimoüard, avec le *Borée*, le *Jupiter*, l'*Agathe* et quelques autres bâtiments, montés par des blancs et des hommes de couleur sous les ordres du vicomte de Fontanges, l'enserrait du côté de la mer.

De Blanchelande a lancé une proclamation demandant à la ville de se rendre. Pas de réponse. Praloto et l'ancien chirurgien Dumontellier dirigent la résistance. Ils menacent de brûler les vestiges de la cité si on ne la défend pas. Mais Roume a engagé des pourparlers. Les coalisés ont dressé une liste de 54 proscrits dont ils réclament l'embarquement. Quoique le nombre paraisse un peu élevé au commissaire, il communique néanmoins la demande à la Municipalité.

La Garde nationale, irrévocablement opposée à la loi du 4 avril qu'on voulait imposer à la ville et dont les dispositions avaient fait l'objet de vifs reproches de ce corps à l'adresse de l'Assemblée législative, excite le peuple à rejeter tout accommodement. Des agitateurs enjoignent aux habitants de se préparer à la lutte, de tirer sur les vaisseaux en rade, et en cas d'insuccès, d'incendier de nouveau la ville et de se retirer à Jacmel, foyer des Pompons rouges mécontents.

Les conversations secrètes engagées entre la Municipalité et le commissaire civil ont abouti à la réduction à dix du chiffre des déportés. Pour obtenir cette concession, les factieux de la municipalité avaient compté sur la pusillanimité du gouverneur qui participait aux négociations.

Les citoyens, comprenant que toute résistance, en présence de forces nettement supérieures, n'était que folie, n'ont aucune réaction particulière lorsque la Municipalité rend public le résultat des délibérations. Pour Praloto, la partie était perdue.

Le 5 juillet, Roume et de Blanchelande rentrent au Port-au-Prince. On les reçoit avec «une pompe d'ancien régime». À sept heures du matin, l'armée des confédérés, suivie d'un millier de mulâtres, pénètre dans la ville. De Blanchelande, accompagné de deux officiers municipaux, accueille la colonne de Bauvais au portail du fort Saint-Joseph. Roume, escorté lui aussi de deux échevins, reçoit au portail de Léogane celle de Rigaud. Les confédérés sont calmes et dignes. L'ordre est complet. Le même jour, la loi du 4 avril est solennellement publiée. Dans un discours plein de morgue, de Blanchelande adresse des reproches à la Municipalité. Habitué à ses sévérités verbales, on fait peu de cas de ces propos.

Roume, plus courageux et plus énergique, ordonne au 9ᵉ régiment, ci-devant de Normandie, de s'embarquer sans délai pour la Métropole. Le 48ᵉ, ci-devant d'Artois, n'est dispensé de quitter la ville que parce qu'il se montre disposé à aider les victimes de la Sainte-Cécile à rentrer en possession de leurs biens volés durant cette néfaste journée.

Comme prévu, on procède à l'arrestation des plus furieux agitateurs. Praloto et Dumontellier sont parmi les premiers à être appréhendés. Au nombre de dix, ils sont condamnés à la déportation en France[3]. En attendant l'arrivée de la nouvelle commission civile nommée par l'Assemblée législative, les corps populaires sont maintenus. On opère une certaine refonte au sein de la Garde nationale qui est épurée de ses éléments indésirables. Mais les confédérés refusent de s'y enrôler : il leur répugnait de se trouver côte à côte avec leurs anciens ennemis. De Blanchelande forma alors quatre compagnies soldées, dont le noir Jean-Pierre Lambert, sur la proposition de Bauvais, fut nommé le capitaine général. Cette milice se donna un conseil d'administration sous le nom de *Comité militaire des citoyens de couleur et nègres libres en garnison au Port-au-Prince*, dont Daguin fut le président et Plaisance le secrétaire[4].

Grâce à la triple alliance des fonctionnaires royalistes, des colons de l'Ouest et des libres, voici Port-au-Prince débarrassé de la dictature sanguinaire des Pompons rouges. La paix rétablie, il reste à la consolider en prévenant toute altération possible de l'ordre. Dans ce dessein, Roume fait rentrer sur les habitations les esclaves révoltés et accorde la liberté à leurs chefs. Ces derniers, au nombre de 240, seront enrôlés en un corps de gendarmerie, chargé de surveiller les ateliers du Cul-de-Sac et de l'Arcahaie.

Victorieux et satisfaits, les affranchis pouvaient enfin souffler!

Notes

1   Voir à L'Appendice VI la lettre du 10 janvier 1792, par laquelle les commissaires civils, après une analyse minutieuse de la situation à Port-au-Prince, exhortent la Municipalité à mettre fin au désordre qui y sévit.

2   Découragé et se sentant suspect, Saint-Léger s'embarquera le 8 avril 1792 pour la France. Huit jours plus tôt, Mirbeck avait fait le même geste.

3   En rade de Saint-Marc, le *mal peigné* trouva la mort qu'il méritait... Le bateau qui emportait les proscrits en France s'arrêta à Saint-Marc. À la tombée de la nuit, quelques blancs montent à bord et, sous prétexte de le conduire à la prison de la ville, se saisissent de l'ancien commandant d'artillerie. Ils l'entraînent dans un canot, et au large, le transpercent de plusieurs coups de poignard. Son cadavre est ensuite jeté à la mer. On soupçonna de Blanchelande d'avoir toléré la perpétration de ce crime, le principal assassin, Roy de La Grange, ayant été son secrétaire. C'était un *Pompon blanc* royaliste, qui occupait alors la fonction de prévôt de la maréchaussée et qui avait beaucoup pâti des intrigues des petits blancs.

4   Quelques jours après la rentrée des coalisés au Port-au-Prince, le commandant de Grimoüard, qui s'était tant dépensé pour la cause de la paix, s'embarquait, épuisé par la maladie, pour la France. Promu contre-amiral en juillet 1792, en hommage à

sa belle conduite, puis vice-amiral six mois plus tard, il fut dénoncé en 1793 comme «le plus fort satellite de Blanchelande». Jugé par un tribunal révolutionnaire et condamné à mort, il fut exécuté le 7 février 1794.

UNE ASCENDANCE ÂPREMENT DISCUTÉE

L a loi du 4 avril, qui accordait aux libres les droits civils et politiques, n'avait aucune chance d'être agréée de l'ensemble de la population blanche. Des circonstances pouvaient favoriser la conclusion de pactes d'alliance entre les blancs et les hommes de couleur : elles seraient incapables d'amener la fusion de ces deux entités sociales, car ce qui dominait avant tout à Saint-Domingue, c'était l'opposition raciale des blancs. Octroyer eux-mêmes des privilèges aux libres, tous descendants d'esclaves, était un compromis dont volontiers les colons se fussent accommodés, mais entériner une mesure qui n'avait fait entre eux l'objet d'aucune discussion, d'aucune délibération, et qui de surcroît ébranlait les assises mêmes du régime colonial, était, à leurs yeux, se plier à une pitoyable abdication.

En élaborant cette loi du 4 avril, l'Assemblée législative avait négligé de considérer l'aspect social de la situation à Saint-Domingue, qui reposait en grande partie sur d'exaspérantes questions épidermiques. Elle avait pensé que les soulèvements étaient seulement l'effet des menées subversives des ennemis de la France dans les deux hémisphères. Cette erreur d'optique conduira les agents envoyés à Saint-Domingue à des fautes qui seront imputables à l'esprit de cette loi, dont ils étaient profondément pénétrés, plutôt qu'à leur autoritarisme. Les colons considéreront comme un malheur pour Saint-Domingue que des hommes d'Europe, ignorant tout des coutumes locales, puissent se permettre d'imposer leurs vues sur le régime politique qui convenait à la colonie.

Le 17 septembre 1792, au moment où en France la Convention Nationale succédait à l'Assemblée législative, la deuxième Commission civile, composée des citoyens Léger-Félicité Sonthonax, Étienne Polvérel, Jean-Antoine Ailhaud, et soutenue par des forces imposantes, débarquait au Cap-Français. Accompagnaient les commissaires le général Pierre de Lusson d'Esparbès et trois gouverneurs de province, dont le marquis d'Offremont de Lasalle, affecté au gouvernement de la province de l'Ouest.

Les pouvoirs des nouveaux commissaires, ardents girondins et ennemis implacables de l'Ancien Régime, étaient multiples, absolus même. Pour résumer l'étendue de ses moyens d'action, Cabon écrit que la deuxième Commission était «une autorité extraordinaire, à côté d'une autorité ordinaire, le gouverneur»[1].

Adoptant les récriminations des ennemis de Blanchelande qui l'accusaient d'avoir été «d'instigateur de la révolte, de l'incendie et de la contre-révolution à Saint-Domingue», les commissaires, une semaine environ après leur arrivée, dénoncent le gouverneur à la nation. Le 4 octobre, ils le déportèrent en France et à sa place installèrent d'Esparbès qui avait été déjà désigné par Paris pour lui succéder[2]. Ils s'attaquèrent ensuite à l'Assemblée coloniale qu'ils destituèrent et lui substituèrent une commission intermédiaire de douze membres (6 blancs et 6 mulâtres) en attendant la réunion d'une nouvelle assemblée. Les assemblées provinciales et les Conseils de Saint-Marc et de la Grand'Anse furent dissous, mais autorisés à siéger, à cause de l'anarchie qui partout s'était introduite. Enfin les assemblées primaires furent convoquées pour la formation de nouvelles municipalités. À Port-au-Prince fut élu maire le citoyen Bernard Borgella qui jouissait de la confiance et de l'estime publiques. Furent également élus, 26 assesseurs municipaux, dont cinq choisis parmi les citoyens de couleur.

Grâce à la paix relative qui régnait dans l'Ouest, Port-au-Prince commençait à se relever de ses ruines. Quelques maisons avaient été reconstruites et des magasins érigés en maçonnerie, à l'épreuve du feu. Mais la cherté de la vie continuait à étreindre les Port-au-Princiens, et les loyers atteignaient des montants exorbitants : la moindre «halle» ne se louait pas à moins de 2 000 livres mensuellement.

Les affaires reprenaient avec lenteur, handicapées qu'elle étaient par l'état d'incertitude de la Plaine et l'insignifiance des apports en numéraire. Beaucoup de commerçants, ruinés par l'incendie de la Sainte-Cécile, ne trouvaient de crédit nulle part, les garanties offertes par eux étant peu solides. Ils ne pouvaient s'approvisionner qu'au comptant ou tout au plus à quinze jours ou un mois de terme. Pour l'emmagasinage de leurs marchandises, il leur fallait faire face à d'onéreux débours, le sinistre ayant consumé la plupart des entrepôts de la ville.

Par ailleurs, les armateurs étrangers, élargissant de leur seule initiative les effets de l'arrêt du 30 août 1784 du Conseil d'État, qui avait ouvert au commerce international, pour certains produits déterminés, les trois ports de Port-au-Prince, du Cap et des Cayes, s'étaient enhardis, sitôt le calme rétabli, à faire subir une concurrence des plus acharnées au commerce métropolitain, fournisseur habituel de la colonie. Profitant des circonstances spéciales créées par les troubles, les Américains en particulier inondaient le marché port-au-princien de fortes expéditions de marchandises variées et de qualité, surtout des comestibles, qu'ils donnaient jusqu'à 25 % meilleur marché que les Français. Les Anglais, qui avaient eu l'habileté de stocker de grandes quantités de produits manufacturés, à l'époque où le change leur était favorable, cédaient à bas prix, en réalisant de beaux profits, les articles que les Français ne pouvaient vendre qu'à perte. Ainsi, les marchandises étaient en abondance, à cause de nombreux arrivages de vaisseaux battant pavillons anglais, américain, hollandais; mais cette abondance, loin de refléter l'opulence coloniale, concrétisait plutôt l'esprit d'entreprise et la volonté d'expansion du commerce étranger intéressé au marché de Saint-Domingue[3].

Sur ce malaise économique, se greffait la crise sociale qui ne laissait pas de demeurer inquiétante. L'union tant souhaitée n'avait pu se réaliser. Les libres, pleins de méfiance, gardaient leur position. En dépit de la loi, ils ne pouvaient oublier que «des tentatives de rapprochement entre blancs et gens de couleur étaient toujours suivies de crises d'hostilité» et qu'à leur endroit, la politique de la Métropole s'était plus d'une fois révélée déroutante. Blancs et hommes de couleur restaient donc en présence, prêts à entrer en conflit.

Cette alarmante situation, jointe aux aléas de la Plaine, obligeait les autorités à maintenir la ville sur un incessant pied de guerre, qui n'était pas sans apporter de gros ennuis à chacun. Les citoyens valides étaient astreints à monter la garde tous les trois jours. Par substitution contre espèces, ils parvenaient souvent à se soustraire à cette corvée. Quant aux soldats, il ne leur était accordé que deux nuits de repos par semaine, les combats, le surmenage, les excès de toutes sortes ayant considérablement réduit l'effectif de la garnison. Sur les 750 hommes, en effet, que comptait l'ancien bataillon d'Artois à son arrivée, il n'en restait que 320, dont près d'une centaine languissaient à l'hôpital. Le détachement de Provence n'alignait que 100 hommes, et la Garde soldée, 150. À côté des troupes de ligne, la Garde nationale, avec son millier et plus de citoyens, manifestait un lamentable esprit d'indiscipline et une maladresse déconcertante dans le maniement des armes. Avec de pareilles forces, les autorités militaires ne pouvaient que rester sur leurs gardes, attendant les renforts promis depuis six mois[4].

Dans les premiers jours de novembre 1792, Polvérel se rend dans l'Ouest. Les blancs se hâtent de se rallier aux vues de la Commission civile. Un *Club des Amis de la Convention* est constitué. Cette société, présidée par le citoyens Fretez, et qui se prétendait le porte-parole de l'opinion, restera fermée aux anciens Pompons blancs. Entre autres démarches intempestives, les clubistes adopteront, le 14 janvier 1793, une résolution selon laquelle le Port-au-Prince devait s'appeler *Port-au-Patriote,* à cause du civisme qu'aucune autre ville de la colonie n'avait montré au même degré que la capitale: proposition extravagante qui n'aura pas de lendemain…[5]

La réorganisation de la Garde nationale met une nouvelle fois en évidence l'hostilité des blancs envers les citoyens du 4 avril. Deux corps distincts, celui des blancs, sous la direction du marquis de Borel, récemment élu capitaine-général, et celui des hommes de couleur, sous l'autorité de Bauvais à qui on avait remis le commandement des anciens confédérés[6], se partageaient la Garde nationale. La

Commission civile tenait à mettre un terme à cette anomalie en unifiant les deux corps. Au départ, les blancs s'y opposent péremptoirement. Attitude vraiment stérile, car ils se trouvaient dans l'impossibilité de maintenir leurs prétentions. Le 10 décembre, sur convocation de la Municipalité, Bauvais quitte la redoute Robin, cantonnement du Comité militaire. Solennellement accueilli à la salle des séances de la Municipalité, il remet aux représentants de la commune le drapeau arboré le 21 août 1791 à la réunion de Diègue. Par ce geste, les citoyens du 4 avril exprimaient leur désir sincère de coopérer «au rétablissement d'une paix nécessaire à tous». Après d'émouvants discours, le drapeau est appendu aux voûtes de l'hôtel de ville. Les confédérés retournent à leur quartier aux cris de: Vive la liberté!... À partir de ce jour, la Garde nationale ne forma plus qu'un seul corps.

Mais un mauvais génie, digne émule du cynique Praloto, l'ex-marquis Auguste de Borel, commençait déjà dans l'ombre à fomenter les complots néfastes qui allaient encore une fois plonger dans le deuil la malheureuse ville de Port-au-Prince.

«Espèce de chevalier errant, dit de lui Saint-Rémy, détroussant amis et ennemis», cet aventurier de haute lignée avait commencé à faire parler de lui à l'Assemblée coloniale de Saint-Marc. Adversaire farouche de la classe des affranchis, ennemi implacable des principes d'égalité, il s'était érigé, au sein de l'assemblée, en détracteur passionné des gens de couleur, à qui il imputait tous les maux de la colonie.

Retiré, après la dissolution de l'Assemblée de Saint-Marc, sur son habitation du quartier des Verrettes, il avait, lors de la reconstitution de l'Assemblée coloniale, recueilli une seconde fois les suffrages de ses admirateurs pour un siège à la nouvelle assemblée. L'insurrection des esclaves du Nord gagnant du terrain, et les revendications des affranchis se faisant plus pressantes, les blancs de l'Artibonite, pour protéger leurs propriétés, avaient établi un camp dont ils lui confièrent le commandement. Chassé de la région par les troupes de couleur, Borel, qui n'avait pu trouver auprès de Dumontellier et de ses saliniers, attaqués eux aussi par les affranchis, le refuge espéré, avait dû suivre au Môle le chef des saliniers.

Il se trouvait au Cap où il avait repris sa place parmi ses pairs à l'Assemblée coloniale, quand les blancs de la capitale vinrent le quérir pour lui remettre le commandement de la Garde nationale du Port-au-Prince. Il remplaçait à ce poste M. de Caradeux qui, peu avant l'entrée à la capitale de Blanchelande et de Roume, avait gagné la Nouvelle-Angleterre[7]. En mer, le bâtiment qui le transportait fut arraisonné par le *Borée* et conduit à Saint-Marc, parce qu'il n'était pas muni des expéditions légales indispensables. Sur la réquisition de la Municipalité, l'ex-représentant de la colonie fut désarmé et gardé à bord. À l'arrivée de Blanchelande, en route pour le Port-au-Prince, il fut conduit à terre et jeté en prison. La sénéchaussée commençait déjà l'instruction de son affaire, lorsque, sur l'intervention de l'Assemblée coloniale qui avait dépêché deux commissaires pour solliciter sa mise en liberté, Blanchelande, passant outre aux protestations des coalisés de Saint-Marc, le fit relaxer. Rentré au Port-au-Prince, après un exil volontaire de quelques mois aux États-Unis, il prit immédiatement le commandement de la Garde nationale blanche.

Polvérel étant parvenu à amalgamer les deux branches de la Garde nationale et à placer cette dernière sous le commandement unique de Borel, les affranchis ne tardèrent pas à se rendre compte de la duplicité de leur nouveau commandant. En dépit des réclamations des hommes de couleur, il déploya peu d'efforts pour mettre un terme aux vexations dont les abreuvaient les blancs et alla même jusqu'à encourager les noirs à se soulever contre les affanchis. La Municipalité elle-même fit peu de cas des protestations formulées par Lambert. Le complot ourdi par les blancs de Port-au-Prince contre les hommes de couleur et dont le commandant de la Garde nationale était l'âme, n'était que trop apparent.

D'autres puissants mobiles allaient porter les royalistes de la capitale et de la Plaine, unis aux petits blancs, malgré les idéologies différentes qu'ils professaient, à s'ameuter davantage contre les libres et même à se tourner contre la Commission civile et le gouverneur général et à entraîner dans leur sillage la plupart des paroisses de l'Ouest. Depuis le 21 septembre 1792, la République avait été proclamée en France. Le gouverneur et les commissaires civils, nommés par le roi, avaient-ils encore qualité pour diriger les affaires de la colonie? Par ailleurs, les idées révolutionnaires, chaque jour plus avancées en France, n'allaient-elles pas contraindre la Convention, après l'octroi des droits civils et politiques aux affranchis, à accorder la liberté aux esclaves?

À Port-au-Prince, siège de la réaction, Borel, qui s'était assuré le soutien de Hanus de Jumécourt, maire de la Croix-des-Bouquets, convie les citoyens à se rebeller contre l'autorité. La structure du régime colonial se trouvait aujourd'hui plus que jamais menacée par les vues politiques de la Métropole, déclarait-il. Déjà, le spectre de leur ruine à tous se profilait à l'horizon. Il fallait se défendre.

Tandis qu'à son instigation, le Club des Amis de la Convention – dont l'amitié n'était plus que... conventionnelle – se préparait à recevoir les délégués des paroisses de l'Ouest, convoqués à Port-au-Prince en vue d'un congrès où seraient débattus les moyens de parvenir au bonheur de tous les hommes libres de la dépendance, un soulèvement des nègres marrons Dokos, suscité par les blancs de la capitale, éclate au Bahoruco. Fond-Parisien est attaqué et incendié. En dépit des efforts apparemment sincères de Hanus de Jumécourt qui, en royaliste convaincu, avait épousé les vues réactionnaires de Port-au-Prince[8], le Cul-de-Sac est bientôt à feu et à sang. Les gens de couleur, contre qui l'insurrection est dirigée, essuient de lourdes pertes en vies et en biens[9].

Le 24 janvier 1793, sur la demande de Jumécourt, quelques troupes de la ville établissent des cordons, en vue de protéger les régions de la Plaine que n'avait pas touchées la révolte. Un appel est lancé aux paroisses voisines pour obtenir des défenseurs.

Mais le plan de Borel était de profiter des événements pour se constituer une armée à sa dévotion, afin de s'en servir, en temps opportun, pour la réalisation de ses propres desseins. De sa seule autorité, il relève la Garde nationale de l'obédience de la Municipalité, demande que le corps expéditionnaire à envoyer au secours de la Croix-des-Bouquets soit porté de 400 à 1 000 hommes et en réclame le commandement. Après une absence de trois jours en plaine, Borel et son armée regagnent la capitale, sans s'être donné la peine de recueillir le moindre laurier. Il réservait à de plus nobles combats ses forces hétérogènes.

L'ancien gouverneur de la province de l'Ouest, le marquis de La Salle, récemment nommé gouverneur général par intérim, et qui résidait à Port-au-Prince, crut devoir réagir et décréta une seconde sortie dont lui-même prendrait le commandement. La Garde nationale refusa de s'y soumettre. Cependant, les appels de la Croix-des-Bouquets se succédaient, toujours plus pressants. Malgré les démarches de la Municipalité qui l'engageait à reprendre la direction de l'expédition, Borel préféra consolider sa position, en ralliant à lui tous les anciens satellites de Praloto et les saliniers de Dumontellier. Après douze jours d'atermoiement, l'expédition eut lieu enfin, mais les résultat furent, comme il fallait s'y attendre, désespérément inopérants.

Les événements vont désormais s'accélérer. Borel a pour tout de bon levé le masque et s'est constitué le meneur du parti de la rébellion. De La Salle, consigné au Gouvernement par le commandant de la Garde nationale, a pu s'enfuir et se rendre à Saint-Marc. Menacés par les partisans de Borel, les libres se sont retirés de la ville et établis hors les murs.

En apprenant la conduite de Borel, les commissaires Sonthonax et Polvérel décident de se rencontrer à Saint-Marc. Avant même l'arrivée de son collègue, Sonthonax, qui déjà se trouvait dans cette ville, lance, le 21 mars, une proclamation où il dresse un violent réquisitoire contre les agitateurs de la capitale :

«Citoyens, les intérêts de la France dans la colonie courent le plus grand danger, il n'est plus le temps de vous dissimuler l'état alarmant où se trouve la chose publique, à la veille d'une guerre étrangère. Il est du devoir du délégué de la nation de prévenir et d'étouffer les mouvements irréguliers de l'intérieur, en instruisant les vrais patriotes des intrigues dont on veut les rendre victimes, en en punissant les auteurs... La constitution de la France en République offrait de nouvelles chances aux machinations perverses des factieux de Saint-Domingue; les royalistes et les indépendants ont cru le moment favorable pour se rapprocher; les chefs des deux partis ont uni leurs forces en se coalisant et le prix d'une association

aussi monstrueuse a été le sang des hommes du 4 avril et l'incendie de leurs possessions...

 «C'est surtout dans la ville du Port-au-Prince qu'est le siège de la puissance de ces audacieux criminels; c'est là que domine avec fureur cette insolente faction tant de fois proscrite par les représentants du peuple français, couverte encore du sang que ses prétentions insensées ont fait répandre... C'est au Port-au-Prince que règne cet amas d'hommes perdus de dettes et de crimes, dont les propriétés obérées ne peuvent devenir libres que par la banqueroute et l'indépendance; qui qualifient d'étranger les Français nés en Europe; qui, dans la correspondance publique, traitent l'esprit dont la Convention Nationale est animée d'esprit dominant et effrayant; qui prêchent continuellement le mépris de la Métropole et de ses mandataires... ce sont ces mêmes hommes qui, fort de l'entourage perpétuel d'une horde de scélérats stipendiés à Saint-Domingue par les princes d'Italie[10], pour y perpétuer l'anarchie et punir ainsi la nation de ses succès en Europe, ce sont eux, dis-je, qui ont profané la sainte institution des clubs en faisant de celui du Port-au-Prince une arène odieuse d'injures et de dénonciations, où l'on provoquait sans cesse la résistance à la loi et à l'avilissement des pouvoirs constitués... Ce sont eux qui, par des enrôlements d'esclaves, ne cessent de provoquer la ruine du système colonial, tandis qu'ils accusent la France et ses délégués de vouloir attenter à sa conservation... Auteurs de tous les maux qui ont désolé Saint-Domingue, la sévérité de la commission nationale les poursuivra partout.

 «Qu'ils se rassurent cependant les hommes probes et tranquilles... qui au milieu de tant de désordres forment encore la majorité de la ville du Port-au-Prince... Que les grenadiers de la garde nationale... se joignent à l'armée des amis de la France... Et vous, soldats des bataillons ci-devant d'Artois et Provence; vous qui croyant marcher sur la ligne du patriotisme, avez été si souvent égarés par des perfides trop déguisés sous les couleurs nationales pour être aisément reconnus, cessez à jamais d'être les instruments aveugles d'une faction qui vous a si indignement trompés!... Que vous importe la querelle des aristocrates de la peau?... Votre mission est de faire respecter les volontés de la République, et surtout d'y obéir sans réserve et sans murmures...»[11]

Par ordre du commissaire civil, les quatorze paroisses de l'Ouest sont déclarées en état de réquisition permanente. C'était leur signifier la défense absolue de porter le moindre secours au Port-au-Prince et à la Plaine. Cette interdiction n'est pas agréée de l'ensemble des paroisses déjà gagnées à la politique antigouvernementale des conspirateurs de la capitale. Plusieurs d'entre elles prennent délibérément position en faveur de Port-au-Prince. Les quatre paroisses de la dépendance de Saint-Marc, embrassant au contraire la cause des commissaires, se déclarent prêtes à les suivre dans leurs actions contre la faction royaliste.

Polvérel a rejoint Sonthonax à Saint-Marc. L'expédition contre le Port-au-Prince est arrêtée. En quelques jours, les forces gouvernementales vont se grossir du nombre des affranchis de l'Artibonite, dont la levée est conduite par Pierre Pinchinat. Dans leur rage, ils ne désignent plus autrement la capitale que sous le nom de *Port-aux-Crimes.*

D'après le plan d'investissement de la ville, soigneusement préparé par les commissaires, le général de La Salle, après avoir rallié les Gardes nationales de l'Artibonite, de l'Arcahaie et de la Croix-des-Bouquets, se retranchera sur l'habitation Drouillard, en plaine du Cul-de-Sac. Bauvais, avec les Gardes nationales de Miragôane, Petit-Goâve, Jacmel, Léogane, s'établira à Bizoton. Enfin, l'escadre, placée sous le commandement du contre-amiral Truget, et composée d'une demi-douzaine de vaisseaux, bloquera l'entrée du port.

Des harangues enflammées saluent l'embarquement des troupes. Afin d'exalter leurs coreligionnaires, les affranchis trouvent les termes les plus véhéments pour fustiger la tyrannie des blancs de la capitale:

«... *Que nos ennemis tremblent d'effroi en voyant la courageuse ardeur que nous allons mettre à atterrer et anéantir cette faction insolente dont le foyer est au Port-au-Prince; jurons tous de ne point revenir que le dernier ne soit exterminé... Plus de repos, amis, plus de grâces, écrasons cette vermine infecte qui porte la désolation jusque dans nos mornes les plus reculés... et purifions par la mort, cette terre encore fumante de crimes.»[12]*

Le 4 avril, l'escadre paraît en rade de Port-au-Prince. L'armée de de La Salle, forte de plus de 1 200 hommes, en majorité de couleur, a débarqué à l'Arcahaie. Elle pénètre au Cul-de-Sac, et comme prévu, occupe Saint-Martin, le Morne Pelé et Drouillard où de La Salle installe son poste de commandement. Au morne Pelé, Pétion établit une batterie de quatre pièces de canon qu'il oriente sur le fort Robin. Bauvais, qui a laissé Léogane, s'immobilise avec sa colonne de 600 hommes sur l'habitation Bizoton. Pendant la nuit, un détachement de 100 hommes de l'armée de La Salle escalade les pentes orientales du Bel-Air et prend position sur le terrain où s'élève aujourd'hui le fort National. Des vedettes de ce même détachement vont se poster aux abords du chemin de la Charbonnière.

Grâce au concours de plusieurs centaines d'esclaves cultivateurs, enrôlés sous le vocable d'*Africains,* Borel, qui prévoyait la réaction des commissaires, avait pu mettre la capitale «sur un pied de défense redoutable». 3 000 hommes, tant de gardes nationaux que de noirs, étaient placés sous ses ordres.

Estimant les forces de l'expédition suffisamment imposantes pour intimider les factieux et les porter à se soumettre sans coup férir, Polvéral qui s'était rendu à l'Arcahaie, expédie à la Municipalité, dans la journée du 4, une adresse pleine de modération, par laquelle il lui exprimait le désir de la Commission civile de «rétablir la paix et de protéger tous les citoyens amis de la France[13]».

Inspirée par Borel, la Municipalité répond le surlendemain par une lettre menaçante et fait placarder sur les murs de la capitale une proclamation où elle déclinait à l'avance tout malheur qui pourrait arriver à la ville et innocentait les citoyens des crimes dont on les accusait.

Le 8, le corps des commerçants, aiguillonné par Borel, adresse à son tour une lettre aux commissaires. Dans ce message, il les mettait en garde contre toute action appuyée par la force, les incriminant d'ores et déjà des maux dont pourraient souffrir le commerce de la cité et celui de la Plaine par le fait de leur intervention. Les commissaires se contentèrent de répondre que la loi et la souveraineté nationale devaient à tout prix être respectées et qu'elles le seraient.

Escomptant l'aide des blancs de Jacmel qui étaient en communion d'idées avec ceux de Port-au-Prince, la Municipalité tente d'éterniser les négociations. Le 10, elle sollicite un délai. Les commissaires acceptent de l'étendre jusqu'au 12, à six heures du matin. En se prêtant volontiers à ces manœuvres dilatoires, l'intention des commissaires était de permettre aux citoyens honnêtes de la ville de chercher à convaincre les factieux de l'inutilité de toute résistance. Mais personne n'osait prendre l'initiative de pareilles démarches.

Le 12, à cinq heures du matin, les commissaires, à bord de l'*América*, ordonnent le branle-bas. Ce dernier bâtiment avait pour mission de battre le fort Sainte-Claire; la *Fine* et la *Précieuse*, le fort Saint-Joseph. Avant la bataille, l'équipage de l'*América* prie les commissaires de se retirer sur un bâtiment moins exposé aux boulets. Ils répondent qu'ils préféraient mourir à leur poste. Des ovations chaleureuses accueillent la crâne réponse des représentants de la nation.

À huit heures du matin, les vaisseaux tirent chacun un coup de canon à poudre. Les forts de la ville ripostent à boulets. Ce fut le commencement d'un terrible duel d'artillerie qui allait se poursuivre jusque dans l'après-midi. Bravant les projectiles, les commissaires en grand costume se promenaient sur le gaillard d'arrière de leur vaisseau, une longue-vue en main.

Malade à la jambe, à ce qu'il prétendait, Borel était couché sur un matelas, dans une salle de la Municipalité. Il se contentait d'être l'âme de la résistance, pendant qu'au-dehors, son frère Augustin, surnommé Borel le Bossu, le remplaçait dans l'action. Celui-ci, défiant la mort, allait partout où le danger était présent. Mais une suite de malheurs s'abat sur le fougueux. Tandis qu'il se rendait au fort Sainte-Claire, un boulet emporte son cheval et lui sectionne les deux jambes. Un autre boulet fracasse le dossier du lit sur lequel on l'avait étendu. En dépit de ses horribles souffrances, il veut être transporté au fort. On l'y emmène sur une civière, et sur sa demande, on l'installe dans un fossé. Un nouveau boulet le couvre de terre, et il meurt étouffé.

Les forts Saint-Joseph et Sainte-Claire, qui tirent sans désemparer sur les vaisseaux, reçoivent en retour de violentes bordées. Au milieu de la journée, quelques boulets rouges lancés des forts allument le feu à bord de l'*América*. L'incendie est vite maîtrisé.

À deux heures et demie, les commissaires ordonnent de cesser la canonnade et font débarquer des parlementaires. La ville a déjà reçu plus de 3 000 boulets. La Municipalité et les citoyens exhortent Borel à se soumettre. Entouré de ses plus farouches sicaires, il répond avec fureur qu'il ferait décimer la Garde nationale et incendier les derniers magasins de la ville, si on persistait à parler de se rendre.

Malgré le refus du maire Borgella d'entériner cette démarche, deux députés, délégués par le conseil municipal, se présentent le lendemain à bord de l'*América*. Ils venaient discuter avec les commissaires des mesures à prendre pour «l'entrée sans troubles de l'armée du gouverneur-général». Les commissaires répondent qu'ils fixaient pour six heures du soir, ce même jour, l'entrée de leur armée.

«Profitez du temps qui vous reste, disaient-ils dans une lettre à l'adresse de la Municipalité, si vous voulez qu'il nous soit permis de croire que vous n'êtes pas les excitateurs ou les protecteurs de la révolte.»

Ces déclarations des commissaires provoquent en ville une agitation fiévreuse... Il faut en finir. Chacun le reconnaît. Mais pour se débarrasser de l'intraitable commandant, on ne voit qu'un moyen : acheter sa fuite. En hâte, les commerçants réunissent 66 000 livres en espèces et des lettres de change sur la Jamaïque pour 300 000 livres. Borel accepte volontiers la transaction, et, vers quatre heures du soir, escorté de trois à quatre cents esclaves, il s'échappe par la porte du Petit-Paradis[14] et prend la direction de Jacmel par les mornes de la Charbonnière. Cette fuite éperdue à travers «des rochers et les précipices les plus affreux, que jamais pied humain ait foulés», prouve que ce chef qui devant l'imminence du combat, avait déclaré qu'il ne pourrait y prendre part parce que souffrant de la jambe, n'était qu'un vil fanfaron, un sinistre agitateur, obnubilé par les seules questions d'argent[15].

Le soir du départ de Borel, la Municipalité ouvrit les portes de la ville au général de La Salle. Le gouverneur entra avec toute l'armée de terre et se mit en mesure d'occuper les forts et postes de la capitale. Le lendemain, à neuf heures du matin, Sonthonax et Polvérel débarquaient sur le quai, salués par une salve d'artillerie.

Cette singulière bataille pour la prise de Port-au-Prince s'était réduite à une canonnade ininterrompue de près de sept heures d'horloge, qui avait fait des victimes de part et d'autre: 33 personnes tuées en ville, dont 12 femmes et enfants, et à bord , une vingtaine de tués et de blessés. On comptait quelques maisons endommagées; mais dans l'ensemble, les demeures n'avaient pas trop souffert du bombardement, les canonniers de l'escadre s'étant évertués à concentrer leurs feux sur les objectifs militaires.

Les arrestations, corollaires de toute capitulation, se multiplient partout dans la ville. Des patrouilles parcourent les rues, appréhendant une foule d'individus désignés par la clameur publique. En quelques jours, cinq à six cents personnes sont écrouées. Ces prises de corps s'étant révélées pour beaucoup d'entre elles arbitraires, on procède à de nombreux élargissements. Quelque deux cent cinquante détenus, parmi lesquels Leremboure le Tigre, Laurent de Caradeux de La Caye, frère de l'ancien commandant, la fameuse Martin et ses acolytes, les dames Vidron, Pommier, Magnan, sont jetés en prison ou gardés à fond de cale. Tout ce monde sera déporté, qui en France, qui aux États-Unis. Quarante soldats d'Artois seront également embarqués et renvoyés dans la Métropole.

Les habitants de Port-au-Prince, pour ne pas s'être opposés à la rébellion, sont traités en vaincus. Une proclamation est publiée, frappant la ville d'une indemnité de 450 000 livres pour les frais du siège, payables en trois jours, «sous peine de vente mobilière et immobilière, comme aussi d'emprisonnement[16]». En définitive, seulement le tiers de cette imposition pourra être réuni, et ce furent ceux-là qui s'étaient cotisés pour acheter la fuite de Borel qui payèrent la plus grande partie de la valeur recueillie. Magnanimes, les commissaires daignèrent s'en contenter.

On rétablit les tribunaux qui furent constitués de magistrats blancs et mulâtres. Les biens des absents furent séquestrés et leur administration confiée aux procureurs de commune. Le produit des ventes servit au ravitaillement des Magasins de la République – ci-devant du roi – qui en avaient grand besoin.

Pour se faire des amis dans le monde noir, Sonthonax accorde 500 libertés aux esclaves du Cul-de-Sac. Puis, il entreprend la réorganisation des forces armées. La compagnie des canonniers est licenciée et la Garde nationale remaniée selon les directives de la loi du 4 avril. Bauvais est nommé commandant général de la Garde nationale de Port-au-Prince. L'adjudant-général Hugues Montbrun, homme de couleur, reçoit le commandement de la province de l'Ouest. Le 19 avril Sonthonax crée la *Légion de l'Égalité* qui bientôt changera de nom pour celui de *Légion de l'Ouest*. Cette armée, composée d'hommes de toutes les couleurs, comprenait un corps d'infanterie, un corps de cavalerie et un corps d'artillerie totalisant 1.498 hommes pour l'infanterie et la cavalerie, et 505 hommes pour l'artillerie. Le commissaire fit choix du colonel de couleur Antoine Chanlatte pour en assurer le commandement. À cette époques, furent entrepris, sur l'emplacement du fortin de Bizoton, dont l'intérêt stratégique s'était révélé primordial, les travaux de construction d'un ouvrage de fortification en maçonnerie. À l'adjudant-général Montbrun fut confiée la conduite des travaux.

... Depuis la reddition de Port-au-Prince, le parti mulâtre, protégé par la loi du 4 avril, est devenu tout-puissant. Les commissaires donnent eux-mêmes l'impression de considérer les hommes de couleur comme les meilleurs patriotes et vont au-devant de leurs désirs. Bien entendu, les emplois lucratifs et honorifiques ne sont réservés qu'aux sang-mêlé, et les commissaires laissent à tel point se raffermir en eux l'esprit de caste, qu'ils leur permettent d'engager dans les compagnies franches de la Légion leurs frères encore dans l'esclavage.

En ces jours d'allégresse pour les citoyens du 4 avril, il ne fait pas bon d'avoir des démêlés avec eux, car leur caprice peut vous rendre coupable, et leur dénonciation suffit pour vous faire appréhender. Par un inévitable revers de la médaille, c'est aux blancs maintenant d'être frappés de terreur. Si au lendemain de la victoire, un grand nombre de colons, pour n'être pas maltraités ou humiliés par les hommes de couleur, ont pu obtenir des passeports pour les États-Unis, cette complaisance n'est désormais plus de mise. Une loi drastique prévoit la confiscation au profit de l'État de tout bien d'un commerçant ou d'un propriétaire qui s'absente illicitement. En dépit de ces dispositions sévères, beaucoup de ceux qui sont restés en ville prennent le risque de s'en aller ailleurs avec les débris de leur fortune. Pour eux, la vie est devenue impossible. L'insécurité qui règne en maîtresse ne leur permet pas de prévoir de quoi demain sera fait.

Les vengeances personnelles se traduisent par une succession de dénonciations calomnieuses que les autorités responsables se soucient peu de freiner. Des campagnes même, il arrive presque chaque jour de nombreux blancs dont la culpabilité ne repose fort souvent sur rien de précis. En l'espace d'un mois, près d'un millier de personnes seront entassées dans les bâtiments de l'État et expédiées en France. D'autres, sans être jugées ni même entendues, seront gardées en prison. Pour se soustraire à la surveillance assidue de ces pensionnaires peu intéressants, l'officier de couleur, directeur de la geôle, imaginera de munir de fortes barres de fer remplies d'organeaux les ouvertures des cellules : ainsi, pouvait-il se permettre de s'absenter de son poste et d'aller en toute quiétude vaquer à ses affaires personnelles.

Dans les ventes à l'encan qui se font au son de la trompette, les acheteurs éventuels, presque tous des mulâtres, réalisent de belles acquisitions. Les adjudicateurs étant très accommodants, on s'empresse de se procurer à prix réduit ce mobilier de valeur ou ces mille brimborions qui faisaient naguère le bonheur des grands blancs et qui semblaient devoir rester pour toujours leur inviolable propriété. Le trésor public souffre de ces largesses, mais on ferme volontiers les yeux, puisque aujourd'hui, c'est au tour des hommes de couleur de mener la danse.

Rue Vallière (rue Courbe), précédant la construction située à l'angle sud-est de cette voie et de la rue de la Comédie (rue Traversière), la nouvelle salle de spectacle essaie, par les représentations qu'elle offre de façon très irrégulière, de faire revivre pour le public les jours de gloire de la défunte Comédie de Port-au-Prince[17]. Elle s'est établie dans un local improvisé, appartenant à Louis Ragnos, entrepreneur en bâtiments, et qui avait autrefois abrité des établissements de commerce. Formée de deux pièces de 60 pieds de long, dont on a abattu les parois contiguës pour avoir une salle unique, elle présente l'aspect d'un vulgaire entrepôt... Pauvre salle de spectacle de Port-au-Prince, victime de la dureté des temps, et dont les représentations sophistiquées ne se déroulent fort souvent que devant un parterre de bancs vides!

Tracassés par le besoin de ressources, les commissaires civils ont tourné leur regards inquisiteurs vers les propriétés des religieux. Biens pas aussi importants que pouvaient le croire ces serviteurs de la révolution, car explique Cabon dans ses *Notes sur l'Histoire Religieuse d'Haïti*, «des immeuble occupés par les curés... n'avaient jamais censé appartenir à ces derniers, mais aux paroisses; les propriétés des frères de la Charité étaient grevées d'obligations dans l'intérêt de la colonie, puisque leurs hôpitaux du Cap et de Léogane avaient été de tout temps *militaires*, *du roi* sous l'ancien régime, *nationaux*, depuis la révolution». Néanmoins, le 5 mai 1793, les commissaires rendent une ordonnance proclamant la confiscation au profit de la République des biens ecclésiastiques, ainsi que «des revenus faits et à faire des dites propriétés ecclésiastiques, les créances qui en font partie, etc...»

Le père Viriot, curé de Port-au-Prince, frappé comme tous ses confrères par le décret, ne fut privé, ainsi que son vicaire, que de son traitement. Il continua d'habiter le presbytère et vécut de la charité de ses ouailles.

La vente des propriétés confisquées, le pillage organisé de l'or et de l'argent des «émigrés», ont permis de recueillir des sommes appréciables que les commissaires, au fur et à mesure des rentrées, font déposer, pour plus de sûreté, à bord du *Las Casas*, en rade de Port-au-Prince. Cette corvette, transformée en banque d'État, n'allait pas manquer d'aiguiser les appétits voraces des «malintentionnés».

Un soir, tandis que le calme le plus complet régnait sur la ville, on entend une vive canonnade du côté du port. Chacun pense que des ennemis de la Commission civile sont apparus en rade et sont reçus comme il convient par les batteries côtières. «Cette alerte gagne bientôt toute la ville, raconte Grouvel. Les forts de terre, les redoutes, les batteries qui entouraient la place, la force armée qui était de garde ou casernée, tout faisait feu en signe d'alarme...» Soudain, les forts protégeant le port cessent de tonner. Les autres forts se taisent à leur tour. Au charivari succède un inquiétant silence.

Pourquoi cette insolite canonnade?... Les commissaires avaient, ce soir-là, donné en l'honneur de leurs partisans un banquet auquel avaient été invités le capitaine et les officiers du *Las Casas*. Livrés à leurs seuls instincts, les marins, devenus pour quelques heures les uniques gardiens du trésor des commissaires, se laissèrent aller à leurs convoitises. Une forte brise de terre s'était mise à souffler. C'était là une occasion favorable pour justifier la rupture des amarres. Le bâtiment commença alors à dériver sous les canons mêmes du Fort-l'Islet, et quand on fut en état d'appareiller, un bref coup de sifflet fit détendre les voiles, et rapidement, le vaisseau gagna le large. C'est alors que le commandant du Fort-l'Islet, réalisant l'audace de la manœuvre, ouvrit le feu sur le navire. Mais l'obscurité ne put permettre un contrôle précis du tir, et après quelques coups de canon, on renonça à toute tentative de poursuite. Soutenu par la chance, le *Las Casas* devait échapper aux croisières anglaises, et ce fut dans un port du continent, que l'équipage en liesse procéda au partage du «riche butin confié à son patriotisme[18]».

Pour contrecarrer les menées des colons qui, dans l'ensemble, optaient pour l'indépendance pure et simple de la colonie ou son annexion par l'Angleterre, il s'avérait de plus en plus nécessaire d'arriver à la liberté générale des esclaves. N'est-ce pas grâce au concours des bandes d'esclaves révoltés que Sonthonax avait pu se rendre maître du Cap lors des «journées Galbaud»[19]? Au début de juillet 1793, on comptait dans la ville du Cap plus de 2 000 esclaves armés, répartis en bataillons dits de «la Liberté» et de «l'Égalité».

Le 11 juillet, par une proclamation de Sonthonax, tout nègre enrôlé pour le service de la République est déclaré ispo facto libre. Les colons se rebiffent. Mais le farouche commissaire, pour garder contre vents et marées la colonie à la France, se soucie peu de s'aliéner les blancs. L'intérêt vital de la patrie lui commande de ramener dans le giron de la Métropole les centaines d'esclaves insurgés que l'Espagne, depuis son entrée en guerre aux côtés des ennemis de la France, s'efforce de se concilier en leur promettant la liberté, s'ils acceptaient de combattre pour la cause des rois. Beaucoup de noirs révoltés s'étaient ainsi tournés vers l'Espagne, n'ayant aucune confiance dans les promesses de la République. Sous la bannière de Sa Majesté Catholique, les bandes de Jean-François, de Biassou et de Toussaint étaient déjà parvenues jusqu'à la Marmelade. Le 29 août 1793, «sans attendre la décision qu'il venait de solliciter de la Convention, mais en s'appuyant sur un vœu de la commune du Cap», Sonthonax proclamait la liberté générale des esclaves de la province du Nord.

Après un séjour agité dans le Nord en compagnie de son collègue, Polvérel, vers la fin de juillet, était rentré au Port-au-Prince. Durant son passage dans l'Ouest, il avait pu constater à quel point les citoyens du 4 avril voyaient d'un mauvais œil l'émancipation généralisée des esclaves. Quoique partisan comme Sonthonax de la liberté générale, il la voulait plutôt progressive et conditionnée et insistait sur l'observance de la discipline à exiger des nouveaux libres embrigadés dans les compagnies luttant contre les Espagnols et l'obligation aux non-enrôlés de remettre en culture les propriétés vacantes. Toutes ces dispositions disciplinaires ne parvinrent guère à apaiser les inquiétudes des hommes de couleur qui possédaient de nombreuses habitations dans l'Artibonite et le Cul-de-Sac et sentaient le danger qu'il y avait pour eux de se voir démunis de leurs instruments de travail.

La proclamation du 29 août de Sonthonax n'est pas approuvée par Polvérel. Il la trouve prématurée et irréfléchie. De plus, cette liberté, octroyée sans la participation des maîtres, pouvait amener des réclamations de leur part, pour avoir été dépouillés «d'une propriété jusque là garantie par la loi». Mais le vent de l'émancipation s'était levé: bien imprudent qui tenterait de lui résister.

Des soulèvements d'ateliers, des incendies d'habitations, trahissent l'impatience des esclaves de l'Ouest à accéder, comme leurs frères du Nord, à la liberté. État d'esprit volcanique que ne pouvaient méconnaître Polvérel et les propriétaires. Sans doute, la seule solution qui s'imposait en l'occurrence était l'affranchissement... Pour éviter des litiges semblables à ceux qui s'étaient produits dans le Nord, Polvérel convoqua les possesseurs de nègres de la ville et de la Plaine et leur exposa les motifs de tous ordres qui exigeaient une prompte émancipation des esclaves, et leur demanda de s'y associer, en concédant eux-mêmes la liberté à leurs nègres.

Le 21 septembre 1793, jour anniversaire de la fondation de la République, était la date choisie pour la mise à exécution de cette importante décision. De bonne heure, la population s'est réunie place du Gouvernement. Autour de l'Autel de la Patrie, la Garde nationale, la Légion de l'Ouest, les troupes européennes, la gendarmerie à pied et à cheval se sont rangées en carré. Le pourpoint de drap barré par une écharpe tricolore, Polvérel apparaît, entouré d'une nombreuse délégation d'esclaves de la Plaine. L'artillerie tonne. Les acclamations fusent. La troupe présente les armes. Après que chacun des fonctionnaires présents eut prêté le serment civique, Polvérel agrafa la cocarde républicaine au bonnet de la Liberté et, au chant de *la Marseillaise*, fit monter d'une amphore, placée sur un guéridon, une colonne de fumée odoriférante.

S'adressant à la foule, le commissaire, en quelques mots, dit combien il lui tenait à cœur de réaliser le légitime vœu de tant de dignes êtres humains. Aujourd'hui, ce souhait était enfin exaucé : ils accédaient, et pour toujours, au titre de Français et aux droits de citoyen… Longtemps, la place d'Armes retentit des cris d'allégresse des nouveaux libres. Le commissaire invita alors les anciens maîtres à venir signer l'acte de manumission. Montbrun, gros possesseur d'esclaves, fut le premier à y apposer sa griffe. Par ce geste, il libérait un troupeau de près de 500 nègres qu'il possédait.

Deux jours après cette matinée mémorable, Polvérel annonça que pour marquer d'une pierre blanche l'auguste solennité, dont le cérémonial avait si heureusement coïncidé avec la fête de la République, et «rappeler sans cesse aux habitants les obligations que la Révolution leur imposait», la capitale de Saint-Domingue prenait désormais le nom de PORT-RÉPUBLICAIN… Cette appellation allait, pendant quelques années, éclipser le nom sous lequel avait vu le jour la ville de Larnage.

Notes

1   Cabon, *Histoire d'Haïti,* tome III, p. 107.
2   Déféré au Tribunal Révolutionnaire, Blanchelande mourra l'année suivante sur l'échafaud.
3   Documentation tirée des lettres trouvées à bord de la *Victoire* (P.R.O.).
4   Documentation tirée des lettres trouvées à bord de la *Victoire* (P.R.O.).

5   Lettre de J.B. Quesney à M. Fennebreque, P.R.O. Dossier HCA 30-400.

6   Rendu presque impotent par l'âge, Lambert s'était déterminé à prendre sa retraite.

7   Célèbre pour sa cruauté, le marquis de Caradeux s'établit «en Caroline, aux États-Unis, où ses esclaves formèrent un groupe de langue française, resté longtemps distinct des groupes voisins». Cabon, *Histoire d'Haïti*, tome III, p. 92.

8   Pour se débarrasser de ce gênant concurrent, dont l'influence en plaine du Cul-de-Sac était grande, Borel le fera bientôt incarcérer. Il restera quinze mois en prison et sera libéré par Sonthonax, au début de 1794.

9   «Ces nègres marrons, explique Beaubrun Ardouin, avaient des motifs particuliers de haine contre les hommes de couleur, parce que, dans l'Ancien Régime, c'étaient ces hommes de couleur qui, dans la maréchaussée, servaient principalement à leur donner la chasse». Beaubrun Ardouin, *Études sur l'Histoire d'Haïti*, tome II, 1958, p. 15.

10 Allusion aux anciens canonniers de Praloto.

11 Beaubrun Ardouin, *Études sur l'Histoire d'Haïti*, tome II, 1958, pp. 16 et 17.

12 Beaubrun Ardouin, *Études sur l'Histoire d'Haïti*, tome II, pp. 17-18.

13 Voir cette adresse à l'Appendice VII.

14 La porte du Petit-Paradis s'ouvrait sur le chemin de la Charbonnière, là où finit la rue Montalais, à la façade nord de la place Toussaint Louverture, voisine de celle du Marron Inconnu.

15 La Municipalité de Jacmel devait faciliter son départ pour la Jamaique, où il fut bien accueilli des autorités anglaises.

16 Lire cette proclamation à l'Appendice VIII.

17 La nouvelle salle de spectacle occupait approximativement l'emplacement actuel du Magasin de quincaillerie N. Fréda, situé à la rue Courbe, face au Marché Vallière. Nous avons pu localiser sa position, grâce à des extraits des papiers de Louis Ragnos, que le regretté M. Gabriel Debien avait eu l'amabilité de nous communiquer.

18 Grouvel, *Faits historiques sur Saint-Domingue*, Paris, 1814, pp. 62 à 64.

19 Nommé gouverneur en remplacement de d'Esparbès, destitué par les commissaires comme «suspect de sentiments contre-révolutionnaires», le général Galbaud s'était vu consigné sur la flûte la *Normande*, en rade du Cap, par Sonthonax qui lui reprochait son statut de propriétaire à Saint-Domingue et ses rapports trop étroits avec les grands planteurs. Une conspiration est ourdie en sa faveur par les déportés qui se trouvaient sur des vaisseaux en instance de départ pour la France, et qui parviennent à circonvenir les équipages. À la tête de ses partisans, Galbaud descend à terre et, après deux jours de combat, rétablit son autorité. Tandis que dans le camp du gouverneur on criait victoire, des bandes d'esclaves armés, appelées par Sonthonax, envahissent la ville et au nom des commissaires, la reconquièrent par le pillage et l'incendie. Galbaud dut abandonner la partie et se réfugier aux États-Unis.

RENVERSEMENT DES ALLIANCES

La victoire remportée au Cap par Sonthonax sur la réaction blanche, cristallisée autour de l'ex-gouverneur François-Thomas Galbaud, était, on sait, le fait des dix mille esclaves révoltés que le commissaire civil, dans son désarroi face à l'agression de ce gouverneur, avait appelés à son secours. Ce succès avait fait éclater à ses yeux l'apport précieux que pouvait constituer pour la sauvegarde de la colonie cette force matérielle et brutale que représentait la masse des esclaves. Une vive sympathie à leur endroit s'éveilla en lui. De plus en plus, il eut recours à l'octroi de la liberté, jusqu'à parvenir, en août 1793, à la suppression de l'esclavage dans la province du Nord, consécration de sa nouvelle politique.

Une certaine gêne s'était alors produite dans ses rapports avec les hommes de couleur, dont naguère il s'était fait le champion dans la défense de leur dignité et de leurs droits. Il ne pouvait ignorer que nombre de ces derniers, possesseurs d'esclaves, n'accepteraient guère de gaieté de cœur les mesures qu'il entendait prendre pour l'affranchissement des nègres. Une sourde méfiance à l'égard des citoyens du 4 avril commença à se manifester chez lui, méfiance qui s'accrut démesurément lorsqu'il s'aperçut que beaucoup d'hommes de couleur, particulièrement ceux de Saint-Marc, de l'Arcahaie et de Léogane, dans leur opposition à sa politique d'émancipation, s'étaient abouchés avec les colons qui sollicitaient l'intervention de l'Angleterre à Saint-Domingue. La déclaration de guerre entre la Grande-Bretagne et la France, le 1er février 1793, avait déterminé le cabinet britannique à s'intéresser aux demandes réitérées d'assistance des colons. Déjà, deux villes de la colonie, Jérémie et le Môle Saint-Nicolas, avaient été livrées aux Anglais. S'estimant trahi par les anciens libres, Sonthonax, dans son courroux, groupera toute la classe de couleur «dans une abusive prévention». Ce déroutant comportement devait amener le détachement du parti de la Commission civile de la plupart des anciens libres, fidèles à la France et à la République.

À la suite du débarquement des Anglais au Môle et à Jérémie, le commissaire Sonthonax avait décidé de se transporter dans l'Ouest. Polvérel eut mission de se rendre dans le Sud. Ami sincère des citoyens du 4 avril, ce dernier, avant son départ, les confirma tous dans leur grade et commandement.

Après un voyage mouvementé, durant lequel il n'avait fait que s'aliéner plus profondément l'amitié des hommes de couleur, par les propos tenus à leur égard et l'estime témoignée aux «régénérés du 29 août», Sonthonax arrivait au Port-Républicain vers la mi-novembre. Malgré la présence des représentants de la classe des anciens libres à la tête des différents commandements militaires, il arrête une série de mesures administratives, dans le but évident de miner définitivement l'influence des blancs et de contrecarrer, puis d'annihiler celle des hommes de couleur. La taxe des passeports pour la Nouvelle-Angleterre, créée par arrêté du 24 septembre, n'a d'autres fins que de renflouer les caisses de l'État, tout en éliminant les adversaires de l'agent commissaire. Pour «encourager» cette émigration, une nouvelle vague d'arrestations déferle sur la ville. Les portes des prisons ne sont rouvertes aux incarcérés que contre paiement de leur liberté et de leur sortie du pays. Montbrun, commandant de l'Ouest, chargé de mettre en application ces mesures de rigueur, se soucie peu d'arrêter les anciens libres, mais profite des velléités du commissaire pour effriter le parti des blancs, en ne pourchassant que ces derniers[1]. Enfin, suprême outrage pour les citoyens blancs: le droit du port d'armes leur est enlevé. Trois cents d'entre eux sont contraints de remettre leurs fusils.

Très attentif à l'aboutissement de ses visées, Sonthonax fonde une *Légion de l'Égalité* où n'entreront que les nouveaux libres. À deux chefs noirs influents, Dieudonné et Pompée, il en confie le commandement. Face à la Légion de l'Ouest, se dressait ce nouveau corps de troupe, composé d'éléments la plupart hostiles aux anciens libres et le 48ᵉ régiment, précédemment d'Artois, en voie de réorganisation.

Pour se mettre au diapason de l'ardeur révolutionnaire qui en France menait à tant d'excès, Sonthonax a fait venir de Paris une guillotine. La machine, arrivée depuis peu, se trouvait entreposée aux Magasins de la République. Un gérant d'une habitation en plaine, nommé Pelou, accusé d'avoir tenté d'assassiner un nègre, venait d'être condamné à mort par une cour martiale[2]. Connu pour ses sentiments royalistes, Pelou ne pouvait qu'exciter l'irritation du commissaire qui ne pardonnait pas aux *ci-devant* de livrer la colonie aux Anglais. Il décréta que le condamné subirait la peine de la guillotine.

Dans la cour des Magasins de la République, on essaie la machine sur un mouton. Elle fonctionne à merveille. Le lendemain dimanche, jour de marché, grande affluence de nègres en ville. Autour de l'instrument, dont la silhouette inquiétante se profile depuis le matin sur la place de l'Intendance, on s'affaire et s'interroge. L'arrivée de Pelou, au son de la trompette et dans le déploiement d'une mise en scène préparée pour frapper les esprits, dessille enfin les yeux. Cette machine n'est donc qu'un instrument de supplice, peut-être le même qui en ce moment fait couler tant de sang dans la Métropole!

Acheteurs et vendeurs ont abandonné le marché, et, la mine anxieuse, se tiennent massés autour de l'échafaud. Montées sur de magnifiques coursiers, les autorités de la ville, parmi elles Montbrun, se sont placées aux premiers rangs. Pelou, les yeux bandés, les mains liées au dos, gravit au milieu d'un lourd silence les quelques marches menant à la plate-forme. On l'installe sous le couperet. L'exécuteur actionne le déclic. Avec effroi, les assistants regardent la lame tranchante glisser dans le châssis et la tête du condamné rouler au fond d'un panier d'osier. À la vue de cette tête que le bourreau s'est empressé de saisir pour la montrer au peuple, un cri d'horreur s'échappe de toutes les poitrines. Montbrun lui-même ne peut s'empêcher de se sentir ému. Mais cette répulsion de la foule a vite fait place à une formidable indignation. On en veut à la sinistre machine qui liquide son homme avec tant d'aisance et semble prête à poursuivre sa meurtrière besogne. Sans faire attention aux gardes, la foule se précipite sur l'échafaud, et, dans un bouillonnement de colère, démantibule des mains et des pieds l'odieux instrument dont les pièces sont dispersées aux quatre coins de la ville... Cette réaction des noirs surprit désagréablement Sonthonax. Il ne pensa plus à renouveler à Saint-Domingue l'expérience de la guillotine.

Malgré les préventions du commissaire civil, les leaders anciens libres de la capitale étaient sincèrement opposés à l'invasion étrangère, qui peu à peu s'étendait sur le sol de Saint-Domingue. Une tentative du commodore Ford pour s'emparer de Port-au-Prince devait les trouver unis autour de Sonthonax pour la défense de la ville. Après avoir pris connaissance des propositions du chef de l'escadre anglaise, Sonthonax avait simplement répondu aux parlementaires qu'il n'était pas disposé à remettre la place.

«Avant de partir, raconte Malenfant, les Anglais voulurent s'étendre sur les malheurs publics qu'entraînerait une résistance inutile. "Soyez tranquilles, messieurs, dit le commissaire; d'un mot, j'aurai cent mille soldats, et sous peu, Léogane, Saint-Marc, l'Arcahaie, Jérémie, le Môle, verront flotter le pavillon national."

«Les Anglais retournèrent à bord de leur chaloupe. Sonthonax l'avait fait remplir de dindes, de poules, d'œufs, de légumes, de fruits, etc. Ils partirent. Le lendemain, le commodore J. Ford écrivit une lettre au commissaire, par laquelle il le sommait de rendre la ville ou qu'il allait la bombarder et la réduire en cendres. Sonthonax répondit :

"Monsieur le Commodore,
nos canonniers sont à leurs postes."

«On s'attendait à être attaqué; mais à la pointe du jour, tout avait disparu[3].»

Seule la certitude d'être soutenu par les commandants mulâtres avait pu permettre à Sonthonax de prendre ces airs de fanfaron devant l'ennemi. Il ne disposait guère de munitions suffisantes pour repousser les Anglais par la force, et savait que la majeure partie de la population ne lui aurait guère donné son appui, si ne l'y eussent exhortée ceux qui commandaient la ville[4].

Les tracasseries de Sonthonax à l'endroit des anciens libres ne faiblissaient pas pour autant. En présence de ce comportement franchement inamical, Monbrun se raidissait et insufflait à la Légion de l'Ouest tout le ressentiment qu'il vouait au commissaire civil. Celui-ci, faisant fi des alarmes des hommes de couleur, ne continuait pas moins de recruter des noirs du Cul-de-Sac pour la Légion de l'Égalité. Afin de renforcer son influence, il avait hâte de voir consommer la réorganisation du 48ᵉ régiment et pensait placer à sa tête le général Desfourneaux, ennemi de Montbrun et dévoué à la cause de la Métropole.

En dépit des objections du commandant de l'Ouest, Sonthonax relaxe Desfourneaux, incarcéré par Polvérel, le nomme au commandement de la place et lui confie le soin de remplir les cadres du 48ᵉ régiment. Se défiant des noirs et des mulâtres, Desfourneaux fait appel aux Maltais, Gênois, Italiens, tous rescapés des bandes de Praloto et de Borel, et les embrigade dans les rangs du 48ᵉ. On affecte au logement de cette horde de gens sans foi ni loi une partie des casernes du régiment de Port-au-Prince où déjà s'étaient établies les troupes de la Légion de l'Ouest. Les soucis de Montbrun ne firent que s'accroître.

Incontestablement, Sonthonax ne plaçait plus sa confiance que dans les nouveaux libres, et leur appui lui était désormais indispensable pour le succès de sa politique. Dans sa hantise de mettre en échec l'ascendant des hommes de couleur, il voulut profiter d'une insurrection des noirs du Cul-de-Sac, dirigée contre les anciens libres, pour se défaire de Bauvais, partisan de Montbrun, qui commandait à la Croix-des-Bouquets. Une fois mis au courant des dispositions bienveillantes du commissaire à son égard, Halaou, le chef des insurgés, conçut l'idée d'aller lui rendre visite au Port-au-Prince.

Il quitte un soir l'habitation Meilleur, son quartier général, et, à la tête de plusieurs centaines d'hommes, se met en route pour la capitale. À l'aube, une musique infernale, aux portes de la ville, réveille en sursaut les habitants. On se précipite vers les fossés. Par mesure de précaution, Montbrun expédie des détachements de la Légion de l'Ouest en divers points de la ville. Bientôt, on apprend que Sonthonax s'est lui-même porté vers les remparts, pour accueillir Halaou venu offrir ses hommages au «Bon Dieu» des nouveaux libres.

Les présentations faites, le commissaire l'invite, ainsi que les siens, à pénétrer dans la ville et à se rendre avec lui au Gouvernement. On avait eu le temps de préparer un plantureux repas pour les délices du chef noir. À la table d'honneur, à côté du représentant de la Convention, ceint de l'écharpe tricolore, prit place Halaou, «presque nu, couvert de fétiches, et tenant son coq blanc»[5]. Le bonheur et la fierté rayonnaient sur ces faces d'ébène, hier encore penchées sur la glèbe, et à qui aujourd'hui le commissaire civil faisait les honneurs de sa résidence ... Lorsque Halaou et ses troupes reprirent le chemin de la plaine, Sonthonax put se féliciter d'avoir réussi un beau coup.

Cependant, peu de temps après cette cordiale réception, Halaou, pris dans une embuscade à la Croix-des-Bouquets, était arrêté et exécuté par les hommes de Bauvais. À la suite d'un combat où ses partisans tombèrent en grand nombre, son armée se dispersa et une tranquillité relative régna de nouveau en plaine.

Un tel climat de zizanie ne pouvait entraîner qu'aux pires conséquences... Des rapports parvenus à Montbrun lui avaient appris que Sonthonax était sur le point de le faire appréhender, ainsi que Pinchinat, par Desfourneaux. Sans hésiter, il se détermina à prendre les devants.

Dans la nuit du 16 au 17 mars 1794, vers dix heures, sur l'ordre de Montbrun, les soldats de la Légion de l'Ouest, appuyés par l'artillerie de Pétion, prennent les armes et abandonnent les casernes qu'ils encerclent aussitôt. Ces mouvements de troupes ne tardent pas à éveiller l'attention des soldats du 48e régiment qui partageaient le même bâtiment avec ceux de la Légion. S'étant rendu compte des dispositions hostiles des troupes de la Légion, ils ouvrent le feu. Sévère riposte des hommes de Montbrun: les casernes sont criblées de balles. La lutte lui paraissant inégale, Desfourneaux ordonne la retraite sur le Gouvernement, occupé par Sonthonax. Le feu des assaillants atteint cet édifice. Craignant pour la vie du commissaire, Desfourneaux l'engage à laisser le palais. Mais déjà, par les rues de la ville, s'étaient répandus des légionnaires de Montbrun qui massacraient tous les blancs rencontrés sur leur passage. Profitant de l'effervescence, ils voulaient en finir avec cette classe de gens qui ne les aimaient pas et qui, par un revirement soudain, pouvaient prendre le parti du commissaire civil et leur causer de nouveaux déboires. Des femmes et des enfants blancs, après bien des péripéties, parviennent à se réfugier au Gouvernement.

La position, cependant, n'était plus tenable : il s'avérait urgent de quitter le palais. Sous la protection de Desfourneaux, Sonthonax, escorté de plusieurs dizaines de femmes et d'enfants et d'une quarantaine de soldats d'Artois, se dirige vers le fort Sainte-Claire. À ce moment, plus de 120 soldats du 48e régiment avaient déjà trouvé la mort. En passant près de la prison, le commissaire ordonne d'élargir les détenus, de peur qu'ils ne soient assassinés. À une heure du matin, il arrive au fort.

Durant toute la nuit, la fusillade se poursuit. Les nègres de la ville, soulevés par les hommes de couleur, se jettent sur les blancs. Des maisons sont attaquées, leurs occupants égorgés. La bataille fait rage entre blancs et anciens libres. Vers cinq heures du matin, le crépitement des balles cesse. Chacun reste sur ses positions. À huit heures, la ruée de quelques centaines de cultivateurs accourus de la plaine pour secourir Sonthonax, remet le feu aux poudres. Gagnés par les nègres de la ville, ils se retournent contre les blancs.

Montbrun veut ramener le calme. Il ratifie l'ordre de Sonthonax, lancé du fort Sainte-Claire, de constituer des patrouilles pour la sécurité des blancs. Lui-même achemine vers la caserne ceux qu'il a pu arracher à la fureur des forcenés. Maître de la situation, il adresse dans la matinée une lettre à Sonthonax, où il exige l'embarquement du 48e, ci-devant d'Artois, et de son colonel, faute de quoi, il se lavait les mains du sort qui pourrait être fait aux blancs retenus à la caserne.

Bloqué du côté de la mer par les royalistes et les anciens libres ralliés aux forces britanniques, Sonthonax n'avait qu'une alternative: celle de se rendre à ces humiliantes conditions. Tandis que Desfourneaux s'embarquait avec les soldats du 48e, le commissaire civil, escorté de Montbrun, était ramené au Gouvernement. Les troupes de la Légion reçurent l'ordre du commandant de l'Ouest d'occuper tous les forts de la ville. À Pétion fut confié le commandement du Fort-l'Islet.

Quoique, durant la bataille, Montbrun eût pu aisément se défaire de Sonthonax, il avait préféré couvrir de sa protection cet adversaire opiniâtre. Dévoué à Polvérel, il avait jugé irrévérencieux et inamical, vis-à-vis de ce dernier, de porter la main sur son collègue. Pareille conduite, d'autre part, n'eut pas eu l'approbation de la multitude d'anciens libres, admirateurs de Polvérel. Ainsi, à la clairvoyance politique, Montbrun avait sacrifié l'assouvissement de ses rancœurs.

Pendant les jours qui suivirent cette attaque, Sonthonax demeura en proie à un profond abattement. Il se sentait humilié, amoindri. À chacun il répétait qu'il n'était plus commissaire, son autorité ayant été méconnue, et conseillait aux blancs de laisser la capitale, car il ne disposait plus de forces pour les protéger. Une sourde aversion contre les hommes de couleur labourait son âme. Dans le silence de ses appartements, il méditait les plus invraisemblables machinations pour venger l'humiliation qu'il avait essuyée.

Après l'affaire du 17 mars, la détresse s'accentua terriblement à Port-au-Prince. Les caisses de l'État se vidaient de leurs derniers sous, et les Magasins de la République de leurs ultimes provisions. Tandis qu'en divers point de la colonie, les Anglais harcelaient les troupes françaises et que dans l'Ouest, leurs avant-postes bivouaquaient presque aux portes du Port-Républicain, le représentant de la France, coupé depuis plusieurs mois de toute communication avec la Métropole, se trouvait dans la navrante impossibilité de renforcer les troupes de la capitale. Le départ du 48ᵉ régiment avait réduit la garnison aux seules Légions de l'Ouest et de l'Égalité, dépourvues de fusils, de munitions et d'habits, et de plus, travaillées par de funestes antagonismes. Pour protéger les vingt-deux vaisseaux marchands, chargés d'une riche cargaison, et qui depuis de longs mois attendaient dans la rade une escorte de bâtiments de guerre pour partir pour France, seulement deux vaisseaux de ligne et quelques frégates… Proie alléchante qui, à travers les longues-vues, faisait miroiter d'envie les yeux pers des fusiliers marins du commodore Ford dont les vaisseaux croisaient toujours au large.

Notes

1 A. Cabon, *Histoire d'Haïti,* tome III, p. 22.

2 Cette cour martiale, récemment établie par Polvérel, avait pour membres trois mulâtres: Montbrun, Marc Borno et Gressier.

3 Malenfant, *Des colonies...* pp. 87-88.

4 A. Cabon, *op. cit.,* tome III, p. 223.

5 Madiou, *Histoire d'Haïti,* tome I, p. 265.

LES ANGLAIS À PORT-AU-PRINCE

À la suite des événements du 17 mars, Polvérel était rentré à Port-au-Prince. Si son retour y avait plus ou moins ramené le calme, les blancs, «vaincus, mais toujours factieux, étaient disposés à accueillir un ennemi qui put les délivrer du *joug des mulâtres*». Les Anglais n'allaient pas tarder à tirer profit de cette situation.

La clé de la défense de Port-au-Prince, au Nord, était l'embarcadère du Fossé, où s'élevaient des ouvrages fortifiés. Au Sud, la protection de la capitale reposait principalement sur le fort de Bizoton, armé de pièces de gros calibre et de deux mortiers. À l'adjudant général Jacques Boyé, blanc, avait récemment été remis le commandement de la place.

Le 30 mars 1794, une flottille impressionnante s'avance dans les eaux de Port-au-Prince: quatre vaisseaux de lignes, le *Belliqueux*, l'*Irrésistible*, l'*Europa* et le *Spectre*, six frégates ou corvettes, douze gros bâtiments de transport et un grand nombre de goélettes, battant tous pavillon de l'Union Jack... De concert avec les royalistes, les Anglais avaient préparé un plan minutieux pour la prise de la ville, et les deux parties n'avaient pas lésiné sur les moyens, afin de doter leur armée d'hommes et de matériel.

L'escadre, sous les ordres du commodore Ford, disposait de 316 bouches à feu et portait 1 465 hommes de troupe, commandés par le brigadier White. Deux colonnes de troupes royalistes devaient venir soutenir l'assaut des troupes de l'escadre: celle de Léogane, forte de 1.000 hommes, sous les ordres du baron de Montalembert, et celle de l'Arcahaie, d'un effectif de 1 200 hommes, sous le commandement de

Hanus de Jumécourt et du griffe[1] Jean-Baptiste Lapointe. Des deux armées en présence, l'une, bien équipée, sûre de la victoire, totalisant 3 700 hommes, allait se mesurer à une garnison de 1 200 hommes, presque sans armes et d'un moral plus que déprimé.

... Deux frégates et quelques transports se sont détachés de l'escadre et sont allés mouiller non loin de l'anse du Fossé. Des estafettes ont appris au général White que la colonne de Montalembert et celle de Jumécourt et de Lapointe, après avoir laissé leurs cantonnements respectifs, se dirigeaient sur le Port-au-Prince.

Électrisées par leurs chefs, les troupes de la capitale paraissaient, malgré les dissensions, prêtes pour le combat. Le 31 mai, Montbrun dépêche au Fossé 400 hommes pour contenir un débarquement en ce point, tandis que lui-même se porte au fort de Bizoton, afin d'aider Marc Borno, son commandant, à sa défense ou à la diriger, le cas échéant. Ce même jour, Sonthonax dont la prévention contre Montbrun s'était, depuis l'affaire du 17 mars, changée en une rancune tenace, fait venir de Jacmel le rival de ce dernier, Martial Besse, homme de couleur, et le nomme commandant en second de la province de l'Ouest.

L'accueil agressif du Fort-l'Islet au canot parlementaire a suffisamment édifié les Anglais sur les intentions belliqueuses de la capitale. Le 1ᵉʳ juin, deux vaisseaux et une frégate viennent s'embosser devant le fort de Bizoton, dans la baie du Port-Sallé et, durant plus de quatre heures, lui font subir une sévère canonnade. Cependant le feu vif des navires ne produisait pas beaucoup d'effet, et les Anglais jugèrent préférable d'attaquer par terre le fort dont le côté sud, en prolongement sur un monticule, était peu défendu, alors que le côté nord, face à la mer, avait été armé pour une défense contre les vaisseaux. 300 soldats, sous les ordres de Spencer, débarquent sur l'habitation Cottes, au Lamentin, en vue de se joindre à un détachement de 500 hommes des troupes de Montalembert pour une attaque frontale.

À l'intérieur du fort, l'enthousiasme n'était pas grand. Les soldats allaient et venaient, sans conviction, et négligeaient de prendre les dispositions de combat. Un inexprimable accablement semblait les paralyser.

Sur le tard, Montbrun envoie en reconnaissance le commandant Gignoux, à la tête de 17 dragons. Celui-ci tombe sur une patrouille anglaise, protégée par deux pièces de canon. Il se retire précipitamment.

Le ciel qui depuis l'après-midi se voilait de nuages noirs, blanchit tout à coup. Tandis que s'embrumait le paysage, un vent d'ouragan se mit à souffler, entraînant d'immense trombes d'eau qui vinrent s'écraser sur le sol. À travers le jaillissement des éclairs, on distinguait une mer démontée, écumante de colère, et dont les grondements montaient jusqu'au fort. La plupart des soldats, trempés et la mise débraillée, demeuraient accroupis, le fusil entre les jambes, dans une prostration presque complète.

Malgré la fureur des éléments, le détachement anglais rencontré par Gignoux n'avait pas fait marche arrière. Cette colonne, composée de 60 grenadiers, sous le commandement du capitaine Daniel, après être parvenue au pied des remparts, avait contourné le fort. Au côté sud, une assez grosse brèche avait été pratiquée dans la muraille pendant la canonnade. Misant sur l'effet de la surprise, les soldats y pénétrèrent résolument. Dans l'obscurité, Daniel, guidé par un traître, se faufile, et, tombant brusquement sur Montbrun, s'écrie: «Vous êtes mon prisonnier!» Mais l'aide de camp de ce dernier, Benjamin Ogé, qui se trouvait à ses côtés, abat d'un coup d'espingole, l'officier anglais.

Entre-temps, le bataillon de Spencer était arrivé à proximité de la fortification. Distinguant des coups de feu, les Anglais redoublent d'ardeur, et, au pas de course, escaladent le monticule au sommet duquel était assis le fort. À la vue de ce déferlement de fantassins ennemis, baïonnette au canon, la panique gagne la garnison. Chacun ne pense qu'à la retraite. Tout en essayant de se défendre – l'eau de pluie avait rendu inutilisables la plupart des fusils –, les soldats abandonnent le fort et se replient sur Port-au-Prince. Dans la mêlée, Montbrun reçoit trois blessures.

Le lendemain, Martial Besse est nommé gouverneur provisoire de la province de l'Ouest, en attendant le rétablissement de Montbrun. Accompagnés de Boyé, les deux commissaires, sous un ciel bas et gris, parcourent les postes de la ville et font reconnaître Martial Besse dans ses nouvelles attributions. Cette nomination portait la griffe de Sonthonax. Elle n'allait guère satisfaire les soldats de la Légion de l'Ouest, si attachés à Montbrun. D'autre part, Martial Besse, homme du Nord, avait peu de chance d'imposer sa discipline à une ville où les esprits avaient tant de griefs à opposer aux gens du Nord. Ce mépris absolu des réalités locales devait contribuer à précipiter l'issue fatale.

Des signes évidents d'une attaque de la ville même se précisaient du côté anglais. Soutenu par Montbrun, Martial Besse engage les commissaires à laisser la capitale et à se porter dans la localité de Nérette. Avant de se retirer, ceux-ci, dans une harangue aux «régénérés», leur recommandent de ne pas incendier la ville. Aux marins, ils interdisent de détruire la flotte marchande, afin de permettre aux blancs de s'y réfugier… À midi, les représentants de la Métropole quittent la ville. Deux cents mulets, chargés d'objets précieux, et plus de deux mille personnes, les suivent à Nérette.

Ce départ précipité allait être le signal de la débandade. Déjà, dans tous les secteurs, la turpitude avait marqué son empreinte infamante… Un bataillon anglais, sous les ordres du colonel Hampfield, débarque dans l'après-midi à la pointe à Fortin (pointe de la Saline). Le capitaine Bordu, commandant le fort Touron, occupé par les régénérés, livre la position à l'ennemi. Pour prix de leur trahison, les nouveaux libres ne demandent qu'à piller. Blaise, le commandant du fort Saint-Joseph, se déclare prêt à renouveler le geste de Bordu. Informés de ses dispositions, des blancs de la ville, libérés de toute retenue, se réunissent au fort Saint-Joseph et envoient des députations auprès du commodore Ford et de Hanus de Jumécourt, à fin de soumission. Pour mieux prêter main-forte aux Anglais, des colons se précipitent, les uns à bord des vaisseaux britanniques, les autres au fort Saint-Joseph, devenu le quartier général de la défection. Bientôt, ce fort est occupé par Hanus de Jumécourt. Tour à tour, le fort Robin, la redoute du Gouvernement[2], la Poudrière, le fort Sainte-Claire font leur reddition… Une pluie fine et persistante, des rues boueuses, ajoutaient à la tristesse des trahisons.

Sur l'ordre des commissaires, Montbrun laisse la ville à six heures du soir[3]. À onze heures, Martial Besse et Boyé, ainsi que la portion loyale de la Légion de l'Ouest, gagnent Nérette. Le commandant Pétion sera le dernier à mettre bas les armes. Sur la demande de ses soldats, il évacue le Fort-l'Islet au milieu de la nuit, atteint le portail de Léogane, et, à travers bois, rejoint les commissaires.

Une longue et pénible marche par des sentiers escarpés devait être, pour les réfugiés de Nérette, l'épilogue de cette désastreuse capitulation. Dès le lendemain, en effet, les commissaires, accompagnés de Martial Besse, Boyé, Bauvais, Pinchinat, prenaient le chemin de Jacmel, par la rivière Froide et le morne Malanga. C'était la voie qu'un an auparavant avait empruntée Borel après sa reddition. Montbrun suivit les commissaires avec le reste des troupes... La dénomination de *Morne des Commissaires*, donnée dans la suite au morne Malanga, évoque le souvenir du passage des agents du gouvernement français, fuyant le déshonneur[4].

À onze heures du matin, le 14 juin, au nom de Sa Majesté le roi George III, les troupes ennemies entraient à Port-au-Prince. La colonne de Montalembert fut la première à fouler le sol de la capitale. Elle déboucha par le portail de Léogane, tandis que, par le portail de Saint-Joseph, pénétrait celle de Lapointe. En même temps, les troupes anglaises stationnées à bord des vaisseaux en rade, débarquaient tambour battant, pavillon déployé.

L'impitoyable «vae victis» allait, comme toujours, faire de nombreuses victimes. Sitôt en ville, Béranger, un colon de la légion de Montalembert, se présente au fort Saint-Joseph, avec une liste de trente planteurs républicains réfugiés dans le fort. Il les rassemble sur la plate-forme, puis sans sourciller, les abat l'un après l'autre, à bout portant. «Républicain, fais le saut de la roche tarpéienne!» clamait-il en précipitant leur cadavre par-dessus les remparts du fort. Une compagnie de canonniers de Léogane est envoyée par le général White pour faire cesser ce carnage. Arrêté, Béranger se sauve. Il se noiera dans la Voldrogue, en allant se cacher à Jérémie.

Les exécutions sommaires ne sont pas pour autant bannies. À l'instigation des colons, beaucoup de ceux qui s'étaient ralliées aux royalistes tombent sous les balles anglaises. Blaise et Bordu, malgré leur trahison, passeront dans le lot.

Les 22 vaisseaux de haut bord, chargés de sucre, d'indigo et de café, qu'ils capturèrent dans le port, constituèrent pour les fils d'Albion leur plus intéressante prise de guerre. «Treize de ces bâtiments, précise Malo, portaient depuis 300 jusqu'à 500, et les neuf autres, depuis 150 jusqu'à 300 tonneaux. Il s'y trouvait en outre 7 000 tonnes qui servaient de lest. Le tout paraît, d'après un calcul mesuré, valoir 9 600 000 francs[5]». Beaucoup de réfugiés de toutes les couleurs trouveront place sur ces navires pour s'exiler aux États-Unis.

Disputé tour à tour par les royalistes, les petits blancs et les hommes de couleur, Port-au-Prince connaît maintenant le joug étranger. Humiliation suprême!...

Les mesures administratives et militaires, adoptées dès les premiers jours par les vainqueurs, laissaient suffisamment entrevoir que leur présence sur le sol de Saint-Domingue était un acte important qui, dans leur esprit, devait se perpétuer. Si l'ancien régime colonial fut rétabli, c'est précisément parce que, apparenté à celui qui régissait les colonies anglaises, il avait seul la chance d'aider au raffermissement de la paix. Ce retour à l'ancien ordre de choses était d'ailleurs en accord avec les termes de la convention passée entre les habitants de Saint-Domingue et leurs futurs libérateurs, lors des tractations qui avaient précédé le débarquement.

Des modifications de circonstance sont néanmoins apportées aux statuts organiques. À la tête de la colonie, est placé un gouverneur civil que seconde le commandant en chef des troupes. Auprès du gouverneur, siège un Conseil privé. Le Conseil Supérieur garde ses attributions de justice, mais son président a le titre de «Chef de Justice». La fonction des municipalités passe aux états-majors.

Les lois et règlements du temps de la monarchie remis en vigueur, les colons et les prêtres furent réintégrés dans leurs privilèges. Le 25 août 1794, le major-général Adam Williamson, «Lieutenant-Gouverneur et Commandant en chef à la Jamaïque et dans les parties soumises et à soumettre à la domination de S.M.B. dans Saint-Domingue, par le présent», rendait à Santiago de la Vega l'ordonnance qui modifiait l'exercice du culte et rétablissait le traitement des prêtres.

Sur le plan militaire, les Anglais portèrent leurs efforts vers le perfectionnement du système de défense de la capitale dont les fortifications, endommagées par maints combats, présentaient un aspect piteux. En vue d'assurer leur protection du côté de la terre, leur supériorité sur la mer restant indéniable, ils élaborèrent un plan de défense méthodique mais coûteux, qui prévoyait l'établissement d'ouvrages fortifiés au sommet des éminences qui bordent la ville dans sa partie septentrionale, ces fortifications devant être appuyées à des distances convenables par des ouvrages saillants pouvant les flanquer. Pour les secteurs peu vulnérables de la ligne d'enceinte, on se limiterait à quelques redoutes protégées par des épaulements.

La mise en branle énergique des travaux de défense de la cité mobilisera des centaines de bras. Anglais, Français, indigènes, les colons non sans maugréer, seront contraints de mettre la main à la pâte.

Au nord du fort Saint-Joseph qui défend l'accès de la capitale par le chemin du Cul-de-Sac, on éleva des retranchements formés d'un parapet précédé d'un fossé. Des créneaux furent pratiqués dans le mur d'entrée pour défendre l'approche de la porte Saint-Joseph. La fortification des remparts, au nord-est de la ville, bénéficia de soins particuliers. Pour dégager la vue en direction de la plaine, on démolit les maisonnettes éparpillées aux abords des murs: interdiction fut notifiée d'y élever de nouvelles constructions. Les remblais provenant du creusement des fossés furent utilisés pour l'élévation d'épaulements appelés à couvrir les batteries de canons.

Derrière le calvaire de la ville, à l'extrémité nord de la rue de Vaudreuil (rue du Peuple), se profila bientôt la silhouette en forme de fer à cheval du *fort La Croix* qui fut pourvu de deux pièces de canon. La redoute de Robin, transformée et fortifiée, prit les allures d'un véritable fort. Au nord et au sud de cet ouvrage, on érigea deux blockhaus[6], propres à procurer des feux de flanc. Fut affectée à la même fonction, la redoute – elle deviendra sous Pétion le *fort Éveillard* – que l'on construisit dans le prolongement de la rue des Césars, au point le plus élevé du Bel-Air. De ce point jusqu'à la porte du Petit-

Paradis qui s'ouvre sur le chemin de la Charbonnière, se déploya, le long d'un large et profond fossé, un parapet palissadé protégé de raquettes, pingouins et autres plantes épineuses.

Concernant la défense de la partie sud de l'enceinte, l'autorité militaire anglaise ne jugea pas nécessaire d'y apporter des soins aussi étendus, cette zone étant constituée de terrains plutôt plats et à découvert, pouvant aisément être défendus et controlés par l'infanterie. Un fossé avec parapet et trois redoutes, dont l'une de forme circulaire et les deux autres en saillie , furent les seuls ouvrages dont elle autorisa l'érection. Néanmoins, pour protéger l'accès de la ville au sud, elle fit construire, à la porte de Léogane, une redoute en terre percée de meurtrières, au centre de laquelle s'éleva un blockhaus plus considérable que les autres[7].

Hors les murs, l'établissement de fortifications destinées à couvrir la place en avant de ses lignes, côté ouest et est, fut également entrepris. On acheva la construction du fort Bizoton, commencée en 1793 sous la direction de Montbrun[8]. Sur l'habitation *Dessources*, on éleva un blockhaus, dit *fort Reconquis*, qui de ses quatre canons protégeait le chemin de Léogane entre Bizoton et le Port-Républicain et battait le terrain en avant de l'enceinte. Un autre blockhaus fut construit non loin de la source de Turgeau, pour assurer, même en temps de guerre, l'alimentation en eau potable de la ville. Enfin, à 400 toises de l'enceinte orientale, au sommet de la colline de l'habitation Covin, sur une position qui commande toute la région qui l'environne à la portée du canon, les Anglais érigèrent le *fort National*, l'ouvrage de loin le plus puissant qu'ils édifièrent pour se maintenir au Port-au-Prince.

Construit en murailles de maçonnerie en tuf d'une hauteur de 17 à 18 pieds et capables de contenir la pression des terres rapportées et celle d'une pesante artillerie, le fort National avait son entrée principale orientée sur la ville. On y accédait par un pont-levis. À l'intérieur du fort, se dressaient des baraquements destinés à abriter la garnison. «Ces bâtiments toutefois nombreux et sains ne sont rien, affirmait M. de Vincent, directeur des fortifications des Îles sous le Vent, et le fort travail exécuté dans ce poste consiste réellement en de magnifiques souterrains à l'épreuve de la bombe, établis sous une espèce de bastion arrondi d'où l'on découvre la ville, et sur le terre-plein duquel on a placé du canon de 24 sur affût de côte. Le centre du fort, où sont amenées toutes les eaux de pluie des différents bâtiments, renferme une citerne capable de contenir une grande quantité d'eau à boire. Un dernier ouvrage enfin, vraiment considérable et toujours renfermé dans l'enceinte du fort National, est un blockhaus immense, construit avec un soin extraordinaire et contenant dans sa batterie haute 6 pièces de 8. Le rez-de-chaussée formant une pièce de trente pieds, est lui-même dans le cas d'être bien défendu au moyen d'une nombreuse mousqueterie; et se trouvant établi sur un carré en maçonnerie de 10 pieds de haut, il donne dans un vaste magasin à poudre construit à l'épreuve de la bombe et placé à côté du blockhouse, tandis que tous les autres approvisionnements de tout genre sont placés dans le caveau du blockhouse situé immédiatement au-dessous du rez-de-chaussée[9].» Neuf pièces de gros calibre, montées sur affûts de côte, et deux mortiers de 12 pouces complétaient l'armement du fort National.

Toujours pour parer à une attaque par terre, les Anglais construisirent à l'intérieur même de la cité d'autres ouvrages fortifiés. Place Royale (place Sainte-Anne), ils érigèrent un blockhaus affecté à protéger d'éventuelles retraites et à défendre le voisinage de la place.

Cet ensemble de travaux de fortification, conçu par le génie britannique, et exécuté au prix d'efforts opiniâtres, fit entrer le Port-au-Prince au nombre des places fortes du Nouveau Monde.

Sur le chapitre des rapports sociaux, les Anglais affichent, dès le début de l'occupation, une préférence marquée pour les blancs. Dans les administrations qu'ils ouvrent, dans les tribunaux qu'ils rétablissent, ces derniers sont presque les seuls appelés. Cette condition privilégiée fait à nouveau apparaître leur suffisance native. Comme avant la Révolution, les hommes de couleur redeviennent l'objet de leur mépris et la victime de leur arrogance... Pour les expatriés, les contre-révolutionnaires ou factieux déportés par les commissaires civils, l'occupation anglaise est un bienfait dont ils s'empressent de venir goûter les premier fruits. Beaucoup d'émigrés les ont suivis à Saint-Domingue. Sous le soleil de l'heure anglaise, on voit déambuler par les rues les silhouettes jadis abhorrées des Montalet, des O'Gorman, des Montazeau..., tous nobles et propriétaires.

Situation insolite qui rend perplexes les affranchis. Quel sort leur prépare-t-on? Peuvent-ils se contenter des «ménagements étudiés» dont on les gratifie? Plusieurs d'entre eux avaient pourtant vaillamment contribué à la victoire et s'étaient signalés par leur intrépidité dans les colonnes de Lapointe et de Montalembert. Où donc était leur récompense?... Déçus et froissés dans leurs prétentions, ils seront le ferment de désagrégation que les républicains chercheront plus d'une fois à exploiter. D'autres préféreront se retirer de la ville et rejoindre les troupes affranchies qui, sous la conduite de Bauvais et de Rigaud, poursuivaient dans l'Ouest la lutte contre les Anglais. La trahison de la République se révélait pour eux une expérience amère.

Pour les nouveaux libres également, la défection se soldait par de grandes désillusions. Remis en esclavage par les autorités anglaises – un esclavage purgé bien entendu de ses excès et de ses atrocités – un fait brutal les accablait : la perte de leur liberté!

Des difficultés de tous ordres n'allaient cependant pas tarder à surgir devant les forces d'occupation, et l'une des plus inquiétantes devait être la recrudescence de la fièvre jaune, mal qui sévissait à l'état endémique sur le sol de Saint-Domingue. Les conditions sanitaires défectueuses qui régnaient à Port-au-Prince depuis la Révolution n'étaient certes pas étrangères à la pérennité de cette maladie dans la capitale. Mais l'épuisement physique que les durs travaux de fortifications, exécutés sous un soleil de plomb, causaient aux Anglais, le manque d'exercices et de provisions fraîches dont ils avaient souffert durant leur séjour de six mois à bord, les prédisposaient singulièrement à cette affection. Ils furent les facteurs involontaires de la propagation de l'épidémie. «Deux mois après l'occupation de la ville, écrit Cabon, 40 officiers étaient morts avec plus de 600 soldats[10].» Le général White lui-même, sentant sa santé ébranlée, demandait son rappel. On désigna le brigadier général Horneck pour le remplacer. À la fin de l'année, sur un total de 823 soldats anglais cantonnés à Port-au-Prince, 462 étaient à l'hôpital.

Le commandement anglais affecta à l'inhumation des nombreuses victimes de la fièvre jaune un vaste emplacement hors les murs, situé non loin de la Poudrière, et appartenant à la ville. Ce terrain sera tout désigné plus tard pour remplacer le cimetière Intérieur (cimetière Saint-Anne) quand on interdira d'y enterrer les morts. Il deviendra le *cimetière Extérieur*, notre nécropole actuelle.

Ces vides laissés dans les rangs anglais n'étaient pas comblés, car les renforts attendus n'arrivaient pas. Le brigadier Horneck conçut alors l'idée d'utiliser les services des régnicoles oisifs qui peuplaient la cité. Créoles et indigènes furent enrôlés dans les bataillons que l'on monta de toutes pièces. Horneck eut à cœur de les habiller de brillants uniformes et de les équiper convenablement. On baptisa ces beaux régiments de noms évocateurs: Britannique, Prince Édouard, Prince de Condé, Prince de Galles...

En dehors de la fièvre jaune, les Anglais avaient à faire face à d'autres soucis tout aussi préoccupants. Les troupes affranchies républicaines, on l'a vu, n'avaient pas renoncé à la lutte. Déjà Rigaud avait pu conquérir Léogane, et l'éventualité d'une attaque surprise de la capitale n'était pas à exclure.

Au moment où les insurgés préparaient leur marche contre Léogane, l'abbé Viriot, qui cumulait avec sa fonction de curé de Port-au-Prince, celle de Préfet apostolique, s'y était rendu, afin de prendre possession de l'habitation de la mission, restituée en vertu de l'ordonnance du 25 août. Surpris par l'attaque, il ne put se sauver. Tandis que les républicains massacraient ceux qu'ils soupçonnaient d'avoir appelé les Anglais, le père fut arrêté. Conduit aux Cayes, il fut fusillé après onze jours de cachot. Dans un mandement en date du 26 juin 1795, le père Guillaume Lecun, son successeur, racontait ainsi sa mort: «Après avoir entendu sa sentence, il confessa ceux qui devaient mourir avec lui, témoigna toute son affliction de n'avoir pas un prêtre pour se confesser lui-même, et, à l'instant où on le fit sortir pour le traîner à la mort, il chanta d'une voix sûre et avec joie le *Domine Salvum fac regem,* depuis la geôle jusqu'à la place publique où il subit le martyre[11].»

Les appréhensions anglaises relatives à un coup de main possible des républicains contre le Port-au-Prince n'étaient pas sans fondement. Pressentant que le mécontentement à l'intérieur de la ville avait atteint son paroxysme, Rigaud s'était, en effet, concerté avec Bauvais, et les deux chefs affranchis avaient résolu de lancer leur attaque au courant du mois de mars 1795. Ils établirent leur quartier général au Carrefour Truitier (aujourd'hui Carrefour), à une lieue et demie au sud-ouest de Port-au-Prince.

Un matin, pendant que les indigènes fourbissaient leurs armes, ils sont surpris par un détachement anglais de 800 hommes protégés par des canons. Pétion, qui avait disposé ses batteries sur une éminence voisine, se met à canonner les Anglais. Ceux-ci se replient. Leurs positions rétablies, Rigaud et Bauvais passent à l'attaque, mettent en déroute les Anglais et leur prennent quatre pièces de canon. Le corps du lieutenant-colonel Markhams, tué pendant l'action, est resté dans les buissons. Le général Horneck, commandant du Port-au-Prince, accepte la proposition des chefs républicains de lui rendre son cadavre. Il est transporté «avec toute la pompe militaire jusqu'aux portes de la ville» où Horneck le reçoit.

Confiants dans la victoire, les chefs affranchis décident de poursuivre l'offensive. L'investissement du fort de Bizoton, clef de voûte de la défense de Port-au-Prince, est ordonné. Des batteries de canons et de mortiers, dissimulées sur les monticules voisins, soutiennent le siège. Mais les Anglais tiennent bon. Durant deux mois, ils résistent victorieusement à la canonnade et aux attaques simulées. Brusquement, l'armée républicaine reçoit l'ordre de rétrograder vers Léogane. Cette retraite avait été jugée indispensable par l'autorité supérieure, la diversion contre Saint-Marc demandée au commandant du cordon de l'Ouest, le colonel Toussaint-Louverture[12], ayant échoué, et les munitions réclamées par Rigaud n'étant pas disponibles.

… La résistance aux Anglais, dans la région de Port-au-Prince, ne se circonscrivait pas seulement aux affranchis républicains. Les nègres du Cul-de-Sac n'avaient pas tous déposé les armes, et depuis que Sonthonax, avant de se retirer à Jacmel, avait jugé opportun de passer son cordon de commissaire au cou de Dieudonné et de le nommer représentant de la France dans l'Ouest, celui-ci s'était réclamé de ses nouvelle prérogatives pour s'imposer aux groupements noirs qui guerroyaient en Plaine et aux environs de la capitale. Sous ses ordres, ces bandes insurgées avaient pu occuper les hauteurs de la Charbonnière, ainsi que le morne l'Hôpital, et s'y retrancher. Quoique n'ignorant pas la défiance du chef noir à l'égard des hommes de couleur, Rigaud n'avait pas cessé de le soutenir dans sa lutte contre les Anglais et de le ravitailler, autant qu'il le pouvait, en armes et munitions.

La présence des nègres dans la montagne avoisinant Port-au-Prince constituait pour les Anglais, une menace perpétuelle. Déjà, les conduites d'eau alimentant la ville avaient été sectionnées. De ce fait, la capitale souffrait d'une disette d'eau qui n'était pas loin de tourner à la catastrophe. L'indépendance affichée par Dieudonné, vis-à-vis des autorités civiles et militaires françaises, incita les Anglais à parlementer avec lui. Dans leur plan retors pour le gagner à leur cause, ils comptaient lui démontrer que combattre les Anglais, c'était faire le jeu des mulâtres.

Le 1ᵉʳ janvier 1796, le général Bowyer délègue quelques officiers créoles auprès du chef noir, dans le but de traiter avec lui. Sans s'engager formellement, celui-ci fait dire que comme cadeau de nouvel an, il allait rétablir les eaux. C'était formuler qu'il était lui aussi partisan de la paix. Le même jour, la cavalerie de Port-au-Prince eut l'autorisation de fourrager sur les habitations proches de la capitale. Dans la suite, les chefs indigènes, encouragés par le baron de Montalembert qui exerçait sur eux un grand empire, ne se firent pas faute de descendre en ville, «boire du bon vin de madère, garnir leurs bourses de guinées, se vêtir de beaux habits rouges et orner leurs chapeaux de cocardes noires[13]». Chaque jour, à dos de mulet, des provisions de bouche, des effets d'habillement et de campement prenaient le chemin de la montagne.

Ces échanges de bons procédés ne s'arrêtèrent pas là. Durant deux dimanches, les nègres des habitations placées sous la dépendance des indigènes ravitaillèrent abondamment la ville en volailles, en cochons, en chevreaux et en produits agricoles. Le marché établi au delà des remparts attirait un grand nombre de femmes et de bourgeois venus s'approvisionner de denrées dont ils étaient privés depuis de long mois ... Hélas! les beaux jours n'allaient pas longtemps durer : le troisième dimanche, pas un seul nègre ne parut au marché. Pendant qu'on se perdait en conjectures sur ce bizarre comportement, les officiers dont les démarches auprès de Dieudonné avaient été couronnées de succès, s'offrirent une nouvelle fois pour se rendre au camp des noirs. Ils ne devaient jamais revenir de leur mission de bonne volonté. Point de doute: la paix était rompue. Les eaux, en effet, n'arrivèrent plus en ville. On retomba dans les mêmes restrictions qu'auparavant.

Ce brusque revirement était le corollaire des graves événements qui s'étaient déroulés au camp de Nérette, quartier général de Dieudonné. Toussaint-Louverture, ayant eu connaissance des relations qu'entretenait ce dernier avec les Anglais, avait, sans grand espoir, essayé de l'en dissuader. Pour porter les troupes noires à se joindre aux républicains, il comptait plutôt sur Jean-Joseph Laplume, lieutenant de Dieudonné. Vivement impressionné par le prestige dont jouissait Toussaint dans le Nord et l'Artibonite, Laplume embrassa ses vues avec chaleur. Un piège fut tendu à Dieudonné qui s'y jeta tête baissée. Arrêté par les hommes de Laplume, il fut conduit à Léogane, et de là envoyé au fort de Saint-Louis du Sud où, avec Pompée, un de ses principaux officiers, il mourut dans de grands tourments.

Flairant quelque trahison de la part de Dieudonné, les forces d'occupation entreprirent une opération de nettoyage au canton de la Charbonnière. Cette opération, menée avec vigueur, conduisit les troupes anglaises à Nérette dont elles s'emparèrent aisément. Les bandes démoralisées de Dieudonné n'opposaient aucune résistance. Culbuté de sa position, Laplume dut chercher refuge à Léogane, auprès de Rigaud. Celui-ci, après avoir obtenu la soumission des soldats de Dieudonné, forma un corps franc de la plupart d'entre eux et en remit le commandement à Laplume.

Cette victoire des forces britanniques consacrait la défaite des noirs insurgés du Cul-de-Sac et des montagnes de la Charbonnière. Il restait aux Anglais, pour parvenir à la pacification générale du district de Port-au-Prince, à déloger les affranchis de Léogane, ville qui demeurait le bastion avancé des forces du Sud sous le commandement de Rigaud. Des renforts de troupes venaient d'arriver d'Europe. Misant sur les bonnes dispositions des soldats dont les récents succès avaient ranimé le courage, les Anglais résolurent de marcher contre Léogane.

Le 20 mars 1796, une armée de 2 000 hommes de troupes euro-péennes et de 1 200 des régiments de Lapointe et de Montalembert, sous les ordres du général Bowyer, s'embarque pour Léogane. L'escadre qui la portait comprenait quatre vaisseaux, six frégates et beaucoup d'autres bâtiments de guerre, sous le commandement de l'amiral Sir Parker. D'après Saint-Rémy, cette armée était la plus grosse «qu'on eût encore vue dans l'île depuis le passage du comte d'Estaing».

Des débarquements s'opèrent sur divers points de la côte, tandis qu'une violente canonnade se déchaîne sur Ça-Ira, fort qui commande le débarcadère de Léogane. Pétion s'y trouvait avec 300 soldats.

L'assaut de la ville, mené par Bowyer, est repoussé par le capitaine d'artillerie Dupuche qui occupait le fort Liberté. Durant la nuit, l'ennemi dresse une batterie face au fort. Au matin, l'attaque se déclenche une nouvelle fois. Les Anglais sont repoussés par l'artillerie, et après trois heures de combat, quittent leurs retranchements. Le commandant anglais ordonne alors un assaut général. Ses troupes sont accueillies par un feu d'artillerie et de mousqueterie si nourri, qu'il leur faut encore rebrousser chemin. Poursuivies par l'infanterie, elles abandonnent deux pièces de canon et plusieurs caissons de munitions.

Les centaines de boulets vomis sur le fort Ça-Ira n'ont pas abattu l'aplomb de Pétion. Sa brutale riposte a obligé sir Parker à lever l'ancre et à gagner le large pour éviter le pire. En dépit de cette manœuvre qui contrariait ses opérations, Bowyer qui avait réuni ses troupes sur l'habitation Dampuce se disposait à livrer un nouvel assaut, quand il apprit que de Jacmel et des Cayes Bauvais et Rigaud accouraient au secours de Léogane. Les Anglais rembarquèrent aussitôt pour rentrer à Port-au-Prince.

Après cette tentative des forces britanniques, la situation militaire se stabilisa autour de Port-au-Prince. Adam Williamson, nommé gouverneur général de Saint-Domingue, s'appliqua à renforcer le système de défense établi sur les territoires occupés par les Anglais. Il multiplia les troupes auxiliaires en achetant des colons un certain nombre d'esclaves qu'il convertit en soldats. Grâce à ces mesures militaires, la plaine du Cul-de-Sac et celle de l'Arcahaie ne tardèrent pas à retrouver leur ancienne animation. Comme il fallait beaucoup produire, les abus firent leur réapparition. Lapointe en particulier se fit remarquer par une sévérité qui rappelait les plus mauvais jours de l'esclavage.

À la faveur de l'arrêt des opérations militaires autour de la capitale, il se produisit à Port-au-Prince, à partir du deuxième semestre de l'année 1796, une reprise commerciale très accentuée. Avisos anglais et bâtiments de commerce affluent vers le port. En dehors des marchandises diverses, ils apportent les instruments aratoires nécessaires aux travaux agricoles entrepris en plaine. Durant des semaines, les quais restent encombrés de marchandises et de denrées. Les magasins regorgent de produits les plus variés. Une circulation monétaire intense permet à chacun de se procurer les divers objets qui lui font besoin.

Ce renouveau économique ne contribua pas peu à ramener les sympathies françaises envers les occupants. La rigidité britannique, tant sur le plan administratif que sur le plan militaire, avait beaucoup mécontenté les colons. Ils s'étaient plaints de l'inobservance des termes de la convention qui liait les Anglais aux habitants de Saint-Domingue. Leur comportement, disaient-ils, n'était pas celui de protecteurs. L'abondance des produits de consommation, l'or répandu à profusion, atténuèrent les griefs.

Le père Lecun, poussé sans doute par un excessif sentiment de reconnaissance, s'était fait, dès son installation à la cure de la capitale, le fervent défenseur des sujets de la Grande-Bretagne. Déjà, dans son premier mandement, il rendait hommage «à la bonté du roi d'Angleterre George III, aux sentiments de condescendance du gouverneur Williamson». Dans la suite, le roi George, quoique protestant, eut l'honneur d'être nommé dans les prières liturgiques. Le zèle du curé ne s'arrêta pas là. Craignant que le départ des Anglais n'ouvrit les portes de la colonie aux «curés cupides ou jansénistes», il ranima la confiance de ses compatriotes, en leur rappelant «leur devoir de reconnaissance à l'égard des Anglais[14]».

La situation religieuse cependant n'était pas des plus édifiantes. Malgré la bienveillance des autorités anglaises, la restauration du culte ne progressait guère. L'action du curé, handicapée par de nombreuses difficultés nées des situations confuses créées par la guerre, ne produisait que peu de fruits. Dans un rapport au souverain pontife, le père Lecun exposait avec tristesse, que parmi ses fidèles, «quelques-uns avaient déjà déserté la foi, d'autres en avaient perdu la raison et tous étaient dans les inquiétudes les plus dignes de la compassion du Saint-Père». Les cas de mariage entre parents avaient en particulier soulevé des problèmes épineux. La promiscuité dans les villes et les camps avait, en effet, rendu ces unions très fréquentes. Il en était résulté «des accidents et des scandales effrayants». Les efforts du curé en vue de régulariser ces unions illicites et ceux du gouverneur, attentif à la sauvegarde des effets civils du mariage, n'aboutissaient à rien d'effectif. Dans une lettre au pape, le père Lecun avouait que, en dépit de toutes ses tentatives, «la difficulté était toujours la même pour sa conscience et celle des fidèles[15]».

Si à Port-au-Prince et dans ses environs, les Anglais avaient pu consolider leurs positions, dans les autres parties du territoire où ils avaient essayé de pousser leur avance, ils avaient essuyé les plus grands revers. Vigoureusement combattus par Toussaint-Louverture, ils s'étaient vus forcés d'évacuer la plupart des localités de l'intérieur, conquises au prix de lourds sacrifices.

Au début de 1797, le cabinet britannique, dégoûté et mécontent des résultats de l'entreprise, envoya à Saint-Domingue un nouveau gouverneur, le général Simcoë, avec mission d'étudier la situation de la colonie et de supputer les possibilités du maintien de l'occupation. Influencés par des courants divers et accaparés par «d'indécents conflits d'autorité», les différents gouverneurs qui s'étaient succédé en trois ans à Saint-Domingue, n'étaient pas parvenus à adopter une ligne de conduite égale. À l'arrivée de Simcoë, en mars 1797, le désordre était à son comble. «Il y avait peu d'accord entre les officiers et les employés français et anglais, relate Malouet. La dépense était effroyable; on voyait des fortunes scandaleuses; les maladies du pays consommaient encore plus d'hommes que le feu des ennemis...[16]»

Sitôt installé, Simcoë décide de réduire les dépenses. D'énergiques compressions diminuent les fonds affectés à l'armée, la grande dévoreuse de livres sterling. On licencie le tiers des troupes auxiliaires et on réduit la solde de ceux qui sont gardés sous les drapeaux. Ces mesures exceptionnelles soulèvent une vague de mécontentement. Des officiers supérieurs résignent leur commandement. Des soldats désertent les lignes et jettent leurs armes aux orties. Il fallut à Simcoë déployer des efforts inouïs pour empêcher que le découragement n'atteignît l'armée entière.

Le rapport de Simcoë, présenté à la Cour de Saint-James, ne cachait pas l'état critique où se débattait à Saint-Domingue l'expédition anglaise. Le nombre considérable d'hommes décimés par la maladie et dans les combats, les sommes énormes déjà dépensées, ne permettaient pas d'étendre plus avant la conquête. Le cabinet de Londres arrêta que les occupants garderaient les positions et places non éloignées des centres de ravitaillement et se fortifieraient dans les villes capables d'assurer le débouché du commerce britannique. Le général White qui, en l'absence de Simcoë, avait reçu ces instructions, se mit en devoir de les appliquer.

Mais le rapprochement des deux grands chefs indigènes qui, sous l'égide de la France, se partageaient le commandement à Saint-Domingue, Toussaint-Louverture dans le Nord et l'Ouest, André Rigaud dans le Sud, augurait la fin de l'occupation anglaise. Un ultime écueil, la présence de Sonthonax dans la colonie, faisait néanmoins obstacle à une collaboration sans nuage de Toussaint et de Rigaud.

Depuis mai 1796, l'ex-commissaire civil était en effet revenu à Saint-Domingue avec l'Agence, commission envoyée par le Directoire Exécutif pour «rassurer les esprits et activer la guerre». Embrassant les préventions du gouverneur général Étienne de Laveaux contre les mulâtres du Nord, Sonthonax n'avait éprouvé aucune réticence à exprimer ouvertement son ancienne animosité à l'égard des hommes de couleur, plus spécialement à l'endroit de leurs chefs. Son intervention dans le Sud, jugée froissante par Rigaud, avait abouti à une rupture spectaculaire entre le commandant de cette province et l'agent du Directoire. Pour le succès de sa nouvelle mission, Sonthonax avait mis ses espoirs dans le leader des nouveaux libres, le général Toussaint-Louverture, que le comte de Laveaux, après l'affaire du 30 ventôse au Cap[17], avait proclamé son lieutenant au gouvernement général de Saint-Domingue. Or, le concours de Rigaud était indispensable à Toussaint pour bouter les Anglais hors de Saint-Domingue. L'opposition de vues politiques entre l'agent de la Métropole et le chef noir allait apporter une solution heureuse à cette situation embarrassante.

«Sincère, fidèle à la France, explique Gérard M. Laurent, Sonthonax aspire à l'évolution du peuple noir de Saint-Domingue et à sa soumission. Toussaint de son côté, soupçonneux, méfiant, rêve de freiner l'ascendant de la Métropole...[18]» Antinomie flagrante qui conduit à un astucieux coup d'État.

Des préparatifs, en vue de l'élection des députés chargés de représenter la colonie en France, étaient en train. Pour congédier l'indésirable et raffermir du même coup sa position de guide des nouveaux libres, Toussaint fit élire Sonthonax député de Saint-Domingue par l'assemblée électorale du Cap. Sur les instances de ses collègues de l'Agence et les exhortations des corps populaires, Sonthonax résolut d'ajourner indéfiniment son départ. Toussaint qui redoutait la mainmise de plus en plus accentuée de l'agent sur les positions-clés de la vie coloniale, le mit brusquement en demeure de s'embarquer pour aller remplir son mandat au Conseil des Cinq-Cents. Cette élimination qui satisfaisait en même temps le désir de Rigaud d'écarter Sonthonax de la conduite des affaires publiques, contribua à mettre en confiance le commandant de la presqu'île du Sud.

Le plan des opérations, préparé par Toussaint[19], prévoyait l'attaque simultanée des dernières places occupées par les Anglais. L'enlèvement des postes du morne l'Hôpital et du canton de la Charbonnière devait précéder l'attaque de Port-au-Prince. Au commandant de

Léogane, le brigadier-général Laplume – qui depuis l'affaire de Nérette avait gagné des galons! – fut confiée cette tâche.

Conformément au plan établi, Laplume, au mois de février 1798, désigna l'adjudant-général Pétion pour commander une expédition qui avait pour mission de se porter dans les hauteurs de Port-au-Prince, afin de «couper les communications entre cette place et les divers postes de l'extérieur»... Le 13 février, Pétion partit de Léogane à la tête de 2 000 hommes. Après avoir remonté le cours de la rivière Froide, il prit position sur l'habitation Chevalier, près de La Coupe. Le 15, ayant, à la longue vue, surpris un convoi anglais qui s'acheminait vers le fort de La Coupe, il réunit ses officiers. Pétion n'avait ordre que d'inquiéter l'ennemi; mais le conseil des officiers s'étant prononcé pour le combat, comme le proposait le chef de l'expédition, l'attaque du fort fut décidée.

Le fort de La Coupe se dressait sur les flancs d'une montagne escarpée[20]. Construit en muraille de bonne maçonnerie, il était entouré de chevaux de frise et de fascines et paraissait inabordable. La garnison était commandée par un émigré, Brunet, et se composait de 300 hommes, presque tous des chasseurs noirs. Il n'y était cantonné que très peu d'Anglais. Dans son rapport au commandant en chef Toussaint-Louverture, Laplume qui, de son quartier général de Carrefour Truitier, s'était transporté à La Coupe, décrit ainsi les phases du combat qui fut engagé à cinq heures du matin :

«Nous avons été repoussés deux fois, et nous sommes toujours revenus à l'assaut avec une intrépidité sans exemple: nos soldats montés dans les remparts ont encore été obligés de se battre pendant une heure, pied à pied dans le fort, avec une partie du reste de l'ennemi, tandis que l'autre partie, montée sur les toits des cases du fort, faisait encore feu sur nous et cherchait à se défendre jusqu'à la dernière extrémité.»

Après quatre heures et demie d'une lutte acharnée, le fort était emporté. Du haut des remparts, son commandant se précipita dans les fossés. Il échappa à la mort, mais se blessa grièvement.

«Entre ceux qui se sont distingués dans le combat, poursuivait Laplume, je dois vous nommer l'adjudant général Pétion, commandant l'expédition et la colonne de droite, le chef de brigade Jean Hulysse, commandant celle de gauche, les chefs de bataillon Gauthier, Jean-Louis Loizeau, Boyer, Bazelais, Fèvre, Ogé et le capitaine Taillefer qui, le premier, s'est emparé du pavillon ennemi…»

Le bilan des pertes en vies humaines était saisissant. Dans son rapport, Laplume affirmait: «Nous avons eu le malheur de perdre cinq officiers, dont deux de troupes européennes; une douzaine de soldats de différents corps ont été blessés. Quant à la perte de l'ennemi, elle est des plus considérables, car sur 300 hommes, il ne s'en est sauvé que très peu; toutes les chambres du fort sont remplies de morts, on ne sait où mettre les pieds, tout le fort et les remparts en sont garnis[21].»

La prise du fort de La Coupe obligea les Anglais à évacuer les différents camps qu'ils avaient soigneusement établis dans la montagne. Nérette, Grenier, Formy furent successivement abandonnés. Ils avaient hâte de concentrer leurs forces au Port-au-Prince pour défendre cette place contre l'assaut final qui se dessinait.

Tandis que, sur le chemin de la Charbonnière, Pétion, pour resserrer le Port-au-Prince, s'avançait jusqu'au Gros Morne, les patrouilles républicaines s'infiltraient fort avant dans la Plaine, rapprochant ainsi l'Ouest de l'Artibonite.

À Port-au-Prince, les jours de l'occupation anglaise étaient comptés…

Notes

1 Griffe : Né d'un mulâtre et d'une noire ou réciproquement.

2 Ouvrage fortifié situé derrière le palais du Gouvernement. Il occupait approximativement le point de la façade ouest de la place des Héros de l'Indépendance, qui fait face à l'extrémité nord de l'aile des casernes Dessalines longeant la rue Geffrard. Sous Pétion, cette fortification sera nommée *fort du Gouvernement,* et à la mort du président Riché, elle deviendra le *fort Riché.*

3 Ardouin signale que le fait par Montbrun d'avoir été le seul à subir le feu des Anglais, prouve qu'il n'avait pas été de collusion avec eux.

4 Depuis le 16 juillet 1793, sous la pression du Club des Jacobins où avaient été reçus des expatriés de Saint-Domingue, ennemis des commissaires civils, la Convention nationale avait pris un décret d'accusation contre Sonthonax et Polvérel. Si ce décret ne parvint dans la colonie qu'au mois de juin 1794, parce que

la Convention, accaparée par d'autres travaux, avait retardé sa communication officielle, cependant dès la fin de septembre 1793, on avait été informé de son existence par les journaux de la Métropole. Cette mise en accusation n'avait pas peu contribué à entamer le crédit de Sonthonax et à lui susciter des difficultés. Rendus à Paris pour comparaître devant leurs juges, les deux anciens commissaires triompheront des nombreuses et violentes attaques dirigées contre leur politique et soutenues principalement par les absentéistes du Club Massiac.

Un mois après leur départ, un important conflit devait surgir entre Bauvais et Montbrun dont la conduite, au fort Bizoton, restait louche à plus d'un. Arrêté par ordre de Rigaud, Montbrun, après plusieurs mois de détention, fut envoyé en France. Jugé à Nantes et acquitté le 3 juin 1798, il fut dans la suite nommé gouverneur du château Trompette, à Bordeaux. Il mourut dans cette ville.

5   Charles Malo, *Histoire d'Haïti depuis sa découverte jusqu'à 1824*, 1825, pp. 168-169.

6   Le blockhaus ou «blockhouse», informe M. de Vincent, est "une espèce de maison carrée construite en bois avec un étage, indépendamment d'un magasin placé sous le rez-de-chaussée, servant pour les poudres et autres approvisionnements. Le véritable objet des blockhouses étant de parvenir à élever la défense au-dessus du sol qu'elle doit protéger, l'on place ordinairement dans l'étage supérieur et sur chaque face une pièce d'artillerie pour battre au loin. Le sol de cet étage fait communément saillie de trois pieds au-dessus de l'enceinte de la chambre basse qui est enceinte et doublée d'excellents madriers à l'épreuve de la mousqueterie et percée d'une grande quantité de créneaux servant à en défendre l'approche; défense à laquelle on ajoute encore infiniment, en découvrant toute l'enceinte de la chambre basse au moyen d'autres créneaux aussi percés dans la saillie du sol de l'étage, ce qui donne lieu à des espèces de mâchicoulis d'où se découvre toute l'enceinte de la pièce basse. L'on communique d'une pièce à l'autre de la chambre basse au moyen d'une échelle de meunier placée au centre, et dans le cas d'attaque, l'échelle est mise en haut de la trappe rigoureusement fermée pendant le temps que dure la défense». Vincent, *Mémoire sur l'état actuel...*

7   Cette redoute, dite *de Léogane*, sera aussi appelée *fort de Léogane*. À la mort du général Lerebours, sous Boyer, le fort de Léogane qui avait été restauré par cet officier, recevra, avec sa dépouille mortelle, son nom patronymique .

8   Saint-Rémy, *Pétion et Haïti*, 1958, tome I, p. 56, note 7.

9   Vincent, *Mémoire sur l'état actuel...*

10   A. Cabon, *Histoire d'Haïti*, tome III, p. 260.

11   A. Cabon, *Notes sur l'histoire religieuse d'Haïti*, p. 53.

12   Depuis mai 1794, Toussaint s'était détaché de l'Espagne pour se mettre au service de la France.

13   Grouvel, *Faits historiques sur Saint-Domingue*, 1814, pp. 81-82.

14   A. Cabon, *Notes sur l'Histoire religieuse d'Haïti*, pp. 56-57.

15   A. Cabon, *op. cit.*, pp. 61 à 63.

16   A. Cabon, *Histoire d'Haïti*, tome III, Annexe au Chapitre XI, p. 333.

17   Pronunciamiento tenté le 30 ventôse (20 mars 1796) par le commandant de la région du Cap, le général de couleur Villatte, et les anciens libres, pour évincer le gouverneur général comte de Laveaux. L'intervention énergique de Toussaint-Louverture délivra Laveaux qui avait été incarcéré par Villatte.

18   Gérard M. Laurent, *Le Commissaire Sonthonax à Saint-Domingue,* tome II, p. 172.

19   Le 1er mai 1797, Toussaint-Louverture avait été nommé par Sonthonax général en chef de l'armée de Saint-Domingue.

20   Il s'agit de la montagne où se dresse aujourd'hui l'hôtel Ibo-Lélé.

21   Le rapport du 27 pluviôse (15 février) de Laplume se trouve reproduit dans l'ouvrage d'Antoine Michel, *La Mission de Général Hédouville à Saint-Domingue,* 1929, pp. 112 à 114.

SOUS LA POIGNE DE TOUSSAINT

Les Anglais ne s'illusionnaient plus sur le sort qui attendait leur entreprise à Saint-Domingue : elle était définitivement perdue. Leurs efforts allaient tendre désormais, par des manœuvres habiles, à bénéficier d'une évacuation honorable.

Le nouveau gouverneur, le brigadier-général Thomas Maitland, arrivé à Port-au-Prince à la mi-mars 1798, avait mission de négocier la remise des places impossibles à garder. Le 23 avril, relate Beaubrun Ardouin, «le général Maitland adressa une lettre à Toussaint-Louverture où il lui proposait d'évacuer les villes de Port-au-Prince, de l'Arcahaie et de Saint-Marc, à condition qu'il aurait tous les égards possible pour ceux des habitants qui y resteraient : il lui promettait de lui restituer ces villes, les objets publics, toutes les propriétés particulières et les forts sans artillerie, dans l'état où ses prédécesseurs et lui les avaient trouvés; il ajoutait à ces promesses : Si vous ne consentez pas à mes propositions, je détruirai les fortifications, les propriétés et les cultures»[1].

Autorisé par le général Hédouville[2] à traiter avec le gouverneur anglais, Toussaint délégua auprès de lui l'adjudant-général Hector Huin, colon blanc, muni de ses pouvoirs. Maitland chargea le lieutenant-colonel N. Nightingale d'entamer en son nom les négociations. Elles eurent lieu à bord de l'*Abergavenny*, vaisseau anglais mouillé en rade de Port-au-Prince et commandé par le capitaine Forster. Huin obtint que les fortifications seraient livrées avec les canons de fer «mis hors de service excepté trois ou quatre par accord verbal», que la ville de Port-au-Prince serait évacuée le 9 mai, que jusqu'à cette date, toutes les hostilités cesseraient, que Toussaint-Louverture respecterait la vie et les biens de ceux qui voudraient rester en ville[3].

Une fois connues les clauses du traité, un grand espoir succéda à la panique qui avait gagné la plupart des blancs. Craignant les représailles des noirs, beaucoup d'entre eux s'étaient déjà embarqués sur les bateaux en rade, décidés à s'enfuir avec les Anglais. Plein de confiance en Toussaint-Louverture, ils retournèrent à terre et se préparèrent à le recevoir dans l'allégresse.

Au siège de la capitale qui certes n'aurait pas résisté à l'assaut de son armée, forte de 15 000 hommes, Toussaint avait préféré la voie des négociations. Il avait sans doute jugé plus avantageux que la ville lui fût rendue dans son état présent, plutôt que saccagée et ses fortifications démantelées, et tenait à ménager les Anglais appelés, dans ses vues, à jouer un rôle de premier plan dans le processus de développement de sa politique extérieure.

Les forces d'occupation avaient sept jours pour évacuer la capitale. Il était nécessaire, pour que l'embarquement s'opérât sans confusion, que l'ordre fût sévèrement maintenu au sein de la cité. Des prescriptions rigides furent élaborées dans ce sens, et la maréchaussée eut mission de les faire respecter. Tout attroupement était interdit. Des peines rigoureuses étaient prévues contre ceux qui tenteraient de débaucher les soldats. Malgré ces menaces, un nommé Lapara, marchand de liqueurs, osa, par des propos insinuants, engager quelques militaires à quitter leur drapeau pour rester à Port-au-Prince. On le condamne à périr «à la bouche d'un canon».

Escorté de deux rangées de dragons anglais, Lapara marchait vers le fort National, lieu de son exécution, lorsque arrivé devant un billard, il s'y élance par la porte grande ouverte. Un dragon le poursuit et fait feu de son pistolet. Après quelques instants de lutte, ils se retrouvent tous les deux dans la rue. Mais le commandant du détachement déclare le tenancier du billard coupable d'avoir tiré le coup de pistolet. Il est aussitôt maîtrisé et condamné séance tenante à subir le même sort que son «protégé». En dépit de ses protestations, il est de force traîné jusqu'au fort. Le premier, on l'attache au canon, «le ventre appliqué à la bouche d'une pièce de 6, ses deux bras tendus et les mains fixées par des liens aux deux tourillons». Au commandement de l'officier pour la mise à feu, le malheureux a un sursaut d'effroi qui déplace son corps de la position où on l'avait mis. Le coup part. L'homme est indemne. Le commandant du détachement vit dans ce prodige un signe du ciel. Il accepta enfin d'entendre le tenancier et reconnut son innocence. Lapara fut seul à subir sa peine[4].

Faute de place sur les navires, beaucoup d'effets ne purent être embarqués. On distribua aux indigènes des comestibles et quelques défroques militaires. Mais des uniformes, des harnachements, du matériel de campement, on fit de grands tas sur les places publiques, et on les livra au feu. À ceux qui s'étonnaient de ces destructions, les Anglais disaient: «C'est pour faire valoir nos manufactures».

Le 6 mai, on avait achevé l'embarquement des marchandises, munitions, canons de fonte et mortiers. Avaient pris place à bord des commerçants anglais et les rares Français qui avaient persévéré dans l'intention de partir. Le curé de la capitale, le père Lecun, était du nombre. Peut-être, pensait-il qu'ayant eu rang de fonctionnaire public sous le régime anglais, il paraissait plus décent pour lui de se retirer avec les membres de l'expédition. Ou alors, prévoyant qu'il lui surviendrait des difficultés avec Toussaint-Louverture, croyait-il préférable, pour le bien de la religion, de s'éloigner de Saint-Domingue, au moins pour un temps…

Le 8 mai 1798, à deux heures du matin, toutes les troupes anglaises du Port-Républicain et de Bizoton étaient embarquées. Dans la journée du lendemain, l'escadre, composée de deux vaisseaux, le *Thunderer* et l'*Abergavenny*, et de plusieurs autres bâtiments de guerre, levait l'ancre pour le Môle. Ainsi s'achevait l'occupation anglaise de Port-au-Prince, qui avait duré quatre longues années…

La prise de possession de la ville s'opéra dans l'après-midi du 9 par le colonel Christophe Morney, à la tête des 1re et 8e demi-brigades. Vinrent l'y rejoindre avec la Légion de l'Ouest, le brigadier-général Laplume et l'adjudant général Pétion. Ces derniers n'allaient pas longtemps rester au Port-au-Prince. Christophe Morney, ayant reçu du général en chef le commandement effectif des troupes de la capitale, Laplume et Pétion eurent ordre de se rendre à Léogane avec la Légion de l'Ouest. Par cette injonction formelle et inattendue, Toussaint notifiait sa détermination de ne pas laisser la capitale sous l'influence des chefs militaires qui avaient été dévoués à Bauvais et à Rigaud, ou qui, comme c'était le cas pour Pétion, étaient natifs de Port-au-Prince et y comptaient des admirateurs zélés. La Légion, en se retirant à Léogane, ne se fit pas faute de témoigner publiquement son mécontentement.

La nomenclature des pièces d'artillerie laissées au Port-au-Prince par les Anglais était assez impressionnante. L'inventaire dressé le 21 floréal par l'adjudant-général Huin mentionne : «Cent huit pièces, dont 15 au Fort-l'Islet, 6 au fort Sainte-Claire, 7 au fort de Léogane, 3 à la Poudrière, 3 au fort de l'Hôpital, 9 au Bastion, 4 au Bastion de la Charbonnière, 2 au Poste Marchand,6 au blockhaus de la place Royale, 1 au fort Delpech, une autre pièce au Poste Marchand, 4 dans un blockhaus, 2 au poste Blot, 2 au poste Lacroix, 4 au fort George, 17 au fort de Bizoton, 5 au blockhaus dit Dessources[5].» Dans la suite, d'autres bouches à feu furent découvertes à l'Arsenal, ce qui porta à 134 le nombre de pièces d'artillerie trouvées à Port-au-Prince au départ des Anglais. C'était pour l'armée républicaine une prise vraiment magnifique!

Dans l'après-midi du 14, sous une pluie fine, Toussaint-Louverture se prépara à faire son entrée dans la ville. Une foule immense s'était portée sur le grand chemin du Cul-de-Sac, au milieu duquel était dressé un imposant arc de triomphe. Le clergé, avec la Croix, les bannières et les encensoirs, les riches planteurs en compagnie de leurs épouses et de leurs filles, à cheval ou en voiture, tous s'étaient empressés, malgré l'inclémence du temps, de se rendre au-devant de leur «Libérateur». Toussaint apparut à cheval, simple dans son habit bleu sans épaulettes, le madras recouvert d'un chapeau galonné à trois cornes. Sur son passage, les femmes et les jeunes filles blanches lançaient des couronnes et des fleurs. Il descendit de sa monture pour leur témoigner sa gratitude. Des colons se prosternèrent et le prièrent de prendre place sous le dais porté par quatre éminents planteurs du Cul-de-Sac. Il déclina cet honneur, en disant qu'il n'appartenait qu'à Dieu d'être placé sous le dais et qu'au seul Maître de l'univers d'être encensé. Comme les colons insistaient en lui faisant observer que c'était l'usage pour les gouverneurs, il leur répliqua que son usage à lui était d'être à cheval. Il fit ainsi son entrée dans la ville, escorté de son état-major et d'une nombreuse cavalerie.

Les colons, appréhendant l'application des décrets du Directoire, qui punissaient de mort les émigrés et les traîtres, s'épuisaient à deviner ce qui pourrait plaire au maître de l'heure. Le soir, ils illuminèrent grandiosement la ville. Des banquets réunirent des centaines de convives. On dansa dans toutes les familles. Les soldats de l'armée républicaine ne se livrèrent à aucun abus. Malgré cette atmosphère de triomphe, la discipline inculquée par Toussaint les maintint dans l'ordre le plus strict.

Le lendemain, un *Te Deum* solennel est chanté en l'église paroissiale. À l'issue de la cérémonie religieuse, Bernard Borgella, président d'une délégation de citoyens de la ville, monte en chaire et prononce à l'adresse du général en chef un élogieux discours. La réponse de Toussaint est un hymne à la paix et au pardon. Il pardonne à ceux qui, dans leur aveuglément, ont trahi la France et promet de veiller à la sûreté, à la tranquillité et au bonheur de tous, tant que chacun sera fidèle au serment de rester attaché à la mère patrie, d'observer la constitution et de respecter ses lois.

Au son du tambour, on publie les nominations aux commandements militaires : l'arrondissement de Port-au-Prince est confié à l'adjudant général Huin et la place de cette ville à Christophe Morney, colonel de la 8ᵉ coloniale. Paul Louverture est nommé à la Croix-des-Bouquets, Agé à l'Arcahaie, Dessalines à Saint-Marc.

Dans un rapport à Hédouville, le général en chef fit le compte rendu des opérations qui avaient mené à la prise de possession des villes de l'Ouest. Cette façon de procéder trahissait déjà chez lui un pressant besoin de secouer toute tutelle. De sa seule initiative, il agissait et s'en rapportait après coup à l'agent particulier du Directoire pour approbation. Gêné par des embarras politiques intérieurs, l'agent croyait toujours user d'habileté en acceptant le fait accompli, alors que cette condescendance ne contribuait qu'à pousser Toussaint à plus d'audace et à étendre son influence.

Le comportement observé par le général en chef, depuis la reddition de Port-au-Prince, disait suffisamment sa volonté formelle d'être le seul maître de la ville. Les nouveaux libres, que leur identité d'épiderme avec le prestigieux chef des armées républicaines avait portés à s'attacher à sa personne, allaient à leur tour régner sur Port-au-Prince.

Les colons se sentaient déjà tout disposés à accepter le nouvel ordre de choses. Au comble de la joie, la plupart d'entre eux pensaient que, sous le régime du général *noir*, on tuerait les mulâtres et on serait *indépendant*. Les grands planteurs du Cul-de-Sac, tablant sur une politique «dominguoise» de Toussaint, espéraient reconstituer leur fortune dans un court laps de temps. Disposition d'esprit qui devait trouver sa confirmation dans les accords secrets, relatifs au commerce et à la paix, qui seront bientôt conclus entre Toussaint-Louverture, le général Maitland et le consul général des États-Unis, Edward Stevens. Cette convention du 13 juin1799, «véritable traité de puissance à puissance», allait porter un coup de grâce à l'Exclusif. En assurant à Saint-Domingue la neutralité de la Grande-Bretagne et des États-Unis et en ouvrant aux planteurs et aux commerçants la voie de débouchés nouveaux, elle apparaîtrait à ces derniers comme l'aboutissement tant souhaité de revendications vieilles de plusieurs décades.

Par contre, le ralliement des anciens libres à la nouvelle situation paraissait plutôt incertain. Le départ de la ville de la Légion de l'Ouest n'avait pas fini de les mortifier. Conscients des antagonismes qui les séparaient des nouveaux libres et qui, pour l'instant, ne faisaient que sommeiller, ils ne se consolaient pas de cette espèce de bannissement dont s'étaient trouvés victimes les principaux artisans de la reddition de la capitale. Ils se sentaient désormais isolés, livrés à la merci de quiconque tenterait de leur faire un mauvais sort. Sombre perspective qui n'était pas pour fouetter leur enthousiasme.

Renseigné sur les bonnes dispositions du général Toussaint à l'égard des colons et même des émigrés, le père Lecun, qui s'était retiré à Jérémie avec les Anglais, sollicita du général en chef son retour à Port-au-Prince. Hédouville, que son titre d'agent de la Métropole portait à épouser les idées anticléricales du gouvernement qui l'avait nommé, engagea Toussaint à ne pas donner suite à cette requête, le curé Lecun ne pouvant être qu'un «agent secret des Anglais». Quand au mois d'août les Anglais, après l'évacuation de Jérémie, retourneront à la Jamaïque, le père Lecun se verra forcé de suivre les troupes d'occupation à Kingston. Il y restera pendant trois ans, au milieu des colons de Saint-Domingue, réfugiés en même temps que lui, exerçant parmi eux son ministère, et prêtant parfois son concours aux catholiques de l'île.

Toussaint-Louverture, déjà presque au faîte de sa gloire, avait hâte de se défaire du patronage du général Hédouville. Le licenciement de l'armée qui, dans certaines localités, avait provoqué des troubles, fut le prétexte qu'il utilisa pour parvenir à ses fins. À Fort-Liberté, la présence côte à côte des troupes de Moyse et des débris des troupes blanches pouvait faire craindre la naissance de conflits entre ces deux corps. Plus que partout ailleurs, le désarmement s'y révélait urgent... Moyse se révolte contre l'ordre d'Hédouville de licencier la 5ᵉ demi-brigade. L'agent requiert Toussaint d'apaiser cette rébellion. Attribuant l'effervescence à la maladresse d'Hédouville, Toussaint ordonne son arrestation. Le 22 octobre, l'agent s'embarque, suivi de 1 800 personnes fuyant les bandes soulevées par Moyse. En rade du Cap, il délie Rigaud de toute obéissance envers Toussaint et le nomme général en chef du Sud[6].

Cependant, il faut à Toussaint expliquer sa conduite. Il adresse au Directoire un mémoire justificatif, informe le commissaire Roume, agent de la Métropole à Santo-Domingo, des événements accomplis et le prie de prendre la direction de la colonie. Roume, qui ne désirait remplir que le rôle de conciliateur, attendit, avant de s'embarquer pour l'Ouest, la confirmation par le Directoire exécutif de l'extension de ses pouvoirs dans cette partie de la colonie. Le 12 janvier 1799, il débarqua à Port-au-Prince où il fut reçu avec effusion par Toussaint-Louverture.

La commémoration, par des cérémonies appropriées, du décret de la Convention relatif à l'abolition de l'esclavage, fut l'occasion pour l'agent particulier du gouvernement français de convoquer au Port-République les généraux Bauvais, Rigaud et Laplume. Sur l'Autel de la Patrie, Toussaint, en tant que général en chef, répondit seul à son discours.

Le lendemain, 5 février, une conférence des quatre généraux est réunie par Roume. Il voulait soumettre à l'arbitrage les différends existant entre eux. Le point névralgique était l'attribution au sud des régions de Léogane et de Jacmel par la loi organique des divisions territoriales de la colonie. Cette division, quelque peu arbitraire, avait, dans le domaine militaire, provoqué des anomalies irritantes que l'emprise généralisée de Rigaud dans le Sud avait davantage accentuées. Laplume, noir, sachant qu'il inspirait au général en chef plus de confiance que Rigaud, se plaignit de la fausse situation qui lui avait été faite. Commandant des localités de Léogane , Petit-Goâve et Grand-Goâve, son autorité effective ne s'étendait que sur Léogane. S'appuyant sur des considérations d'ordre stratégique, Rigaud s'évertua à démontrer qu'il lui serait impossible, le cas échéant, d'organiser une défense efficace de la province du Sud, sans le maintien sous sa dépendance des villes de Petit-Goâve et Grand-Goâve. Pour clore les débats, Roume se rangea à l'avis de Toussaint qui proposait d'ôter du commandement de Rigaud les paroisses réclamées par Laplume. Après avoir énergiquement protesté, Rigaud céda aux désirs de l'agent, mais offrit sa démission. Elle ne fut pas acceptée. Par arrêté de Roume en date du 21 pluviôse (9 février), les villes de Petit-Goâve et de Grand-Goâve furent enlevées du commandement de Rigaud et remises à Laplume[7]. Bauvais fut maintenu à Jacmel. Trois jours après, le cœur gros de ressentiment, Rigaud laissait la capitale pour le chef-lieu des Cayes.

Durant son absence, une révolte avait éclaté contre lui à Corail. Geffrard avait emporté d'assaut le fort occupé par les rebelles. Les prisonniers conduits à Jérémie furent, au nombre d'une trentaine, enfermés dans un cachot trop étroit et récemment blanchi à la chaux. Ils moururent asphyxiés. Ce regrettable accident servira plus tard de prétexte à Toussaint-Louverture pour adresser à Rigaud des reproches pleins d'amertume. Dans sa lettre au commandant du Sud, le général en chef, tout en déplorant l'indulgence des autorités de cette province envers les responsables de la mort des prisonniers, ne manquera pas de lui signaler que «c'était toujours les noirs qui étaient victimes des mouvements qu'on suscitait».

Le conflit entre les deux chefs indigènes, qui couvait depuis des mois, éclate impétueux. Le 21 février, à trois heures de l'après-midi, les Port-au-Princiens sont tout surpris d'entendre résonner le tambour. Par ordre du général en chef, ils sont convoqués à l'église. Des hommes de police vont dans toutes les maisons enjoindre, particulièrement aux citoyens du 4 avril, de ne pas manquer au rendez-vous. Le général Bauvais, qui se trouvait encore au Port-au-Prince, se fit le devoir de répondre comme tout le monde à cette invitation.

Toussaint arrive bientôt sur sa monture préférée. Sa mine courroucée, sa nervosité manifeste indique qu'il est au comble de l'exaspération. À pas précipités, il remonte la nef, tenant une liasse de papiers qu'il froisse fébrilement. Il se rend à la chaire, en gravit les degrés et, tout de go, laisse éclater sa fureur . Brandissant les papiers qu'il avait en mains, il déclare qu'il détenait les preuves d'un grande conspiration mulâtre ourdie contre son autorité, et dont le général Rigaud était l'âme.

«... *Hommes de couleur, par votre fol orgueil, par votre perfidie, vous avez déjà perdu la part que vous possédiez dans l'exercice des pouvoirs politiques, s'écria-t-il. Quant au général Rigaud, il est perdu. Il est sous mes yeux au fond d'un abîme. Rebelle et traître à la patrie, il sera dévoré par les troupes de la liberté...*[8]»

Il évoqua l'affaire des Suisses et accusa les gens de couleur de les avoir sacrifiés à l'animosité des petits blancs. Après avoir annoncé son départ pour le Nord, il termina son discours par ces paroles menaçantes:

«*Je ne lève aujourd'hui que ma main gauche; si je lève la droite, je vous anéantirai tous. Un de vous (le général Rigaud) a dit que d'un sac de charbon on ne peut tirer de la farine, cela est vrai. Mais avec le charbon, on allume du feu, on enflamme le fer, on forge des armes pour la guerre. Je vous compare à des gourmands qui, assis autour d'une table servie, ont mis la main à tous les plats. Il y en a un au milieu qui vous tente mais vous n'osez y porter les doigts, de peur de vous brûler. Ce plat se nomme Toussaint-Louverture. Vous voudriez bien y toucher, mais prenez garde! Il brûle, je vous en avertis. Que le plus hardi d'entre vous ose y porter la main!»*[9]

Il descendit vivement de la chaire et alla se prosterner au pied du maître-autel. Puis, traversant la nef, le regard furibond, il s'élança sur son coursier et, suivi de son état-major, partit au grand galop. Tandis que, abattus et consternés, les gens de couleur regagnaient leurs demeures, des colons blancs, des femmes blanches se dirigeaient vers le palais du Gouvernement. Toussaint les accueillit dans le grand salon de réception. Ils le félicitèrent chaudement pour les paroles qu'il venait de prononcer à l'église. Dans «leur aveuglement et leur cupidité insatiable», ils avaient cru trouver en Toussaint le bras de fer qui débarrasserait définitivement la colonie de la caste maudite des anciens affranchis. Ils ne pouvaient pas oublier que c'étaient eux les responsables de la ruine de leur autorité et estimaient de leur devoir et de leurs intérêts d'aviver en toute occasion la méfiance de Toussaint à l'égard des citoyens du 4 avril.

Outré, comme tous ceux de sa classe, des propos du général en chef, Bauvais s'en fut le lendemain au Gouvernement lui remettre sa démission. Faisant allusion à l'affaire des Suisses, soulevée par le général dans son discours, il convint que leur embarquement avait été un événement malheureux, mais lui rappela que plusieurs parmi ces infortunés étaient des mulâtres[10]. Toussaint approuva la remarque et, par des paroles de modération, essaya d'effacer la mauvaise impression que son discours avait pu produire sur le commandant de Jacmel. Enfin, les prières de Roume, qui à ce moment était au palais, sa crainte de voir s'envenimer les choses, décidèrent Bauvais à revenir sur sa démission.

Dans les jours qui suivirent, on put constater que les menaces de Toussaint n'étaient pas de vains mots. Sur la dénonciation des blancs, on arrête des hommes de couleur accusés de comploter en faveur de Rigaud. Quelques-uns sont sommairement exécutés. Les anciens libres comprirent alors qu'il n'y avait pour eux de salut que dans la fuite. Beaucoup d'entre eux, abandonnant la ville, gagnèrent le Sud pour aller se mettre sous la protection de Rigaud.

La guerre civile entre Toussaint et Rigaud était inévitable. Trop d'antagonismes les divisaient irrévocablement. Toussaint, soutenu par les Anglais, désirait ardemment arriver au commandement suprême de l'île, afin de se sentir plus à l'aise pour travailler à l'indépendance de Saint-Domingue. Ces visées n'avaient aucune chance d'être partagées par Rigaud, attaché à la France et de plus adversaire intraitable des Anglais. Entre les anciens libres, groupés autour de Rigaud, et les nouveaux libres, conduits par Toussaint-Louverture, se dressaient d'autre part d'irréductibles oppositions de classe. Les premiers croyaient naturel qu'ayant été à l'avant-garde de la révolution à Saint-Domingue et jouissant d'un long passé politique, ils demeuraient seuls qualifiés pour prendre en main la réorganisation structurale de la colonie. Prétentions que combattraient forcément les nouveaux libres pour qui le maintien du commandement sous l'égide d'un chef sorti de leurs rangs et la prise de possession des propriétés vacantes conditionnaient l'essor économique et social. Avec sa maestria habituelle, Toussaint se saisira de l'irritante question de couleur pour lancer les masses noires du Nord et de l'Ouest contre la province du Sud, transformée par Rigaud en une sorte de chasse gardée des anciens libres.

À la guerre de plume qui durant quelques jours oppose les factums aigre-doux de Rigaud à ceux non moins acidulés de Toussaint, succèdent les hostilités. Le 15 juin 1799, Rigaud fait savoir, dans une proclamation, qu'il acceptait la guerre. Il donna lecture de la lettre d'Hédouville qui le soustrayait à l'autorité de Toussaint et qui apparemment justifiait sa prise de position. Cet acte, que l'arrêté de Roume en date du 21 pluviôse rendait caduc, ne pouvait au contraire que fournir des armes contre lui et confirmer l'opinion souvent exprimée par Toussaint d'une collusion entre Hédouville et Rigaud pour le déposer. L'armée du Sud leva la marche et reprit sans coup férir toutes les anciennes positions qui naguère avaient été distraites du commandement de Rigaud au profit de l'Ouest. Ainsi, le général sudiste s'attribuait-il la responsabilité de déclencher lui-même les opérations.

Cette guerre horrible et déconcertante, qui mit aux prises tant de héros anonymes, durant laquelle les faits d'armes les plus brillants s'accomplirent dans un camp comme dans l'autre, devait se terminer par la victoire de Toussaint. Ce dernier s'y révéla, beaucoup plus que son adversaire, un conducteur d'hommes. Malgré le grand élan de sympathie qui s'était manifesté pour Rigaud, non seulement dans les villes de l'Ouest, mais encore dans toutes les régions du pays où les anciens libres avaient toujours quelque prépondérance, celui-ci ne mena guère la lutte avec l'énergie qu'on était en droit d'attendre de lui. Jacmel, abandonné par Bauvais qui, par répugnance pour la guerre civile, avait résigné son commandement, mais farouchement défendu par Pétion, capitulait après un siège héroïque. Ses arrières désormais assurés, l'armée de Toussaint, sous le commandement de Dessalines, attaqua et occupa successivement toutes les places du Sud. Le 1er août 1800, à la tête de son armée, Toussaint faisait son entrée dans la ville des Cayes[11].

Vers le début de septembre, ce fut au tour de Port-au-Prince d'acclamer le vainqueur de Rigaud. Une foule dense se pressait au portail de Léogane pour accueillir le maître incontesté de la colonie. Toussaint, au milieu de son état-major d'aides de camp chamarrés, souriait discrètement à la foule, aux femmes blanches en particulier qui s'époumonaient en vivats frénétiques. La clameur triomphale lui fit cortège tout au long de la Grande Rue, jusqu'à l'église paroissiale où un *Te Deum* solennel clôtura la manifestation.

Pour remercier le Dieu des armées d'avoir favorisé ses armes et de lui avoir accordé sa sainte protection, Toussaint tenait à lui rendre un hommage spécial. La réunion à Port-au-Prince des différents corps de l'armée victorieuse, en route pour leur garnison respective, lui donna l'occasion de satisfaire ses désirs...

La veille du jour fixé pour la cérémonie, une salve de vingt-deux coups de canon annonça l'heureux événement. À l'aube, tandis qu'une nouvelle salve d'artillerie ébranlait l'air, les cloches se mettaient à carillonner.

L'église a revêtu ses plus beaux ornements. La place du marché, débarrassée de sa crasse et de ses éventaires pouilleux, resplendit sous le soleil levant. Par les rues décorées de feuillages, les gens endimanchés se dépêchent vers le saint lieu. Dans les camps militaires installés sur les propriétés vides, les troupes s'ébranlent. Bientôt, la place de l'Intendance n'est plus qu'un immense polygone, étincelant de baïonnettes. L'arrivée de Toussaint déclenche une formidable ovation. Des aides de camp doivent à coups de sabre lui ouvrir un passage.

Les rumeurs se sont tues... Au milieu du recueillement le plus complet et dans la pompe des grands jours, se déroule le service divin. Toussaint, dans le chœur, suit avec piété et humilité les différentes phases de la cérémonie religieuse. Au moment du *Te Deum*, une troisième salve de vingt-deux coups de canon retentit sur la ville.

Après avoir rendu ses actions de grâces au Seigneur, il était du devoir du général en chef de penser à ses frères d'armes tués pendant la guerre. Un service solennel des morts fut prescrit à cette occasion, dont il régla lui-même le cérémonial, comme il l'avait fait pour la messe d'action de grâces.

Envers les vaincus, Toussaint devait se montrer peu généreux, et son ressentiment à l'endroit des anciens officiers et soldats de l'armée du Sud s'exprima par de sévères représailles.

À Port-au-Prince, le boqueteau d'acacias qui s'étend hors de la ville, du côté de la Poudrière, sera le théâtre de maintes exécutions. Y seront passés par les armes, les soldats et partisans de Rigaud qui s'étaient mis à couvert et qu'un des leurs, Césaire Savary, dénonça aux autorités pour échapper lui-même à la peine capitale.

Y seront également exécutés, une cinquantaine de rigaudains, noirs et mulâtres, que Dessalines alla tirer de la maison d'arrêt. Les officiers Bazelais et Gérin, connus pour leur attachement au général sudiste, et qui pourtant sortiront sains et saufs de ces répressions sanglantes, étaient du nombre des détenus... Tandis qu'il conduisait ces derniers dans le petit bois d'acacias, le futur fondateur de la patrie haïtienne, sensible au courage et à la bravoure, prit sur lui de gracier tous ceux qui, en marchant au trépas, montraient de la fierté et du cœur. Ainsi échappèrent à la mort Bazelais et Gérin. Les autres prisonniers furent tués à la baïonnette, et leurs corps jetés dans une fosse commune. Sur cette fosse, on éleva plus tard une croix, dite la *Croix-des-Martyrs*[12].

Le Sud soumis, l'ordre politique du général en chef instauré sur ce territoire, Toussaint-Louverture oriente maintenant son esprit vers les questions administratives. Il élabore des règlements de culture, consolide ses relations avec le général Maitland et le consul général des États-Unis, Edward Stevens, pour un développement rationnel du commerce dominguois et prend ses dernières dispositions en vue d'occuper le territoire de l'Est, cédé à la France par le traité de Bâle, mais dont le Directoire, en raison de l'état de guerre qui existait en Europe, avait ajourné la prise de possession.

Une sourde mésintelligence, née des démarches trop personnelles du général en chef, était survenue entre Roume et Toussaint. Elle finit par dégénérer en querelle ouverte. Roume dut subir le sort de bien de ses prédécesseurs: la destitution. Mis en état d'arrestation, il est enfermé au Dondon[13].

Libre désormais de ses mouvements, Toussaint notifie, le 19 décembre 1800, à Don Joaquim Garcia, gouverneur de la partie ci-devant espagnole, l'ordre donné à Moyse de prendre possession de l'Est. Don Garcia regimbe et opte pour la résistance. Après quelques engagement livrés çà et là, Santo Domingo capitule le 21 janvier 1801. Le 26, par la Puerta del Conde, Toussaint fait son entrée dans la ville, et au nom de la République Française, en reçoit les clefs des mains du gouverneur Garcia... D'une extrémité à l'autre de l'île, s'étendait désormais l'autorité de l'ancien esclave de Bréda.

Après avoir convoqué une «assemblée centrale», appelée à se réunir à Port-au-Prince, à l'effet d'arrêter les termes d'une constitution de la colonie, Toussaint-Louverture laissait Santo Domingo pour la capitale. Un accueil triomphal l'y attendait. Toutes les dispositions avaient été prises par le commandant de l'arrondissement, le général Agé, et le commandant de la place, le colonel Dalban, pour assortir la réception de cet apparat d'Ancien Régime que ne dédaignait pas toujours l'astucieux Toussaint.

Sous l'arc de triomphe dressé au portail du fort Saint-Joseph, le vainqueur de Santo-Domingo est reçu par les autorités civiles et militaires, le clergé et une affluence de plusieurs milliers d'individus hurlant son nom maintenant célèbre. Au son des cloches et de

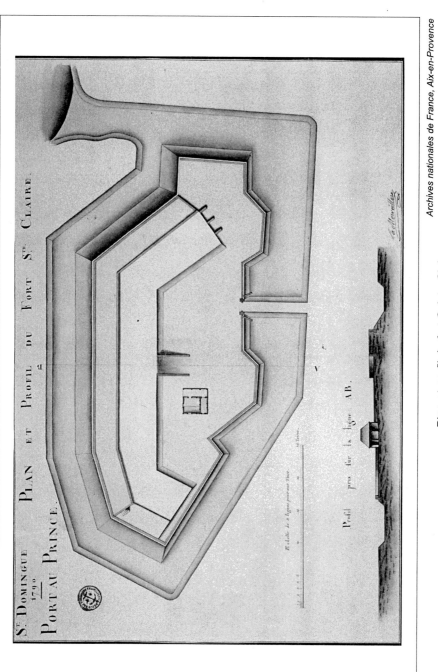

~ Plan et profil du fort Sainte-Claire ~

~ Plan et profil du fort Saint-Joseph ~

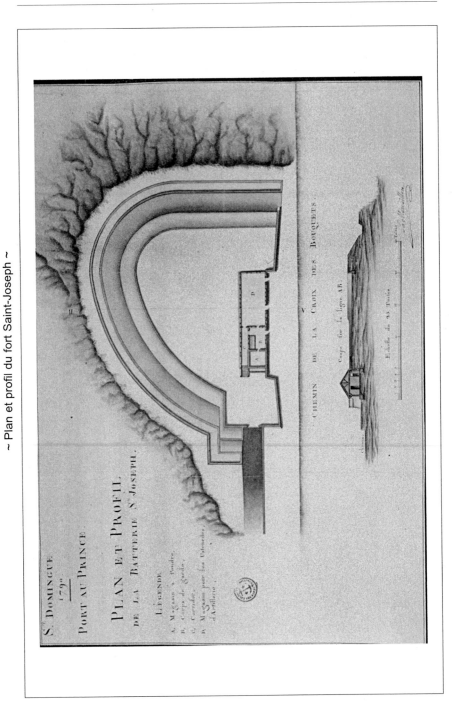

S.te DOMINGUE

1790

PORT AU PRINCE

PLAN ET PROFIL
DE LA BATTERIE St JOSEPH.

LÉGENDE

A. Magasin à Poudre.
B. Corps de garde.
C. Corridor.
D. Magasin pour les Colonnes, &
  d'Artillerie.

CHEMIN DE LA CROIX DES BOUQUETS.

Coupe sur la ligne AB.

Échelle de 45 Toises

~ Blockhaus du fort National ~

~ Plan et profil du fort l'Islet ~

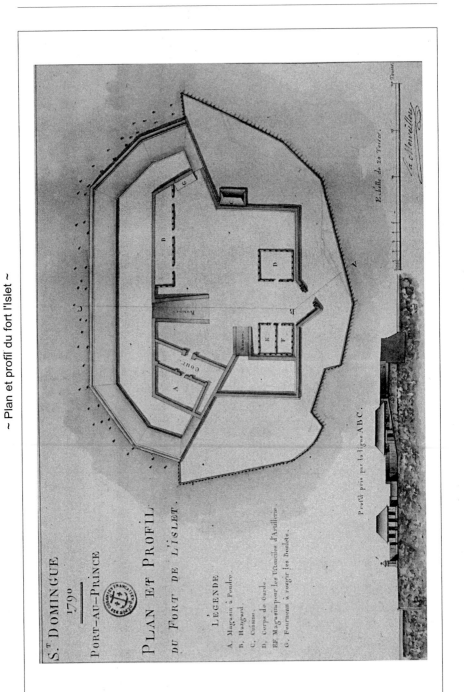

~ Le général Victor Emmanuel Leclerc, commandant de l'Expédition ~

~ L'amiral Villaret-Joyeuse, commandant des forces
navales de l'Expédition ~

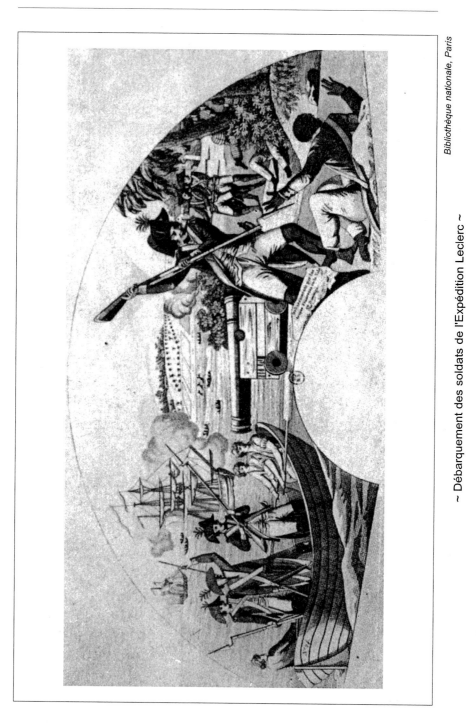

~ Débarquement des soldats de l'Expédition Leclerc ~

Photo : Jean-François Chalut
~ Jean-Jacques Dessalines, commandant de l'armée indigène,
Place des Héros de l'Indépendance, Port-au-Prince ~

l'artillerie, le cortège s'ébranle vers l'église. Les rues sont jonchées de fleurs, et partout, des oriflammes bercées par la brise. Au banc des anciens gouverneurs, sous un dais avec cette inscription en lettres d'or: «DIEU NOUS L'A DONNÉ, DIEU NOUS LE CONSERVERA», le général s'assoit pour assister au *Te Deum*. La cérémonie terminée, la foule délirante le conduit à son palais. De riches colons, au bras de leurs épouses, sont admis à lui renouveler leurs hommages. Ce fut vraisemblablement en cette circonstance que les citoyens de la ville, voulant lui faire une surprise, lui remirent un cadeau – souvenir de prix et d'une conception originale. Dans ses *Mémoires*, Isaac, le fils du général, en donne la description. C'était, dit-il, «un vase de coco artistement travaillé, doublé en or et entouré de bas-reliefs représentant quelques-unes des victoires et des belles actions de Toussaint-Louverture[14]»… Aucun gouverneur, dans le passé, n'avait connu pareille adulation: l'ancien postillon du procureur Bayon de Libertat avait Port-au-Prince à ses pieds!

Cependant, la ville est dans un état pitoyable. Elle a de plus presque entièrement changé de physionomie. Amputée de la quasi-totalité de sa population originelle, elle ne se reconnaît plus dans ces figures nouvelles qui remplissent ses rues. Bien entendu, la poussée d'urbanisme, inaugurée sous Marbois, n'a pas eu de lendemain. Par ces temps d'agitation chronique, on avait bien autre chose à faire qu'à songer à l'application des règles de l'esthétique urbaine. Aussi, les maisons sont d'une saleté repoussante, la voirie plus souillée que jamais. Plusieurs fontaines, depuis des années, ne fournissent plus une goutte de liquide, et il y a belle lurette que le lampiste a déposé son allumoir. La nuit, un relent immonde imprègne les quartiers opaques. Avec ses îlets ravagés par l'incendie, ses rues défoncées, ses demeures sordides, Port-au-Prince semble une ville de détresse et d'abandon. Si le général en chef n'envisage pas pour le moment d'embellir la capitale, il va se faire une gloire de lui redonner vie.

Quel être extraordinaire! Toujours sur le qui-vive, Toussaint ne se laisse jamais prendre à l'improviste et ne donne l'opportunité à quiconque de soupçonner le moindre de ses projets. On ne sait ce qu'il pense, ce qu'il veut, ce que demain il fera. «La dissimulation, disait de lui Pamphile de Lacroix, était la base de son caractère». Avec cela, adoré et craint en même temps. Un chef d'armée devant qui tremblent ses généraux qui eux-mêmes font trembler tout le monde. Pour ses soldats, un militaire hors série. Pour les cultivateurs avec qui il n'est cependant pas tendre sur le chapitre de la production et qui se prosternent à son passage, une véritable divinité. Tempérant jusqu'à l'abstinence, il aime le travail intellectuel et se plaît à écrire lui-même à ses nombreux correspondants. Son seul luxe, des chevaux rapides et fringants... Des convictions religieuses sans doutes sincères, mais une piété qui frise la tartuferie. Ne manquant jamais à la messe dominicale, il oblige ses aides de camp à chanter, tandis que lui reste plongé dans son livre de prières. Commentant parfois le sermon du prêtre, il tonne contre le célibat, mais prend plaisir à répondre aux rendez-vous galants.

Jusqu'à l'arrivée de l'expédition de Leclerc, Toussaint résidera indifféremment aux Gonaïves, à Port-au-Prince ou au Cap, mais partout il exigera de son entourage l'observance du même protocole. Quant il séjourne à la capitale, il occupe le palais des anciens gouverneurs, le Gouvernement, comme on le désigne habituellement. Restauré, aménagé, il abrite maintenant une véritable cour, brillante, luxueuse, régie par la plus sévère étiquette. Le port de l'uniforme y est de rigueur. On ne s'adresse au général en chef qu'avec «soumission et circonspection», et dans la langue de Molière.

Les dîners donnés par le général deviennent de plus en plus célèbres, à mesure que s'affirme sa toute-puissance. Quand il reçoit les capitaines de bâtiment en relation de commerce avec la colonie, il offre des soupers splendides qui contrastent avec la sobriété naturelle de l'amphitryon. Ces régals sont animés par un orchestre d'une quarantaine de musiciens blancs et de couleur, rescapés de la tourmente, et qui, pour charmer les convives, déploient la meilleure volonté.

Aux grands et petits cercles, Port-au-Prince se presse pour faire sa cour au général. Ces réceptions procurent à Toussaint l'opportunité de témoigner de son amour du cérémonial.

Aux «grands cercles», on est invité. L'hôte du Gouvernement porte alors le petit uniforme d'officier général. Il exige de chacun une attitude respectueuse. Les femmes doivent être décemment vêtues, avec la poitrine couverte.

Aux «petits cercles», assimilables à des audiences publiques, Toussaint se montre vêtu du costume des grands planteurs: pantalon et veste blanche de toile très fine, avec un madras autour de la tête. Faisant le tour de la salle, il s'entretenait un instant avec chaque citoyen. Il désignait ensuite les personnes avec qui il voulait passer le reste de la soirée et les introduisait dans son bureau. Ces privilégiés étaient presque toujours de grands blancs[15].

C'est une société nouvelle qui assiste, médusée, aux fastes protocolaires de ce représentant authentique de la classe des nouveaux libres. La défaite de Rigaud a marqué pour les gens de couleur la fin de leurs prétentions à diriger les affaires de la colonie. Ceux qui, à Port-au-Prince, ont survécu aux événements, ne pensent qu'à s'adapter aux conjonctures nouvelles. Un fait saute au yeux cependant : la diminution notable du nombre des ressortissants de cette classe, naguère si nombreuse à la capitale.

Les blancs s'accommodent aussi du nouvel ordre de choses. Mais l'ascension de Toussaint n'est pour eux qu'une étape qui doit tourner à leur profit. Dans cette lutte sans merci pour la prépondérance politique, économique et sociale, s'est inscrit à leur actif un important succès: l'anéantissement de l'hégémonie mulâtre. Celui des noirs suivra. La propriété sauvegardée, il s'agit pour l'instant de profiter des avantages recouvrés. S'ils se montrent très empressés auprès du chef noir, peu d'entre eux cependant peuvent s'enorgueillir d'être de ses intimes. Toussaint apprécie leur politesse, leurs belles manières, mais n'accorde qu'à un nombre restreint le privilège d'être admis dans son entourage.

Les noirs, ceux de la plaine, ne s'aperçoivent pas immédiatement que les règlements sévères édictés pour les astreindre au travail les ont, une nouvelle fois, presque réduits à la servitude. Ils sont fiers de leur chef, et cette admiration sans limites demeurera un certain temps comme un leurre qui leur enlèvera toute velléité de protestation. En ville, la classe des noirs s'est scindée en deux catégories distinctes. Les anciens esclaves domestiques, que leur bravoure dans les combats n'a pas aidés à percer, ont repris leurs occupations ancillaires. Mais autour de Toussaint, la cohorte des officiers noirs forme une classe privilégiée, au-dessus des lois. «Ils sont regardés, dit Cabon, comme une émanation de l'autorité suprême» du général[16]. Pour prix de leur solde impayée, ils ont la ferme de nombreux biens séquestrés. Le «caporalisme agraire» pratiqué sur les habitations a conduit à un rapide relèvement de la culture, ce qui permet déjà aux militaires de mener un train passablement luxueux. Mais Toussaint est choqué du peu de finesse de ces bourgeois de fraîche date, dont la conversation ne brille pas. Il voudrait les affiner, et, pour y parvenir, multiplie pour eux les contacts avec les blancs. Procédé qui fera croire aux mulâtres et aux noirs que Toussaint avait des préférences pour la classe blanche.

Cet effort bien légitime de Toussaint pour arriver à policer les mœurs finira par produire ses effets. À l'apogée de sa puissance, on note dans les hautes classes traditionnelles et dans celle qui assume le pouvoir, une propension très marquée pour le luxe. On reprend ou on prend goût au riche ameublement, aux beaux équipages, à la nombreuse domesticité. Les rapports sociaux sont apparemment très cordiaux, et l'animosité latente entre la caste noire et la caste blanche semble éteinte. Aucun signe de relâchement de la moralité. Dans le cas contraire, on a la décence de camoufler sa conduite.

Beaucoup de passionnés de musique ont retrouvé leurs instruments. On forme des quatuors ou des quintettes qui, dans les salons, font revivre les beaux jours. Les instruments à cordes ont la préférence des mélomanes.

Le théâtre lui aussi a repris son essor. Dans la salle de la rue Vallière, des acteurs, noirs pour la plupart, jouent comédies et pantomimes. Malo affirme que certains de ces comédiens manifestent de «grands talents»[17].

Pour occuper les hautes fonctions publiques, Toussaint a fait appel aux colons et aux mulâtres et nègres libres déjà initiés à ces charges. Les emplois subalternes sont remplis par des nègres nouveaux libres. Comme il se devait pour un général, il a pensé à accorder des soins particuliers à l'Hôpital militaire. Le citoyen Monnier, médecin-chef des hôpitaux de l'Ouest, en assume la direction avec une rare compétence. Les salles d'une remarquable propreté sont desservies par de nombreux officiers de santé, capables et disciplinés. D'importantes valeurs sont allouées pour le bon fonctionnement de l'établissement.

Tout ce progrès était la conséquence d'un redressement économique, favorisé par les contacts établis par Toussaint avec les nations intéressées aux échanges commerciaux avec Saint-Domingue. Les négociants américains, particulièrement, étaient les principaux commanditaires des entreprises des colons, et au dire de Pamphile de Lacroix, «le commerce de toutes les nations fréquentait Saint-Domingue sous pavillon américain».

Un seul point sombre à ce renouveau général: la situation religieuse. Elle est toujours déplorable. De 1799 à la fin de 1801, un seul prêtre dessert la paroisse de Port-au-Prince, le père Colin Savigny. Découragé par la besogne immense qui le sollicite, il se contente le matin de dire la messe et, pendant la journée, s'adonne au commerce. Il sera pourtant l'unique ecclésiastique de l'Ouest à souscrire publiquement à la profession de foi des prêtres du Nord, protestant contre l'intrusion du citoyen Mauviel, nommé évêque de Saint-Domingue par le Concile national de Paris.

Après la publication de la constitution de 1801, le père Lecun regagnera Saint-Domingue pour reprendre ses fonctions de préfet apostolique et curé de la paroisse de Port-au-Prince. Il pensait obtenir du chef de la colonie certains amendements aux dispositions relatives à la religion catholique contenues dans la constitution, et qui témoignaient de véritables empiétements du pouvoir civil sur les droits du clergé. Les deux entrevues qu'il aura à ce sujet avec Toussaint-Louverture n'aboutiront à aucun résultat. Devant cet échec, le père Lecun prit la résolution de renoncer momentanément à l'exercice de ses fonctions… Il est curieux de constater que de tous les corps constitués, le clergé, en la personne du père Lecun, fut le seul à Port-au-Prince à résister ouvertement à l'emprise de Toussaint-Louverture. Cet accroc à l'unanime adhésion – laquelle n'était pas sans fissures – dut paraître un bien rude affront à ce zélé protecteur de la religion…

Notes

1   Beaubrun Ardouin, *Études...,* tome III, 1958, p. 87.

2   Agent français envoyé à Saint-Domingue par le Directoire exécutif. Il débarqua à Santo-Domingo le 27 mars 1798 et se rendit au Cap par la voie terrestre, le 20 avril suivant.

3   Voir à l'Appendice IX les textes anglais et français des conditions de la capitulation.

4   Grouvel, *Faits Historiques sur Saint-Domingue,* 1814, pp. 116-117.

5   Cité par Antoine Michel in *La Mission du Général Hédouville à Saint-Domingue,* 1929, pp. 195-196.

6   Cabon opine qu'en agissant de la sorte, Hédouville n'avait en vue que «de dégager un commandant fidèle de l'influence d'un factieux».

7   Rigaud s'était refusé à remettre Miragoâne convoité également par Laplume. Roume avait adhéré à cette résolution.

8   Thomas Madiou, *Histoire d'Haïti,* tome I, 1922, p. 488.

9   Pauléus Sannon, *Histoire de Toussaint-Louverture,* tome II, 1932, p. 143.

10   Dans un mémoire rédigé en 1828, Barthélémy Richez, l'un des quatre commissaires de couleur envoyés pour s'assurer de l'exécution du projet d'établissement des expatriés suisses sur les côtes des Mosquitos (Nicaragua), précise que les Suisses étaient «au nombre de deux cent vingt, dont cent quatre-vingt-dix-sept noirs et vingt-trois mulâtres». B. Ardouin, *Études...,* tome I, 1958, p. 58. Par ailleurs, dans sa lettre du 31 octobre 1791 au président Pays de Vau, reproduite par Gabriel Debien dans l'étude intitulée *Nouvelles de Saint-Domingue* (1960), le colon Joseph Sartre nous apprend que des 300 esclaves transfuges qui avaient combattu dans l'armée des confédérés, «le tiers à peu près (les moins coupables) étaient rentrés dans les ateliers». (La parenthèse est dans le texte.)

11   Rigaud ainsi que beaucoup d'officiers de l'armée du Sud – dont Pétion – parvinrent à s'échapper. La plupart se retrouvèrent en France.

12   Le quartier au sud du marché Salomon, qui fut le théatre de l'exécution des rigaudins, a hérité de cette appellation.

13   «M. Roume, avec sa femme et sa fille, resta interné au Dondon pendant neuf mois environ... Toussaint ne lui permit de s'embarquer qu'en août 1801... Il mourut à Paris le 29 septembre 1804, à l'âge de 80 ans environ.» Note de Saint-Rémy in *Pétion et Haïti,* tome III, livre VI, 1956, p. 2.

14   Toussaint avait fait présent de ce vase à sa nièce. Sur les instances du chef de bataillon Pesquidon, Mme Toussaint-Louverture, à leur départ pour l'étranger, décida sa nièce à le lui donner. Cf. *Mémoires* d'Isaac Louverture, in *Histoire de l'Expédition militaire des Français,* de Antoine Métral, 1841, p. 308.

15 Pamphile de Lacroix, *Mémoires...,* tome I, p. 404, 1819.

16 A. Cabon, *Histoire d'Haïti,* tome IV, p. 191.

17 Charles Malo, *Histoire d'Haïti depuis sa découverte jusqu'en 1824,* 1825, p. 196.

TERRORISME ET CALAMITÉS

La Constitution de 1801, solennellement proclamée au Cap le 8 juillet, consacrait, avec l'autonomie de Saint-Domingue, l'omnipotence de Toussaint-Louverture. Celui-ci prenait le titre et les fonctions de Gouverneur-général à vie, avec le droit de désigner son successeur. Dès lors, la position de Toussaint, à l'égard du gouvernement de la Métropole, se trouvait tout à fait compromise, quant à l'esprit et à la lettre de cette charte qui faisait de son auteur presque un rebelle.

En France, depuis le coup d'État du 18 brumaire, le Directoire a fait place au Consulat. Le pays, en paix enfin avec l'Europe, peut maintenant penser à ses colonies. Saint-Domingue, jadis la plus prospère de toutes, et qui depuis plus de dix ans préoccupe l'opinion internationale par les remous divers dont elle est le théâtre, semble aujourd'hui, par la constitution qu'elle s'est octroyée, avoir brandi l'étendard de l'indépendance. Cet attentat aux droits de la mère patrie a ravivé l'espoir des colons dont les biens sont séquestrés. Ils souhaitent une action armée contre la colonie. Bien d'autres motifs allaient décider le premier consul à envoyer des troupes à Saint-Domingue: la reconquête du marché dominguois au profit du commerce de la Métropole, et surtout, la fondation éventuelle «avec les colonies espagnoles du Centre-Amérique» d'un «empire latin des Antilles, auquel auraient été rattachées la Louisiane et la Floride»[1].

Quand parvint à Port-au-Prince la nouvelle des préparatifs d'une expédition militaire contre Saint-Domingue, une vive agitation secoua la colonie. Redoutant la réaction de Toussaint, la plupart des blancs montraient peu d'enthousiasme pour cette entreprise hasardeuse.

L'inquiétude n'était pas moins vive chez les noirs, avertis qu'ils étaient du grand courant d'opinion qui, en France, préconisait le rétablissement de l'esclavage. Toussaint crut devoir lancer une proclamation pour calmer les esprits. Mais, bien renseigné sur l'importance de l'expédition, il arrêta, de concert avec ses généraux, un plan de défense de l'île et se prépara à la résistance.

Grossi de l'apport de nombreux éléments de la classe des nouveaux libres, Port-au-Prince compte, au début de 1802, une population d'environ 20 000 âmes. La défense de la ville est assurée par un large fossé qui la ceint presque entièrement, et le long duquel se dressent, à des distances réglementaires, des ouvrages fortifiés. Les forts les plus importants qui s'échelonnent en côtoyant cette ligne sont ceux de Saint-Joseph, la Croix, Robin, National – celui-ci un peu en dehors de la ligne d'enceinte – et le fort de Léogane situé dans le voisinage de la porte du même nom[2]. Protègent l'accès de la ville au sud, les forts Bizoton, Dessources et Bagatelle[3], érigés sur les collines qui longent le grand chemin de Léogane. Du côté de la mer, la défense de la ville, qui dans le passé, s'était avérée peu efficace, à cause de la faiblesse de l'armement des batteries côtières, avait été sensiblement renforcée. La batterie Montbrun et le fort Sainte-Claire, ainsi que le Fort-l'Islet, avaient été pourvus de mortiers, pièces d'artillerie particulièrement redoutables aux vaisseaux.

Depuis le 29 janvier 1802, les escadres qui transportent les troupes de l'expédition ont rallié le cap Samana. Le général Victor-Emmanuel Leclerc, beau-frère du premier consul, détient le commandement suprême. L'amiral Villaret- Joyeuse commande la flotte.

Au large de Samana, les divisions composant l'armée expéditionnaire reçoivent l'ordre d'atteindre les ports qui leur étaient assignés dans le dispositif de débarquement. En le surprenant sur plusieurs points à la fois, Leclerc pensait ainsi désorienter la défense de Toussaint… L'escadre qui portait la division Boudet, forte de 3 000 hommes, fit alors voile en direction de Port-au-Prince. Le 3 février, dans l'après-midi, elle arrivait en vue de la capitale.

La présence de ces unités de guerre en pleine rade provoque aussitôt dans la ville les remous les plus divers. Les rues, en un clin d'œil, se remplissent de monde. On se rassemble, on chuchote, on se visite. Chacun se préoccupe de connaître les intentions des autorités. À la vérité, le commandement supérieur ne paraissait pas très enclin à résister à une attaque éventuelle de l'escadre. Âgé, commandant de l'arrondissement, Dalban, commandant de la place, Lacombe, directeur de l'arsenal, tous les trois blancs, donnaient plutôt l'impression de partager les sentiments des colons favorables à une remise pacifique de la ville aux forces expéditionnaires. Certains noirs et mulâtres, dans la perspective de voir s'évanouir la dictature de Toussaint, partageaient eux aussi les aspirations des blancs.

Tout autres étaient les sentiments des officiers indigènes commandant les différents corps d'armée en garnison dans la capitale. L'un d'eux principalement, le chef de brigade Louis-Daure Lamartinière, homme de couleur, avait communiqué sa flamme à ses frères d'armes, les chefs de brigade Magny, Mompoint et Germain Frère. Il semblait que pour eux, la seule attitude convenable en la circonstance était la résistance à outrance.

La nouvelle circule tout à coup que l'escadre s'est embossée vis-à-vis du Lamentin. Par-ci, par-là, des groupes de citoyens se forment. Malgré l'heure tardive, ils veulent se rendre au-devant des Français et fraterniser, car ils pensent que l'expédition n'a en vue que de détruire le despotisme du gouverneur général et celui de Dessalines, commandant des provinces de l'Ouest et du Sud. Le curé Lecun est du nombre. Lamartinière désapprouve énergiquement cette initiative, et, parcourant les rues, invite au contraire les habitants à s'armer pour défendre la ville.

Un canot parlementaire, porteur de la proclamation du premier consul, est détaché vers la cité.

«Ralliez-vous autour du Capitaine-Général, concluait la proclamation; *il vous apporte la paix et l'abondance. Ralliez-vous tous autour de lui. Celui qui osera l'abandonner trahira sa patrie, et l'indignation de la République le dévorera, comme la flamme dévore vos cannes desséchées.»*

Boudet fait sommer les autorités militaires de lui livrer la capitale. Âgé qui voulait renvoyer les parlementaires au commandant de la division, est obligé, contraint par Lamartinière, de les garder en otage.

Le lendemain, il expédie un de ses aides de camp à Boudet pour lui dire qu'en l'absence de Toussaint-Louverture et de Dessalines, il ne pouvait recevoir l'escadre. Par le même officier, il lui fit savoir verbalement la délicatesse de sa position, face aux velléités belliqueuses des commandants indigènes.

Boudet a cru convenable, pour les inviter à le recevoir en ami, de s'adresser aux officiers supérieurs opposés à son débarquement. Ils lui répondent que s'il mettait pied à terre, ce serait le signal de «l'incendie de la colonie et de l'égorgement de tous les blancs».

... Devant le refus persistant des citoyens d'affronter l'armée expéditionnaire, Lamartinière, qui s'était constitué la première autorité de la place, bouillonnait d'indignation. N'était la présence à ses côtés de Mompoint et de Magny qui s'efforçaient de tempérer son ardeur, il eût brûlé la ville qu'il traitait de lâche et de corrompue. Résolu à faire face à toute éventualité, il se rend à l'arsenal et réclame du directeur des armes et des munitions «pour combattre les Français qui viennent nous replonger dans l'esclavage». Sur le refus de Lacombe qui déclarait n'avoir reçu aucun ordre d'Âgé, Lamartinière l'abat froidement et enlève les munitions. Il dépêche plusieurs centaines de soldats au fort de Léogane, en remet le commandement à Magny, puis s'empare de quelques citoyens blancs qu'il enferme à la caserne comme otages.

À la nouvelle de ces arrestations, beaucoup de blancs prennent peur et se cachent. Chacun ferme ses portes. Mais les patrouilles continuent à appréhender tous les citoyens de race blanche rencontrés dans les rues. Enhardies par les propos véhéments de Lamartinière, elles en viennent bientôt à violer les domiciles et à y pratiquer des fouilles arbitraires. Un grand nombre de femmes, d'enfants et de vieillards de toutes les couleurs ont eu le temps de se réfugier dans l'église. Le curé les tranquillise en leur promettant de les protéger envers et contre tous.

Louis Bardet, ancien officier du Sud, commandant de la 13ème demi-brigade, est envoyé par Lamartinière au fort de Bizoton avec une partie de son bataillon. Un contingent de la 13e occupe le fort Bagatelle, un autre le blockhaus Dessources dit Reconquis... Des préparatifs s'accélèrent dans tous les autres forts et retranchements. Sur la place Vallière[4], la 3ᵉ demi-brigade s'est rangée en ligne de bataille. L'ensemble des troupes placées sous les ordres de Lamartinière formaient un effectif de 2 400 hommes.

Le 5 février, au matin, trois coups de canon d'alarme tirés du fort National, annoncent que l'armée française, esquivant la puissance de feu des batteries côtières de la ville, a débarqué au Lamentin. «Ces vaillants guerriers brillaient de tout l'éclat de leurs uniformes, écrit Madiou. De hauts bonnets à poil chargeaient leurs fronts menaçants, de grandes guêtres noires recouvraient leurs pantalons, et leurs armes étincelaient aux rayons ardents du soleil.»

Du fort Bizoton, Bardet dépêche le capitaine Séraphin auprès de Boudet, afin de connaître ses intentions. Le commandant de la division répond avec fermeté et modération. Officiers et soldats de la 13ᵉ, presque tous rescapés de l'armée du Sud, nourrissaient encore d'anciens ressentiments contre Toussaint-Louverture. Cet état d'esprit n'était pas pour exciter leur ardeur combative. Pendant que les Français s'avançaient sur le grand chemin aux cris de: *Vive la République! Vive la Liberté!*, du haut des murailles, les soldats de Bardet répondent: *Vive la France! Vivent nos frères!...* À midi, un bataillon français occupe le fort dont la garnison de 600 hommes va prendre rang dans les lignes européennes.

Après avoir inutilement sommé le fort Reconquis de se rendre, Boudet reprend la marche sur le Port-au-Prince. Arrivé aux abords de la redoute de Léogane, il délègue le colonel de cavalerie d'Hénin pour recevoir la soumission du fort. En vain le colonel exploite-t-il ses facultés de persuasion. Une manœuvre s'opère alors pour encercler la redoute. Boudet fait avancer un de ses bataillons jusqu'au pied de la fortification. La colonne est accueillie par un feu violent de mousqueterie et d'artillerie. Les grenadiers, repoussés au bas de la colline du Piémont, laissent sur la route une centaine de morts et deux cents blessés.

Les deux bataillons de la 13ᵉ qui occupaient au Piémont le fort Bagatelle, circonvenus par leurs camarades de Bizoton, avaient déserté le fort. Son commandant, Lubin Hudicourt, noir, était resté seul à son poste. Avant de se retirer, il fait une décharge de coups de canon sur les Français, et, par des chemins détournés, rentre au fort de Léogane.

Entre-temps, le fort Sainte-Claire s'était mis à tirer sur les bateaux de l'escadre. Ceux-ci ouvrent le feu à leur tour, réduisent au silence le fort Sainte-Claire, mais n'arrivent pas à démonter la redoute de Léogane... À la tête de ses grenadiers, Boudet reprend l'offensive, emporte cette fois le fort à la baïonnette et pénètre dans la ville à la poursuite des fuyards. Il fait déjà presque nuit.

Les chasseurs français longent la Grande Rue. Aux abords de la place Vallière, ils sont reçus par une formidable décharge de la 3e coloniale. Les grenadiers se précipitent à leur secours. Les soldats de la 3e battent en retraite et se replient sur le fort Saint-Joseph où ils sont arrêtés et désarmés, car la garnison, gagnée par les citoyens, avait embrassé la cause de l'expédition.

Se voyant abandonnés de toutes parts, Lamartinière, Magny et Mompoint essaient de mettre le feu dans divers quartiers. Partout, l'incendie est maîtrisé. Fous de colère, les soldats qui leur sont restés fidèles se retournent contre les habitants. Ils tentent de forcer les magasins et se préparent à enfoncer les portes de l'église où s'étaient mis à l'abri des dizaines de femmes et d'enfants, glacés d'effroi. «Revêtu de ses habits sacerdotaux, les vases sacrés à la main», le père Lecun paraît, «s'exposant seul pour le salut de tous». La fermeté et le sang-froid du prêtre en imposent aux soldats en furie, qui renoncent à leur tentative.

Lamartinière s'est rendu à l'évidence: pour lui, la bataille est perdue. Au Trésor, il essaie de s'emparer des 2 500 000 livres qui y sont entreposées. Vigoureusement attaqué par un bataillon français, il se retranche au fort National, après avoir pu néanmoins se saisir de quelques fonds.

Boudet a réquisitionné une des maisons de la Grande Rue pour y passer la nuit. Le lendemain, il s'installe au Gouvernement. Le père Lecun, suivi de son clergé et d'un grand nombre de citoyens de toutes les couleurs, vint le féliciter du succès de ses armes contre Toussaint, «ce monstre, anathématisait-il, dont le despotisme opprimait la colonie[5]».

Cependant, le commandant de la division n'osait pas encore occuper le fort National. Il envoie en éclaireur un officier qui lui rapporte que le fort avait été évacué durant la nuit par Lamartinière. Celui-ci s'était retiré sur l'habitation Jonc, voisine de la Croix-des-Bouquets, avec les citoyens blancs faits prisonniers. La 90ème de ligne reçut l'ordre de prendre possession du fort.

Aucune réjouissance publique ne célébra la conquête de la ville. Boudet restait affligé des pertes sensibles en hommes que lui avait coûtées cette victoire et du départ forcé des prisonniers blancs emmenés en otage par Lamartinière et dont il ignorait le sort[6].

... Après avoir successivement connu la domination des partis qui depuis la chute de la Bastille s'entre-déchiraient pour la conquête du pouvoir, après avoir enduré même l'occupation étrangère, Port-au-Prince retombait sous l'autorité effective du gouvernement de la Métropole. Pour les colons, la prise de la ville par les forces de l'armée française signifiait la victoire de l'élément blanc sur l'élément noir. C'était l'omnipotence retrouvée, l'hégémonie assurée.

Mais Boudet, plein de sang-froid et de fermeté, attentif avant tout à conserver la colonie à la France, étranger d'ailleurs aux dissensions du milieu, n'entend se faire l'homme d'aucun clan. Désireux d'inspirer confiance à tous, il ordonne à ses troupes de respecter les mœurs et coutumes des habitants et de fraterniser autant avec les blancs qu'avec les noirs et les mulâtres. Ces mesures de pacification s'étendirent aux soldats de l'armée coloniale à qui on restitua leurs armes, et aux cultivateurs du Cul-de-Sac qui furent autorisés à pénétrer dans la ville et à en sortir sans la moindre entrave.

Cette politique de conciliation ne put s'étendre au domaine religieux, Leclerc n'ayant reçu aucun mandat l'habilitant à trancher les controverses d'ordre ecclésiastique. Le père Lecun qui avait espéré voir le gouvernement de la Métropole annuler les effets de la proclamation du 5 mai 1793 des commissaires civils Sonthonax et Polvérel, relative à la mise sous séquestre des propriétés mobilières et immobilières de l'Église, et à la suspension du paiement du traitement des prêtres, en fut profondément déçu... Moins chanceux que sous les hérétiques anglais, les pères de la Mission Dominicaine restèrent privés de leurs biens et durent continuer à se satisfaire des maigres oboles de leurs ouailles[7].

Quelques jours après leur entrée au Port-Républicain, Boudet et son chef d'état-major, le général Pamphile de Lacroix, compulsant les papiers de Toussaint trouvés dans son bureau au Gouvernement, firent une curieuse découverte. Dans un coffret, parmi «des tresses de cheveux de toutes couleurs, des bagues, des cœurs en or traversés de flèches, des petites clefs, des nécessaires, des souvenirs», ils tombèrent sur une liasse de billets qui «avaient rapport à ses relations amoureuses avec les femmes blanches surtout». La publicité d'un pareil fait pouvait occasionner le plus grand scandale, car un des paragraphes des instructions secrètes données à Leclerc disait catégoriquement : «Les femmes blanches qui se sont prostituées aux nègres, quel que soit leur rang, seront envoyées en France.» Boudet eut la noblesse d'ignorer ces lettres et de les jeter au feu. Pamphile de Lacroix qui rapporte cet incident ajoute combien cette découverte leur fut pénible et les amena à méditer sur «des écarts de la faiblesse humaine»[8].

Mais pour l'instant, le vieux galant, accaparé par les soucis militaires, ne songeait qu'à venger la prise du Port-Républicain. Le 7 février, il commande d'incendier la ville. Les affidés qui se sont introduits dans la cité pour exécuter cet ordre, sont contraints, gênés dans leur plan, de renoncer à leur mission.

Au cours du mois de mars, arriva à Port-au-Prince le capitaine-général Leclerc. Des fêtes splendides furent données en son honneur. Partout, on illumina. Les blancs surtout, très fiers de la présence dans leurs murs du commandant suprême de l'expédition, le gavèrent de flatteries. Bien impressionné par l'état de la place, Leclerc décida d'y établir son quartier général. Il s'installa au Gouvernement et se disposa à poursuivre les opérations militaires avec une nouvelle vigueur.

Cependant, vers le milieu de mars, il publia un décret insolite, par lequel il rendait aux propriétaires ou à leurs chargés de pouvoir les droits que, sous l'Ancien Régime, ils avaient eus sur les nègres. C'était de sa part imprudent et prématuré. Les colons blâmèrent sa conduite. Les noirs se repentirent d'avoir, six semaines auparavant, cru en sa promesse de raffermir leur liberté. Il se rétracta par sa proclamation du 5 floréal An X. Mais la mauvaise impression persista et se traduisit par l'extension des défections au sein de l'armée coloniale.

Leclerc ne demeura pas longtemps à Port-au-Prince. Au début d'avril, il rétablissait son quartier général dans la ville du Cap... D'importants travaux de reconstruction et de restauration y étaient en cours. Le capitaine-général et sa femme disposaient d'un logement dépourvu de tout confort. Pour remédier aux multiples inconvénients qui en découlaient, Leclerc engagea son épouse à partir pour le Port-au-Prince. Pauline s'y rendit vers la mi-avril, avec son fils Dermid âgé de trois ans. Elle devait y rester environ deux mois[9].

Le séjour au Port-Républicain de la sœur du Premier consul ne paraît pas avoir été particulièrement édifiant. «Elle habitait, informe Métral, une maison de campagne sur le penchant d'une colline riante qui dominait la mer; elle y vivait dans le luxe, la mollesse et le plaisir[10].» Tandis que dans le Nord, Leclerc est pris dans les complications d'une situation chaque jour plus embrouillée, Pauline, à Port-au-Prince, semble faire la nique aux calamités qui endeuillent les autres régions de la colonie. Naturellement voluptueuse, elle ne croit pas déroger à la convenance en organisant des fêtes où elle fait admirer son esprit et ses charmes. Souvent, ce sont des excursions en mer, animées par la présence de courtisans, de bouffons et de musiciens. Quand il lui prend envie d'aller dans la montagne, elle se fait porter «en palanquin, comme une reine». Elle se souciait peu de faire taire les jaseries et ne ressentait aucune honte à s'afficher publiquement avec son principal favori, le séduisant général Humbert, «le plus bel homme de l'armée[11].»

Cette atmosphère de plaisir et d'insouciance semble avoir favorisé à l'époque une certaine relance de la vie sociale dans le monde officiel de Port-au-Prince. Au palais du gouverneur, un orchestre – était-ce celui constitué sous Toussaint? – offrait régulièrement des concerts de «musique d'harmonie». Le général Dugua invitait Descourtilz à aller s'en délecter pour calmer son cafard.

La salle de spectacle de la rue Vallière tenait le coup et poursuivait péniblement sa carrière. Louis Ragnos décédé, le sieur Jean-Jacques La

Bruyère avait obtenu le bail à ferme du local pour une durée d'un an. On y venait encore admirer des «voltigeurs de corde» ou se détendre aux intrigues d'un amusant vaudeville. Mais ces représentations, de plus en plus espacées, allaient bientôt tout à fait disparaître, devant les méfaits d'une effroyable épidémie et les assauts d'une implacable et juste guerre.

Dès mars et avril, la recrudescence de l'épidémie de fièvre jaune, ou mal de Siam, avait été signalée au Cap et en quelques autres points de la province du Nord. En peu de jours, l'épidémie devait s'étendre partout dans la colonie, exerçant ses ravages particulièrement sur les soldats blancs. Si la province de l'Ouest ne fut pas la plus atteinte, l'horrible fléau y entraîna cependant la mort de plusieurs centaines d'hommes.

Le développement de la fièvre jaune a pu avoir diverses causes : des conditions sanitaires déplorables, une résistance insuffisante des soldats européens au climat des tropiques, et puis aussi, la criminelle inconscience de certains. Descourtilz raconte qu'en se promenant un jour avec le général Dugua, il surprit près du cimetière de Port-au-Prince, un vieux noir fabriquant des andouilles avec des intestins de personnes mortes récemment. Le nègre appréhendé confessa qu'il se livrait à ce macabre commerce depuis quelque temps[12].

Les cas d'épidémie devenant de plus en plus fréquents à Port-au-Prince, la majeure partie de l'Hôpital militaire, qui, sous l'administration de Toussaint, avait bénéficié d'heureuses améliorations, fut affectée à soigner les malades. De la terrible affection, Métral donne une description frappante. À la lire, on aura une idée du spectacle qui s'offrait chaque jour aux yeux de ceux qui avaient pour tâche d'atténuer les tourments des malheureuses victimes:

«Le mal commençait au cerveau par une douleur violente accompagnée ou suivie de fièvre. Le malade était dévoré d'une soif ardente; l'estomac déchiré par la souffrance se soulevait avec effort pour vomir.

«Tantôt d'épaisses mucosités surchargeaient la langue qui servait à peine d'interprète à l'âme... Lorsque l'ardeur du mal approchait du cœur, foyer de la vie, les gencives étaient noircies et rougies par les exhalaisons des entrailles. Le sommeil, interrompu, troublé par des convulsions ou par d'effroyables visions, était pire que le réveil...

«Cependant, les progrès d'un feu intérieur étaient marqués par des couleurs jaunâtres qui se répandaient sur la surface du corps, comme un volcan brûle et jaunit l'herbe de la montagne qui le recèle dans ses flancs. Si pour lors il ne survenait quelque crise heureuse, toute espérance était perdue. Bientôt, l'haleine infectait l'air d'une odeur fétide, les lèvres se glaçaient; on voyait le visage s'altérer, changer, s'enfler; le désespoir se peignait dans l'œil du mourant, et des sanglots plaintifs, interrompus par un long silence, étaient son seul langage. De chaque côté de sa bouche, s'épanchait une écume teinte d'un sang noir et brûlé. Alors un bleu fétide sillonnait irrégulièrement le jaune répandu sur la surface du corps. Ainsi, la mort... arrivait au troisième jour, mais l'intervalle entre le 7e et le 11e était le terme le plus ordinaire[13].»

Les remèdes les plus variés furent essayés pour enrayer le mal: aucun ne donna de résultats satisfaisants. Certains, passant pour plus efficaces, ne contribuèrent qu'à accroître les atroces souffrances des malades. Désespérés, les médecins avouaient leur impuissance[14].

On ne tarda pas à remarquer les effets démoralisants de l'épidémie sur l'armée: laisser-aller dans la tenue des soldats, négligence dans l'entretien de leurs armes. Même la discipline militaire s'en ressentait. On se souciait peu ou prou d'exécuter les ordres des supérieurs, et les mots de bravoure et de gloire semblaient n'avoir plus de sens.

Pour épargner aux soldats le spectacle de ces désolations, on pensa à éloigner les troupes de la ville et à établir pour elles des camps en pleine campagne. L'épidémie les poursuivit jusque-là. La plupart des camps durent être convertis en hôpitaux.

Les conséquences de ce découragement étaient fatales. C'est encore Métral qui en fait un bien sombre tableau:

«Le débordement des folles passions humaines vint se mêler à ce torrent destructeur... Les uns cherchaient des distractions à leur misère dans l'occupation du jeu et dans la licence des voluptés. L'adultère et le vol devinrent communs. Les autres allaient noyer les tourments de leur âme dans l'ivresse de brillantes liqueurs, qui ne faisaient que hâter leurs derniers moments. D'autres, avec une parure militaire négligée ou même ridicule, insultaient la maladie et bravaient la mort... par des bouffonneries et par des éclats de rire stupides. D'autres ne cherchaient qu'une mort voluptueuse dans les bras d'une maîtresse ou dans des bains parfumés[15].»

Pour les belles de la cité, ces temps catastrophiques sont, en effet, des jours merveilleux. Recherchées par ceux qui n'ont plus rien d'autre à demander à la vie, elles sont revenues sur le pavé, mulâtresses au regard langoureux, négresses aux charmes ingénus, offrant aux désenchantés leur sensualité morbide. Elles vont à ces plaisirs avec d'autant plus de frénésie qu'elles se savent immunisées contre toute contagion. Après la soumission de Toussaint, quand la paix aura momentanément mis fin aux tueries et à l'incendie, elles connaîtront encore plus de faveur. Marins de la flotte, survivants de l'armée expéditionnaire, viendront se griser en leur compagnie de musique, de volupté et de chants.

Il ne faudrait pourtant pas méconnaître la conduite digne d'éloges de nombreuses femmes indigènes qui s'intéressaient bien autrement au sort malheureux de ces hommes arrachés malgré eux à leurs foyers. Charitables et compatissantes, elles acceptaient de passer des nuits entières au chevet des malades, essayant tous les remèdes pour calmer leurs souffrances et lutter contre le mal.

Les funérailles des victimes, surtout de celles auxquelles elles s'étaient attachées, donnaient lieu, de la part de ces cœurs généreux, à des manifestations d'extrême douleur. Au milieu des sanglots et des pleurs, l'armée conduisait à leurs dernières demeures ceux que le fléau avait moissonnés loin des rives de leur patrie. Au moment de l'inhumation, les tambours parés de crêpe battaient aux champs, tandis que les torches funèbres répandaient leur livide lumière sur l'assistance consternée.

La multiciplité des décès fera bientôt renoncer à l'exécution de ce cérémonial. On se contentera de placer les morts aux portes des maisons ou à l'entrée de l'hôpital. La nuit, les tombereaux passaient et enlevaient les cadavres pour les emporter au cimetière. Ceux qui mouraient sur les vaisseaux en rade étaient simplement jetés à la mer.

Nombre de cadavres de matelots, poussés par les vagues, venaient se déposer sur la grève. Il fallait alors leur creuser aussitôt une fosse, à cause de l'odeur fétide qu'ils exhalaient.

Dans l'empressement que l'on mettait, par peur de la contagion, à ensevelir ceux qui avaient rendu le dernier soupir, des malades, apparemment décédés, furent victimes de terribles erreurs. Métral rapporte «qu'il y eut qui furent enterrés vivants[16], et que dans les fonds des sépulcres, on entendit plusieurs fois des cris plaintifs, sourds et lamentables. On dit même que des soldats s'échappant de la foule des morts, reparurent parmi les vivants[17].»

La propagation de l'épidémie, au moment où l'armée expéditionnaire prenait pied à Saint-Domingue, fut pour elle un vrai désastre. Les statistiques de l'expédition révèlent, selon Métral, que 14 généraux, 1.500 officiers de terre et de mer, 20 000 soldats, 9 000 matelots, 700 médecins et chirurgiens et plus de 3 000 personnes de celles qui avaient suivi l'armée française pour venir s'établir à Saint-Domingue, furent emportés par le fléau[18]. Fait curieux, on ne repéra que peu de cas de contamination de femmes et d'enfants.

Pour rendre hommage aux morts de l'armée de Saint-Domingue, le capitaine général Leclerc prescrivit d'honorer du nom des officiers supérieurs décédés les principales fortifications des villes de la colonie. Le fort National, le mieux armé de la capitale, reçut celui de *Debelle*, brillant général foudroyé par la fièvre jaune. Quelques mois plus tard, Leclerc devait lui-même payer son tribut à l'épidémie.

L'évacuation à main armée du fort de la Crête-à-Pierrot dans l'Artibonite, avait marqué le déclin de la résistance de Toussaint. Gêné pour le ravitaillement de ses troupes, Henry Christophe, le premier parmi les chefs indigènes, avait fait, durant la deuxième quinzaine d'avril 1802, sa soumission à Leclerc. Au début du mois de mai, l'ex-gouverneur, après une entrevue au Cap avec le capitaine général, acceptait à son tour ses conditions de paix. Cette dramatique victoire ne connut pas l'ivresse des vrais triomphes. Nulles réjouissances ne furent ordonnées : l'inquiétude et l'anxiété dominaient les esprits et les cœurs.

En mai, le général Donatien Marie-Joseph de Vimeur, comte de Rochambeau, est nommé gouverneur militaire des provinces de l'Ouest et du Sud, en remplacement du général Boudet, envoyé à la Guadeloupe. C'était un petit homme sec, aux yeux vifs, opposant acharné à la thèse de l'égalité des classes. Dans ses *Notes sur l'état actuel de Saint-Domingue*, M. Lenoir, ancien secrétaire de Leclerc, trace de lui un portrait moral peu flatteur: «Presque abruti par des débauches de tout genre, continuées encore à l'âge de cinquante ans, écrit-il, sans caractère, sans dignité, sans décence, dominé par des intrigants et des femmes aviliés, incapable d'aucune application, agissant toujours par caprice sans motif et sans but: tel était le général Rochambeau[19]». À Port-au-Prince, aux jours de deuil allaient s'ajouter les jours de terreur.

Pour ce cynique bandoulier, la terreur est, en effet, la méthode la plus sûre – et la plus commode! – pour étouffer toute velléité de révolte chez les indigènes. Une fois installé dans ses nouvelles fonctions, il commence par s'en prendre aux gens de couleur, espèce qu'il avait toujours eue en grande aversion. Sur de simples soupçons, ils sont arrêtés, emprisonnés ou mis à mort. Beaucoup d'entre eux doivent s'enfuir et se cacher dans les mornes. Lorsque les insurrections partielles, provoquées par le désarmement général et les persistantes rumeurs de rétablissement de l'esclavage, éclateront dans divers points de le colonie, sa fureur n'aura plus de limites.

Au début du mois d'août 1802, le chef de bande Lamour Dérance, abandonnant son refuge du morne La Selle, descend jusqu'aux hauteurs qui dominent Port-au-Prince. On envoie contre lui un détachement de troupe. Repoussé, il met la plaine de Léogane à feu. La réaction de Rochambeau se révèle impitoyable. Encouragé par des courtisans et des femmes de colons, il couvre en quelques jours les places publiques de croix, de gibets, d'échafauds. Le raffinement dans la férocité atteint bientôt son paroxysme. Des détenus, après avoir été lacérés à coups de fouet, sont attachés à des poteaux dans le voisinage d'un marécage pour être dévorés par les moustiques. D'autres sont précipités vivants dans les flammes d'un bûcher. Certains ont la tête tranchée sur le billot; d'autres meurent dans les cales des navires, asphyxiés par des émanations de soufre, ou sont basculés dans les flots infestés de requins. De leurs canots, les amateurs d'émotions fortes se font un jeu de harceler et de tenir sous l'eau les malheureux qui tentent de surnager. Conséquence inattendue de ces horribles noyades, les hôteliers ne mentionnaient plus le poisson dans les menus, tant les consommateurs craignaient, en en mangeant, de se nourrir de chair humaine.

Les plaisanteries macabres, exercées au détriment de ses amis et même de ses maîtresses, entraient dans le plan de terreur conçu par Rochambeau pour écraser toute propension à la sédition. L'une de ces dernières, la quarteronne Misse, devait, à ses dépens, apprécier ce qu'il en coûte parfois d'être l'amie d'un sadique.

Un jour, l'idée vint à cette vaniteuse juvencelle de demander à son amant d'organiser un bal où ne seraient invitées que les femmes de couleur. Rochambeau acquiesce volontiers, mais prévient les blanches, qui commençaient à se formaliser de cette irrévérence à leur égard, qu'elles seraient introduites au moment où s'ouvrirait le bal et que des soldats armés de fouets obligeraient les mulâtresses à les servir.

Misse, parée de ses plus beaux atours, arrive la première au Gouvernement. Dans l'attente de ses invitées, elle s'admire dans les glaces encadrées de riches moulures du salon de réception. Un aide de camp qui l'observait, la prenant en pitié, l'emmène à l'autre bout de la salle, dans un boudoir décoré pour la circonstance. «La pièce était tendue de noir, garnie de têtes de mort et d'os en sautoir; au fond était un cercueil[20].»

Folle de terreur, Misse tombe évanouie. L'aide de camp l'étend sur un sofa, et après bien des efforts, parvient à la ranimer. Revenue à elle, la jeune femme se précipite hors du palais et, se tenant dans un coin de la place, engage vivement ses amies qui s'amenaient au bal à retourner chez elles.

Cette aventure fit grand bruit à la capitale. Le contre-amiral Latouche-Tréville, commandant des forces navales de l'Ouest, crut devoir user de sa position pour reprocher sévèrement à Rochambeau sa cruelle plaisanterie. Pour se justifier, le général allégua que les accessoires funéraires trouvés dans le boudoir avaient servi à orner la chapelle ardente d'un officier décédé, et qu'après les funérailles, on avait négligé de les enlever.

Beaucoup de colons, matelots, soldats, participaient aux sordides besognes imposées par Rochambeau. Rares ceux qui osaient protester contre tant de barbarie. Retenons le nom du commandant de l'artillerie de Port-au-Prince, Alix, qui, ayant reçu l'ordre de livrer un certain nombre de boulets destinés aux condamnés à l'immersion, refusa de les remettre. Cette désobéissance fut punie de l'exil immédiat du téméraire. Combien d'officiers supérieurs, qui auraient pu avoir le même comportement, préférèrent prostituer leur honneur, terrorisés par le vandalisme du commandant de l'Ouest![21]

Déchaînement sanguinaire qui ne pouvait mener qu'à des fins tout à fait opposées à celles que souhaitait Rochambeau. En effet, ceux qui parvenaient à s'échapper de la géhenne allaient rapporter aux insurgés les cruautés dont leurs frères étaient victimes. Ces relations terrifiantes galvanisaient les indigènes pour la vengeance.

L'histoire a conservé le récit de deux exécutions célèbres dont la place de l'Intendance fut le théâtre. Elles furent consommées sur les instructions du gouverneur militaire, mais eurent des conséquences que son esprit borné ne lui avait pas permis de prévoir.

Une jeune indigène de couleur, Henriette Saint-Marc, accusée d'avoir envoyé des munitions aux rebelles de l'Arcahaie, tombe dans un guet-apens dressé à Desprez par un officier de la maréchaussée. Amenée devant un tribunal militaire siégeant à la caserne, elle est condamnée à la potence. Le lendemain, à dix heures du matin, entre deux pelotons de carabiniers, sabre au clair, elle est conduite sur la place du marché, suivie d'un cercueil de sapin blanc. Une foule immense occupe la place où se dresse l'affreux gibet. Des soldats s'affairent dans les derniers préparatifs. Un silence oppressant, interrompu par le son du glas, plane sur l'assistance. Henriette est calme. Les lèvres marquées d'un pli dédaigneux, elle gravit, avec fermeté, les degrés de l'échafaud. Tout à coup, un hurlement formidable: *Vive la liberté! Vive l'Indépendance!* jaillit du plus profond d'elle-même. Un moment ahuri, le bourreau se ressaisit, la contient, et prestement, lui passe la corde autour du cou. Quelques instants après, sur le ciel inondé de clarté, se profilait, légèrement balancé par la brise, le cadavre d'Henriette Saint-Marc. Frappée d'horreur, la foule abandonne le marché. Elle n'a pas osé s'en prendre à l'horrible instrument de supplice, comme elle fit jadis de la guillotine de Sonthonax. Mais les sourds sanglots, les cris étouffés disaient assez le bouillonnement de sa colère.

Dans la soirée, un grand bal au Gouvernement célébrait le martyre d'Henriette. Entouré de ses nombreux courtisans, Rochambeau passa la nuit à s'enivrer du sang de cette jeune héroïne.

Peu de jours après la perpétration de ce forfait, Panis, commandant de la place du Port-Républicain, prétextant un règlement de Rochambeau qui contraignait les citoyens noirs et mulâtres à répondre à toute réquisition de chevaux pour la maréchaussée, fit demander à Mahotière, homme de couleur, un cheval en vue d'accomplir une mission. Il envoie une de ses montures ordinaires. Les sbires de Panis reviennent trouver Mahotière et lui déclarent que le colonel réclamait son meilleur coursier. Mahotière se rebiffe. Aussitôt, les gendarmes se précipitent sur le malheureux, l'assaillent, le garrottent et le conduisent en prison. Accusé d'être l'espion de Lamour Derance, il est condamné au gibet. Place de l'Intendance, on le pend à la potence qui avait recueilli les dernières convulsions d'Henriette Saint-Marc. On fixa sur sa poitrine un écriteau avec ces mots: ESPION DE LAMOUR DERANCE.

Le lendemain était un dimanche, jour de marché. Pas un cultivateur ne vint en ville. L'assassinat de Mahotière avait achevé d'édifier les derniers campagnards du Cul-de-Sac encore fidèles à la France. Des confins de la Plaine, était parti le signal du lambi ordonnant la révolte.

… Les tueries de Rochambeau, ajoutées aux ravages de l'épidémie, avaient transformé Port-au-Prince en une vraie nécropole. Le cimetière regorgeant de cadavres, il fallait penser à l'établissement d'un nouveau champ de repos. On fit choix du terrain de l'ancien cimetière anglais, au sud de la ville. Le père Lecun vint processionnellement le consacrer, en y plantant une Croix…

Au moment de mourir, victime de l'épidémie de fièvre jaune, le capitaine général Leclerc avait désigné le général Rochambeau pour le remplacer à la tête de l'armée expéditionnaire. Cette nouvelle combla de joie la plupart des citoyens blancs.

Le nouveau capitaine-général, avant de rejoindre son poste au Cap, voulut se faire installer dans la ville de son ancien commandement. Peut-être tenait-il, pour célébrer sa promotion, à une assistance de spectres... Cependant, des centaines de blancs se rendirent à la cérémonie d'investiture qui se déroula avec pompe dans l'église de Port-au-Prince. Le père Lecun, dans un sermon de circonstance, exalta les vertus de ce fils de maréchal de France qui, à ses yeux, n'avait qu'une passion: l'amour de sa patrie.

Le lendemain, après avoir remis au colonel Watrin le commandement des provinces de l'Ouest et du Sud, le capitaine-général Rochambeau faisait ses adieux à la ville martyre, en route vers son nouveau destin.

Notes

1   A. Cabon, *Histoire d'Haïti,* tome IV, p. 223.

2   Le fort de Léogane occupait un espace assez étendu, englobant le tronçon du boulevard Jean-Jacques Dessalines qui côtoie le Centre d'Hygiène du Portail de Léogane. Avant d'atteindre l'immeuble commercial qui fait le coin, la Grande Rue bifurquait légèrement à l'ouest, traversait la ravine du Bois de Chênes par un pont en bois et ne retrouvait l'alignement d'aujourd'hui qu'aux abords de l'usine à glace, voisine du Centre d'Hygiène.

3   Sur l'emplacement du fort Bagatelle se dressent aujourd'hui les ruines du fort Mercredi.

4   Emplacement de l'actuel Marché Vallière dit Marché en fer ou Marché en bas.

5   Beaubrun Ardouin, *Études...* tome V, p. 16, 1958.

6   Dirigés vers le Mirebalais, ils devaient tous être égorgés dans la suite, sur l'habitation Chitry.

7   Par son décret du 14 juillet 1802, Leclerc tenta de réorganiser la religion catholique à Saint-Domingue. Il fut même prévu le paiement de «traitement suffisant». Cependant la question des biens séquestrés resta en veilleuse.

8   Paul Roussier, *Lettres du Général Leclerc,* 1937, pp. 15-16.

9   Paul Roussier, *Lettre du Général Leclerc,* 1937, Lettre LVI, p. 148.

10   Antoine Métral, *Histoire de l'Expédition militaire...,* 1841, p. 117. Quoiqu'on

admette que cette «colline riante», dont parle Métral, n'est autre que l'une des éminences boisées de Martissant, le lieu exact où séjourna Pauline n'a pas encore été localisé. Avec des preuves insuffisantes, M. Fernand Crepsac a prétendu que son ancienne propriété de LECLERC avait abrité la sœur de Bonaparte. D'autres, toujours sans pièces convaincantes, ont voulu situer l'endroit où vécut Pauline à Port-au-Prince sur la propriété qui fait l'angle de la 5ᵉ avenue de Bolosse et de la route dite de Leclerc... La question, comme on voit, reste pendante.

11 Il sera renvoyé en France sous prétexte de malversations.

12 Descourtilz, *Voyage d'un Naturiste en Haïti*, 1935, p. 218.

13 Antoine Métral, *op. cit.*, pp. 105-107

14 Le *Journal des Officiers de Santé de Saint-Domingue*, qu'ils fondèrent à Port-au-Prince en 1803, en vue de se communiquer leurs observations sur les maladies courantes et plus particulièrement sur la fièvre jaune, contient des articles fort instructifs sur ce dernier mal. De cette revue médicale, dont les bureaux se trouvaient installés au numéro 294 de la rue des Miracles, il ne parut, semble-t-il, que quatre numéros. (Rulx Léon, *Médecins et Naturalistes de l'ancienne colonie française de Saint-Domingue*, Bibliothèque du Service d'Hygiène, 1933, pp. 57-58).

15 Antoine Métral, *op. cit.* pp. 115-116.

16 Dans ses *Mémoires*, P.L. Hanet Clery raconte que pareille mésaventure faillit lui arriver. *Mémoires de P.L. Clery...*, Chap. XXXVIII, 1825.

17 Antoine Métral, *op. cit.* pp. 120-121.

18 Antoine Métral, *op. cit.* pp. 125-126. Un nombre à peu près égal d'officiers et de soldats français périrent dans les combats. Le général Pamphile de Lacroix, qui prit part à l'expédition, porte à 55 132 hommes les forces envoyées à Saint-Domingue en 1802 et 1803. À la fin des hostilités, il ne rentra pas en France 1 200 hommes de toutes ces troupes, informe Madiou. Cf. Thomas Madiou, *Histoire d'Haïti*, tome III, 1922, pp. 95-96.

19 Cité par Saint-Rémy (des Cayes) in *Pétion et Haïti*, tome III, livre VII, 1956, p. 65.

20 Guy Joseph Bonnet, *Souvenirs historiques*, 1864, pp.104-105.

21 Le général Pamphile de Lacroix, qui était de l'armée expéditionnaire, eut un geste de protestation tacite. «Dégoûté de servir sous Rochambeau, nous apprend Saint-Rémy, il demanda un congé d'invalidité et partit pour la France, le 21 mars 1803». Saint-Rémy, *Pétion et Haïti*, tome III, Live VII, 1956, p. 65, note 4.

L'ÉPREUVE DANS LE BONHEUR

Un danger imminent, le retour à l'esclavage, avait opéré le rapprochement miraculeux des deux fractions de la population autochtone de la colonie. Cette union, la cause de l'Indépendance la sollicitait depuis des mois.

On connaissait déjà le dessein du gouvernement français de rétablir la servitude dans les colonies. Mais lorsque la frégate la *Cocarde* débarqua au Cap des hommes de couleur de la Guadeloupe, exilés pour avoir protesté contre la remise en vigueur de l'esclavage décrétée dans leur pays par le général Richepanse, on comprit que ces intentions de la Métropole se concrétisaient désormais en actes. À la même époque, on sut que le général Kerverseau, dans la partie de l'Est, permettait la vente des nègres et des mulâtres aux colons espagnols. C'était plus qu'il n'en fallait pour dessiller les yeux aux moins clairvoyants et montrer le sort qui attendait les indigènes de Saint-Domingue, sans distinction de couleur.

Toussaint arrêté par traîtrise sur l'habitation Georges, près d'Ennery, puis déporté en France, la plupart des noirs avaient instinctivement tourné leurs regards vers Dessalines, le plus ancien et le plus haut gradé des officiers indigènes, comme pour chercher dans son énergie légendaire de nouvelles raisons d'espérer. Autour de Pétion, revenu à Saint-Domingue avec l'armée expéditionnaire, s'étaient ralliés les anciens libres qui n'avaient pas pu échapper à l'influence qu'il avait toujours su exercer sur eux. L'attitude plus qu'équivoque des chefs de l'expédition avait peu à peu convaincu Pétion de sa méprise sur les buts de l'intervention armée du premier consul. La réserve à peine dissimulée qu'il avait alors adoptée avait excité la défiance des officiers français, et même de Leclerc, qui savaient de quel poids la défection de ce général brave, courageux et plein d'assurance pouvait peser dans la balance des événements.

Cependant, la résolution de Pétion était prise: ses intérêts propres, et ceux de sa classe, exigeaient qu'il renonçât à la France. Pour les anciens libres, le salut ne pouvait résider que dans l'indépendance, une indépendance qui ne serait acquise que par l'union des hommes de couleur avec leurs frères noirs. Dans une entrevue à Plaisance, l'accord entre Pétion et Dessalines est conclu. Le pacte d'alliance a même prévu celui qui commandera en chef l'armée des *indépendants*: ce sera Dessalines dont le grade élevé constituait l'atout majeur.

Le 12 octobre 1802, Pétion fait défection au Haut-du-Cap et entraîne avec lui le général Clervaux. Cinq jours plus tard, Christophe, à la Petite-Anse, s'insurge à son tour. Enfin, le 23 octobre, après avoir de justesse échappé à un guet-apens, Dessalines se soulève à la Petite Rivière de l'Artibonite en criant: Aux armes ! En janvier 1803, l'insurrection s'étend dans le Sud. Après avoir reconnu l'autorité de Dessalines, Geffrard soulève les campagnes des Cayes, d'Aquin et de Nippes... Les principaux chefs de l'armée coloniale avaient levé l'étendard de l'indépendance. Se dressant face aux forces de répression envoyées à Saint-Domingue au mépris des idées généreuses de 1789, ils prenaient dès ce moment figure de belligérants réguliers, en guerre contre l'armée expéditionnaire française.

Le rassemblement des différents groupes d'insurgés sous la bannière de Dessalines n'allait cependant pas s'opérer sans efforts. Des chefs de bandes, quoique ennemis des Français, n'entendaient combattre que selon leurs propres vues. Beaucoup, grâce à l'action énergique des officiers les plus influents de l'armée insurrectionnelle, finiront par se soumettre; peu garderont jusqu'à la fin leur liberté de mouvement.

Rochambeau qui, depuis la mort de Leclerc, a pris le commandement des troupes, veut d'une guerre éclair, d'une guerre sans pitié. Pour liquider la «révolte des nègres», il réclame de son gouvernement 35 000 hommes. Malgré ses appels réitérés, les renforts ne pourront lui être envoyés que par petits groupes, en sorte que le nombre de combattants sur les champs de bataille ne dépassera jamais cinq à six mille.

Le capitaine-général croyait à la légitimité de l'esclavage. Il préconisait même que le *Code noir* fût rendu «beaucoup plus sévère» et que les maîtres eussent pour un temps «droit de vie et de mort sur leurs esclaves». La paix, selon lui, ne pouvait être maintenue qu'après la déportation de toute la population insurgée et la pendaison, «avec le plus grand appareil», des chefs de l'armée indigène[1].

Vers la fin de mars, Rochambeau décide de transporter son quartier général au Port-Républicain. Les blancs de la ville, angoissés par les succès militaires des indigènes à l'Arcahaie et à Léogane, imploraient instamment sa présence à la capitale. Comme l'autorisaient les règlements qui fixaient, en temps de paix avec les puissances maritimes, la résidence du gouverneur ou de son suppléant à Port-au-Prince, Rochambeau se rendit dans cette dernière ville où il débarqua le 20 mars. Brunet y avait remplacé Watrin, décédé quelques jours après son installation comme commandant des provinces de l'Ouest et du Sud.

L'arrivée à Port-au-Prince du capitaine général remplit d'épouvante les secteurs noirs et mulâtres de la ville. Les hommes de couleur étaient d'autant plus alarmés qu'ils se savaient accusés par Rochambeau d'avoir été les promoteurs de la révolte du Sud. En revanche, la satisfaction des blancs était grande. Les illuminations traditionnelles, les bals publics saluèrent dans la soirée le retour du commandant de l'expédition. Ces manifestations de sympathie, si elles étaient générales, n'étaient pas toutes sincères. Les plus honnêtes parmi les citoyens blancs réprouvaient les mesures extrêmes prises contre les indigènes et appréhendaient qu'elles ne se tournent un jour contre eux. Mais la crainte leur cousait les lèvres et les jetait malgré eux dans le tourbillon des congratulations.

À peine installé, Rochambeau, qui se veut bon administrateur autant qu'habile stratège, prend sur lui de redonner au commerce la sécurité que lui ravissaient les insurgés de la Plaine. Il constitua des colonnes mobiles destinées à faire la chasse aux «brigands». Ces incursions policières donnèrent d'appréciables résultats. Tant qu'il demeura à Port-au-Prince, la rentrée régulière des provisions de la Plaine ne souffrit pas d'arrêt et entretint une certaine aisance dans la ville. Mais le transport des vivres aux divers ports de la côte et celui des malades à l'île de la Tortue, restaient précaires par carence de bâtiments disponibles. Rochambeau, qui ne s'embarrassait d'aucun scrupule, fit injonction aux capitaines de bateaux marchands, sous quelque pavillon qu'ils se présentent, de se charger, dès leurs arrivée, de ces transports, quitte, à leur retour, à se voir contraints de vendre à vil prix leur cargaison qui pourrait entre-temps avoir essuyé de graves avaries...

Là ne s'arrêtèrent pas les entreprises du capitaine général. Dès le lendemain de son retour, il avait remis en honneur sa politique de terreur, et ce furent les indigènes noirs et de couleur qui encore une fois firent les frais de ses emportements sanguinaires. Les arrestations arbitraires mènent au poteau d'exécution ceux sur qui plane la moindre suspicion. Certains prisonniers, conduits sur les bâtiments de guerre, sont pendus aux vergues et leurs cadavres précipités dans les flots. Rochambeau, qui avait imaginé de faire venir de Cuba des dogues anthropophages pour les lancer contre les insurgés du Nord, était arrivé à Port-au-Prince avec quelques-uns de ces «dignes auxiliaires». Il voulut les essayer sur les nègres de l'Ouest. Réunis dans la cour de la geôle, les prisonniers attendaient avec effroi leur fin cruelle. Malgré les artifices utilisés pour les exciter, les dogues dédaignèrent cette pâture.

Pourtant, ces procédés d'intimidation, quelque atroces qu'ils fussent, étaient condamnés à n'avoir pas beaucoup d'effet, si les deux chefs indigènes qui menaient avec tant de vigueur la lutte contre les Français restaient vivants. Qu'importe! on mettra leur tête à prix... À ceux qui captureront Dessalines et Pétion ou apporteront leur tête, Rochambeau promet 1 000 portugaises pour le premier et 500 pour le second. Les commandants militaires sont invités à utiliser les moyens qu'ils croiront les plus efficaces «pour trouver quelqu'un assez décidé pour tenter cette entreprise»...[2]

Au mois de juin 1803, parvint à Saint-Domingue une bien fâcheuse nouvelle pour le corps expéditionnaire : la rupture imminente de la paix d'Amiens. Rochambeau dut laisser Port-au-Prince et regagner le Cap, résidence du gouverneur, en cas de guerre avec les puissances étrangères. Mais déjà, un grand mouvement de pince pour encercler la capitale s'était amorcé. Tandis que les troupes indigènes du Sud, à la suite des succès recueillis dans cette province, se portaient sur l'Ouest, en direction de Port-au-Prince, Dessalines, secondé par Pétion, avait attaqué et occupé la région de Mirebalais. Au début de juin, l'armée des indépendants envahit le Cul-de-Sac et, après un engagement à la savane Leblond, se rendait maîtresse de la grande Plaine. Le général en chef, qui voulait enlever toutes ressources aux Français et obliger les cultivateurs réticents à prendre les armes, ordonna d'incendier les plantations. «L'embrasement devint universel, dit Saint-Rémy: les châteaux que l'opulence coloniale avait élevés, leurs riches champs de cannes, leurs belles usines, tout ce que les fureurs de la première révolution avaient épargné fut anéanti. Quinze jours suffirent pour détruire le travail de deux siècles.[3]»

La conquête du Cul-de-Sac par les forces indigènes mettait en péril le ravitaillement de la capitale. D'autre part, la guerre avec les Anglais, officiellement annoncée, enlevait tout espoir aux habitants de s'approvisionner en France. Déjà, des escadres anglaises, après avoir mis le blocus devant le Cap, s'apprêtaient à enserrer Port-au-Prince. Cette menace de famine, jointe à l'avance rapide des troupes indigènes, poussa de nombreux blancs à suivre Rochambeau dans le Nord. En s'embarquant, le capitaine général remit à Sarrazin le commandement de l'arrondissement. Afin d'être fixé sur les possibilités de ravitaillement de la garnison et des habitants, celui-ci fit inventorier les farines entreposées par les particuliers. Le décompte n'accusa que cent vingt barils!

Cependant, de la Petite Plaine contrôlée par la Croix-des-Bouquets qui était aux mains des Français, quelques denrées parvenaient à entrer dans la capitale. Les Port-au-Princiens se jetaient avidement sur ces maigres provisions, car la faim commençait à les tenailler. «Nous sommes ici dans l'état le plus déplorable, écrivait à Jacques-François Begouën, négociant havrais, le comte O'Gorman, riche propriétaire du Cul-de-Sac, qui, faute de pouvoir réintégrer son domaine saccagé, avait trouvé refuge au Port-au-Prince; il y a plus d'un mois que la bourgeoisie n'a mangé de pain et la troupe est réduite à quatre onces par jour[4].» Quand on fut informé de la prise par l'armée indigène de la Croix-des-Bouquets, défendue par le colonel Lux, l'affolement devint général. Ce succès fut suivi de l'invasion de la Petite Plaine. En même temps, Pierre Cangé, venu de Jacmel avec sa division forte de 5 000 hommes, s'établissait sur la ligne de Bizoton, au sud-ouest de la ville.

Pressés par les événements, des colons et leurs épouses fuyaient la capitale dans de petits voiliers ou des pirogues de pêcheurs. Les barges de Cangé, mouillées au Lamentin, leur firent une chasse sans merci. Les hommes étaient passées au fil de l'épée, mais les femmes gardées par les soldats pour en avoir des enfants[5].

En ville, les habitants connaissent des moments pénibles. Déjà sévit la famine. Les troupiers, envoyés à la maraude dans les champs voisins, ne rapportent que de chiches provisions, et les plants de patate douce, hâtivement mis en terre sur les propriétés vides du Morne-à-Tuf, ne donnent encore que de minces tubercules. Pour la préparation du pain, les fournisseurs de l'armée doivent se rabattre sur les farines avariées que l'ordonnateur Colbert avait enjoint de jeter à la mer et qu'on avait malgré tout conservées. Plus de viande de bœuf. On abat quelques-uns des chameaux arrivés avec la division Boudet et on en réserve la chair aux malades et aux soldats. Les citoyens sont forcés de se nourrir de viande de chien, de chat et même de rat, et de se désaltérer à l'eau de puits, car toutes les sources ont été détournées. Ceux qui ne peuvent s'astreindre à ce régime particulier meurent d'inanition.

L'effectif de la garnison se chiffrait à 1 400 hommes. La Garde Nationale, composée presque en entier de noirs et de mulâtres, se clairsemait de jour en jour. Les désertions dans les rangs de ce corps avaient commencé à se multiplier au moment de l'invasion du Cul-de-Sac. Pour rejoindre les insurgés, les déserteurs se faufilaient alors dans les convois en route pour la Croix-des-Bouquets. Maintenant, il leur suffisait de traverser de nuit les fossés, pour se retrouver parmi les assiégeants.

À partir du 22 septembre, l'encerclement de la place de Port-au-Prince est virtuellement achevé. Plus de 15 000 hommes de troupe cernent la ville. Dessalines a installé son quartier général dans les hauteurs de Turgeau. Gabart a pris position sur une ligne qui part du rivage jusqu'aux environs du fort National. De ce point aux premiers contreforts du morne l'Hôpital, s'est établi Pétion. Au sud, Cangé entoure Bizoton.

À l'intérieur de la cité, noirs et mulâtres frémissaient d'espoir et se préparaient à se soulever contre les Français. Des réunions secrètes de jeunes gens avaient lieu, durant la nuit, chez Balthazar Inginac, un des principaux notables de couleur de la ville : on s'y entretenait des moyens de livrer la capitale aux indigènes.

Entre les autorités supérieures, un désaccord a surgi. Conscients de l'inégalité de la lutte, Sarrazin et le commissaire ordonnateur Colbert ont opté pour la reddition pure et simple. Les généraux Lavalette et Panis s'y opposent catégoriquement et réaffirment leur soumission à l'autorité du capitaine général. Après leur intervention, Sarrazin et Colbert, jugeant leur vie en danger, abandonnent clandestinement la ville, laissant le commandement à Lavalette.

En dépit de l'investissement sévère de Port-au-Prince, Lavalette veut tenir jusqu'au bout, au risque de «s'ensevelir sous les ruines de la place». Il ne peut guère, pour l'aider à imposer à la population ce concept de la résistance à outrance, compter sur la Garde nationale qui a perdu tout crédit auprès de lui. À ses yeux, elle n'est plus qu'un chancre dangereux qu'il convient d'extirper au plus tôt du sein des défenseurs de la cité. Un matin l'ordre est donné à ce corps de se réunir place du Gouvernement. Des détachements de troupe de la garnison occupent une partie de la place. Lavalette paraît à cheval, la mine sévère. Son dessein est de procéder sur-le-champ au désarmement des gardes nationaux. Mais ceux-ci, par leur attitude menaçante, montrent qu'ils ne sont nullement décidés à se laisser dépouiller de leurs armes. Lavalette le sent. Il réfléchit, puis brusquement, revient sur son projet. Pour fournir un prétexte au rassemblement, il passe la Garde en revue. S'adressant aux citoyens, il leur fait une courte allocution et termine en les avertissant que même si la France devait se retirer de Saint-Domingue, elle y retournerait avant six mois.

De ce jour, la Garde nationale fut mise au rancart, et les troupes de la garnison restèrent seules à assurer jour et nuit la surveillance des postes militaires. Sur les remparts, les citoyens blancs allaient prendre la relève pour permettre aux soldats de se reposer.

… Le général en chef n'avait pas l'intention d'éterniser le siège. Sur la colline Phelippeau, au morne l'Hôpital, à deux cents toises de la Poudrière, il avait fait installer deux canons de 4 et de 8, en vue du bombardement prochain de la ville[6].

Le 24 septembre, Dessalines commande à Pétion de faire feu. Les positions fortifiées de la capitale sont vigoureusement canonnées. Au bout d'un certain temps, Pétion s'aperçoit que ses boulets n'occasionnaient pas grand tort à l'adversaire. Il réclame un obusier de gros calibre que Dessalines fait chercher à Petit-Goâve. Traînée à bras, la pièce arrive cinq jours après. Le bombardement reprend. Les forts, le poste de la Poudrière, le Gouvernement reçoivent le feu meurtrier de la batterie Phelippeau. La riposte des Français est terrible. Dix-sept bouches à feu des différentes fortifications de la ville déversent des kilos de boulets sur l'emplacement occupé par Pétion. Cangé, qui avait établi un barrage voisin du rivage pour intercepter toute communication avec Bizoton, est aussi canonné par les forts. Un premier succès récompense le courage et l'habileté des artilleurs de Phelippeau: la garnison française du poste de la Poudrière, malmenée par les boulets, est obligée de déguerpir de la position.

Le 1er octobre, deux vaisseaux de guerre, remorquant des accons, tirent durant cinq heures sur les retranchements de Cangé qui se prolongeaient jusqu'aux abords de la fortification. Malgré la mitraille, Cangé empêche les chaloupes de ravitaillement d'arriver à quai. Cette action devait être funeste pour la garnison. Contrainte par la faim, elle se détermina à évacuer le fort. Le lendemain, après avoir fait sauter la poudrière de la redoute Dessources, elle se porta sur le littoral et s'embarqua à bord d'un aviso. Au fort de Bizoton, les indigènes mirent la main sur un intéressant butin de guerre: des barillets de poudre et une nombreuse artillerie qu'on n'avait pas eu le temps d'enclouer.

Cependant, le bombardement de la ville se poursuivait sans arrêt. Pour semer la panique, Pétion dirige le feu de ses canons sur la vaste cour de l'Hôpital militaire. Effrayés, les hospitalisés s'enfuient et se répandent dans les rues. Ce pitoyable spectacle de malades courant de porte en porte, suppliant pour se faire héberger, jette la consternation dans la cité. Des cris, des lamentations s'élèvent de toutes parts... La position n'était plus tenable, et la reddition s'offrait comme la seule issue à tant de calamités.

Lavalette, qui s'en rendait compte lui aussi et redoutait que la ville ne fût livrée au pillage si elle était prise d'assaut par l'armée insurgée, réunit au Gouvernement quelques notables blancs et indigènes et leur communiqua sa décision de capituler. On fait choix d'Inginac pour apporter au général en chef les propositions de paix du commandant français. Il reçoit un cheval et un laissez-passer pour se rendre à la redoute Dessources, occupée par le capitaine Frédéric, afin de rencontrer Dessalines[7]. Celui-ci était au Piémont, travaillant avec Cangé à l'établissement d'une batterie de quatre pièces de canon. Une estafette va lui annoncer la présence du parlementaire. À son arrivée, Inginac lui fit connaître les intentions de Lavalette. Dessalines partit d'un grand éclat de rire. Sa satisfaction et sa joie étaient telles, qu'il ne pouvait se contenir. Le chef d'escadron Jean Musard est envoyé auprès de Pétion pour lui demander d'arrêter son feu et de rejoindre le général en chef à Dessources.

Des officiers de l'état-major, convoqués par Dessalines, accouraient précipitamment. La bonne humeur du général enhardit Inginac à lui faire part de la grande inquiétude des habitants, des blancs en particulier, sur le sort de la ville après l'évacuation. La majorité des officiers présents réclamait le pillage. Bonnet, à force d'arguments, réussit à les convaincre des nombreux préjudices qu'un tel comportement apporterait à la cause de l'indépendance. Pétion, qui entre-temps était arrivé, se rangea aussitôt à l'avis de Bonnet. Adoptant leur point de vue, Dessalines chargea Pétion de rédiger une adresse où il promettait à la population un traitement honorable. Il se mit ensuite à dicter les conditions auxquelles il consentirait à l'évacuation de la place: celle-ci devait lui être remise pourvue des armes, munitions, habillements qui s'y trouvaient présentement. À la fin de cette importante réunion, Inginac se retira, après avoir pris rendez-vous pour deux heures au Bois de Chênes de Valembrun, où Dessalines avait ordonné d'élever une batterie protégée de gabions. De retour en ville, Inginac présenta les propositions des indigènes qui furent acceptées avec peu de modifications. Lavalette demandait seulement qu'on lui donnât le temps de faire de l'eau pour les navires qui devaient le recevoir avec sa garnison.

Ignorant ces négociations, le fort de Léogane, qui avait découvert les préparatifs de Cangé au Piémont, s'est mis à canonner la position. Cangé riposte. Mais ses boulets, raflant le fort, enfilent la Grande Rue. Nouvelle alarme. Des ordres respectifs font cesser les tirs.

À l'heure convenue, Inginac s'amena au Bois de Chênes où il remit à Dessalines les propositions écrites de Lavalette. Le général en chef accorda quatre jours pour les préparatifs de départ et réclama un otage. Le lendemain, l'adjudant commandant Andrieux se présenta comme otage au quartier général de Turgeau. En échange, Dessalines dépêcha l'adjudant général Bonnet auprès de Lavalette, avec mission de veiller à l'exécution des conditions de paix.

Lavalette réunit les citoyens en assemblée paroissiale et leur donna lecture des clauses de la capitulation et de l'adresse de Dessalines. Ces documents, lus en chaire, sont placardés sur les murs de la ville. Ils apportent un peu d'espoir aux blancs. Dans l'après-midi, Inginac se rendit, accompagné du notable Joseph Lafontant, au quartier général de Dessalines, pour lui transmettre les remerciements de la population.

Blessés dans leur amour-propre par la défaite, les Français avaient déjà projeté à la mer plusieurs caissons de munitions et même quelques canons, lorsqu'arriva en ville l'adjudant général Bonnet. Il fit immédiatement cesser ces actes de sabotage. Escorté de gardes nationaux, il visita chacun des bateaux en chargement, afin de s'assurer qu'il ne s'y trouvait aucun indigène. Plusieurs régénérés cependant devaient, de plein gré, choisir l'exil avec leurs anciens maîtres.

Des citoyens blancs, se méfiant des promesses de Dessalines et ne voulant pas s'exposer aux outrages des indigènes, ont pris la résolution de décamper avec les troupes. Les places à bord des vaisseaux de guerre étant limitées, ils s'entassent par dizaines dans des embarcations de fortune. Sur le quai, on assiste à des adieux émouvants, à des séparations déchirantes...

Durant la trêve, Dessalines reçoit à son quartier général de Turgeau des visites de la ville. Le chef de brigade Lux qu'il connaissait et qui tout récemment s'était mesuré avec lui à la Croix-des-Bouquets, vint lui présenter ses hommages. Le curé Lecun tint lui aussi à se rendre à Turgeau. À son retour en ville, il manifesta tout son enthousiasme pour l'accueil que lui avait réservé le général en chef et proposa de le surnommer *Jean-Jacques le Bon*. En chaire, il condamna le manque de confiance des blancs qui s'étaient embarqués et les adjura de regagner Port-au-Prince. Dès qu'ils eurent connaissance de ces exhortations, bon nombre de colons revinrent avec leurs familles.

Le 8 octobre, Bonnet était de retour à Turgeau et Dessalines était informé par Lavalette de l'embarquement des derniers détachements de troupes européennes. Andrieux reçut alors l'autorisation de rejoindre son général. Le lendemain, au matin, Lavalette et Lux, à bord de l'*Aimable*, mettaient à la voile, suivis de nombreux bâtiments qui portaient le reste de la garnison et les citoyens blancs que les paroles onctueuses du versatile père Lecun n'avaient pas touchés. Malgré le blocus, l'*Aimable* parvint à échapper aux Anglais et débarqua à Santiago de Cuba Lavalette et ceux qui l'accompagnaient. Quant aux autres navires, après avoir été capturés et pillés, ils furent autorisés à poursuivre leur route.

Le même jour, à 7 heures du matin, l'armée indigène prenait possession de la capitale. Pour rehausser son triomphe, Dessalines a revêtu un habit rouge couvert d'or. À sa droite, Pétion en uniforme de général, un plumet noir au chapeau; à sa gauche, Gabart. Ils pénètrent par le portail de Montalet ou du Petit Paradis, pendant que Cangé, par le portail de Léogane et Larose, par celui de Saint-Joseph, font en même temps leur entrée dans la ville. Une ovation délirante salue l'arrivée du général en chef qui, de la main, répond aux acclamations de la foule... Voici les troupes indigènes. Quel contraste avec l'équipement des soldats de l'ancienne garnison française! En haillons, mais la tête haute, le regard assuré, elles défilent au son de la musique d'une fanfare improvisée qui leur verse l'exaltation plein le cœur. À leur passage, on bat des mains, on exulte, et c'est au milieu des cris de joie de toute la population indigène que Dessalines, suivi de son armée déguenillée, franchit la grille d'entrée du palais du Gouvernement.

Un commencement de pillage, encouragé par le colonel Thomas Marie-Jeanne, est signalé à la rue des Fronts-Forts. Avertis par le chef de bataillon Bedouet, Dessalines et Pétion dispersent les pillards et font incarcérer Thomas Marie-Jeanne. Le bataillon coupable reçoit en punition l'ordre d'aller camper hors les murs.

Dans la soirée, les habitants illuminent. Les états-majors des corps d'armée sont invités dans plusieurs maisons à participer aux festivités préparées en leur honneur. Partout, on danse jusque fort tard dans la nuit. Pétion, qui était au chef-lieu du département de son commandement, alla coucher chez lui, rue d'Orléans (rue de la Révolution)[8]. Dessalines prit logement au Gouvernement.

De grand matin, au son de la générale, les citoyens en état de servir, convoqués depuis la veille pour une réunion importante, se rassemblent sur la place d'Armes. Dessalines apparaît bientôt, accompagné de Pétion, et suivi de son état-major et des officiers Germain Frère et Bedouet qu'il venait de désigner aux commandements respectifs de l'arrondissement et de la place du Port-Républicain. La population est passée en revue. Pensif, Dessalines se dirige vers l'autel de la Patrie, en gravit pas à pas les degrés, et quand enfin il laisse planer ses regards sur la foule anxieuse, chacun s'aperçoit de ses efforts pour comprimer son émotion. C'est qu'il a de graves choses à dire, spécialement à ceux qui, pendant si longtemps, maîtres d'innombrables destinées, avaient été les artisans du malheur de tant de vies humaines... Aujourd'hui que la défaite avait rabattu leur superbe, pouvait-il, sans faillir à son devoir, les regarder comme des frères? Pouvait-il à leurs congratulations prêter une oreille complaisante? Face au peuple et à l'armée, il avait à prendre ses responsabilités, à balayer toute équivoque et à indiquer une fois pour toutes aux anciens seigneurs leur place dans la cité.

«... *Vous ne serez pas persécutés,* leur dit-il en substance. *On respectera vos personnes et vos biens. L'exercice de vos professions vous sera garanti; mais vous ne pourrez aspirer à aucun droit de citoyen...*»

Séance tenante, une contribution de guerre leur est imposée au prorata de leurs revenus. Le droit du port d'armes leur est retiré, et défense leur est notifiée de quitter le pays.

La population blanche était consternée. Trop tard, elle reconnaissait qu'en choisissant de rester à Saint-Domingue, elle s'était fourvoyée. Quelle erreur d'avoir cru en l'indulgence de ceux à qui elle n'avait jamais offert que le spectacle de la violence et de la haine !

... Après quatorze années d'une lutte à mort, durant lesquelles des adversaires passionnés avaient tour à tour imposé à la capitale leurs concepts administratifs, politiques et sociaux, Port-au-Prince se retrouvait entre les mains de ses véritables fils, les noirs et les mulâtres, enfin unis pour la cause sacrée. Sauraient-ils l'aimer de cet amour profond qu'en leur temps, des administrateurs français, pénétrés du souci du bien public, avaient su lui vouer?

En attendant, il fallait songer à préparer le dernier coup de bélier qui allait faire de la colonie de Saint-Domingue un pays libre et indépendant.

Au moment de la capitulation de Port-au-Prince, les Français ne contrôlaient plus dans la colonie que la ville du Cap, le Môle Saint-Nicolas et le bourg de la Bombarde. Dessalines incorpora à son armée la Garde nationale de Port-au-Prince et plus de quatre cents jeunes gens noirs et mulâtres de la ville qui composèrent le 3e bataillon de la 4e demi-brigade, sous le commandement de Jean-Philippe Daut. Ces troupes furent aussitôt dirigées sur le Cap. Après avoir laissé à Port-au-Prince le général Pétion à qui sa santé, plus que jamais compromise, «ne permettait pas de faire la nouvelle campagne», Dessalines partit pour le Nord rejoindre son armée.

Le 18 novembre 1803, sur la butte de Vertières, aux portes du Cap, s'effondrait, dans le fracas de la mitraille, l'édifice vermoulu de la société dominguoise, tandis que surgissait une nation souveraine, la seconde du continent américain et la première de toutes les nations noires... Pour trancher avec l'ancien ordre de choses, les généraux redonnèrent au pays son nom indien d'*Haïti,* auquel les Français avaient substitué celui de Saint-Domingue[9], et le Port-Républicain retrouva sa dénomination originelle de *Port-au-Prince,* que lui avait ravie le patriotisme quelque peu chauvin du commissaire Polvérel.[10].

L'établissement du gouvernement issu de la victoire devait amener pour Port-au-Prince une bien pénible épreuve : sa déchéance comme capitale au profit du bourg de Marchand. Ce changement, que Dessalines avait estimé nécessaire pour la sauvegarde de l'indépendance, n'aura pas l'agrément de tous ses frères d'armes. Il comptera parmi les causes lointaines de l'horrible tragédie du Pont-Rouge.

Notes

1   Cité en note par Saint-Rémy in *Pétion et Haïti,* tome III, livre VII, 1956, p. 65.

2   Saint-Rémy, *op. cit.,* tome III, livre VIII, p. 77.

3   Saint-Rémy, *op. cit.,* tome III, p. 80.

4   M. Begouën Demeaux, *Jacques-François Begouën,* 1957, p. 184.

5   M. Begouën Demeaux, *Stanislas Foache, journal de Morange,* 1951, p. 218.

6   Emplacement occupé aujourd'hui par le monastère des pères rédemptoristes de Saint Gérard. D'après Mentor Laurent, «des deux obus scellés dans le mur, à quelques pas du calvaire, sont des souvenirs de la campagne de 1803». Cf. *Le Document,* avril 1940, n° 4, p. 321.

7   *Mémoire de Balthazar Inginac,* reproduit en feuilleton dans le quotidien *Le National,* Port-au-Prince, année 1954.

8   Emplacement du bâtiment logeant actuellement le ministère des Affaires sociales.

9   Appellation dérivée de *Santo Domingo,* nom donné, d'après certains auteurs, à la capitale d'Hispaniola par Christophe Colomb, en l'honneur de son père, Domenico Colomb. Selon Oexmelin, la nouvelle ville aurait été plutôt ainsi appelée, parce que Colomb «y étant descendu un jour de dimanche et trouvant la place commode, y fit bâtir cette ville qu'il nomma Santo Domingo, c'est-à-dire le *saint* jour du *dimanche*».

10   Version de Beaubrun Ardouin, *Études...,* tome II, 1958, p. 54, note 4, et de Thomas Madiou, *Histoire d'Haïti,* tome III, 1922, p. 68 (Note).

APPENDICES

APPENDICE I

NOMENCLATURE DES RUES
DE LA VILLE DU PORT-AU-PRINCE

Nous donnons ci-après la nomenclature des rues de Port-au-Prince, telles qu'elles étaient désignées en 1789. Pour faciliter le lecteur, nous joignons à chaque rue ancienne le nom sous lequel elle est connue de nos jours.

Nous diviserons les rues en deux catégories: les rues parallèles à la mer, qui vont du nord au sud, et les rues perpendiculaires à la mer, qui se dirigent de l'est à l'ouest. Nous commencerons à énumérer les premières à partir des limites de la ville à l'est, en direction du rivage. Les autres seront comptées à partir du Bel-Air, en direction du sud.

Voir le tableau à la page suivante.

RUES DE PORT-AU-PRINCE (1789)

I – RUES PARALLELES A LA MER

NOMS DANS L'ANCIENNE VILLE	NOMS DANS LA NOUVELLE VILLE	NOMS ACTUELS
1. Rue des Pucelles		1. Rue des Pucelles
2. Rue de Conty	2. Rue de Conty	2. Rue Monseigneur-Guilloux
3. Rue des Favoris	4. Rue de Condé	3.-4. Rue Docteur-Aubry - Rue de la Réunion
5. Rue de Vaudreuil	6. Rue d'Orléans	5.-6. Rue du Peuple ou Anténor-Firmin - Rue de la Révolution
7. Rue Dauphine	Rue Dauphine	7. Rue du Centre ou Hammerton-Killick, prolongée par la rue des Abricots
8. Rue Royale ou Grande Rue	Rue Royale ou Grande Rue	8. Grand'rue ou Boulevard Jean-Jacques Dessalines
9. Rue Saint-Philippe		9. Rue Courbe (de la rue Tiremasse à la rue des Césars)
10. Rue Vallière		10. Rue Courbe (de la rue des Césars à la rue des Fronts-Forts)
11. Rue Saint-Jean-Baptiste		11. Rue Courbe (de la rue des Fronts-Forts à la rue des Miracles)
12. Rue Sainte-Claire ou des Capitaines	Rue Sainte-Claire ou des Capitaines	12. Rue du Magasin de l'État ou Abraham-Lincoln
13. Rue du Quai de Rohan	Rue du Quai de Rohan	13. Rue du Quai ou Avenue Christophe-Colomb, prolongée par la rue Américaine ou Eugène-Bourjolly

II – RUES PERPENDICULAIRES A LA MER

NOMS DANS L'ANCIENNE VILLE	NOMS DANS LA NOUVELLE VILLE	NOMS ACTUELS
14. Rue Tiremasse		14. Rue Tiremasse ou Justin-Lhérisson
15. Rue du Bel-Air		15. Rue Macajoux ou Boulevard des Veuves
16. Rue Saint-Come		16. Rue Saint-Come
17. Rue des Césars		17. Rue des Césars ou Marion
18. Rue Traversière		18. Rue Traversière ou du Mexique (de la rue du Centre au marché Vallière)
19. Rue de la Comédie		19. Rue Traversière ou du Mexique (du marché Vallière à la rue du Quai)
20. Rue des Fronts-Forts		20. Rue des Fronts-Forts ou Thomas-Madiou
21. Rue de Bonne Foy		21. Rue Bonne Foi ou Docteur Martelly-Séide
22. Rue de l'Intendance		22. Rue Courte
23. Rue des Miracles		23. Rue des Miracles ou Férou
24. Rue d'Aunis ou du Port		24. Rue Pavée ou Dantès-Destouches
	25. Rue de Provence	25. Rue des Casernes ou Paul VI
	26. Rue de Rouillé, du Gouvernement ou du Champ-de-Mars	26. Rue du Champ-de-Mars
	27. Rue d'Ennery	27. Rue d'Ennery
	28. Rue Saint-Honoré	28. Rue Saint-Honoré ou Monseigneur-Beauger
	29. Rue d'Argout	29. Rue Carbonne, Trousse-Cotte ou de l'église Sainte-Anne
	30. Rue de Penthièvre	30. Rue Joseph-Janvier
	31. Rue de Bretagne	31. Rue Charéron
	32. Rue de Normandie	32. Rue Oswald-Durand

APPENDICE II

ORDONNANCE DE MESSIEURS DE CONFLANS ET MAILLARD EN DATE DU 13 JUIN 1749[1].

13 juin 1749.

Le chevalier de Conflans chevr de l'ordre royal et militaire de St-Louis, chef d'escadre des armées navales, gouverneur et lieutenant général pour le Roy des Isles françoises de l'Amérique sous le Vent et

Simon Pierre Maillard, conseiller du Roy en ses conseils, intendant de justice, police et finances et de la Marine aux dites Isles.

Vu la requête à nous présentée par les habitans et négocians du Bourg du Cul-de-Sac, et à nous adressée par M. de la Caze lieutenant du Roy commandant dud. quartier, en date du cinq de ce mois, tendante a ce qu'il nous plut, attendu le danger que Led. Bourg vient d'essuyer par le débordement de la Grande Rivière, d'ordonner l'exécution du projet pour changer led. Bourg, ce qui n'avoit été suspendu que par les représentations qui nous avoient ci devant été faites par les mêmes habitans, par une précédente requête de leur part, sur la circonstance de la guerre et autres considérations y contenu auxquelles nous aurions eu égard.

Vu aussi le procès verbal d'arpentage en date du quinze mars mil sept cent quarante trois par le Sr du Colombier, en conséquence de nos ordres, et de ceux donnés au Sr Herbert ingénieur du Roy, par lequel procès verbal il constate que le terrain qui doit être acheté au Sr Morel, destiné pour l'emplacement du nouveau Bourg au Port-au-Prince contient suivant le plan y annexé mille pas de haut, chassant d'ouest en est, sur six cent pas de large allant du nord au sud, le tout non compris dans les cinquante pas du Roy.

Vu pareillement nos ordonnances, des six février et trois juin mil sept cent quarante trois, qui autorisent lesd. habitans à s'assembler pour parvenir à l'arrangement nécessaire tant pour la vente du terrain sur lequel sont actuellement bâtis l'Eglise, le presbytère, et le Bourg du Cul de Sac que de l'achat de celui du S. Morel pour placer le nouveau bourg au Port au Prince, et de la vente de celui de la paroisse du Trou Bourdet qui doit être réunie à celle du Port au Prince, en conséquence de laquelle première ordonnance lesd. habitans du Cul de Sac ont accepté dans leur Assemblée du dix-huit juin mil sept cent quarante trois, l'offre faite par la Dame Veuve Damien de la somme de quarante mil livres pour le prix et payement dud Terrain, laquelle vente a été aussy acceptée par lad. De Damien par le même acte, et pour lad. somme de quarante mil livres, payables, sçavoir: vingt mille livres comptant après l'omologation dud. acte, et pareille somme lorsque lad. Dame acquéreure seroit mise en possession dud. terrain; mais sur les représentations présentement à nous faites par le Sr Drouillart, fondé de la procuration, de lad. De Damien, partie pour France, de l'impossibilité où il est de satisfaire à ce payement, dans les termes ci-devant stipulés, avec lad. Dame, à cause les autres engagemens qu'elle a fait depuis ce tems, pour son départ, et d'autres dette qu'elle a été dans le cas d'acquiter, contre le dérangement considérable que cette habitation vient d'essuyer par ce dernier débordement, nous lui avons accordé pour ledit payement deux années à commencer du premier janvier de l'année prochaine mil sept cent cinquante, payables de six mois en six mois à raison de dix mille livres à commencer dud. jour auxquels termes et payement le Sr Morel a consenti lad. somme devant être payée en son acquit aux héritiers Rodot, attendu leurs hipotèques sur la totalité de l'habitation acquise par le Sr Morel, dont le susd. terrain fait partie.

Et sur les représentations du Sr Drouillard en sa qualité, que lad. De Damien n'avoit acquise à ce prix de quarante mil livres le susdit terrain que pour jouir de l'avantage de l'eau de la rivière de la passe, tant pour arroser ce même terrain que celuy de son habitation où elle pourroit la conduire, et que sur les mêmes représentations par elle faites à feu M. de Larnage, il lui auroit répondu par sa lettre du..... mil sept cent quarante six, qu'il étoit juste de luy faire droit sur l'eau de cette Rivière; c'est en cette considération que nous ordonnons par la présente que par deux experts qui seront nommés par led. Sr Drouillart en sa qualité et par les autres intéressés qui jouissent actuellement de cette même eau, et qui sont opposant à la prétention de lad. Dame pour l'entière jouissance de la rivière, et en présence du S. Duport, Simon d'office par M. de la Caze commandant aud. quartier, il sera dressé procès-verbal des raisons de toutes les parties pour connoître la portion qu'il convient d'en accorder aux uns et aux autres, et si c'est même une nécessité absolue que ces autres prétendans tirent une portion de cette même eau.

Ordonnons qu'en conséquence de nos précédentes ordonnances des six février et trois juin mil sept cent quarante trois, il sera aussi procédé par les marguilliers du Trou Bordet à l'achat du susd. terrain du S. Morel sur le pied de quarante deux mil livres conformément aux conventions dud. S. Morel, et à la vente du terrain de l'Eglise et presbitère du Trou Bordet, suivant la convention ci devant faite avec le s. Letort pour la somme de dix-huit mil livres par lui actuellement acceptée, non compris dans cette vente les Batimens qui s'y trouvent actuellement, lesquels seront remis aux marguilliers de la paroisse du Port-au-Prince, pour être destinés et employés à ceux nécessaires à la nouvelle paroisse; lad. somme de dix huit mil livres payable en sucre brut ou argent au choix dud. S. Letort, scavoir neuf mil livres dans trois mois, et l'autre moitié dans un an du jour de l'acte de vente, laquelle dite somme sera déposée entre les mains des marguilliers pour être employée suivant nos ordres; et sur ce qui nous a été représenté par led. S. Letort qu'ayant acquis du S. de Crameuil un terrain sur lequel se trouve la source de la Mahotière pour l'eau de laquelle il est en discussion avec les héritiers Robiou, qui prétendent que partie de l'eau de cette source qui les avoisine, leur est indispensable pour leur moulin, et qu'ils prétendent en avoir l'usage dans tous les tems, nous ordonnons, que par deux experts qui seront nommés par les parties, sinon d'office par M. de la Caze commandant dud. quartier, et en présence du s. Duport, il sera dressé procès-verbal de la quantité d'eau indispensable pour faire rouler leur moulin, en examinant en même temps, si celle que les héritiers Robiou peuvent tirer de la Rivière Froide ne doit pas diminuer la quantité de celle qu'ils prétendent tirer de la source de la Mahotière, en sorte que led. s. Letort ait la jouissance et la propriété de toute la portion d'eau provenant de lad. source qui sera superflüe pour l'usage du moulin à l'eau des héritiers Robiou, et pour le partage de laquelle il sera étably un Bassin de division dans l'endroit le plus convenable pour le s. Letort pour l'arrosement du terrain acquis du s. de Crameuil de celui du presbitère et de son autre habitation.

En conséquence de la réunion ordonnée des deux paroisses du Cul de Sac et du Trou Bordet a celle du Port au Prince, et attendu l'éloignement dont s'en trouveroient les habitans qui sont situés de l'autre côté de la Grande Rivière, nous ordonnons que pour leur commodité il sera construit une Eglise convenable dans le lieu appelé la Croix du Bouquet, dont les héritiers Berichon prétendent avoir droit, lesquels nous nous réservons l'examen de cette prétention pour y faire droit en sorte que les habitans situés au delà de la Grande Rivière du Lamentin, et tous ceux en deça de la Grande Rivière du Cul de Sac seront réputés de la paroisse du Port au Prince; et les habitans au delà de la Grande Rivière du Cul de Sac seront tous de l'autre paroisse située sur le terrain de la Croix du Bouquet, mais les uns et les autres seront tenus d'acquiter les droits du Roy et publics entre les mains du Receveur établi au lieu principal du Port au Prince et comme notre intention est d'augmenter et peupler le lieu principal du Port au Prince et que des établissements particuliers sur le terrain de la Croix du Bouquet seroient nuisibles a cet objet important, nous déffendons à tout particulier d'y établir des logemens, a l'exception néanmoins d'un chirurgien, un machoquet, un charron, un sellier, et un cabaretier qui tiendra aussi la Boulangerie et un étal de Boucherie que les Fermiers seront tenus d'y entretenir: Lesquels pourront en acquérir les emplacemens convenables, après la discussion que nous avons réglé sur la propriété dud. Terrain : Nous ordonnons aussi qu'il sera ouvert un canal de quatre pouces en quarré de la grande Rivière dans l'endroit le plus convenable pour en conduire l'eau sur le terrain appelé la Croix du Bouquet pour l'usage du presbitère et des magasiniers qui auront permission de s'y établir. Entendons aussi que les matériaux de l'Eglise et du presbitère actuel du Cul de Sac ou le produit d'iceux s'il sont vendus, seront employés à la construction de l'autre paroisse et du presbitère de la Croix du Bouquet et pour la construction desquels nous autorisons les marguilliers et habitans à s'assembler en présence de

M. de la Caze pour délibérer sur les moyens les plus prompts et pour faire la répartition du surplus des deniers nécessaires pour les d. constructions ce qui sera par nous homologué.

Etant aussi important de procurer à la ville du P. au P. toutes les eaux qu'il sera praticable d'y conduire pour les différens usages de la ville et de la Rade, outre celle de la Charbonnière qui y est déjà destinée, nous ordonnons que le S. Duport arpenteur dont l'expérience en ce genre nous est connüe et qui a été commis par notre précédente ordonnance du trois octobre mil sept cent quarante quatre, pour les différentes dispositions qui concernent l'établissement de la ville du P. au. P fera la visite et l'examen des eaux des environs qui pourront y être conduites pour l'utilité et l'avantage de lad. ville, dont il fera les nivellement, les plans et devis nécessaires entre autres de la source située sur les terrains des Sieurs Le Roy et des rivières qui passent chez les Srs Salé et Ferrou pour le tout à nous rapporté être ordonné ce qu'il appartiendra.

Et afin d'accélérer le prompt établissement de la nouvelle ville du P. au P. nous ordonnons que led. S. Duport se transportera incessament sur le terrain acquis pour led. emplacement, pour y tracer conformément au plan du S. du Coudreau ci-devant ingénieur en chef, les islets et y former les rües en observant néanmoins que les emplacemens qui ont ensuite été tracés sur led. Islets nous paraissant trop étroits pour chaque logement pour la commodité de ceux qui en obtiendront les concessions, seront par luy rectifiés, surtout ceux les plus proches de la mer, destinés de préférence aux négociants, correspondant de France, et dont les faces ayant vingt pieds chacune autant que le terrain et les rües le permettront, en observant aussi que les Islets qui sont à l'intérieur et les derniers de la ville ne méritent pas les mêmes considérations, il observera aussi de donner plus d'étendüe au quay qui doit être formé sur le bord de la mer pour le déchargement des marchandises, réservant à M. de la Caze commandant dud. quartier de faire ensuite sur led. plan la distribution de chaque emplacement d'abord par préférence aux négocians qui sont propriétaires d'autres terrain dans le bourg actuel du Cul de Sac et ensuite à chaque habitant et négociant particulier qui en ont en propriété, et les autres emplacemens restans, après ces premiers propriétaires remplis seront par luy accordés à d'autres particuliers mais toujours par préférence aux négocians et marchands qui se présenteront, et attendu qu'il y a eu ci-devant des concessions accordées à quelques particuliers sur le précédent plan et que le changement qui sera fait dans le nouveau causeroit de la confusion, nous annulons les précédentes concessions, ordonnons à ceux qui les ont de les rapporter au S. Duport qui leur expédiera un certificat pour en obtenir de nouvelles qui leur seront expédiées gratis s'ils ont payés les droits des premières. Et à l'égard de ceux qui n'ont point encore obtenu de concessions, elles ne leur seront délivrées qu'en payant 3 l. par chaque pied de face et les droits ordinaires d'expédition et d'enregistrement en sus de l'exception des propriétaires des magasins du Cul de Sac qui seront dispensés de cette contribution.

Nous voulons que lesd. Bâtimens et magasins pour l'embellissement dud. lieu soient uniformes sur les faces des rües pour les alignements et hauteurs suivant le plan qui en sera dressé par led. S. Duport; sauf en distributions de l'intérieur au gré des propriétaires qui seront néanmoins tous tenus de couvrir lesd. habitations en essentes, ardoises ou thuiles pour éviter les inconvéniens du feu.

Il sera aussi choisi par M. de la Caze un endroit convenable dans les derrières de la ville pour y loger les nègres de la maréchaussée et autres négresses et mulâtres connus de bonnes vies qui peuvent être utiles aux gens de mer et étrangers en observant néanmoins de n'en pas trop multiplier le nombre, lesquels seront aussi tenus de les couvrir au moins d'essentes.

Pour satisfaire à l'empressement que les habitants nous ont marqué par leur requête pour ce prompt changement de résidence, attendu le grand danger du dernier débordement et du préjudice qu'ils en ont souffert, nous ordonnons que sans aucun retardement M de la Caze, commandant, résidera sur le lieu et dans la maison Rodot comprise dans la vente du sr Morel, que le curé destiné pour lad. paroisse s'y transportera aussi en même tems, ainsy que le notaire garde-nottes et les boucheries, pour par leur résidence y attirer les autres habitans à qui nous ordonnons sans différer de s'y transporter aussi pour y former leurs nouveaux établissemens, à peine d'être déchus des concessions qu'ils en auraient obtenues après le délai de six mois à compter du jour de la publication de la présente; et en attendant qu'on ait pu pourvoir à la construction d'une église neuve et presbitère, nous ordonnons suivant la première disposition cy-devant faite que les marguilliers feront faire aussi sans retardement les réparations ci devant reconnues nécessaires à la sucrerie Rodot comprise dans l'achat dudit terrain pour servir jusques là de paroisse, et qu'il sera aussi par eux pourvu au logement du curé en y transportant les matériaux de celuy du Trou-Bordet.

Et pour parvenir plus promptement à cet établissement il est aussy nécessaire de rendre plus praticables les chemins depuis le Trou-Bordet et celuy du Cul de Sac au Port-au-Prince, nous ordonnons en conséquence que par M. de la Caze il sera commandé un nombre de nègres suffisant à chaque habitant desd. quartiers pour y travailler. Mandons à M. de la Caze, lieutenant de Roy, commandant aud. quartier de tenir la main à l'exécution des présentes et tous autres en droit soy de se conformer aux clauses et conditions y insérées, lorsqu'elles seront enregistrées en "nôtre" greffe où seront aussi déposés tous les plans, devis, contrats ou expéditions d'iceux pour y avoir recours au besoin, lue et publiée par tout où il appartiendra. Donné à Léogane sous les cachets de nos armes et les contre seings de nos secrétaires, le treize juin mil sept cent quarante neuf.

DE CONFLANS
Par monseigneur
LAX... (*illisible*)

MAILLARD
Par monseigneur
DUCLERC [?]
(*illisible*)

A été enregistrée la présente ordonnance au greffe de l'intendance des isles françoises de l'Amérique sous le vent par moi soussigné greffier de lad. intendance au Petit Goave le seize juin mil sept cent quarante neuf.

Enregistrement :   DELANGLE
gratis.   Greffier.

1. Archives Nationales, Paris, Col C9A 81.

APPENDICE III

LETTRE DU ROI AUX ADMINISTRATEURS POUR ÉTABLIR AU PORT-AU-PRINCE LA CAPITALE DES ÎLES SOUS LE VENT

Du 26 Novembre 1749

Mons. le Chevalier de Conflans et Mons. Maillart. Les représentations qui m'ont été faites sur les inconvénients qui se trouvent dans l'établissement du Fort Royal de Petit-Goâve, surtout par rapport au mauvais air, m'ayant fait connoitre que ce poste ne peut pas convenir pour y placer la capitale de ma colonie; j'ai pris la résolution de faire établir cette capitale au Port-au-Prince, où selon le compte qui m'en a été rendu, doivent se trouver réunis tous les avantages que l'on peut désirer pour un établissement de cette espèce; tant pour la situation qui est dans le centre de la colonie, et à portée d'un commerce très-considérable, que par la commodité du Port, la salubrité de l'air, la bonne qualité des eaux qui s'y trouvent, et la facilité des fortifications du côté de la mer et de la terre; mon intention est donc que conformément et en exécution des ordres particuliers et détaillés que je vous fais donner, vous travailliez aux dispositions nécessaires pour que ce projet d'établissement de la capitale au Port-au-Prince puisse être exécuté le plus promptement et le plus solidement qu'il sera possible; et comme il se trouve des fortifications assez considérables déjà faites au Fort Royal du Petit-Goâve, je veux qu'on les laisse subsister et qu'elles soient entretenues jusqu'à ce que le Port-au-Prince en ait de suffisantes, parce que si, contre mon attente et les mesures que mon amour pour la paix et pour mes peuples m'a fait prendre, la guerre survenoit auparavant, ces fortifications pourront toujours servir utilement, et je donnerai dans la suite mes ordres pour les réductions que je jugerai à propos d'y faire faire, lorsque le nouvel établissement aura été mis en état de défense. Sur ce, je prie Dieu...

(Tiré des *Loix et Constitutions des Colonies Françoises de l'Amérique sous le Vent*)

APPENDICE IV

NOMENCLATURE DES RUES DE LA VILLE DE PORT-AU-PRINCE À L'ÉPOQUE RÉVOLUTIONNAIRE

La toponymie des rues de Port-au-Prince ayant subi de sensibles modifications à l'époque révolutionnaire, il nous a paru intéressant de le signaler aux lecteurs. Pour établir le tableau ci-après, nous nous sommes référé principalement à l'étude de Roland Devauges sur «l'évolution de la toponymie dans la partie ancienne de Port-au-Prince» parue dans le numéro 48 (décembre 1953) de la revue franco-haïtienne *Conjonction*. Dans cette étude, M. Devauges fait état d'un plan du Port-Républicain datant de 1799, où figurent tous les changements apportés à la toponymie des rues de la capitale au temps de la Révolution. Les noms de provinces ou de familles françaises, les noms de saints et ceux évoquant la royauté sont éliminés et remplacés par des noms «neutres» ou par des noms révolutionnaires glorifiant l'esprit nouveau. La plupart de ces vocables, qui répondaient à la propre mystique révolutionnaire des insurgés autochtones de Saint-Domingue, se retrouvent encore à l'époque contemporaine.

Voir le tableau à la page suivante.

RUES DE PORT-AU-PRINCE (1799)

I – RUES PARALLELES A LA MER

ANCIEN REGIME	PERIODE REVOLUTIONNAIRE	PERIODE HAÏTIENNE
1. Rue des Pucelles	1. Rue des Pucelles	1. Rue des Pucelles
2. Rue de Conty	2. Rue de l'Égalité	2. Rue Monseigneur-Guilloux
3. Rue des Favoris	3. Rue du Réservoir	3. Rue Docteur-Aubry
4. Rue de Condé	4. Rue de la Réunion	4. Rue de la Réunion
5. Rue de Vaudreuil	5. Rue du Peuple	5. Rue du Peuple ou Anténor-Firmin
6. Rue d'Orléans	6. Rue de la Révolution	6. Rue de la Révolution ou de l'Enterrement
7. Rue Dauphine	7. Rue du Centre	7. Rue du Centre ou Hammerton-Killick
8. Rue Royale ou Grande Rue	8. Rue Républicaine	8. Grand'rue ou Boulevard Jn-Jacques-Dessalines
9. Rue Saint-Philippe	9. Rue Courbe	9. Rue Courbe
10. Rue Vallière	10. Rue Courbe	10. Rue Courbe
11. Rue St-Jean-Baptiste	11. Rue Courbe	11. Rue Courbe
12. Rue Sainte-Claire	12. Rue du Magasin de l'État	12. Rue du Magasin de l'État ou Abraham-Lincoln
13. Rue du Quai de Rohan	13. Rue du Commerce	13. Rue du Quai prolongée par la rue Américaine ou Eugène Bourjolly

II – RUES PERPENDICULAIRES A LA MER

ANCIEN REGIME	PERIODE REVOLUTIONNAIRE	PERIODE HAÏTIENNE
14. Rue Tiremasse	14. Rue Tiremasse	14. Rue Tiremasse ou Justin-Lhérisson
15. Rue du Bel-Air	15. Rue du Bel-Air	15. Rue Macajoux ou Boulevard des Veuves
16. Rue Saint-Come	16. Rue du Roule	16. Rue Saint-Come
17. Rue des Césars	17. Rue des Césars	17. Rue des Césars ou Marion
18. Rue Traversière	18. Rue Traversière	18. Rue Traversière ou du Mexique
19. Rue de la Comédie	19. Rue Traversière	19. Rue Traversière ou du Mexique
20. Rue des Fronts-Forts	20. Rue des Fronts-Forts	20. Rue des Fronts-Forts ou Thomas-Madiou
21. Rue de Bonne Foy	21. Rue de Bonne Foy	21. Rue Bonne Foi ou Docteur Martelly-Séide
22. Rue de l'Intendance	22. Rue de l'Intendance	22. Rue Courte
23. Rue des Miracles	23. Rue des Miracles	23. Rue des Miracles ou Férou
24. Rue d'Aunis	24. Rue du Port	24. Rue Pavée ou Dantès-Destouches
25. Rue de Provence	25. Rue des Casernes	25. Rue des Casernes ou Paul VI
26. Rue de Rouillé ou du Gouvernement	26. Rue du Champ-de-Mars	26. Rue du Champ-de-Mars
27. Rue d'Ennery	27. Rue Courte	27. Rue d'Ennery
28. Rue Saint-Honoré	28. Rue Honoré	28. Rue Saint-Honoré ou Monseigneur-Beauger
29. Rue d'Argout	29. Rue du Cul-de-Sac	29. Rue Carbonne
30. Rue de Penthièvre	30. Rue de l'Hôpital	30. Rue Joseph-Janvier
31. Rue de Bretagne	31. Rue de la Descente	31. Rue Charéron
32. Rue de Normandie	32. Rue de la Poudrière	32. Rue Oswald-Durand

APPENDICE V

DISCOURS PRONONCÉ PAR M. LE MAIRE LEREMBOURE APRÈS LA LECTURE DU TRAITÉ DE DAMIEN

Messieurs,

Qu'il est beau ce jour où nous pouvons dire avec vérité que nous sommes tous frères et amis !

Qu'il est beau ce jour où deux classes de citoyens divisés jusqu'ici se mêlent et se confondent pour n'en faire à l'avenir qu'une seule !

Qu'il est beau enfin ce jour où une réconciliation entière, franche, loyale, rapprochant tous les coeurs, éteint tout souvenir du passé, et ne laisse plus voir devant nous que des jours tranquilles et heureux passés dans les douceurs de la confiance et de l'amitié ! Nous sommes donc dès ce jour frères et amis: nous scellons en ce moment la paix et la réconciliation.

Jurons tous, promettons-nous tous de nous soutenir et de nous défendre mutuellement; d'être tous les protecteurs du bon ordre et de la sûreté publique. Unissons-nous pour la cause commune et ne connaissons d'autres ennemis que les ennemis du bien public. Jurons de regarder et de traiter comme perturbateurs du repos public tous ceux qui contreviendraient au présent traité. (Ici toute la députation a crié : Nous le jurons!)

Citoyens de couleur, mes amis, vous perdez ici cette dénomination; il n'existe plus de distinction, plus de différence : nous n'aurons à l'avenir, tous ensemble, qu'une même qualification, celle de citoyen.

Que la sincérité préside à un Contrat aussi solennel et aussi sacré, que les expressions de bouche ne soient point démenties par les sentiments de coeur. Promettons-nous amitié, franchise, loyauté, et que les témoignages que nous donnons ici soient le gage d'une paix et d'une union durables à jamais. (Toute la députation a dit : Nous le jurons!)

Et vous, braves militaires de Normandie et d'Artois, du Corps royal d'Artillerie, de la Marine royale et marchande, de l'équipage du vaisseau le Borée, vous tous enfin qui êtes présents, partagez notre satisfaction et mêlez vos élans aux nôtres.

C'est à vous que nous sommes redevables de notre état. C'est vous qui, dans tous les temps, nous avez secourus, soutenus. Vous savez à la guerre montrer que vous êtes de braves militaires, comme vous savez à la paix montrer que vous êtes de bons citoyens. Recevez ici tous nos sentiments d'amitié et de reconnaissance.

Il ne manque plus à notre bonheur qu'une chose, c'est de le rendre durable; c'est d'écarter loin de nous tout ce qui peut troubler l'ordre et la paix; c'est de ramener la confiance, la tranquillité, la sûreté publique.

Que la Loi soit observée; que ceux qui commandent soient obéis. Voilà notre voeu à tous, et, pour qu'il soit bien rempli, finissons un acte aussi solennel par un serment sacré, et disons tous: Je jure d'être fidèle à la Nation, à la Loi et au Roi, et de contribuer de tout mon pouvoir à la tranquillité. (Nous le jurons!)

Tiré de *L'Histoire de Toussaint-Louverture* de H. Pauléus SANNON, tome I (1938) pp. 239 et 240.

APPENDICE VI

LETTRE DES COMMISSAIRES CIVILS À MM. LES OFFICIERS DE LA MUNICIPALITÉ DE PORT-AU-PRINCE

Au Cap-Français, le 10 Janvier 1792.

Nous commençons, Messieurs, par rendre hommage aux vertus civiques dont vous donnez depuis près d'un an des preuves souvent répétées, aux dépens de vos fortunes par le sacrifice de toutes aisances et malgré les dangers effrayants qui vous environnent.

Mais, Messieurs, permettez aussi qu'après vous avoir rendu la justice que nous vous devons, nous relevions avec la même franchise, lorsqu'il y aura lieu, des erreurs et des négligences, même très graves, qui sans doute étoient inévitables dans les positions critiques où vous vous êtes trouvés et que néanmoins nous ne pourrions feindre d'ignorer, sans nous exposer aux reproches de la nation et du roi.

Premièrement. Le dessein de s'opposer à l'exécution du décret du 15 mai dernier sur les colonies, que manifesta la majeure partie des colons blancs de Saint-Domingue, fut accompagné et suivi de la plus grande fermentation; toutes les têtes furent électrisées et l'on se livra tellement à la séduction des passions qu'une partie de la colonie crut ou voulut avoir le droit de désobéir aux lois, tandis que l'autre prétendoit avoir celui de faire exécuter par la force des armes un décret qui n'étoit pas même reçu officiellement.

Les partisans du décret formèrent une confédération, dans laquelle entrèrent d'abord des blancs et des hommes de couleur des quatorze paroisses de l'Ouest, et ensuite des particuliers de différentes paroisses du Sud et du reste de la province de l'Ouest. Ceux du parti contraire avoient certainement tort de vouloir s'opposer à un décret fait pour les colonies; mais comme ils n'ont jamais été dans le cas de passer de la théorie à la pratique de leurs principes, on ne peut leur faire d'autre reproche aujourd'hui que celui d'avoir provoqué cette confédération si désastreuse et d'être les causes involontaires de tout ce qui s'en est suivi.

Les confédérés, s'ils se fussent bornés à la réclamation paisible et légale de l'envoi de la publication et de l'exécution du décret, auroient été protégés par la puissance nationale contre leurs adversaires, qui, s'ils eussent persisté dans leur première résolution, seroient devenus rebelles de fait, ainsi que de volonté.

Les confédérés, si estimables non seulement par leur soumission au décret du 15 mai, mais aussi pour leur courage pour surmonter d'anciens préjugés, qui pouvoient être si sages, s'ils se fussent bornés à n'être que pétitionnaires, ne furent plus que des rebelles, aussitôt qu'ils prirent les armes contre des autorités constituées ou existantes.

Ils devinrent plus coupables encore en profitant de la terreur qu'imprimait leur armée, pour obliger des citoyens paisibles à se liguer avec eux pour convoquer des assemblées primaires, détruire et créer des municipalités, révoquer des députés, etc.

Ils se perdirent dans leurs propres chimères, lorsqu'ils ne furent plus guidés que par leur concordat et leur traité de paix, qu'ils exigèrent la dissolution de l'Assemblée coloniale, qu'ils dictèrent des ordres au représentant du roi et qu'ils voulurent soumettre à leur despotisme le reste de la Colonie.

Ce sont les soupçons, les calomnies, les haines, les vengeances, qui, depuis la journée du 21 novembre, sont les mobiles de tout ce qui se fait dans les provinces de l'Ouest et du Sud. L'enfer y a vomi toutes ses furies. Il n'est pas de jours, pas de lieux qui ne soient témoins de crimes abominables et l'on croiroit que l'espèce humaine s'y est vouée tout entière à sa propre destruction. Si depuis le 21 novembre nous parcourons la série des faits qui se sont passés entre le Port-au-Prince et les confédérés, nous n'y voyons des deux côtés que des conséquences qui nous affligent, mais qui ont été entraînées par cette journée.

Secondement. La conduite des marins de la marine marchande prouve la justesse de notre manière d'apprécier les choses. Ils étoient témoins de ce qui se passoit; ils ne pouvoient avoir de prévention naturelle ni pour ni contre l'un ou l'autre parti. Si toute la raison eût été du côté du Port-au-Prince, ils se seroient réunis sous les drapeaux; si tous les torts eussent été du côté du Port-au-Prince, tous se seroient réunis à la Croix-des-Bouquets. Les raisons et les torts étoient donc communs aux deux partis puisqu'on voit des marins pour le Port-au-Prince, d'autres pour la Croix-des-Bouquets et des intérêts qui voudroient rester neutres...

Troisièmement. La réputation de M. de Grimoüard est trop bien fondée pour que nous puissions nous permettre de le juger légèrement... M. de Grimoüard désire comme nous le rétablissement de l'ordre; comme nous, il croit ne devoir employer la force publique qu'après avoir épuisé tous les moyens possibles de conciliation; comme nous, il voit de bons principes et de grandes erreurs des deux côtés; comme nous enfin, il ne voit dans chaque Français qu'un ami : voilà son crime, le nôtre et celui de 25 millions de nos frères d'Europe.

Quatrièmement. Les assassinats de sang-froid, qui semblent à présent tenir lieu de spectacles au Port-au-Prince, ne nous inspirent pas moins d'horreur qu'ils n'en inspireront à la nation et au roi. Si vous ne prenez pas sur vous, Messieurs, de proclamer la loi martiale et de déployer d'une manière légale la force publique contre les attroupements, vous finirez par être vous-mêmes victimes de ces fureurs épouvantables. Le Port-au-Prince a plusieurs fois donné l'exemple des meurtres ; il y existe néanmoins un grand nombre de respectables citoyens ; d'autres d'un égal mérite ont été forcés de se réfugier à la Croix-des-Bouquets, et ce sont les méchants qui font la loi chez vous, comme ils le font chez nos adversaires. Tremblez les uns et les autres, et nous vous le répétons encore, oubliez au plus vite vos haines d'opinions; que tous les hommes honnêtes, blancs et de couleur, ne perdent pas un instant pour se rallier tous à la loi et s'empêcher d'être exterminés tous jusqu'au dernier par d'insignes brigands qui n'ont de force qu'à cause de votre désunion.

Tiré de l'*Histoire d'Haïti* du R. P. Adolphe Cabon, tome III, pp. 96 à 98.

APPENDICE VII

ÉTIENNE POLVÉREL À LA MUNICIPALITÉ DU PORT-AU-PRINCE

Aux Arcahayes, le 4 Avril 1793,
L'An 1ᵉʳ de la République Françoise

Il est très vrai, citoyens, que je n'ai laissé échapper aucune occasion de faire l'éloge du patriotisme des citoyens du Port-au-Prince et de leur soumission à la loi. J'aime à croire encore aujourd'hui que je retrouverai les mêmes sentiments dans le plus grand nombre d'entre vous, et mon collègue Sonthonax ne pense pas autrement que moi sur cet article; mais depuis mon départ du Port-au-Prince pour les Cayes, il s'est commis de grands crimes dans votre ville et l'on en a médité de plus grands encore. Il est indispensable, il est urgent de rétablir l'ordre et de faire respecter l'autorité nationale trop longtemps outragée. C'est précisément parce que nous sommes à la veille d'une guerre étrangère que nous devons réprimer promptement les scélérats qui ont juré la perte de la colonie. Ce n'est pas contre la ville du Port-au-Prince que mon collègue et moi avons rassemblé une force armée imposante, c'est au contraire pour y rétablir la paix, pour y protéger tous les citoyens amis de la France et soumis à la loi. Magistrats du peuple, c'est à vous à déployer en ce moment l'ardent patriotisme dont je vous suppose animés et sans lequel vous seriez indignes des fonctions qui vous ont été confiées. Si le peuple écoute encore votre voix, vous devez le ramener à son devoir ou l'y maintenir; vous devez lui inspirer le respect qu'il doit à la loi et aux délégués de la République françoise. Dans cette supposition vous serez personnellement responsables de tous les désordres qu'occasionneroit dans votre ville l'apparition de la force armée dont nous avons été obligés de nous entourer; car alors, il seroit évident que vous les aurez vous-mêmes excités, ou que du moins vous n'aurez pas fait tout ce qui était en votre pouvoir pour les prévenir; si au contraire le peuple est sourd à votre voix, son indocilité ne justifieroit que trop les mesures que nous avons prises.

Tiré de l'*Histoire d'Haïti* du R. P. Adolphe Cabon, tome III, pp. 141.

APPENDICE VIII

PROCLAMATION DE POLVÉREL ET SONTHONAX (24 AVRIL 1793)

Au nom de la République françoise,

Nous ... La commune du Port-au-Prince nous a mis dans la dure nécessité de déployer contre elle les forces de la République; c'est à elle de payer les frais de la guerre.

L'article 5 du décret du 28 février 1790, sur la tranquillité publique, dit: «Lorsqu'il aura été causé quelque dommage par un attroupement, la commune en répondra, si elle a été requise et si elle a pu l'empêcher, sauf le recours contre les auteurs de l'attroupement».

Il n'est pas en notre pouvoir de faire remise de la peine pécuniaire que la commune du Port-au-Prince a encourue, pour mettre la colonie en état de défense contre la ligue des tyrans européens. Nous avons besoin de ne faire aucune dépense et de ne détourner aucune de nos ressources de l'emploi auquel elles sont destinées. En conséquence, nous avons ordonné et ordonnons ce qui suit :

Art.1er. - Dans trois jours pour délai, à compter du jour de la publication de la présente proclamation, la commune du Port-au-Prince fera verser, dans la caisse du trésorier de la ville, la somme de 450 000 livres, à quoi demeurent fixées les dépenses de l'expédition que nous avons été forcés de faire pour réduire les rebelles qui s'étaient rendus maîtres de la ville.

Art. 2. - Jusqu'à ce que ce paiement ait été effectué, il ne pourra sortir de la ville du Port-au-Prince aucune personne libre, aucun esclave, aucuns effets, denrées ni marchandises, soit par terre, soit par mer, sans une permission expresse du commandant de la place.

Art. 3. - Au défaut de paiement dans ledit délai de trois jours, la Commune y sera contrainte, soit par la saisie et la vente des propriétés mobilières, soit par l'emprisonnement des citoyens les plus aisés qui seront par nous indiqués.

Art. 4. - Pour opérer le remboursement de ladite somme de 450 000 livres à ceux qui en auront fait l'avance, la municipalité de Port-au-Prince est et demeure autorisée à l'imposer par sols additionnels, au prorata des facultés de chaque citoyen.

Art. 5. - Ne seront compris dans cette imposition ceux des citoyens du Port-au-Prince qui sont venus faire leur service dans l'armée de la République contre les rebelles de ladite ville.

Art. 6. - Ordonnons à la municipalité, sous la responsabilité personnelle et collectives des membres qui la composent, d'exercer et poursuivre sans délai le recours de la commune contre les auteurs de la révolte pour la rentrée desdites 450 000 livres.

Tiré de l'*Histoire d'Haïti* du R. P. Adolphe Cabon, tome III, pp. 143 à 144..

APPENDICE IX

CAPITULATION DE PORT-AU-PRINCE

Conditions agreed upon between Lieutenant Colonel Nightingale, Deputy Adjudant Général to His Britanny Majesty's Forces and M. Huin, Adjudant Général to the army of Général Toussaint L'Ouverture, who are respectiveliy invested with full powers for that Purpose.

I. - The towns of Port-au-Prince, Saint-Marc and their dependencies , with their present works, and the parish of L'Arcahaye, shall be left to Général Toussaint L'Ouverture in the state agreed upon between us, viz. all the iron guns to be rendered unserviceable, except three or four, by verbal agreement between us, in a given time which shall be fixed at the period when the British forces can conveniently be withdrawn.

II. - As an express condition and in conséquence of the first article, Général Toussaint L'Ouverture engages in the most solemn and positive manner, to guarantee the lives and properties of all the inhabitants who may choose to remain.

III. - In order to facilitate and accomplish the conditions it is agreed that there shall be a suspension of arms for a limited time not exceeding five weeks from this day.

Done on board His Majesty's ship *Abergavenny*, in the road of Port-au-Prince, this 30th of April 1798.

(Signed) HUIN, adj. Gen. to the army of the French republic.

N. NIGHTINGALE, Dep. Adj. Gen. to His Majesty's Forces.

(Voici la traduction de ce traité, telle qu'on la trouve à la Bibliothèque nationale, (Paris), dans les «Papiers de Sonthonax». La traduction est signée E. Bruix) :

Conditions convenues entre le Lieutenant-Colonel Nightingale et M. Huin, Adjudant-général de l'armée du général T. L'Ouverture :

I. - La ville du Port-au-Prince, Saint-Marc, leurs dépendances et leurs fortifications actuelles, ainsi que la paroisse de l'Arcahaye seront laissées au général Toussaint L'Ouverture dans l'état convenu entre nous, savoir : tous les canons de fer seront mis hors de service, excepté trois ou quatre par accord verbal entre nous, dans un temps donné qui sera fixé au moment où les troupes anglaises pourront être retirées commodément.

II. - Le général Toussaint L'Ouverture s'engage de la manière la plus solennelle comme condition expresse et conséquence du premier article à garantir la vie et les propriétés des habitant qui préféreront rester.

III. - Afin de faciliter et accomplir les conditions, on est convenu d'une suspension d'armes pour un temps limité qui n'excédera pas cinq semaines.

Fait le 11 prairial.

(Signé)HUIN, adjudant-général

NIGHTINGALE, député adjudant général.

Pour traduction : Bruix.

Tiré de l'*Histoire d'Haïti* du R. P. Adolphe Cabon, tome III, pp. 384-385.

BIBLIOGRAPHIE

I - Sources manuscrites

1. Lettres tirées d'une correspondance saisie par un croiseur anglais sur le navire havrais *La Victoire*, capitaine Auger, peu après l'ouverture des hostilités, le 1ᵉʳ février 1793, entre la France et l'Angleterre. (Dépôt aux Archives de l'Amirauté anglaise dépendant du Public Record Office (P.R.O.))
2. Mémoire du 30 nivôse An XII de M. de Vincent, Directeur des Fortifications des Iles sous le Vent, sur l'état actuel des défenses du Port-au-Prince et sur les moyens d'ajouter à ces défenses. (Archives Nationales – Section Outre-Mer, Paris)
3. Extraits des papiers privés de Louis Ragnos, entrepreneur en bâtiments à Saint-Domingue.

II - Journaux et revues

1. *Journal des Colonies,* nᵒˢ I, III, IV, V, XVIII, XIX, XX.
2. *Nouvelles de Saint-Domingue,* nᵒˢ 19, 22, 26 à 30.
3. *Courrier politique et littéraire du Cap-Français* (2ᵉ année), nᵒˢ 4, 7, 9, 10, 12 à 15, 20 à 23, 25 à 33, 35, 38.
4. *Affiches Amériquaines,* juin 1792, nᵒˢ 25 et 26.
5. *Le Document, Revue Historique,* nᵒˢ 1 (janvier 1940), nᵒ 3 (mars 1940), nᵒ 4 (avril 1940), Port-au-Prince
6. *Revue de la Société haïtienne d'Histoire et de Géographie,* nᵒˢ 61, 100, 101, 103, 104, 129, 152, 153, Port-au-Prince.
7. *Revue d'Histoire des Colonies,* tome XXXVI, nᵒˢ 127-128, Librairie Larose, Paris, 1949.

8. *Conjonction,* revue franco-haïtienne, n° 24 (décembre 1949) et n° 48 (décembre 1953), Port-au-Prince.
9. *Bulletin des Statistiques de l'Administration Communale de Port-au-Prince,* n° 2.
10. *Bulletin Annuel de l'Observatoire Météorologique du Petit Séminaire-Collège Saint-Martial,* année 1923.

III - Ouvrages généraux

1. ALAUX (Jean-Paul), *Ulysse aux Antilles,* Édition du Galion d'Or. À Paris, chez Jean-Paul Alaux, 12, rue Rennequin, 12.
2. ARDOUIN (Beaubrun), *Études sur l'Histoire d'Haïti,* 2ème édition annotée par le docteur François Dalencour. Chez l'éditeur Dr François Dalencour, Port-au-Prince, 1958, 11 tomes en 1 volume.
3. BEGOUEN-DEMEAUX (Maurice), *Stanislas Foache, négociant de Saint-Domingue (1737-1806),* Société de l'Histoire des Colonies françaises et Librairie Larose, Paris, 1951.
4. BEGOUEN-DEMAUX (Maurice), *Jacques-François Begouen (1743-1831).* Ancienne Imprimerie M. Étaix, Le Havre, 1957.
5. BONNET (Guy-Joseph), *Souvenirs Historiques,* recueillis et mis en ordre par Edmond Bonnet, Paris, Auguste Durand, Libraire, 1864.
6. BRUTUS (Edner), *Révolution dans Saint-Domingue,* tomes I et II, Édition du Panthéon, Port-au-Prince.
7. CABON (R.P. Adolphe), *Histoire d'Haïti,* tomes I à III, Édition de la Petite Revue, Port-au-Prince; Tome IV, Petit Séminaire-Collège Saint-Martial, Port-au-Prince.
8. CABON (R.P. Adolphe), *Notes sur l'Histoire religieuse d'Haïti,* Petit Séminaire-Collège Saint-Martial, Port-au-Prince, 1933.
9. CABON (R.P. Adolphe), *Album religieux de Port-au-Prince.*
10. CASTONNET DES FOSSES (H.), *La Perte d'une colonie – La Révolution de Saint-Domingue,* A. Faivre, Paris, 1893.
11. CAUNA (Jacques), *Aux temps des Isles à sucre,* Karthala, Paris, 1987.
12. CAUNA (Jacques), ABENON (Lucien), CHAULEAU (Liliane), *Antilles 1789 - La révolution aux Caraïbes,* Nathan, Paris, 1989.

13. CHARLEVOIX (Père Pierre François Xavier de), *Histoire de l'Isle Espagnole ou de Saint-Domingue,* 1730, 1731, Paris, chez Guérin, 2 vol.

14. CHARLIER (Étienne), *Aperçu sur la formation historique de la Nation Haïtienne,* Les Presses Libres, Port-au-Prince, 1954.

15. CLERY (P.L. Hanet), ancien valet de chambre de Madame Royale... : *Mémoires,* Paris, à la librairie d'Alexis Eymery, 1825.

16. CORVINGTON (Hermann), *Deux caciques du Xaragua,* Librairie Samuel Devieux, Port-au-Prince.

17. DALMAS (Antoine), *Histoire de la Révolution de Saint-Domingue,* Mame Frères, Paris, 1814, tomes I et II.

18. DAVID (Placide), *Sur les rives du Passé. Choses de Saint-Domingue,* La Caravelle, Paris.

19. DEBIEN (Gabriel), *Les colons de Saint-Domingue et la Révolution – Essai sur le Club Massiac,* Librairie Armand Colin, 1953.

20. DEBIEN(Gabriel), *Nouvelles de Saint-Domingue.* Extrait des *Annales Historiques de la Révolution française,* n° 4, 1959 – n° 2, 1960.

21. DENIS (Lorimer) et DUVALIER (Dʳ François), *Le problèmes des classes à travers l'Histoire d'Haïti.* Collection «Les Griots», 2ᵉ édition, 1958.

22. DESCOURTILTZ (Michel Étienne), *Les voyages d'un naturaliste et ses observations,* chez Dufort père, libraire-éditeur, Paris, 1809, 3 vol.

23. DESVAUGES (Roland), *Une capitale antillaise : Port-au-Prince,* Extrait de la revue *Les Cahiers d'Outre-Mer,* tome VII (1954), pp. 105 à 136.

24. DORSINVILLE (Roger), *Toussaint-Louverture ou la Vocation de la Liberté,* René Julliard, 30, rue de l'Université, Paris, 1965.

25. DUBUISSON (Paul-Ulrich), *Nouvelles considérations sur Saint-Domingue, en réponse à celles de M. Hilliard d'Auberteuil,* chez Cellot et Joubert Fils Jeune, libraires, 1780.

26. DUCŒURJOLLY (S.J.), *Manuel des Habitants de Saint-Domingue,* chez Lenoir, Paris, MDCCCII, An X, 2 volumes.

27. ÉLIE (Louis Émile), *Histoire d'Haïti,* Port-au-Prince, tome II, 1945.

28. FOUCHARD (Jean), *Plaisirs de Saint-Domingue,* Imprimerie de l'État, Port-au-Prince, 1955.

29. FOUCHARD (Jean), *Le théâtre à Saint-Domingue*, Imprimerie de l'État, Port-au-Prince, 1955.

30. FOUCHARD (Jean), *Artistes et Répertoires des scènes de Saint-Domingue*, Imprimerie de l'État, Port-au-Prince, 1955.

31. GRIMOÜARD (Vicomte Henri de), *L'Amiral de Grimoüard au Port-au-Prince*, Société de l'Histoire des colonies françaises et Librairie Larose, Paris, 1937.

32. GROUVEL, *Faits historiques sur Saint-Domingue depuis 1786 jusqu'en 1805*. Imprimerie Dondey-Dupré, Paris, 1814.

33. HILLIARD D'AUBERTEUIL (Michel-René), *Considérations sur l'état présent de la Colonie de Saint-Domingue*, Paris, chez Grange, imprimeur-libraire, 2 volumes, 1776.

34. INGINAC (Balthazar), *Mémoire de Joseph Balthazar Inginac*, reproduit en feuilleton dans le quotidien *Le National*, Port-au-Prince, année 1954.

35. ISPAN, *La quête de l'Image – Restauration de l'ancienne Cathédrale de Port-au-Prince*, décembre 1987.

36. JAMES (P.I.R.), *Les Jacobins noirs – Toussaint-Louverture et la Révolution de Saint-Domingue*, Gallimard, 1949.

37. JAN (Mgr Jean-Marie), *Port-au-Prince – Documents pour l'Histoire religieuse*, Editions Deschamps, Port-au-Prince, 1956.

38. LACROIX (Pamphile de), *Mémoires pour servir à l'Histoire de la Révolution*, Pillet Ainé, Imprimeur-Libraire, 1819, tomes I et II.

39. LAUJON (Alfred de), *Précis historique de la dernière Expédition de Saint-Domingue*, Paris.

40. LAUJON (Alfred de), *Souvenirs et Voyages*, Paris, A. Verret, libraire, tome I, 1835.

41. LAURENT (Gérard M.), *Documentation Historique pour nos Étudiants*, La Phalange, Port-au-Prince, 1959.

42. LAURENT (Gérard M.), *Le Commissaire Sonthonax à Saint-Domingue*, Imprimerie La Phalange, Port-au-Prince, tomes I et II, 1965.

43. LÉON (Dr Rulx), *Médecins et Naturalistes de l'ancienne colonie française de Saint-Domingue*, Bibliothèque du Service d'Hygiène, 1933.

44. LE RUZIC (Père Ignace), *Documents sur la Mission des Frères-Prêcheurs à Saint-Domingue*, Imprimerie Le Bayon-Roger, Lorient, 1912.

45. LESPINASSE (Beauvais), *Histoire des Affranchis de Saint-Domingue,* 1882.

46. LIGUE FÉMININE D'ACTION SOCIALE, *Femmes Haïtiennes,* Imprimerie Henri Deschamps, Port-au-Prince.

47. LOUVERTURE (Isaac), *Mémoires.* Font suite à l'ouvrage d'Antoine Métral *Histoire de l'expédition militaire des Français à Saint-Domingue,* cité ci-après.

48. MADIOU (Thomas), *Histoire d'Haïti,* 2ᵉ édition, tome I, Imprimerie Edmond Chenet, Port-au Prince, 1922, tome II, Imprimerie Auguste A. Héreaux, Port-au-Prince, 1923, tome III, Imprimerie Chéraquit, Port-au-Prince, 1922.

49. MALENFANT, *Des colonies et particulièrement de celle de Saint-Domingue,* Paris, Chez Audinet, libraire, août 1814.

50. MALO (Charles), *Histoire d'Haïti (Île de Saint-Domingue) depuis sa découverte jusqu'en 1824,* Chez Louis Janet et Ponthieu, Paris, 1825.

51. MARION (Jean), *Un Nantais à Saint-Domingue (1756-1792),* Imprimerie Moderne, Fontenay-Le-Comte, 1939.

52. MAUREL (Blanche) *Le vent du large ou le Destin tourmenté de Jean-Baptiste Gérard, colon de Saint-Domingue,* La Nef de Paris Éditions, Paris.

53. MÉTRAL (Antoine), *Histoire de l'expédition militaire des Français à Saint-Domingue, sous Napoléon Bonaparte,* Edmé et Alexandre Picard, Libraires, Paris, 1841.

54. MICHEL (Antoine), *La Mission du général Hédouville à Saint-Domingue,* Imprimerie La Presse, Port-au-Prince, 1929.

55. NAU (Baron Émile), *Histoire des Caciques d'Haïti,* Paris, Gustave Guérin et Cie, 1894.

56. NICOLSON (Père), *Essai sur l'Histoire naturelle de l'Isle de Saint-Domingue,* Paris, chez Gobeau, 1776.

57. POUPLARD (Mgr Jules), *Notice sur l'Histoire de l'Église de Port-au-Prince,* Imprimerie de l'Abeille, Port-au-Prince, 1905.

58. PRESSOIR (Dʳ Catts), *La Médecine en Haïti,* Imprimerie Modèle, Port-au-Prince, 1927.

59. RAVINET (Vᵛᵉ), *Mémoires d'une Créole de Port-au-Prince,* À la Librairie-Papeterie et chez l'auteur, Paris, 1844.

60. RIGAUD (Candelon), *Promenade dans les rues de Port-au-Prince,* Imprimerie Chéraquit, Port-au-Prince, 1927.

61. ROUSSIER (Paul), *Lettres du général Leclerc,* Société de l'Histoire des colonies françaises et Librairie Ernest Leroux, Paris, 1937.

62. ROUZIER (Sémexant), *Dictionnaire Géographique et Administratif d'Haïti,* tomes I et II, Imprimerie Charles Blot, Paris, tomes III et IV, Imprimerie Auguste A. Héreaux, Port-au-Prince.

63. SAINT-MÉRY (Moreau de), *Description de la partie française de l'isle Saint-Domingue,* Société de l'Histoire des colonies françaises et Librairie Larose, 3 tomes, 1958.

64. SAINT-MÉRY (Moreau de), *Lois et Constitutions des Colonies françaises de l'Amérique sous le Vent,* Quilleau, Imprimerie de S.A.S. Mgr le Prince de Conti, rue du Fouare, n° 3.

65. SAINT-RÉMY (Joseph) (des Cayes), *Vie de Toussaint-Louverture,* Paris, Moquet, libraire-éditeur, 1850.

66. SAINT-RÉMY (Joseph) (des Cayes), *Pétion et Haïti,* 2ᵉ édition, Librairie Berger-Levrault et Cie, Paris, 1956, 5 tomes en 1 vol.

67. SANNON (H. Pauléus), *Histoire de Toussaint-Louverture,* Imprimerie Auguste A. Héreaux, tome I (2ᵉ édition): 1938; tome II : 1932; tome III : 1933.

68. TROUILLOT (Hénock), *La condition des Nègres domestiques à Saint-Domingue,* Collection Haitiana, Port-au-Prince, 1955.

69. TURNIER (Alain), *Les États-Unis et le Marché haïtien,* Imprimerie Saint-Joseph, Montréal, 1955.

70. VAISSIÈRE (Pierre de), *Saint-Domingue, la Société et la vie créole sous l'ancien régime,* Perrin et Cie, libraires éditeurs, Paris, 1909.

71. WIMPFFEN (Stanislas de), *Saint-Domingue à la veille de la Révolution, Souvenirs du baron de Wimpffen,* annotés par Albert Savine, Louis-Marchand éditeur, Paris, 1911.

72. X, *Mémoires d'une Américaine,* Lausanne, MDCCLXXI.

TABLE DES ILLUSTRATIONS

4. La place Royale, aujourd'hui place Sainte-Anne, en 1999.
5. Plan des Magasins du Roi [*Archives nationales de France, Aix-en-Provence*].
6. Plan et profils de l'ancienne salle du Conseil et des prisons [*Archives nationales de France, Aix-en-Provence*].
7. Plan de l'ancienne salle de la Juridiction [*Archives nationales de France, Aix-en-Provence*].
8. Plan du premier hôtel du Gouvernement [*Archives nationales de France, Aix-en-Provence*].

CAHIER III

1. La place d'Armes ou du Gouvernement, aujourd'hui place de l'Indépendance (en 1999).
2. Plan de Port-au-Prince pour servir à la position d'ouvrages pour sa défense [*Archives nationales de France, Aix-en-Provence*].
3. Plan et profil de l'hôtel de la Marine [*Archives nationales de France, Aix-en-Provence*].
4. Extrémité nord de l'hôtel de la Marine en 1980.
5. Le calvaire colonial de la rue du Peuple vers 1900.
6. Plan et profil du Bureau des classes [*Archives nationales de France, Aix-en-Provence*].
7. Plan de Port-au-Prince et des installations militaires réparées ou érigées après le séisme de 1770 [*Archives nationales de France, Aix-en-Provence*].
8. Plan général du Conseil de la juridiction et des prisons [*Archives nationales de France, Aix-en-Provence*].

CAHIER IV

1. Fontaine de la place d'Armes [*Archives nationales de France, Aix-en-Provence*].
2. L'église paroissiale dans la deuxième moitié du XIXᵉ siècle.
3. Élévation de l'Hôtel du Gouvernement (1775) [*Archives nationales de France, Aix-en-Provence*].
4. Jardin de la cour avant du Gouvernement [*Archives nationales de France, Aix-en-Provence*].

7. L'ancienne place de l'Intendance dans la dernière moitié du XXe siècle.

8. La Terrasse et les fontaines en 1999.

CAHIER VII

1. Plan et profil du Bureau des Fonds [*Archives nationales de France, Aix-en-Provence*].

2. Plan, profil et élévation de l'Hôpital militaire [*Archives nationales de France, Aix-en-Provence*].

3. Fontaine de la place Vallière [*Archives nationales de France, Aix-en-Provence*].

4. Une des aiguades du quai [*Archives nationales de France, Aix-en-Provence*].

5. Aiguade élevée dans le port [*Archives nationales de France, Aix-en-Provence*].

6. L'abreuvoir de la rue des Favoris vers 1900.

7. Plan et profil de la batterie de la pointe à Rebours [*Archives nationales de France, Aix-en-Provence*].

8. Plan de la ville de Port-au-Prince (1785) [*Archives nationales de France, Aix-en-Provence*].

PAGE DE GARDE DE LA DEUXIÈME PARTIE

Panorama de Port-au-Prince en 1800.

CAHIER VIII

1. Plan du Port Républicain [*Archives nationales de France, Aix-en-Provence*].

2. Le Chevalier de Mauduit du Plessis, commandant du Régiment de Port-au-Prince [*Bibliothèque nationale, Cabinet des Estampes, Paris*].

3. Le *Borée* en rade de Port-au-Prince.

4. Assassinat du colonel de Mauduit [*Bibliothèque nationale, Paris*].

5. Michel Joseph Leremboure, premier maire de Port-au-Prince [*Collection Jacques de Cauna*].

6. Plan et profil des casernes d'artillerie [*Archives nationales de France, Aix-en-Provence*].

7. Plan et profil des magasins du roi et de l'artillerie [*Archives nationales de France, Aix-en-Provence*].

8. Plan et profil du magasin à poudre [*Archives nationales de France, Aix-en-Provence*].

CAHIER IX

1. Plan et profil du fort Sainte-Claire [*Archives nationales de France, Aix-en-Provence*].

2. Plan et profil du fort Saint-Joseph [*Archives nationales de France, Aix-en-Provence*].

3. Blockhaus du fort National [*Archives nationales de France, Aix-en-Provence*].

4. Plan et profil du fort l'Islet [*Archives nationales de France, Aix-en-Provence*].

5. Le général Victor Emmanuel Leclerc, commandant de l'Expédition [*Collection Peter Frisch*].

6. L'amiral Villaret-Joyeuse, commandant des forces navales de l'Expédition [*Collection Peter Frisch*].

7. Débarquement des soldats de l'Expédition Leclerc [*Bibliothèque nationale, Paris*].

8. Jean-Jacques Dessalines, commandant de l'armée indigène (Place des Héros de l'Indépendance, Port-au-Prince).

TABLE DES MATIÈRES

Imprimé au Canada

Printed in Canada